LIMES

Trunken von Deiner Schönheit
Violet Trefusis
an Vita Sackville-West

»Trunken von Deiner Schönheit«
Violet Trefusis an Vita Sackville-West

Herausgegeben von
Mitchell A. Leaska
& John Phillips

LIMES

Die Deutsche Bibliothek – CIP-Einheitsaufnahme

Trefusis, Violet:
»Trunken von Deiner Schönheit«: Violet Trefusis an
Vita Sackville-West / hrsg. von Mitchell A. Leaska & John Phillips.
– Neuausg. – Berlin: Limes, 1993
ISBN 3-8090-2326-4
NE: Sackville-West, Vita [Adressat]; Leaska, Mitchell A. [Hrsg.]

Titel der englischen Originalausgabe
»Violet to Vita«

Aus dem Englischen übertragen von:
Ariane Möhlen, Claudia Ostwig, Ingrid von Rosenberg,
Ute Sartorio-Tschoepke, Ilona Traub, Birgit Wagner,
Beate Mehling und Barbara Wöste
Redaktion: Christiane Bertoncini

Satz: Dörlemann-Satz, Lemförde
Druck und Verarbeitung: Ebner Ulm
Printed in Germany 1993
ISBN 3 8090 2326 4

Gedruckt auf alterungsbeständigem Papier
mit chlorfrei gebleichtem Zellstoff

INHALT

1910 bis 1914

Der erste Brief von Violet, der in Vitas Sammlung in Sissinghurst gefunden wurde, ist auf den 11. September 1911 datiert, als Violet sechzehn Jahre alt war und Vita achtzehn, wenn es auch zweifellos schon frühere Briefe gegeben hat. Nachdem sich die beiden Mädchen erstmals 1904 in Miss Wolffs Londoner Privatschule begegnet waren, besuchten sie sich gegenseitig zu Hause. 1908 reiste Violet zusammen mit Vita nach Italien. Die zunehmend leidenschaftliche Freundschaft zwischen Vita und Rosamund während der nächsten vier Jahre konnte Violet nicht davon abhalten, Vita zu verfolgen; die beiden trafen sich in Abständen.

Im September 1910 war Violet während der alljährlichen Familienferien in Schottland, und Vita besuchte sie dort auf Schloß Duntreath. Der Tod Eduards VII. vier Monate zuvor hatte unmittelbare Folgen für die Familie Keppel. Obwohl Violet in ihren früheren Briefen nie direkt von der engen Beziehung zwischen dem König und ihrer Mutter spricht, sollte diese ihr ganzes Leben überschatten. Die Keppels zogen vom Portman Square fort zu einem großartigen neuen Wohnsitz in der Grosvenor Street 16, und Alice Keppel entschloß sich mit ihrem berühmten »Taktgefühl« zu einem längeren Auslandsaufenthalt. Im November 1910 brach die Familie nach Ceylon auf. Thomas Lipton hatte sie auf eine Teeplantage eingeladen und ihnen dort einen luxuriösen Bungalow zur Verfügung gestellt. Sie blieben drei Monate da, die es Violet ermöglichten, in ihren Briefen an Vita ihre exotischen Phantasien üppige Blüten treiben zu lassen.

Im Februar 1911 reisten George und Alice Keppel weiter nach China, während Violet und ihre Schwester Sonia nach Europa zurückgeschickt wurden, um ihre Erziehung in München zu vervollkommen. Unterwegs traf sich Violet kurz mit Vita in San Remo, und von Deutschland, wo sie das nächste Jahr über blieb, schrieb sie ihr herausfordernde Briefe. Vita hatte mittlerweile erfolgreich in der Gesellschaft debütiert. Im Laufe des Jahres 1911 begann Harold Nicolson eine immer wichtigere Rolle in ihrem Leben zu spielen, obwohl sie und Rosamund Grosvenor weiterhin ineinander verliebt waren.

Als Violet im April 1912 nach London zurückkehrte, um in die Gesellschaft eingeführt zu werden, sah sie Vita in Knole wieder. Aus diesem und dem folgenden Jahr gibt es keine Briefe, doch Vita vermerkt in ihrem Tagebuch: »Diese Eifersucht zwischen R(osamund) und V(iolet) wird böse enden«, und: »Sie (Violet) ist verrückt; sie küßte mich, was sie sonst nie tat, und sagte, sie liebe mich.« Im Mai 1913 begleitete Vita die Familie Keppel auf ihrer Reise nach Ravello, wo sie bei Lord Grimthorpe wohnten (der möglicherweise Violets Vater war). In diesem Sommer war Violet kurz verlobt mit Lord George Wellesley, dem späteren siebenten Herzog von Wellington, und der schmucke Julian Grenfell machte ihr den Hof, ein begabter Poet und Athlet, der, Sonia Keppel zufolge, wie ein römischer Gladiator aussah; es gab den Anflug eines Skandals, als die beiden im Schrank eines Hausmädchens miteinander erwischt wurden. Der Kreis von Violets Freunden schloß auch Osbert Sitwell ein, den sie flüchtig als Ehemann erwog, sowie Gerald Berners und Nancy Cunard.

Im August 1913 verlobte Vita sich offiziell mit Harold Nicolson. Sie heirateten am 1. Oktober; Rosamund war Trauzeugin. Violet war nicht zugegen. Danach gingen die Nicolsons nach Konstantinopel, wo Harold in der britischen Botschaft tätig war.

11. September 1910

Ich habe Dir zu danken für Deine unterhaltsame Epistel, meine Briefpartnerin. Sie bereitete mir natürlich viel unschuldiges Vergnügen, das offensichtlich auf Gegenseitigkeit beruht.

Nun weißt Du, wie nett ich sein kann, wenn ich nur will...

Nein, amiga, Du wirst keine Gelegenheit haben, mich im November zu sehen, weil, soweit ich weiß, das Schiff am 2. oder 3. des Monats fährt, und ich bezweifle, ob ich dann bei all der Impferei, dem Kleiderkauf für die Unwägbarkeiten des tropischen Klimas, den Besuchen (da stöhne ich auf!) beim Doktor und Zahnarzt, rührenden Abschiedstreffen mit all meinen Freunden noch Zeit für irgend etwas finden werde, das mich stärker in Anspruch nehmen würde ... Wie es steht, schießt meine Phantasie in bisher ungeahntem Ausmaße ins Kraut; in der Tat übertrifft sie alles an Extravaganz, was ich mir bisher ausgemalt habe, ce qui n'est, certes, pas peu dire...[1] Einer meiner unbedeutenden Einfälle ist, bei meiner Rückkehr nach London einen kleinen, aber tödlichen Revolver zu kaufen, den ich Tag und Nacht heimlich bei mir tragen werde, für den Fall, daß sich eine Gelegenheit ergeben sollte, auf unbedachte Leoparden und weise Elefanten zu schießen, die nächtens auf der Suche nach Futter um den Bungalow streifen (wahrscheinlich so an die 30!).

Wenn Du sehr lieb bist und wir nicht im Roten Meer ertrinken, nicht von Moskitos aufgefressen oder von Affen verschleppt werden (wie ›Mowgli‹ im *Dschungelbuch*[2]), will ich dir ein paar Saphire, Perlen und Rubine mitbringen (die dort für einen Apfel und ein Ei zu bekommen sein sollen!), damit Du Dir daraus etwas zur Verschönerung Deines Äußeren anfertigen lassen kannst. So! Ist das nicht nett von mir? Habe ich Dir

[1] und das ist bestimmt nicht wenig

[2] von Rudyard Kipling

nicht gesagt, ich könnte es sein etc., etc.? Du Deinerseits mußt mir ein paar Löwenfelle, Datteln und Holzperlen oder sonst etwas mitbringen, andernfalls würde ich unweigerlich einer der (Gott sei Dank fast ausgestorbenen!) Tod-Tugenden verfallen, nämlich le désinteressement, chose qui m'a horripiliée depuis ma plus tendre enfance.[1]

Dein Stück habe ich noch nicht bekommen; ich werde es verschlingen, was immer seine Schwächen oder Qualitäten sein mögen. Bitte nenne mir plus en detail[2] Dein genaues Reiseziel und wie lange Du dort zu bleiben gedenkst. Es ist mehr als wahrscheinlich, daß Du mich nächstes Jahr überhaupt nicht in England antreffen wirst. Fändest Du es nicht überaus witzig, wenn sich dieser Briefwechsel fortsetzte?

Nun hör genau zu und beantworte mir meine Fragen: Was darfst Du überhaupt tun, et comment vous sentez-vous?[3]

Wir werden bis zum Ende dieses Monats auf Duntreath sein, ganz unter uns ... Noch eine andere Frage: Bist Du zu Rollstuhl, Brot und Milch verurteilt? – Falls dem so sein sollte, derlei Dinge sind in der Gegend von Blanefield zu bekommen. Alles, was ich verlange, sind wohlbegründete Argumente, um jeden weiteren von mir geäußerten Vorschlag zurückzuweisen, die, falls nur irgendwie einleuchtend, anstandslos akzeptiert und unverzüglich registriert würden.

V.

Morgen fahre ich nach Duntreath. Wie findest Du diese konzentrierte Form meiner Handschrift? (Kann keinen passenden Umschlag finden – Habe gerade einen gefunden!)

[1] der Selbstlosigkeit, einer Sache, die mir seit meiner frühesten Kindheit verhaßt ist

[2] mehr im einzelnen, genauer

[3] und wie fühlst Du Dich? (Vita war in letzter Zeit unpäßlich gewesen.)

Duntreath Castle[1], *Blanefield, N. B.*
16. September 1910

(Begonnen Dienstag morgen, beendet Mittwoch nacht)

Ich kam gestern hier an. Und außerdem kam ich zu der Überzeugung, daß ich diesen Ort fast – aber nicht ganz – mehr als alle anderen liebe. Als ich das erste Mal hierherkam, war ich genau zwei Monate alt. Duntreath Castle hat also, wie Du siehst, allen Anspruch auf einen Platz in meinem Herzen.

Jedes Jahr finde ich es unverändert vor – immer dasselbe Stein-auf-Stein, wie vor fünfzig Jahren, was so tröstlich ist in einer Welt der ständigen atmosphärischen Wandlungen und aller nur denkbaren Veränderungen – das, bin ich mir sicher, ist genau das, was Du empfindest, wenn Du nach einer Abwesenheit von ein paar Monaten oder länger, je nachdem, nach Knole zurückkommst. Ich denke, das geht jedem so, der sich nur des bescheidensten Familiensitzes rühmen kann.

Gestern hat mich eine gütige Fee von einem Bann erlöst – oh, ja! wirst Du denken! –, den sie über mich oder besser gesagt über den Teil, den man gewöhnlich das Gedächtnis eines Menschen nennt, vor achtzehn Monaten in einem Anflug von Verärgerung verhängt hat. Du kannst Dir vorstellen, wie dankbar ich bin für diese völlige Wiederherstellung und Wiederverjüngung – mir fällt im Moment kein besseres Wort dafür ein, obwohl diese beiden aufeinander folgenden »Ws« selbst für mein ungeübtes Ohr total nach Wahnvorstellung klingen ...

Erinnerst Du Dich an die Pfauen, die in den frühen Morgenstunden ums Haus herumstolzierten und durchdringende, aber unmelodische Laute hervorstießen, und an die grandios

[1] Der Familiensitz der Edmonstones in Stirlingshire bei Loch Lomond, aus dem 15. Jahrhundert stammend und im Besitz von Alice Keppels Bruder, Sir Archibald Edmonstone, »Onkel Archie« genannt

flammenden Sonnenuntergänge, die die Hügel zu entzünden schienen, so daß sie die ganze Welt erleuchteten wie zu Cabochons geschliffene Rubine? Erinnerst Du Dich an das steife, stumpfe Mädchen – eine entfernte Verwandte von mir –, deren Geburtstag wir in einem gewissen Schloß Lennox feierten? Kannst Du Dich nicht mehr an das forsche Training à travers pluie et tempête[1] erinnern, das ich überzeugt war, Dir auferlegen zu müssen? Und die geheime Treppe und Sonias[2] Drohungen, uns zu begleiten, trotz der Tatsache, daß sie kaum etwas anhatte? Und Willies[3] heftige Verliebtheit, die er damals tatsächlich für unheilbar hielt? Und das Zimmer, in dem es spukte, und Dumb Laird[4] hinter dem Wandschirm im Eßzimmer? Und die »Viper von Mailand«[5] und die Flut von Ergebenheit, die sich unweigerlich über uns beide ergoß, wann immer wir einen Fuß aus dem Haus setzten?

Und meine sorgfältig zusammengestellte schottische Garderobe, in der ich Dich am Bahnhof abholte?

Und die berechtigte Verdutztheit der armen Emiliy, als sie sich nicht weniger als sechs verschiedenen Wasserhähnen gegenüber sah, um Dir ein Bad einzulassen? (Ich muß jetzt noch lachen, wenn ich daran denke) und Dein – hm – sehr natürliches Widerstreben, die Abwesenheit der lieben Margaret in einer für meine eifrige Wißbegier hinreichend erbaulichen Form zu erklären? Erinnerst Du Dich nicht mehr an das ziellose, unaufhörliche Tick-Tick von Taubenfüßen auf dem Dach und an die Elstern, die von Turm zu Turm flogen?

. . . Sicherlich erinnerst Du Dich an all das? (Das ist es, was

[1] durch Wind und Wetter

[2] Sonia Keppel, Violets Schwester

[3] Willie Edmonstone, Violets Vetter

[4] berühmter Geist auf Schloß Duntreath; der Name bedeutet soviel wie »der törichte Lord«

[5] ein Theaterstück von Vita

Ihr Schriftsteller ›eine unwiderstehliche Flut von Erinnerungsbildern‹ nennen würdet, nicht wahr?) Ich nenne es lieber die ganz ursprünglichen, unwillkürlichen Spekulationen – Regungen – nenn es, wie Du willst – eines wieder freigelegten Gedächtnisses, das sich, wenn es nicht verleugnet werden will, seiner Existenz versichern muß, indem es sich an etwas erinnert ...

Muchísimas gracias, amada,[1] für Dein Stück, das ich heute morgen (gestern) erhielt. Ich lese es mit dem größten Interesse, aber ich muß es doch mehrere Male lesen, bevor ich dazu eine Meinung entwickeln kann, so oder so. Teile davon erschienen mir ausgezeichnet, doch ich will Dir ma pensée en detail[2] in meinem nächsten Brief mitteilen ... Ich möchte gern Antwort auf meinen letzten brieflichen Schwall, der sicherlich im gleichen Geist aufgenommen wurde, in dem er geschrieben war. Das mag Dir als eine ein bißchen rätselhafte Bemerkung erscheinen, doch in Wirklichkeit ist dem ganz und gar nicht so, dies kann ich Dir versichern. Ya anochece, el sol se pone.[3]

Adiós

Si tu peux, viens. Pour toi rien n'est impossible, et tu le sais. Tu n'auras jamais lieu de t'en repentir.[4]

1 den allerbesten Dank, meine Liebe
2 meine Gedanken ausführlich
3 Die Nacht kommt bald, die Sonne geht unter.
4 Wenn Du kannst, komm. Dir ist nichts unmöglich, und das weißt Du. Du wirst niemals Grund haben, es zu bereuen.

Duntreath Castle, Blanefield, N. B.
21. September [1910]

... Danke für einen vergnüglichen Brief! Erlaube mir, meine Briefpartnerin zu ihrer Entscheidung zu beglückwünschen – die der in jeder Beziehung schnellen und sicheren Intuition wahrhaftig würdig ist, die meine susdite correspondante[1] zu ihren stolzesten Eigenschaften zählen mag.

Wie sie sehr passend in ihrem letzten Brief bemerkt, ist es eine großartige und seltene Sache de se comprendre à demi-mot.[2] Das ist eben auch einer der südländischen Wesenszüge, die im Charakter meiner Korrespondentin so reichlich vorhanden sind.

Du wirst in Kinross genau zur gleichen Zeit sein wie Mama, die dort am Samstag eintrifft.

Ich weiß nicht, wie lange sie zu bleiben gedenkt. Du wirst auch Deine alte Freundin, meine Tante Mrs. Winnington-Ingram, wiedersehen, in deren Gesellschaft ich einst an einem glühendheißen Nachmittag in Florenz zum Tee bei Dir antrabte, nur um Dich zu sehen.

... Stracchini[3] freut sich darauf, Dich wiederzusehen, weshalb Du sehr nett zu ihr sein mußt, und sei surtout[4] sehr vorsichtig mit allem, was Du über mich sagst, denn sie ist eines der wenigen erleuchteten, höheren Wesen, für die ich der Inbegriff aller Tugenden bin. Nun weißt Du, warum ich – Aber ganz gleich! Das wird so bleiben wie vieles andere auch ...

[1] oben genannte Briefpartnerin
[2] einander schon bei Andeutungen zu verstehen
[3] Mrs. Strachen, die Frau des Pförtners von Duntreath
[4] vor allem

Ich bestehe darauf, daß Du mir auf diesen Brief eine längere Antwort gibst!

[16, Grosvenor Street, London]
8. Oktober 1910[1]

Sei bedankt für Deinen Brief, den ich heute morgen erhielt. Ich will Dir geradeheraus bekennen, daß ich ungebührlich beunruhigt wegen dieses Briefes war, und zwar, weißt Du, weil ich ziemlich lange auf ihn gewartet habe ... (drei Tage, stell Dir vor! Eine Ewigkeit!). Ich zermarterte mir geradezu den Kopf und sagte zu mir: Bete nur, daß Vita nichts zugestoßen ist, die sich doch bei der kleinsten Brise einen Schnupfen holt, und der Brief kam und kam nicht. Als ich heute morgen feststellte, daß meine Serviette unter einem blaß-blauen Briefumschlag lag, fand in meinem tiefsten Inneren etwas statt, das der Entspannung nach einem Gewitter sehr nahe kam ... Nur für den Fall, daß Du es nicht weißt: Ich bin ursprünglich in meiner Freude wie in meinem Leid. Es fällt mir manchmal ganz unerhört schwer, den Übermut eines glücklichen Kindes oder die Tränen eines enttäuschten zu unterdrücken ...

Ich habe so viel zu tun, daß ich ehrlich nicht mehr weiß, wo mir der Kopf steht. Von morgens bis abends tue ich nichts anderes, als Kleider anprobieren (wahre Wunder! Du mußt unbedingt nach Ceylon kommen, nur um sie zu sehen! (Oh, Eitelkeit, dein Name ist Violet)) ...

Dies Haus ist stiller denn je, kein Lärm außer dem fernen Geräusch von Pferdekutschen dringt durch diese zwei Jahrhunderte dicken Mauern. Gewiß, das ist nichts, wenn ich an die Renaissance-Säulen von Knole denke, an das mittelalterliche Treppenhaus von Duntreath, die elisabethanischen Decken von Quidenham, von Melbury und an tausend andere Orte, aber in London muß man sich bescheiden, und

[1] Das Original dieses Briefes ist in französisch.

wenn ich alleine an einem Ende dieses großen, kunstvoll ausgestatteten Salons stehe, fühle ich mich plötzlich zwei Jahrhunderte zurückversetzt und sehe die wunderschönen Damen des 18. Jahrhunderts mit ihren gepuderten Perücken, eingeschnürt in Walfischstäbe, wie sie sich aus dem Erkerfenster lehnen, während ein Grosvenor-Street-Dandy sie mit lüsternem Blick taxiert ...

Ich überlege gerade, ob ich Deine Frage beantworten soll? Darüber hinaus eine total indiskrete Frage, die einen scharfen Verweis verdient. Antworte, antworte nicht, antworte! Ach, zum Teufel mit der Verschwiegenheit!

Gut, Du fragst mich ganz direkt, warum ich Dich liebe ... Ich liebe Dich, Vita, weil ich so hart darum gekämpft habe, Dich zu gewinnen ... Ich liebe Dich, Vita, weil Du mir nie meinen Ring zurückgegeben hast. Ich liebe Dich, weil Du nie in irgendeiner Sache nachgegeben hast; ich liebe Dich, weil Du niemals aufgibst. Ich liebe Dich wegen Deiner wunderbaren Intelligenz, wegen Deiner literarischen Ambitionen, wegen Deiner unbewußten (?) Koketterie. Ich liebe Dich, weil Du keine Zweifel zu kennen scheinst! Ich liebe an Dir, was auch ich besitze: Phantasie, Sprachbegabung, Geschmack, Intuition und eine Menge anderer Dinge ...

Ich liebe Dich, Vita, weil ich in Deine Seele geschaut habe ...

Sonnabend, 15. Oktober 1910[1]

Laß Dir von ganzem Herzen danken, liebe Briefpartnerin, für Deine zauberhafte Abhandlung über die Berge Schottlands und das Entzücken, das sie um diese Jahreszeit bereiten. Ich muß mich wieder und wieder fragen, ob dieser Brief wirklich

[1] Das Original dieses Briefes ist in französisch

von Dir ist? Vergeblich bemühe ich mich, nach einer symbolischen Bedeutung, einem tieferen Sinn zu suchen ... Doch wenn ich mich auch allen nur möglichen und denkbaren Spekulationen hingebe, bleibt mein Geist im Dunkeln ...

Es ist das erste Mal in meinem Leben, daß ich Dich das Schicksal derer beklagen höre, die keine Zuflucht haben, wenn die großen Stürme toben. Und – traurig festzustellen, aber ich muß es Dir sagen – Mitgefühl, Sorge um, Rücksicht auf Deine Mitmenschen paßt nicht zu Dir, meine Liebe, nein, ganz und gar nicht!

Es paßt nicht zu meiner Vorstellung von der natürlichen, unausweichlichen, logischen *Richtigkeit* aller Dinge, die ein, wenn nicht der Grundstein überhaupt, der Kunst ist und der Stoff, aus dem Künstler gemacht sind.

Ha, Du siehst, ich habe mein Schwert gezückt, und ich will mich nicht zurückhalten und Dir all meine Gefühle mitteilen. Hoffentlich gefällt Dir das ...

Laß sehen, wo waren wir?

Ecco: Laß uns hoffen, daß Dein séjour[1] in Schottland nicht ins Unendliche verlängert wird, denn nach Deinem gestrigen Brief fürchte ich, daß er fatal für Deine geistige Gesundheit werden könnte! Was ist das für eine ungezügelte Freiheitsliebe, Liebe zu allen Geschöpfen, ohne Rücksicht auf jede gesellschaftliche Bindung, frei von allen Konventionen?

Und diese großen wilden Ausflüge, die Du durch Berg und Tal mit einer Dogge als einziger Begleitung unternimmst? Willst Du mir das alles entwirren? (Oh, es ist zu früh, um sich zu freuen, ich bin noch nicht fertig, ich habe noch genug für eine Seite! Du weißt, wenn ich erst mal loslege ...)

Und diese Träumereien unter einem glühenden Himmel? Und diese zerfallenden alten Mauern, unter denen Du Schutz suchst? Und diese bodenlose Verachtung für den armseligen

[1] Aufenthalt

kleinen menschlichen Geist (Achtung, Mademoiselle, ich zitiere Sie!), der, Dir zufolge, einzig und allein dazu da ist, überwunden zu werden, ein Gedanke, der uns nur einen wunderbaren Anlaß für Selbstvorwürfe liefert?

Das Lustigste an alledem ist, daß ich völlig Deiner Meinung bin, aber ich halte es nicht für klug, solche Vorsätze zum »Verzicht« auf die Welt und ihren »Tand« zu fassen, die Du früher oder später doch gezwungen sein wirst umzustoßen – nicht, daß ich dem die geringste Bedeutung beimäße. Vor höchstens vier Monaten drehte sich alles nur um Bälle, Cotillons, Gesellschaften, und was sonst noch? Zu Deinem Vergnügen, und Du schienst entzückt (ich sage »schienst« – Frauen sind so »abgründig«). Und nun zu dem, was ich »die Vorsehung herausfordern« nenne, und es ist nur zu Deinem Besten, daß ich mich in dieser Art und Weise abmühe! Hör auf mich, und ich will Dir sagen, was passiert, wenn Du weiter darauf bestehst, von dem Weg abzuweichen, den die Welt Dir in schöner Einhelligkeit (und mit »Welt« meine ich alle, die es wert sind, daß man sie kennt) gerne zuweisen möchte. Du wirst die Frau eines Gentleman werden – oh, eines bestimmt sehr feinen! Ich will da gar nicht das Gegenteil behaupten; eines höchst umgänglichen Herrn, eines, der nicht gastfreundlicher und unterhaltsamer sein könnte und der vor keiner Verschwendung zurückschreckt – Verschwendung von Geld natürlich –, um sich gesellschaftlich beliebt zu machen. Doch ich bete, daß sich meine Voraussage nicht erfüllen möge. Du würdest zu unglücklich sein, aber auf keine Art, die Dir gut täte. Es gibt, wenn Du es nur glauben willst, eine andere Art des Unglücklichseins, die auf Dein Wesen und Deine Gewohnheiten den günstigsten Einfluß ausüben würde, aber die Art dieses Unglücks zu enthüllen, seine besondere Spielart, käme mir wie der Gipfel an Plumpheit vor, also denke ich im Traum nicht daran. Aus dieser Richtung wirst Du nichts zu befürchten haben, das garantiere ich Dir.

Jetzt kannst Du sicher erraten, was ich meine. (Oh, ich vergesse: Du bist eigentlich nicht gut im Raten. Das ist eigentlich mehr meine Sache, nicht wahr?) Ich schreibe Dir aus meinem Bett mit Brokatvorhängen im Zwielicht, stranguliert von Kompressen und Breiumschlägen, umgeben von Mundwasser und Salben, von Pfefferminz-Pastillen und anderen Schrecken, doch ich will Dir die Aufzählung ersparen.

Muß ich noch ausdrücklich sagen, daß ich meine monatliche Halsentzündung habe? Du könntest mir wirklich einen netten Brief schreiben, obwohl es, darauf mein Wort, bestimmt kein Fall von Diphtherie ist und in acht Tagen vorüber sein wird, aber erinnere Dich – o weh, was habe ich gesagt? Vor nur fünf Minuten habe ich Dir geschrieben, daß Mitgefühl nicht zu erwarten ist von Leuten wie Dir, und jetzt bitte ich Dich höchst direkt, ein wenig davon auf mich und meine lästige Halsentzündung zu verschwenden! Ma non importa![1] Wir anderen Frauen haben bloß ein Spatzenhirn, eine wie die andere, und glaube mir, Du bist es, die den Lorbeerkranz davonträgt . . .

Du wirst diesen Brief Montag abend oder spätestens Dienstag morgen bekommen. Laß mich Deine Antwort bis Donnerstag morgen haben. Aber – bitte erspar mir das Wetter! . . .

16, Grosvenor Street
23. Oktober 1910[2]

Oh, Du Ausbund der Koketterie! Du bist hoffnungslos! Dein Brief sagt viel – zu viel – über deine kindischen Seiten, die

[1] Aber das ist nicht wichtig
[2] Das Original dieses Briefes ist in französisch.

schon nicht mehr zu zählen sind. Gibt es zum Beispiel irgend etwas Täuschenderes als den Schein? Ich sage Dir, es gibt kein faszinierenderes Schauspiel als eine stolz zur Schau getragene Bescheidenheit, die niemanden täuscht …

Ach, ich wußte nicht, daß die stille See (mit »ich« zu übersetzen – Himmel, was für eine Anmaßung …) sich in ein tobendes Meer verwandeln könnte!

Ach, ich wußte nicht, daß Musik auf Dich den gleichen Einfluß ausübt wie auf … – doch halt, keine Indiskretion!

Ach, ich habe Dich niemals von der schönen Ruhe abweichen sehen, die Du so sorgfältig in der Beziehung zu mir bewahrst!

Aber wofür hältst Du mich eigentlich? Nicht für den Menschen, der ich bin, das ist sicher. Du schwätzt einfach drauflos, oder liebst Du es, wütende Briefe zu erhalten? Wirklich, versteh doch, Du bringst mich zur Verzweiflung, wenn Du Dich so – dumm! – stellst, verzeih den Ausdruck. Du wirst dann so furchtbar langweilig (ich sag's ganz offen heraus) mit all Deinen sinnlosen Ermahnungen (mir fällt da kein anderes Wort ein), die Du glaubst, an meine Adresse richten zu müssen – mit welchem Recht, guter Gott, frage ich mich …

Wenn Du mir nicht diesen gräßlichen Brief geschrieben hättest, hätten keine zehn Pferde mich dazu bringen können, Dich zu sehen, aber nach einiger Überlegung habe ich meine Meinung geändert. Ja, wenn Du willst, komm und besuch mich noch einmal! Hier mein Vorschlag: Tee am Donnerstag (nicht Freitag, am Freitag kann ich nicht). Grosvenor Street 16 und dann Dinner mit mir und Papachen[1], und das wär's dann … Würdest Du mir so bald wie möglich Nachricht geben, ob Dir mein Vorschlag zusagt, Miss, denn natürlich bin ich furchtbar im Zeitdruck und habe nicht den kleinsten Augenblick für mich allein.

[1] George Keppel

Dies noch zu Deiner Information: Ich reise am 31. dieses Monats aus London ab, also sozusagen Montag in einer Woche. Paßt Dir das? Meine Adresse nach dem 23. oder 24. ist dann Dambatenne, Haputele, Ceylon.

16, Grosvenor Street
31. Oktober 1910[1]

Heute nacht bin ich verrückt ... Ich möchte jemanden verletzen: Wenn Du hier wärst, würde ich Dich zum Hinsetzen zwingen. Ich würde meine Häande auf Deine Schultern legen und pressen ... Ich würde meine Fingernägel in Dein Fleisch graben, meine Hände würden sich verkrampfen, ich würde Deine Ärmel zerreißen, Dir die Knochen brechen ... Ich hätte Lust, Dich zu zerreißen, zu verstümmeln, Dich unkenntlich zu machen ... Doch da Du nicht bei mir bist, werde ich mich mit weniger zufriedengeben ... Du bist doch mit der klaren Absicht gekommen, mir um jeden Preis die Gefahren vor Augen zu führen, denen ich mich aussetze, wenn ich Dir untreu würde?

Als ich Dir zuhörte, wirkte ich aufmerksam, nicht wahr? Mein ruhiges Verhalten war ein deutliches Zeichen, wie tief mich Deine Worte beeindruckt haben und daß folgerichtig neue Entschlüsse in meinem Inneren zu reifen begannen. Sicherlich konntest Du das klar genug erkennen! Und wenn Deine Vorstellung es bloß zuließe, Du hast sozusagen meine Seele in Deiner Hand gehalten, hättest sie ganz nach deinem Belieben formen können:

Aber – denn da ist immer ein »aber« in solchen Situationen – während Du sie noch mit triumphierendem Blick betrachtetest – ist sie Dir durch die Finger geglitten, um in einem

[1] Das Original dieses Briefes ist in französisch.

versteckten Winkel begraben zu werden, wohin niemand ihr folgen kann ... O Gott! Wie unrecht Du doch hattest, Vita! Urteile lieber selbst: Nach Deiner Abreise lachte ich, bis mir die Tränen kamen, dann heulte ich – was für ein Debakel!

Begreif doch, Miss, daß ich Dich nicht fürchte (nur das Unvorhergesehene macht mir angst), und wenn ich der Versuchung widerstehe, Dich zu betrügen, wie Du noch nie zuvor in Deinem Leben betrogen worden bist, dann ist es, weil ich so entzückt bin, einfach entzückt darüber, daß es noch so viel für Dich zu entdecken gibt, das Du bisher nicht wahrgenommen hast.

Was? Du wußtest nicht, daß ich meine verrückten Augenblicke habe, daß ich mich außerdem gelegentlich gerne auf ein völlig unbekanntes Terrain wage, ein Terrain, auf dem man nur bei schwachem Licht herumtasten kann, und daß ich auch meinen Stolz habe, daß auch ich eine Frau bin?

Was? Du wußtest nicht, daß dieses oder jenes Verbot bloß meine Eitelkeit reizen würde? Je mehr Hindernisse man mir in den Weg legt, desto mehr fühle ich mich versucht und verlockt. Mein Gott! Wie blind Du bist! Widerspruchsgeist, sagst Du? Ja, das bin ich: der personifizierte Widerspruchsgeist! Außerdem ist meine Neugier so groß, daß ich bis zum äußersten gehen würde, nur um zu sehen, wie Du es anstellen würdest, mich umzubringen. Wär's mit einem Stilett, das mir die Verräterin um Mitternacht zwischen die Schulterblätter stößt, oder mit einem vergifteten Becher bei Tage?

Sag es mir, damit ich weiß, woran ich bin!

Doch zu allererst einmal: Weißt Du es denn selber? Weißt Du es, Vita? Bist Du Dir wirklich sicher, Chevreuse? ...[1]

[1] Bezieht sich auf die Baronin de Chevreuse in Alexander Dumas' Roman *Die drei Musketiere.*

Colombo, Ceylon
[Dezember 1910][1]

Ich schreibe Dir unter verwirrend sich wiegenden gewaltigen Bambusbäumen, am äußersten Ende eines Gartens, der eigentlich zu *Tausendundeine Nacht* gehören sollte, oder, wenn Dir das besser gefällt, einem El Dorado ähnelt.

Magst Du Orchideen? Ich finde sie wunderschön.

Du hättest die gleichen Gefühle wie ich, wenn Du sie in diesem Augenblick sehen könntest: geheimnisvoll, in üppigen Büscheln wachsend, glutrot, betäubend und dazwischen hier und da eine verschämte Mesalliance, wie es sich für ordinäre Orchideen gehört.

Habe ich nicht ein Talent für Beschreibungen, Liebes?. . .

Unter einem grellen tropischen Mittagshimmel hat sich die Straße nach Maradane in Staub aufgelöst: . . . beide Seiten säumt das Unerwartete; Laubwerk mal düster, mal funkelnd oder strahlend. Bei der Hitze ist schon die geringste Bewegung anstrengend. In einiger Entfernung sieht man in einer Staubwolke die großen müden Ochsen mit ihren blutunterlaufenen Augen und den von Hieben gezeichneten Rücken. Daneben, schwarz-glänzend, die Ochsentreiber.

Überall reflektiertes Licht und dann, von Zeit zu Zeit, der Fall einer Kokosnuß, langsam, mit einem dumpfen Aufschlag auf die braune Erde.

Ein Land von vollkommener Ruhe, von vollkommener Schönheit, ein reiches Land, ein unglaubliches Land, überquellend von Früchten und Gewürzen – die Reinheit eines zinnoberroten Landes, verliebt in das Licht, trunken von Sonnenschein.

1 Dieser und die beiden nächsten Briefe wurden an verschiedenen Tagen geschrieben, aber in einem Briefumschlag abgeschickt. Die Originale sind in französisch.

NACHSATZ: Was sagst Du zu meinem orientalischen Stil? Was mich angeht, ich bin ganz vernarrt in ihn! *Ich bilde mir ein, einen der anpassungsfähigsten Charaktere überhaupt zu besitzen.*

Dambatenne, 1500 Meter hoch, 60 Meter bis zur Sonne
4. Dezember 1910

Fühle mich ganz schwindlig, die Benommenheit der Höhe.

Ich fühle mich so winzig ... Du hast keine Ahnung ... Alle mich umgebenden Berge haben sich verschworen, um mich mit ihrem Gewicht zu zermalmen. Gewaltige, zackige Felsen sind bunt durcheinander rundherum ums Haus aufgetürmt. Die Aussicht ist großartig. Siebenhundert Meter unter uns kann man liebliche Hügel mit herrlichen bewaldeten Abhängen erblicken.

Du siehst ihn, den Kegel von Adams Peak[1] in der dunstigen Ferne. In der Nähe den Dschungel, dann die See. Hier und da liegen Lagunen – umgeben von Bananensträuchern, Granatäpfelbäumen, Kakteen, Kampfer, Eukalyptus- und Muskatbäumen –, die in der Sonne dampfen wie riesige Zuber.

Unnötig Dir zu sagen, daß ich in königlicher Faulheit schwelge und mich nichts Geringeres als ein Monsun von meinem Diwan vertreiben könnte ...

Noch eine kleine, nüchterne Information, wie Du sie liebst: Wir werden vielleicht gegen Ende des Monats einige Tage in Nuwara Eliya verbringen, aber Du kannst mir hierher schreiben, die Post wird nachgeschickt.

[1] Der bemerkenswerteste Berg auf Ceylon (2243 m), eine weithin sichtbare Pyramide, auf deren felsigem Gipfel eine Markierung zu finden ist wie von einem riesigen Fußabdruck, die Buddha, Shiva und dem Apostel Thomas zugeschrieben worden ist.

Auf dem Dampfer habe ich allerlei Abenteuer erlebt, die ich Dir gern persönlich erzählen würde ... Es genügt zu sagen, daß sich das Fräulein Violet auf Kosten anderer köstlich amüsierte. Was vielleicht nicht die allerbeste Sache ist, aber man verzeiht der Jugend manches, besonders im Alter von sechzehneinhalb. Das ist halt, was man so mit Jugendstreichen bezeichnet. Ich nenne das ganz einfach Unreife – was ungefähr aufs gleiche hinauskommt.

Versuche, nicht zu heiraten, bevor ich zurückkomme!

Dambatenne
12. Dezember 1910

Vergeblich hält man Ausschau nach einem Zusammenhang, nach etwas wie einem verräterischen Strohhalm in dem unentwirrbaren Labyrinth Deines letzten Briefes – ein Labyrinth, in dem es leider keine Ariadne gibt, die den rettenden Faden bereithielte ...

Bei nochmaligem aufmerksamem Lesen durchzuckt mich ein plötzlicher Schmerz, den ich nur als eine dunkle Ahnung deuten kann und der mein Herz schneller schlagen und meine Hand zittern läßt, während ich Dir schreibe ...

Mein Herz bebt und ist traurig.

Zum ersten Mal kommen mir die zwei Jahre, die Du älter bist, sehr real, anmaßend und unheimlich vor ...

Schließlich bin ich noch ein Mädchen. Ich hätte vorhersehen sollen, daß sich in Deinem Alter möglicherweise eine Beziehung zu einem Mann anbahnen würde.[1] Ich wäre gut bera-

[1] Vita hatte in der Tat im Juni Harold Nicolson kennengelernt, und er war nun nach Monte Carlo eingeladen, wo Vita und ihre Mutter, Lady Victoria Sackville, den Winter verbrachten.

ten, sie zu akzeptieren. Ich fühle, daß ich drauf und dran bin, etwas Unpassendes zu sagen. Lach nicht, versprich, daß Du nicht lachen wirst! Seit geraumer Zeit habe ich von Dir nichts verlangt, also versprich mir das jetzt! Es würde mir so weh tun.

Morgen fahren wir nach Nuwara Eliya. Wir planen, den größeren Teil der Woche im Dschungel zu verbringen, wo die Herren Jäger Alligatoren schießen wollen.

Ich hoffe inständig, daß sie mich nicht zwingen werden, daran teilzunehmen. Diese Riesenviecher über und über blutend – puuuh! Das läßt mich schaudern. Dann wollen wir versunkene Städte besichtigen, angefangen bei Anuradhapura.[1] Der Dschungel läßt mich vor Angst zittern. Ich bete, heil zurückzukommen.

Violetta

Dambatenne, Ceylon
2. Januar 1911[2]

... In den letzten zwei Jahren habe ich alle erdenklichen Abenteuer erlebt. Soll ich einige der aufregenderen zu Deiner Unterhaltung zum Besten geben? Das möchtest Du doch, oder? Und gerade weil ich Deine – eigentlich ganz natürliche – Neugier verstehe, bin ich entschlossen, nichts zu erzählen.

Ich habe mehr Erinnerungen, als wär ich tausend Jahre alt. Ein großes Möbel mit Schubfächern, voller Abrechnungen, Verse, Liebesbriefe, Prozeßakten, Romanzen und zusammen-

[1] Anuradhapura, gegründet 437 v. Chr., war im 9. Jahrhundert als Königsstadt verlassen worden; sie und Polonnaruwa, die Singhalesische Hauptstadt aus dem 10. bis 12. Jahrhundert, waren vom Dschungel verschlungen worden und sind nun berühmte Ruinen.

[2] Das Original dieses Briefes ist in französisch.

gerollten Haarlocken zwischen Quittungen, birgt weniger Geheimnisse als mein trauriges Hirn. Eine Pyramide ist es, eine ungeheure Gruft, die mehr Tote als ein Massengrab enthält.

»Ich bin ein Kirchhof, den zu bescheinen selbst dem Monde graust, wo wie Gewissensbisse lange Würmer kriechen, die immer wieder an den Toten nagen, die mir die liebsten waren . . .«[1]

Ich könnte eine halbe Stunde lang weiter rezitieren, wenn das dazu beitragen würde, meinen Zorn zu besänftigen. Dein letzter Brief hat mir viel über Deinen augenblicklichen Seelenzustand verraten. Soll ich's eingestehen und nichts verbergen? Du hast mir einiges zu schlucken gegeben. Was für eine Hexe Du doch bist! Verzeih meine Ausdrucksweise. Ich benutze sie zu bestimmten Gelegenheiten, um meine Gefühle in den Griff zu kriegen, die mich manchmal zu überwältigen drohen.

Nun denn, hier etwas, das Dich, denke ich, zum Lachen bringen wird: Stell Dir vor, meine Liebe, ich habe einen Alligator mitgebracht von meiner Dschungel-Expedition – ein Riesentier, wie es sie eigentlich heutzutage gar nicht mehr gibt, so groß wie eine Treppenstufe!

Das verschlägt Dir wohl den Atem – wenigstens einmal!

Ich hab' ihn mit meinem kleinen Gewehr getötet, und wenn Du sehr brav bist (wie Du sagen würdest), dann sollst Du als Geburtstagsgeschenk daraus eine Geldbörse bekommen![2]

[1] Von Baudelaire, übersetzt von Guido Meister, aus Charles Baudelaire, Sämtliche Werke/Briefe, in acht Bänden, herausgegeben von Friedhelm Kemp und Claude Pichois in Zusammenarbeit mit Wolfgang Drost, Band 3, Les Fleurs du Mal, Die Blumen des Bösen, Heimeran Verlag, München 1973

[2] Vitas Geburtstag war am 8. März.

Weißt Du, daß Du aufgehört hast, für mich wirklich zu sein? . . .

Du bist ein Trugbild, das sich im gleichen Maße entfernt, in dem man sich ihm nähert. Apropos Trugbilder, ich sah eine wunderbare Fata Morgana an der Stelle, wo der Suez-Kanal ins Rote Meer mündet. Ich starrte zerstreut in die Wüste, die sich ins Unendliche dehnt, während die intensive, unbarmherzige Sonne brannte wie ein Hochofen und ein Kamel mit großen schwankenden Schritten gen Süden trabte – als ich plötzlich einen lauten Schrei von mir gebe: »Seht, da drüben, die Bäume, das Wasser!«

Man guckt: Es scheint dann, als sei man, ohne es zu merken, an einem von Dattelpalmen und buschigen Sträuchern umstandenen See vorbeigekommen, unglaublich blau und verlockend. Unverzüglich eilen wir zu den Landkarten, greifen nach den Ferngläsern – und dann alle zusammen zum Kapitän, der es sich hoch oben in seiner Kajüte bequem gemacht hat. »Was ist das für ein See, der da in der Ferne so blau und einsam glitzert?«

Der Kapitän kommt murrend herunter, richtet sein Teleskop auf die ägyptische Küste: »Das, meine Damen, ist ganz einfach eine Fata Morgana!« Und immer noch geschüttelt von seinem gesunden und ordinären Lachen, kehrt er in sein Reich zurück . . .

Hotel Savoy, San Remo
9. Februar 1911

Wie es aussieht, werde ich für einige Zeit in San Remo sein. Mein Telegramm war etwas alarmierend, nicht wahr? Ich versuchte wiederholt, Dich telefonisch zu erreichen, doch man teilte mir leider mit, daß die Verbindung nicht über die Grenze hinausreicht. Doch bei ruhigem Nachdenken mußte ich widerstrebend zugeben, daß es so vielleicht besser war; denn der Klang einer Stimme, die Du fünfhunderttausend Meilen entfernt wähntest, kann einen etwas aus der Fassung bringen, um es gelinde auszudrücken. Auch heißt es, Mademoiselle a, dit on, le cœur faible ...[1] Würde es Dir passen, wenn ich Montag oder Dienstag käme, natürlich in der unvermeidlichen Begleitung von Mademoiselle Claissac?[2] Leider wird Papa dann abgereist sein, und mein nächstes deutsches Mädchen harrt in München der Entdeckung, wohin ich gehen werde, um soi-disant[3], meine »Bildung zu vervollkommnen!?« ...

Hotel Savoy, San Remo
12. Februar 1911

Meine liebe Vita, was für ein ausgemachter Unsinn! Warum sollte ich ausgerechnet in London sein? Es war *nicht sehr* wahrscheinlich, daß ich mich nach dem tropischen Sonnenschein und äußerst spärlicher Bekleidung direkt Londons Nebel und Dunst aussetzen würde, oder? Gewiß, falls Mama und verschiedene Freunde und Verwandte es darauf abgesehen haben sollten, meinem jungen Leben ein vorzeitiges Ende zu bereiten, hätten sie kein besseres Mittel wählen können ... Selbst wenn wir mal annehmen, ich wäre irgendwohin gefahren – ja, ganz egal wohin, zum Beispiel nach Cannes oder Bordighera an der Riviera –, dann denke ich doch, und meinst Du das nicht auch, daß ich nach Deiner herzlichen Einladung, mit Dir ein oder zwei Wochen zu verbringen, Dich schon hätte wissen lassen, wo ich geblieben bin? Wenn man alles in Be-

[1] soll ein schwaches Herz haben.
[2] Hélène Claissac (»Moiselle«), Violets Gouvernante
[3] sozusagen

tracht zieht, fühl' ich mich in meiner Überzeugung bestätigt, daß Du noch ein bißchen »unmöglicher« bist als ich. Da Du aber offensichtlich unbedingt willst, daß ich les points sur les i[1] setze: Wie lange ist Dir meine Gegenwart genehm? Für einen Tag oder mehrere? Dies – dessen bin ich mir bewußt – ist ein durchaus ernstzunehmender Verstoß gegen die guten Sitten meinerseits, aber ich habe Dir bereits nicht weniger als drei Gelegenheiten gegeben, mir mitzuteilen, wie lange ich bei Dir bleiben soll, Du jedoch hast es versäumt, irgendeine davon zu nutzen. Ich könnte Dich vielleicht besuchen – irgendwann am Donnerstag –, aber da müßtest Du dann alles selber arrangieren.

München
Ostern 1911[2]

Ich hätte Lust, Dich aus Deinem Italien zu entführen, Dir rechts und links Ohrfeigen zu versetzen und Dich mitzunehmen auf eine wunderbare Reise weit, ganz weit weg von allem, was sich wie betäubend auf Deine Natur auswirkt, die, nach Deinen letzten Briefen zu schließen, schon halb eingeschlafen scheint!

Mein Gott, mein Gott, wie kann ich Dich aus dieser ekelhaften olympischen Ruhe reißen, die so fürchterlich im Widerspruch zu meinen purpur- und scharlachrot glühenden Erinnerungen steht . . .

Dann . . . wollen wir über Spanien hereinbrechen, Du als mein Schüler und ich als Dein Cicerone. Ich will Dir Fuenterrabia (die Franzosen sagen ›Fontarabie‹) mit seinen schmutzigen Straßen und fanatischen Soldatentrupps zeigen. Irún, im

1 die Tüpfelchen auf dem I
2 Das Original dieses Briefes ist in französisch.

Schatten der Pyrenäen mit seinen schönen grausamen Mädchen; Pamplona umringt von kahlen Bergen; Burgos, weise und archaisch. Folge mir, und ich will Dir die Matadores zeigen, wie sie am Sonntagnachmittag herumstolzieren, die schmutzigen, widerlichen Priester, die zerlumpten Bettler, die Dir Beleidigungen ins Gesicht speien, weil sie Dich dafür verachten, daß Du ihrem Flehen nachgegeben hast; folge mir überall hin; ich will Dir schwarzsamtene Augen zeigen, die mit schamlosen Verheißungen locken, die Sevillanas, den Fandango, sich in deren Rhythmus wiegende Körper, die klappernden Kastagnetten, die Elstern, die zwischen den Olivenbäumen herumspazieren, die melancholische Landschaft, die flatternden Mantillas, die sich langsam öffnenden Fächer.

Folge mir, folge mir! Ich will Dich zwingen, die Hand zu sehen, die so schnell mordet, Blut vergossen im geheimen, die kalkulierte Vendetta, die erbarmungslos ist und nie von dem Wort »pardon« gehört hat, die darauf wartet, den tödlichen Schlag zu führen, und nie ihr Ziel verfehlt, wo jeder tötet, wenn die Reihe an ihm ist. Du schreckst zurück vor dem Verbrechen? Was denkst denn Du? Das ist die Ordnung der Dinge, das muß getan werden – verflucht sei jeder, der es wagt einzuschreiten!

Ach, ich will Dir infamen Verrat zeigen! Frauen ohne Skrupel, schamlos, die nach zweifelhaften Grundsätzen handeln, um nicht zu sagen nach ganz und gar verderbten, und die der Welt und ihren Aposteln, die sich einmischen und sie kritisieren wollen, zurufen: »Packt euch!«

Ich will Dir die Wahnsinnige zeigen, Vita, die Wahnsinnige, weißt Du, die mit dem Finger schnipst, um ihren Liebhaber zurückzurufen, dessen Leib vor ihren Augen letzten Sonntag in der Arena aufgeschlitzt wurde!

[1911][1]

Ach Vita, ich werde so traurig, wenn ich bedenke, wie wir beide zwei Spielern gleichen, beide gleich begierig, zu gewinnen, und keiner will es riskieren, seine Karten aufzudecken, bevor der andere nicht auch die seinen zeigt! Du willst mir nicht sagen, daß Du mich liebst, weil Du fürchtest (zu Unrecht, meistens), daß ich Dir im selben Augenblick nicht das gleiche Geständnis mache!

Bayern
16. Juni 1911

Falls Du noch nicht verlobt sein solltest (meine geschäftlichen Verhandlungen führe ich, wie Du wohl merkst, stets auf englisch)[2], hast Du vielleicht Lust, vierzehn Tage im August mit Mama und mir irgendwo in Tirol zu verbringen, denn sie hat mir vorgeschlagen, außer ihren Freunden auch jemanden für mich einzuladen. Wo *ganz bestimmt*,[3] kann ich nicht sagen, aber Du magst das als eine Einladung sowohl von meiner Mutter als auch von mir betrachten.

Ich bin mir des Wirbels von Aufregungen und dergleichen vollauf bewußt, in dem Du zur Zeit steckst; trotzdem erwarte ich eine Antwort, da dies, wie ich wiederhole, eine Einladung sowohl von meiner Mutter als auch von mir ist, und falls die Antwort »nein« sein sollte, müßte ich mich sofort umtun, jemand anderen zu finden.

Die großen Musikfestspiele hier sind in vollem Schwange, besser gesagt, werden es Mitte nächster Woche sein. Mit

[1] Das Original dieses Briefes ist in französisch.

[2] im Gegensatz zu den meisten Briefen Violets an Vita zu dieser Zeit, die auf französisch geschrieben wurden

[3] im Original deutsch

Freuden würde ich dafür die ganze Londoner Saison opfern – und noch vieles andere mehr! Du darfst mich ruhig eine Musiknärrin schelten!

Im Laufe der nächsten Wochen wirst Du ein Foto von mir erhalten; ich geb Dir diese Vorwarnung, denn es ist höchst wahrscheinlich, daß Du nicht den geringsten Schimmer haben wirst, »wer die Dame ist« ...

Grand Hotel, Heidelberg
15. März 1912

Meine Liebe, es ist absurd! Was um alles in der Welt treibt Dich oder Deine Eltern dazu, Euch um diese Jahreszeit nach Spanien aufzumachen? Ihr werdet Euch zu Tode frieren, jetzt gibt's nichts Grünes an Bäumen oder Pflanzen – alles fängt erst nach Ostern an – warum nicht *dann* hinfahren? Dann könnt Ihr auch die großen Corridas[1] sehen, während Ihr, wenn Ihr Euch jetzt dorthin begebt, keine einzige mitbekommt.

In jedem Fall kannst Du nicht direkt nach Córdoba reisen – man macht auf dem Weg nach Süden immer in Paris halt. Meine Argumente sind schwach, aber etwas Besseres fällt mir nicht ein. Ich werde bestimmt vor Wut zerspringen, wenn ich Dich in Paris nicht sehe – all meine Pläne waren so schön ausgetüftelt, und ich *hasse* es, wenn man sie durchkreuzt; also, wenn Du schon unbedingt nach Spanien fahren *mußt*, unterbrich die Reise in Paris, kauf Dir Kleider und besuche mich auf dem Weg –

Ecris moi[2]: Princess Hotel, Rue de Presbourg, à partir de demain[3].

[1] Stierkämpfe
[2] Schreib mir
[3] ab morgen

1914 bis Frühjahr 1918

Während der ersten drei Kriegsjahre trafen sich Violet und Vita kaum, und bis April 1917 sind keine Briefe überliefert. Im Sommer 1914 bewohnte Alice Keppel Clingendaal, das Haus einer Freundin in Holland, der Baronin Daisy de Brienen. Unter den Hausgästen waren die »strahlend schöne« Lady Diana Manners (später Lady Diana Cooper) mit ihrer Mutter, der Herzogin von Rutland, und, wie Violet es später in ihrer Autobiographie *Don't Look Round* ausdrückte, viele der »brillanten, zu einem frühen Tode verurteilten jungen Männer, die der Krieg auslöschen sollte«. Bei Ausbruch des Krieges ging George Keppel zurück zu seinem Regiment und Mrs. Keppel in ein Feldlazarett nach Frankreich. Violet arbeitete kurz in einer Militärkantine und flüchtete 1917 aus ihrer Einsamkeit in London, indem sie Margaret – Pat – Dansey in Berkeley Castle besuchte, dem Familiensitz von Pat Danseys Onkel, Lord Fitzhardinge.

Während dieser ganzen Zeit war Vita glücklich verheiratet. Sie war im Juni 1914 nach England zurückgekehrt und gebar am 6. August Benedict, ihren ersten Sohn. Violet war »aufgrund ihrer eigenen sarkastischen Bitte« eine der Patinnen. Harold wurde für die Zeit des Krieges ins Auswärtige Amt nach London versetzt, und 1915 erwarb das Paar den Besitz Long Barn unweit von Knole in Kent; 1916 kauften sie außerdem ein Haus in der Ebury Street in London. Ihr zweiter Sohn, Nigel, wurde am 19. Januar 1917 geboren. Während dieses Sommers sahen sich Violet und Vita häufig, sowohl in London als auch in Kent, während Harold, kriegsbedingt, in wachsendem Maße von seiner Arbeit in Anspruch genommen wurde. Vitas Freundschaft zu Rosamund Grosvenor hatte sich über die Jahre hin abgekühlt, während Violets Leidenschaft weiterhin schwelte und auf den geeigneten Augenblick wartete, voll zu entbrennen. Das geschah am 13. April 1918, als Violet Vita alleine auf Long Barn besuchte.

Royal Crown Hotel, Sevenoaks
18. April 1917

... Wir haben uns Knole angesehen, das mir schöner denn je erschien. Wie ich es anbete! Wärst Du ein Mann, hätte ich Dich allerhöchstwahrscheinlich geheiratet, denn ich glaube, ich bin der einzige Mensch, der Knole so liebt wie Du! – (wirklich!) – Ich traf Miss Cardnich (den Backfisch) auf einem Fahrrad. Wir winkten einander überschwenglich zu. Sie schien ziemlich erstaunt, mich hier zu sehen – ich weiß nicht recht, wohin ich als nächstes gehen soll? Es gibt wohl hier in der Nähe keinen anderen Ort, der meinen Bedürfnissen entspricht!

Gott schütze Dich und tausend Dank –

Coker Court[1], Yeovil
29. Oktober 1917

Liebling, zum ersten Mal seit – ich weiß nicht wie vielen – Jahren ergreife ich die Feder, um Dir harmlose Neuigkeiten mitzuteilen, und einmal *nicht*, um Deinen Schutz für verbo-

[1] Der Familiensitz von Dorothy Heneage, teils im Tudorstil, teils georgianisch, eines der Schlösser, die Violet am meisten liebte.

tene Treffen oder einen geheimen Briefwechsel zu erbitten. Soit dit en passant[1], ich werde fuchsteufelswild, wenn Du meinen Brief nicht beantwortest, und werde Dir nie wieder schreiben! Ich habe gehört, Du möchtest Ebury Street den Winter über vermieten. Wenn das stimmt, gehören wir beide zu der Kategorie altmodischer feiger Frauen, die lieber in einem Vorort von Bristol leben möchten, als im gegenwärtigen Moment auch nur in die Nähe Londons zu gehen! Andererseits werde ich sehr böse sein, wenn es wirklich wahr ist, weil das bedeutet, daß ich Dich während des ganzen Winters nicht zu sehen bekomme, und das, glaub mir, würde für uns beide gleichermaßen bedauerlich sein. Ich kann ganz einfach nicht ohne einen gelegentlichen Blick auf strahlendes häusliches Glück auskommen, und Du würdest unerträglich spießig werden, wenn Dir das Vagabundische – was Dorothy das »ausschweifende« Element nennt –, das ich zu bieten habe, auf unbegrenzte Dauer vorenthalten wird. Das dürfen wir nicht zulassen! Wir sind für einander absolut lebensnotwendig, jedenfalls in meinen Augen! . . .

Ich bin hierher zurückgekommen trotz – hm! – fremder Einflüsse? – Dorothy[2] ist so attraktiv wie immer, und ich liebe sie (fast) so wie Dich. Und ich werde sie sehr viel *mehr* lieben als Dich, wenn Du diesen Brief nicht sofort und auf der Stelle beantwortest . . .

. . . Ich liebe dieses Fleckchen, ich habe immer das Gefühl, daß ich hier entweder die Romanze meines Lebens erleben werde oder sie schon hinter mir habe!

Morgen werde ich zum Vollmond nach Badminton (Glos.)

[1] übrigens

[2] Beschrieben von Violet in *Don't Look Round*: »Dorothy Heneage trat in mein Leben, als ich ungefähr siebzehn war. Sie war im Alter zwischen mir und meiner Mutter . . . Sie glich einem kuscheligen kleinen Tier aus La Fontaines Fabeln . . .«

fahren. Ich sehne mich so sehr nach Dir, und deshalb habe ich Dir auch geschrieben – Sois gentille, réponds moi.[1]

25. Januar 1918

Es waren einmal eine Künstlerin und eine Frau, und die Künstlerin und die Frau waren eins. Im Laufe der Zeit heiratete die Frau; sie heiratete den Prinzen ihrer Träume, und sie versank unwiderruflich in stets gleichbleibender Zufriedenheit. Die Künstlerin war zeitweise vergessen: Eingehüllt in bequeme Trägheit, schlief die Künstlerin, und die Frau blühte in ihrer Weiblichkeit und in dem Glück, das sie anderen schenken konnte ...

Eines Tages erwachte die Künstlerin und fand die Kammer ihres Dornröschenschlafes geschrumpft und verzerrt; die Fenster waren so schmal geworden, daß sie kaum noch hinausschauen konnte, die Brokate waren verblaßt, Damaste und Satins hingen wie schlaffe Gespenster an müden Nägeln ... Gepackt von Panik, eilte sie ans Fenster; auf einem weichen Rasen sah sie eine Frau mit einem lachenden Kind spielen. Kurz darauf begegneten sich die beiden; sie standen einander gegenüber, die Frau heiter, voller Liebe, unerschütterlich, die Künstlerin herausfordernd, eifersüchtig, zum äußersten gereizt. Und die Künstlerin stand da und verhöhnte die Frau. Arme Künstlerin: zerzauste, unverantwortliche Zigeunerin, das war mehr, als sie ertragen konnte. – Die Frau gehörte nun mit Herz und Seele ihrem Mann und ihren Kindern, aber die Künstlerin gehörte niemandem, oder besser gesagt der ganzen Menschheit. Stell Dir vor, wie sie über die Erde wandert, heute hier, morgen da – überall auf der Welt sind die nutzlosen Blüten ihrer Gunst verstreut ...

[1] Sei nett, antworte mir!

Die Kombination Frau – Künstlerin hatte eine Geistesart hervorgebracht, die so selten wie erhaben ist; Künstler, egal ob in der Malerei, der Musik oder der Literatur, müssen notwendigerweise beiden Geschlechtern angehören, ihr Urteil ist bisexuell, sie müssen gänzlich unpersönlich sein, sich ungestraft an die Stelle beider Geschlechter setzen können.

Und dieses intellektuelle Gleichgewicht führte dazu, daß man plötzlich die uralte Weisheit in den Augen dieser Frau entdeckte; einer Frau von vollkommener Aufrichtigkeit, klar, unmißverständlich, unberührt von dem Wankelmut des Mannes – man nahm wahr, daß sie etwas von einer ewigen Wahrheit an sich hatte, von einer ewigen Schönheit, weit, weit jenseits der Reichweite unseres kläglichen Begriffsvermögens ... Etwas so alt wie die Berge, so alt wie die Welt, dennoch für immer jung, für immer unerreichbar ... Etwas Göttliches, Gottähnliches, Schwindelerregendes, das von einer Ebene höheren Verstehens und Erbarmens sogar jene wahrnimmt, die ihm am fernsten stehen. Die singende Leier, die den Tausenden von Stummen geschenkt wird – der göttliche Künstler, ja! Künstler, die jeden Tag mit neuen Intuitionen gefüttert werden sollten, mit neuen Bedingungen, neuen Lieben und neuem Haß, auf daß sie weiter für die Menschheit singen. Künstler – der höchste Luxus, den die Götter der Welt zuwerfen, wenn sie fühlt, daß sie sprechen oder sterben muß!

Und die Frau wird vielleicht lächeln, wenn sie dieses hier liest, und ihre Freunde werden sagen, was für eine ideale Ehefrau und Mutter sie doch ist, was durchaus stimmt. Aber die Künstlerin wird entsetzt vor dem Vorwurf der Angepaßtheit zurückschrecken, der auch in diesen Worten unüberhörbar mitschwingt.

Gott weiß, daß es ästhetisch nicht angeht, daß Künstler durch Häuslichkeit behindert werden, daß Pegasus vor einen Kinderwagen gespannt wird und Marysas das Harmonium spielt. Ich schließe die Augen und meine trotz der demetergleichen Eigenschaften, welche die Frau unzweifelhaft schmücken, nicht die Frau, sondern die Künstlerin in ihr zu sehen, die über die Gipfel der Berge schreitet, schweigend, erleuchtet und allein.

April 1918 bis März 1919

Vom 28. April bis 10. Mai 1918 gingen die Liebenden nach Cornwall, wo sie in Hugh Walpoles Häuschen auf einem Felsen oberhalb von Polperro wohnten. Am 14. Mai fing Vita mit Violets Hilfe an, den Roman zu schreiben, der am Ende unter dem Titel »Challenge« (»Die Herausforderung«), ein Schlüsselroman, erschien. Er spielt auf einer griechischen Insel, und Vita tritt darin als Julian und Violet als Eve auf. Das Frühjahr und den Sommer über schrieb Violet eine wahre Flut von leidenschaftlichen, oft fast rasenden Briefen an Vita, während beide Pläne machten, England zu verlassen und zusammenzuleben. Im Juli liehen sie sich wieder Hugh Walpoles Häuschen, und es gab häufige Treffen in London und Long Barn. In diesem Sommer lernte Violet auch Denys Trefusis kennen, einen gutaussehenden Offizier der Royal Horse Guards (der Königlichen Reitergarde). Er war ein Enkel des 19. Lord Clinton, und Violet beschrieb ihn als eine ›elisabethanische Persönlichkeit‹. Er hatte vier Jahre in Rußland gelebt und kam 1914 »mehr russisch als englisch« zurück. Im selben Jahr meldete er sich im Alter von neunzehn Jahren zu den »Blauen«. Er diente in Frankreich und Flandern, stieg zum Rang eines Majors auf und erhielt das Military Cross, einen Tapferkeitsorden.

Nach dem Waffenstillstand am 11. November 1918 wurde die lang erwartete »Flucht« möglich, und nachdem sie Harolds Hilfe in Anspruch genommen hatten, um Pässe zu bekommen, brachen Violet und Vita am 18. November nach Paris auf, wo sie eine idyllische und leichtsinnige Woche in der Wohnung ihres Freundes, des Dramatikers Edward Knoblock, verbrachten. Danach fuhren sie, anstatt nach England zurückzukehren, wie ihre Familien es erwarteten, nach Monte Carlo und blieben dort drei Monate. Harold feierte Weihnachten in Knole mit seinen Söhnen und Vitas Eltern, die kurz vor der Trennung standen. Auf seine flehentlichen Briefe aus Paris hin, wo er im Stab der britischen Delegation der Friedenskonferenz arbeitete, versprach Vita, am 1. Februar bei ihm zu sein, blieb aber noch bis zum 15. März 1919 mit Violet in Monte Carlo. Dann brach Vita schließlich auf, um Harold vor der Rückkehr nach England in Paris zu besuchen.

[Frühling 1918]

... Wie lange noch soll ich die Farce ertragen, immer nur ein paar Stunden mit dem Menschen stehlen zu können, der mein ganzes Leben in seinen Händen hält? Meine Schwester spielt gerade Fürst Igor[1] – den Part, der so ganz wie mein Dmitri ist ...

Ich werde Dich mitnehmen zur »Chowantschina«[2], von aller Musik die sinnlichste, die vielfarbigste, die entfesseltste und die verzweifeltste ... Eines Tages werde ich ein Buch schreiben über den unheilvollen Einfluß, den Musik auf mein Leben hatte ...

[1] Oper von Borodin, zum ersten Mal in St. Petersburg 1890 aufgeführt; hier von Sonia auf dem Klavier gespielt. Violet identifizierte die leidenschaftliche, sinnliche Musik mit Vita, »meinem Dmitri«.
[2] Unvollendete Oper von Mussorgskij, zum ersten Mal in Petersburg 1886 aufgeführt, dann 1913 in Paris und London, in einer von Strawinsky und Ravel veränderten Form

[1918]

Vielleicht schreibe ich Unsinn, aber ich bin auch trunken. Trunken von der Schönheit meines Mitja! Den ganzen Tag war ich durcheinander. Ich sage Dir, Du strahlst eine barbarische Prächtigkeit aus, die nicht nur mich überwältigt, sondern jeden, der Dich gesehen hat. Du bist gemacht zu *erobern*, Mitja, nicht, besiegt zu werden. Du warst hinreißend. Die Welt könnte Dir zu Füßen liegen. Sogar meine Mutter, die nicht leicht zu beeindrucken ist, war meiner Meinung. *Du hast Dich auch verändert*, nicht wahr? An jenem Abend, nachdem Du gegangen warst, sagten sie, Du seist wie eine blendend schöne Zigeunerin. Die Worte meiner Schwester, nicht meine! Eine Zigeuner-Fürstin, eine Herrscherin – was Du willst, doch immer eine Zigeunerin.

Außerdem, sagten sie, hätten sie an Dir einen neuen Übermut bemerkt, etwas wie pure Lebenslust, etwas, das früher nie da war. Vielleicht liebst Du mich, Mitja, doch jeder wäre *stolz*, von Dir geliebt zu werden, selbst wenn Du ihn wegwirfst und vergißt – für jemand Neuen ...

5. Juni 1918

Mer Dmitri, ich war begeistert von Deinem Brief, den Du mir »aus der Wildnis« geschrieben hast – den einzigen langen Brief, den ich je von Dir bekam. Meinst Du nicht, Du könntest eine *Gewohnheit* aus solchen Briefen machen? Ich habe ihn bis gestern nachmittag aufgespart und ihn dann langsam und genüßlich »degusté«[1].

Die Beschreibung von Julian fand ich genau richtig.[2] Du

[1] auf der Zunge zergehen lassen/genossen
[2] in dem Roman, den Vita gerade schrieb.

sagst, er sei Dir nicht ähnlich. Aber Du *bist* es, Wort für Wort, Zug für Zug! Ich lachte lange und lauthals über die Stelle, an der Du sagst, alle Leute himmelten ihn an, ohne daß er es merkte! Signiferait-il que tu commences à t'apprécier?[1] Laß mich um alles in der Welt glauben, Du hättest es gelernt, dann habe ich nicht umsonst gelebt.

Ich muß sagen, ich fände eine *detailliertere* Beschreibung von Julians Erscheinung besser, während Du Dich bis jetzt mehr auf den Eindruck beschränkst, den er auf andere Leute macht. »Julian war groß«, sagen wir mal, und »makellos gebaut. Die ideale Größe eines griechischen Athleten soll ein Meter und siebenundsiebzig gewesen sein, aber Julian übertraf dieses Maß noch um mindestens fünf Zentimeter. Julians Haar war schwarz und seidig. Eve war neugierig, wie es sich wohl anfühlte, wenn man es streichelte, und probierte es unverzüglich aus; sie war erstaunt, als ein schmerzähnliches Gefühl durch ihre Finger emporschoß und sich schließlich in der Herzgegend einnistete. Dennoch war sie entschlossen, Julians Schönheit zu erkunden, Zug um Zug, wie er so ausgestreckt im Gras dalag und – woran dachte? Sie überlegte voller Unruhe – hier war eine Gelegenheit, die sie sich nicht entgehen lassen durfte.

Wie anmutig er war, wie jung, wie stark! Eve studierte die ruhende Gestalt mit Augen, in denen etwas wie widerwillige Zärtlichkeit lag. Sie haßte sich dafür, daß sie ihn schön fand, denn schön war er ohne Zweifel. Mit welchem Vorbehalt sie jene Augen mit den schweren Lidern prüfte, grün in der Ruhe, schwarz im Zorn, in denen stets ein unterdrückter Trieb zu schwelen schien. Sie fragte sich: Wird Julian sich jemals gehenlassen? Wird er jemals alle Zurückhaltung in den Wind schlagen? Wird er je wissen, was es heißt, jene Gefühle von Liebe und Haß zu erfahren, die Narben in die Seele

[1] Bedeutet das etwa, daß Du beginnst, Dich selbst zu schätzen?

brennen? Dann, auf einmal, blieb ihr Blick an seinem Mund hängen. Sie nahm ein kleines Beben wahr: – sein Mund, vollkommen klassisch – mit der recht vollen Unterlippe, war kein Mund der Strenge, der Entsagung. Nein, es war ein sinnlicher Mund, und seine Sinnlichkeit wurde durch das kräftige Kinn mit der Kerbe darin nicht etwa gemindert, sondern nur noch verstärkt.

Häufig sagte Eve neckend zu Julian, er schaue aus wie ein Zigeuner, aber später gab sie zu, daß die wundervolle Aprikosenfarbe seiner Haut einer seiner größten Reize sei. Wie sehr er doch einem jungen Hermes glich, heidnisch, unpersönlich, gleichgültig ... und eine Welle unerklärlicher Niedergeschlagenheit überflutete sie. Plötzlich fühlte sie sich sehr nutzlos und unerfahren.«

Wie gefällt Dir das? Ich habe nicht sehr sorgfältig geschrieben, aber es ist mehr oder weniger das, was ich vermitteln will. Wenn Du willst, überarbeite ich es noch einmal gründlich. Es ist zu herrlich, über Dich zu schreiben! Ich kann Dir gar nicht sagen, welchen Spaß mir das macht! Natürlich mußt Du bedenken, daß diese Beschreibung (wenn überarbeitet) für »vorher« gedacht ist. Liebling, »danach« wandelt sich Hermes in Bacchus – laß mich das machen, ja? Oh, HURRA! Ich kann Dich in Deinem Leopardenfell beschreiben – sag's mir, wenn Du soweit bist ... Liebling, ich bete Dich an – eines Tages wirst Du mir noch viel zu eingebildet ...

Deine Aluschka

30. Juni 1918

Men tilich, es war die Hölle, Dich heute zu verlassen. Gott, wie ich Dich anbete und begehre! Du kannst Dir gar nicht vorstellen, wie sehr ... Die letzte Nacht war vollkommen ... Ich bin so stolz auf Dich, meine Bezaubernde, ich bin berauscht von Deiner Schönheit, der Schönheit Deiner Gestalt und Deiner Züge. Meine Unterwerfung erfüllt mich mit Triumph – heute, wenn auch nicht immer. Liebling, wäre Dein Roman in französisch erschienen, hätte er unbedingt den Titel »Domptée«[1] tragen müssen!

Mitja, ich vermisse Dich so sehr – es ist mir egal, was ich sage – ich gehöre Dir mit Haut und Haar – ich fühle solchen Stolz bei dem Gedanken, daß Du allein ... mich Dir zu Willen gemacht hast, meine Selbstbeherrschung zerschmettert, mir mein Geheimnis geraubt, mich zu der Deinen gemacht hast, so sehr *Dein*, daß ich fern von Dir nichts bin als eine nutzlose Puppe! Eine leere Hülse! Alushka braucht sich nicht zu schämen, Dmitris Geliebte zu sein ... im Gegenteil! ...

Warum sollte ich meine Worte vorsichtig abwägen? Anderen Leuten gegenüber habe ich vielleicht ein paar »Vorhänge« vor mein Verhalten gezogen, aber für Dich, da gibt es keine Vorhänge, nicht einmal hauchzarte. Ich frohlocke in dem Bewußtsein, wie wenig wir mit der Welt gemein haben ...

Deine Luschka

VERBRENN DIES! Versprich's!

[1918]

Darf der Allgemeinheit nicht gezeigt werden oder sonst jemandem!!

Es bereitet mir Vergnügen, die unvorsichtige Korrespondenz mit Dir fortzusetzen! Obwohl sie, genaugenommen, nicht so sehr unvorsichtig als vielmehr spekulativ und analytisch ist. Dennoch sehe ich nicht ein, warum sie einseitig sein sollte – mit anderen Worten, warum Du die Briefe nicht beantwortest, die ich Dir schreibe, wenn ich eigentlich ganz andere schreiben *sollte*, die für mein persönliches Wohler-

[1] »Gezähmte«

gehen sehr wichtig wären? Aber wie Du weißt, habe ich wenig Skrupel und (Gott sei Dank) keine Verantwortungen!

In dem großzügigen Reich Deiner Zuneigung mußt Du mir eine kleine Provinz zuteilen und hast es sicherlich auch getan – eine Provinz, sagen wir mal, nicht größer als die Republik San Marino, über die ich uneingeschränkt herrsche, unbehindert von irgendeiner tyrannischen Verfassung – wo ich mein kleines Wörtchen in den Angelegenheiten Deines Reiches mitzureden habe und eine kleine Stimme im Donner Deines Parlaments bin?

Du spielst eine sehr merkwürdige und wichtige Rolle in meinem Leben. Du bist mit mir aufgewachsen. Wir waren zusammen Kinder: Also bist Du immer da. Und Du warst schon immer »da«. Du bist so unveränderlich wie die Berge, so zuverlässig wie die Jahreszeiten!

Manchmal fühle ich mich mit Dir zusammen wie ein wildes, mutwilliges Kind, dem nichtsdestoweniger eine unerschütterliche Ehrfurcht vor Deiner überragenden Weisheit angeboren ist: ein liebevolles und einfältiges Kind, das die Welt nach neuen und wundersamen Spielsachen durchsucht, um sie Dir zu Füßen zu legen. Ein prahlerisches, draufgängerisches Kind, das ständig sein Bestes geben will, weil es sich herausgefordert fühlt, das Unmögliche zu vollbringen, Bäume ohne Kerben zu erklimmen, über die Zweimetervierzig-Hürde zu springen. Dann eile ich zu Dir und sage: »Schau nur, was ich getan habe! . . .«

Die einzige wirkliche Schönheit ist in den einfachsten Dingen zu finden. Nichts Gekünsteltes kann jemals schön sein. Gott hat verboten, daß jemals etwas wirklich Schönes unbemerkt an mir vorübergeht. Gestern in der Slade[1] dachte ich,

[1] Violet nahm Unterricht an der Slade-Kunstschule. Sie wurde 1871 gegründet und nach dem Sammler und Patron Felix Slade (1790 bis

daß hier wirkliche Schönheit herrsche: Dutzende von Geistern, die sich alle intensiv mit Kunst beschäftigen, sich alle aufs äußerste anstrengen, das Schöne einzufangen; und die Beschäftigung mit der Kunst, egal wie erfolglos, ist doch immer schön. Doch dann sah ich diese Leute, wie sie wirklich sind, und sie schienen mir alle gewöhnlich und ohne Eingebung, und die geringste Zeichnung dort war mehr wert als all ihre Gedanken und Anstrengungen.

Die einzigen beiden Dinge, auf die es ankommt, sind Liebe und Schönheit – auch Schönheit des Charakters. In meinem Charakter gibt es ein paar äußerst unschöne Dinge: Lügen und Betrug, die moralisch so häßlich sind wie ein Silberblick und ein Buckel – ebenso unsymmetrisch und entstellend. Ebenso ist es mit Tratsch, Snobismus und Engstirnigkeit. Sie sind wie eine Hakennase, eine Hasenscharte und ein fliehendes Kinn! Nein, die schönen, freien, göttlichen Dinge sind Leidenschaft und Abenteuer, Mut und Ungeduld, Großzügigkeit und Vergebung! Der Himmel bewahre uns vor all den aalglatten und schäbigen Tugenden wie Pünktlichkeit, Gewissenhaftigkeit, Treue und Selbstgerechtigkeit!

Welcher große Mann war jemals beständig? Welche große Königin war je treu? Das Neue ist das wahre Wesen des Genies und wird es auch immer sein. Sollte ich morgen sterben müssen, bedenke, wie ich gelebt hätte! Mit der folgenden Ekstase von Swinburne muß ich diesen Brief beenden. Meinst Du nicht, er verdient eine Antwort? Falls nicht, wird dies der letzte der Serie sein.

> Ah, one thing worth beginning,
> One thread in life worth spinning,
> Ah, sweet, one sin worth sinning

1868) benannt. Die Schule bot Kurse in Bildhauerei, Malerei und Zeichnen an.

With all the whole soul's will;
To lull you till one stilled you,
To kiss you till one killed you,
To feed you till one filled you,
Sweet lips, if love could fill;

To feel the strong soul, stricken
Through fleshly pulses, quicken
Beneath swift sighs that thicken,
Soft hands and lips that smite;
Lips that no love can tire,
With hands that sting like fire,
Weaving the web Desire
To snare the bird Delight.

So hath it been, so be it;
For who shall live and flee it?
But look that no man see it
Or hear it unaware;
Lest all who love and choose him
See love, and so refuse him
For all who find him lose him,
But all have found him fair.[1]

Aus Swinburnes »Before Dawn«, S. 82, Original Violet to Vita:

Ach, eins, wert zu beginnen,
Ein Faden, wert zu spinnen,
Ach, süße Sünd', wert, drauf zu sinnen
Mit der Seele ganzem Willen;
Zu kosen, bis man stillte euch,
Zu küssen, bis man tötet' euch,

[1] aus Swinburnes »Vor Tagesanbruch«

Zu nähren, bis man füllte euch,
Ihr Lippen süß, könnt' Lieb' nur füllen.

Zu fühl'n die starke Seele, bewegt
Vom Puls des Fleisch's, erweckt
Zu schnellen Seufzern, flink erregt,
Von seng'ndem Mund und sanfter Hand;
Lippen, nie müd' von der Liebe,
Hände, schmerzhaft wie Hiebe,
Weben das Netz der Triebe,
Schling'n um den Vogel Lust ihr Band.

So war es einst, so sei es,
Denn wer da liebt, wohl flieht es?
Gib acht, daß niemand sieht es
Oder hört es unverhofft;
Damit wer liebt und sieht sie,
Die Lieb' nicht sieht und flieht sie,
Denn wer sie find't, verliert sie,
Doch süß fand man sie oft.

[1918]

Heute nachmittag tauchte ich in Musik ein pour revivre[1] und um zu vergessen (ein Widerspruch in sich). Das Medium war ein Pianola, aber man entschuldigte das, es wurde so gut gespielt . . . Oh, meine Liebe, nichts auf dieser Welt reicht an die Musik heran: »la raison est trop faible, et trop pauvres les mots«[2]. Die armen Schwester-Künste – sie sind überhaupt nicht zu vergleichen.

1 zur Wiederbelebung
2 »Die Vernunft ist zu schwach, und Worte sind zu arm.«

Ich hörte Grieg, elfengleich, verschmitzt, einfallsreich, romantisch – so südländisch manchmal trotz seines norwegischen Bluts ... Du würdest Grieg lieben. Du würdest den saccadé[1] Rhythmus von Anitras Tänzen mögen und den grotesken Schrecken von »In der Halle des Bergkönigs«. Im Märchenland der Musik spielt Grieg den Gnom im Vergleich zu dem Zauberer Debussy ...

Dann hörte ich Debussy, und mir wurde fast schwindlig bei der Schönheit von *La Mer* (so ganz Irkutsk) und seiner *Petite Suite* – die der Inbegriff der Galanterie, der Heiterkeit und Keckheit des achtzehnten Jahrhunderts ist. Ach, mein Liebling, ich könnte Dich lehren, Debussy genauso zu lieben wie ich, nur würde es ein Weilchen dauern. Dann wählte ich mit einer Genußsucht, die Marius'[2] des Epikuräers würdig gewesen wäre, Brahms aus, den wilden, den »jubelnden«, den freien – *Deinen* Komponisten par excellence. In der Tat spielte ich *Dich* in alles hinein, oder so ziemlich in alles, was ich hörte ...

17. Juli 1918

... Mitja, Dein Brief war nicht ganz befriedigend. Erstens – war er im Vergleich zu meinem kurz; zweitens – klang er versöhnt (mehr oder weniger) mit diesem Schrecken, der über uns gekommen ist. Er hat nicht so heftig gegen die Türen getrommelt und mit blutenden Fingern am Knauf gerüttelt, wie er es hätte tun sollen. Wenn Du wüßtest, wie ich bange und zweifele, zweifele und bange, Du würdest so lange und überzeugende Briefe schreiben, wie es Dir nur möglich wäre ...

[1] abgehackt, ruckartig
[2] Walter Pater, *Marius, der Epikuräer* (1885)

Ozzie (Dickinson)[1] und ich haben Dich in aller Ausführlichkeit durchgenommen. Ozzie meint, wie sehr Du Dich »gebessert« hättest in letzter Zeit, wie viel »entrain«[2] Du besäßest und wie Du endlich die Leute wie Menschen behandeltest – dann der feinsinnige Kommentar: »Es werde ein furchtbarer Tag sein«, wenn Du schließlich »erwachst«. Er vermutet bodenlose Abgründe der Leidenschaft und mögliche »Hemmungslosigkeit« in Dir, die, wie er meint, bislang mehr oder weniger geschlummert haben. Ganz gut, was? Ich halte ihn für ziemlich scharfsichtig. Ich sagte, ich hoffe inständig, daß dieser Tag nahe sei – er sagte, wie nett ein gewisser Jemand sei, doch nicht eigentlich »emballant«[3]. (Dazu habe ich klug geschwiegen.) »So häuslich« – ich stimmte von Herzen zu – »so beständig und zufrieden«. Ja, ja, all das. »Aber kein bißchen aufregend, kein Typ für Dich oder mich –« Nein, ganz entschieden, nein! Oh, mein Gott, Mitja – und Du kannst nicht wissen, was ich empfinde, wenn +++[4] mit Dir zusammen ist, während ich mich so furchtbar nach Dir verzehre! Liebling, kannst Du nicht öfter als einmal am Tag schreiben?? *Bitte* . . .

22. Juli 1918

Seit sechzehn Nächten habe ich erwartungsvoll auf das Öffnen meiner Tür gelauscht und auf das gewisperte »Lushka«, mit dem Du immer in mein Zimmer getreten bist, und heute nacht bin ich allein. Was soll ich bloß machen? Wie kann ich schlafen? . . . Ich will gar nicht schlafen, aus lauter Angst,

[1] Oswald Dickinson (1869–1914), der unverheiratete Bruder von Violet Dickinson, Virginia Woolfs enger Jugendfreundin

[2] Schwung, Temperament

[3] überwältigend

[4] Harold Nicolson

aufzuwachen und zu glauben, Du liegst neben mir, die Arme auszustrecken, und – ins Leere zu greifen.
Mitja, erinnerst Du Dich?

All that I know of love I learned of you,
And I know all that lovers can know,
Since passionately loving to be loved
The subtelty of your wise body moved
My senses to a curiosity
And your wise heart adorned itself for me.
Did you not teach me how to love you, how
To win you, how to suffer for you now
Since you have made, as long as life endures,
My very nerves, my very senses, yours?
I suffer for you now with that same skill
Of self-consuming ecstasy, whose thrill
(May Death some day the thought of it remove!)
You gathered from the very hands of Love.

Gedicht auf S. 84 Original Violet to Vita Autor unbekannt:

Was ich von Liebe weiß, lernt' ich von dir,
Und was man wissen kann, zeigtest du mir,
Da, im heißen Drang des Liebestriebs
Die Zärtlichkeiten deines weisen Leibs
Die Sinne mein zu Neugier weckten
Und auch dein weises Herz sich hat für mich
geschmückt.
Hast du mich nicht gelehrt, wie dich zu lieben,
Zu gewinnen, wie jetzt um dich zu leiden,
Da du, solang' wir leben, dein machtest
Alle Sinne, alle Fasern mein?
Ich leid' um dich nun mit der gleichen Kraft
Verzehrender Ekstase, welche dir verschafft

(mag auch der Tod die Erinnerung einst vertreiben!)
Eine Geste von der Hand der Göttin Liebe.

. . . Ich denke, jetzt merkst auch Du, daß es so nicht weitergehen kann, daß wir ein für allemal unseren ganzen Mut zusammennehmen und miteinander fortgehen müssen. Was für ein Leben können wir denn jetzt führen? Deins, eine unwürdige und erniedrigende Lüge gegenüber der Welt, offiziell an jemanden gebunden, aus dem Du Dir gar nichts machst, ununterbrochen zusammen mit diesem Jemand, was mir alleine schon ein Greuel ist, dazu ununterbrochen bewacht und befragt, beobachtet, ob die erwartete Reaktion nicht kommt, befragt, um ganz sicherzugehen, daß es niemand anderen gibt!

Ich dagegen mache mir aus niemandem außer Dir einen Deut, fühle mich zutiefst verloren, schmerzlich unvollkommen, dazu verdammt, eine sinnlose, zwecklose Existenz zu fristen, die nicht mehr den geringsten Reiz für mich hat . . .

Ein erheiterndes Bild, nicht wahr? Und Du weißt, wie sehr es stimmt. Auf alle Fälle flehe ich Dich an, die H. N.[1]-Illusion sterben zu lassen. Das ist die einzige Möglichkeit, die uns retten kann, das einzige, was uns Frieden bringen wird.

En attendant[2] denke ich, »es hat eine Menge für sich, (vorübergehend) tot zu sein.« Mitja, wie ein Messer durchbohrt mich die Erinnerung daran, wie Du hier vor vierzehn Tagen in diesem Zimmer zugesehen hast, als die letzten Sachen für unseren gemeinsamen Aufbruch eingepackt wurden! Wenn ich daran denke, wie Du auf der Treppe auf mich gewartet hast, dann wird mir ganz schwindlig vor Schmerz. Mein Gott, in welcher Jubelstimmung wir waren! Und nun,

[1] Harold Nicolson
[2] inzwischen

»la vie est devenue cendre dans son fruit«.[1] Es gibt nichts, auf das ich mich freuen könnte, nichts.

Ich hätte nie gedacht, daß ich je so lieben würde (oder könnte) wie jetzt ...

14. August 1918

Bacco mio! Nachdem ich Dich verlassen hatte, ging ich in die John St. Die châteleine[2] war ausgegangen; ich nutzte ihre Abwesenheit und spielte das Pianola. Ich spielte Daphnis und Chloe, sehr passend für Bacco und so bezaubernd! ... Dann plötzlich, während ich spielte, fand ich mein Ideal! Du hast keine Vorstellung, wie berauschend das war. Mein Ideal, Mitja, sieht so aus: Weit, ganz weit weg zu leben, am liebsten in Griechenland, oder in Sizilien, wenn Griechenland nicht geht – im Wald zu leben, an den bergigen Hängen, wo Ströme und Bäche rauschen – nie jemanden zu sehen, außer gelegentlich einen Schafhirten, und dort mit Mitja zu leben, im Frühling, es müßte nur immer Frühling sein! Mitja mit seinem Winden-Kranz – oder, nein, Mitja mit einem über die Schulter geworfenen Fell wie ein Faun, mit kleinen vergoldeten Hufen, und unter der Maske Mitjas Kopf – Bacchus »selig auf den Bergen«. Ich zitiere Euripides ...

Oh, Mitja, komm fort, laß uns fliehen, Mitja Liebling – wenn es je zwei ganz und gar ursprüngliche Menschen gegeben haben sollte, dann sind ganz sicher wir es: Laß uns fortgehen und die Welt und all ihre Verkommenheit und Häßlichkeit vergessen – laß uns all solche Dinge vergessen wie Züge, Tramways, Dienstboten und Straßen, Läden und Geld und Autos und Verantwortlichkeiten! Ach Gott, wie ich das alles

1 ›Das Leben ist zu Asche geworden in seiner Frucht‹

2 Schloßherrin

hasse – Du und ich, Mitja, wir sind zweitausend Jahre zu spät geboren oder zweitausend Jahre zu früh.

14. August 1918, 1 Uhr

Meine angebetete Geliebte, heute wäre mir fast das Herz gebrochen ... Als Du am Telefon sagtest, daß Du nicht kommen könntest, schlimmer, daß Du dich selbst arg verletzt hast, verfinsterte sich alles, und mir war plötzlich ganz übel. Dringender als irgend etwas je zuvor in meinem Leben wollte ich sofort den nächsten Zug nach Sevenoaks nehmen ... Als ich zu Pat[1] zum Lunch ging, überlegte ich, ob ich nicht alles sausen lassen und mit dem Nachmittagszug kommen sollte. Nach dem Essen hatte ich mich entschlossen und war gerade im Begriff, Dir das telefonisch mitzuteilen, als Lily[2] mich informierte, Du seist nach Knole gefahren, und das hat mich so in Wut gebracht, daß ich umgehend meine Meinung änderte – (Pat hat *nicht* versucht, mich von der Fahrt abzuhalten, im Gegenteil!)

Das Schlimmste habe ich Dir nicht erzählt, Mitja. Ich war so unsäglich elend, als ich zum Lunch bei Pat ankam, so um 12.30 Uhr, daß ich zusammengebrochen bin und ihr mein Herz ausgeschüttet habe und ihr sagte, daß ich es nicht fertigbringe wegzufahren, und warum. Liebling, Du weißt, wie großherzig sie ist. Sie fühlte aufrichtig mit und versuchte mir zu helfen, zu Dir zu gelangen. Als Du dann sagtest, Du seist gar nicht in Knole gewesen, war ich erneut entschlossen, zu Dir zu kommen, côute que côute[3]. Ich wußte, daß es töricht war und zwangsläufig an den Tag kommen mußte; doch es

[1] Pat Dansey
[2] Vitas Mädchen
[3] koste es, was es wolle

war mir egal, ich beschloß, mir selbst eine Chance zu geben, keine sehr gute, aber wenigstens die Chance, den Zug zu erreichen. Ich hatte das Gefühl, ich würde mein ganzes Leben hingeben, nur um Dich für fünf Minuten zu sehen. Ich fand ein Taxi und ließ mich nach Charing X fahren; Mitja, ich verpaßte den Zug um zwei Minuten. Ich glaube, wenn ich hätte zu Dir gelangen können, hätte ich Dich nie wieder verlassen. Mitja, wie kann ich Dir nur sagen, was ich leide? . . .

Ich möchte Dich sehen. Ich möchte Deine Stimme hören. Ich möchte meine Hand auf Deine Schulter legen und mich ausweinen. Mitja, Mitja, ich habe Dir niemals die volle Wahrheit gesagt. Hier ist sie nun: Ich habe Dich mein ganzes Leben lang geliebt, lange, ohne es zu wissen, seit fünf Jahren in demselben unumstößlichen Bewußtsein wie jetzt, ich habe Dich als mein Ideal geliebt . . .

Und die höchste Wahrheit ist: *Ohne Dich kann ich niemals glücklich sein.* Ich wäre völlig damit zufrieden, für den Rest meiner Tage in rein platonischer Freundschaft mit Dir zu leben – vorausgesetzt, wir wären *allein* und *zusammen.* Jetzt weißt Du alles. Du bist die *große Leidenschaft* meines Lebens. Wie gern würde ich Dir alles opfern – Familie, Freunde, Vermögen, *ALLES* . . .

20. August 1918

Mer Dmitri, es war ganz reizend von Dir, mir das Eau de toilette und auch das Siegel zu schicken, über das ich mich riesig gefreut habe: Monseigneur est plein de bontés pour moi.[1] Ich werde versuchen, nicht wirklich mißtrauisch zu werden, bis Du mir entweder ein mit Diamanten besetztes

[1] Der gnädige Herr ist sehr gütig zu mir.

Hundehalsband oder ein Diadem schickst ... Liebling, hier siehst Du die verschiedenen Stufen, ich werd' sie Dir erläutern:

Eau de toilette Seife Taschentücher! Seidenstrümpfe! Schokolade Blumen	unbedeutender Flirt *Küß die Hand.*[1] (Auf das gestelzte »Ich bin entzückt« würde ich lieber verzichten)
Zigarettenetuis Dessous!! Kleinigkeiten von Fabergé Hüte Sonnenschirme Flakons und Döschen für die Frisierkommode	Gefahr im Verzug
Red + Diamond " "	Die Sintflut: Perlen (je déguerpis)[2]

Dmitri hatte völlig recht. Ich hätte ihn nie verlassen sollen. Tout de même, c'est un peu fort, tu sais.[3]

... Eins ist ganz offensichtlich, und das meine ich *allen Ernstes.* Du vermißt mich nicht halb so viel wie ich Dich – mais nous allons changer tout cela, mon petit Mitja. C'est idiot[4] ...

Ich habe gerade eine erregende Unterhaltung mit Ozzie [Dickinson] gehabt, der die erstaunliche Aussage machte, Du

[1] im Original deutsch

[2] ich mache mich aus dem Staub

[3] Trotzdem, das ist ziemlich hart, weißt Du.

[4] aber das werden wir alles ändern, mein kleiner Mitja. Das ist absurd.

müßtest »temperamentvoll« sein, wenn man von Deinem Aussehen auf Deinen Charakter schließen dürfte! Das hat mich absolut überwältigt! – Er sagte, Du seist strahlend schön und hättest ein Recht auf ein herrliches Leben!

Das folgende wohlgemerkt unter dem Siegel der Verschwiegenheit. Schwöre, nichts davon zu erwähnen! Er sagte, daß M. un Tel[1] »mit zunehmendem Alter keineswegs besser geworden sei«, daß er die gesetzten Ansichten eines Mannes in den mittleren Jahren entwickelt habe und herablassend und eingebildet geworden sei. Aber Dich, Mitja, hält er für einfach zu wundervoll, und das bist Du auch! Er sagte, Du seist noch nie so schön gewesen wie in diesem Jahr, Du würdest so sehr bewundert und »begehrt«!

Was für ein schrecklicher Esel M. un Tel doch ist! . . . Alle sind kritisch, was seinen enormen Dünkel angeht – und Warum? fragen wir uns . . .

Dir könnte die ganze Welt zu Füßen liegen. Ich bin ein Riesenesel, es Dir zu sagen, ich weiß – Aber im Gegensatz zu M. un Tel unterschätze ich Deinen Wert nicht und auch nicht die Anziehungskraft, die Du auf andere ausübst oder *sie* auf Dich!

Liebling, ein recht bezauberndes Mädchen von 16 Jahren (ein uneheliches Kind) ist im Augenblick hier. Beide Elternteile wollen nichts mit ihr zu tun haben, ist das nicht abscheulich? Sie ist wirklich hübsch. Gestern abend gingen Ozzie und ich in ihr Zimmer hinauf (sie war im Bett) und spielten stundenlang »Consequences«[2] mit ihr. Sie sah zum Anbeißen aus in ihrem blauen Pyjama. (Krieg ich auch einen Pyjama?)

[1] Herr Soundso (d. h. Harold Nicolson)

[2] beliebtes Gesellschaftsspiel, bei dem jeder Mitspieler einen Teil einer erdachten Geschichte auf ein Blatt Papier schreibt und es sorgfältig verdeckt, ehe er es an seinen Nachbarn weiterreicht, der die Geschichte auf seine Weise fortsetzt usw. Nach etlichen Durchgängen wird das oft verblüffende Resultat verlesen.

Dmitri hätte sie mit seinem schrecklichen Kennerblick gemustert!! (Gott, wie sehr Luschka Dmitri anbetet!)

[1918]

Wer hat behauptet, daß ich keine Freunde in Amerika habe? Was hältst Du von dem beiliegenden Brief – noch dazu von einer Primadonna[1], Gott segne sie? Mit meinem Vater hat es ihr in München ›sehr gut‹ gefallen: Kein Wunder, daß sie ihn einen ›Charmeur‹ nennt! Oh, mein Gott, wie sehr ich mich nach dieser Art von Leben zurücksehne! Es ist die einzige Art zu leben, die sich lohnt ... Zum Teufel mit den »Ladies« und »Gentlemen« und der ganzen Wohlanständigkeit!

Au fond[2], was weißt Du schon über la vie de Bohème?[3] Nichts, *gar nichts*! Du glaubst wohl, nur weil Du ein paar berühmte Künstler kennst und gelegentlich – offiziell oder inoffiziell – ein Atelier besuchst oder in Galerien gehst und über die letzten »trouvailles«[4] au courant[5] bist, hast Du Anrecht auf einen Platz en Bohème?

Hast Du denn jemals selbst wirklich zu diesen Leuten *gehört*? Hast Du je den ganzen Tag in einem schmutzigen, stickigen Atelier gearbeitet und dabei nur ein Schinkenbrötchen[6] zum Mittagessen gehabt? Hast Du Abend für Abend mit der Partitur in der Hand im poulailler[7] der Oper gesessen, den Kopf so voller Musik, daß Du wie eine Betrunkene taumel-

1 Dame Nellie Melba
2 Im Grunde
3 das Künstlerleben
4 Kunstmätzchen, Trends
5 auf dem laufenden
6 im Original deutsch
7 »Hühnerhaus« (oberster Rang)

test, als Du aus diesem Olymp wieder herabstiegst? Hast Du je mit Menschen anderer Herkunft Umgang gehabt – nicht den Berühmtheiten, den »Arrivierten«, sondern mit all den Dutzenden, die es nie zu Berühmtheit bringen, die nie arrivieren werden? Hast Du je stundenlang mit schluchzenden Möchtegernopernsängern zusammengesessen, denen das Herz gebrochen war, weil sie eine Rolle nicht bekommen hatten, die für sie Brot und Butter bedeutet hätte?

Nein, Mitja, Du weißt *nichts*, überhaupt nichts, aber ich werde eines Tages zurückkehren zu diesen Menschen, die ich liebe, ich werde unwiderruflich zu ihnen gehören, und Du, Du wirst reich, ›akzeptiert‹ und respektiert leben und mich zu Deinen Gesellschaften einladen, und die Leute werden sagen, wie nett das von Dir ist, und wie frei von Vorurteilen Du stets gewesen seist: »In der Tat, ich glaube, daß sie mal sehr gute Freundinnen gewesen sind«, et toi, tu feras l'article pour moi.[1] Du wirst sagen: »Oh, Sie müssen sie kennenlernen, sie ist so anders«, so als wäre ich ein seltenes Tier, und Du wirst ein paar »Bohémien«-Freunde für mich einladen, damit ich mir nicht vorkomme wie ein Fisch auf dem Trockenen. Glaubst Du, ich würde kommen? Nicht ich!

You came and croaked beside me in the wood,
You said: »The days are dreary« and you said
»The view from here is very good.«
By God, I wished that you were dead!

(Du kamst, und neben mir im Wald hört ich Dich stöhnen,
Du sprachst: »Die Zeit ist traurig« und das Wort
»Der Blick von hier ist wirklich schön!«
Bei Gott, ich wünschte dich weit fort(!)

[1] und Du, Du wirst Lobendes über mich sagen

Und was mich fast umbringt, ist, daß Du dann wahrscheinlich eine berühmte Dichterin und Romanschriftstellerin sein wirst und ich nichts erreicht haben werde als Disreputation! (Gibt es ein solches Wort?)

O Gott, ich bin verbittert, verbittert ...

O mein Gott, Mitja, eine dämonische Kraft treibt mich, Du Närrin! Ich werde Dich besitzen, bevor Du noch Zeit hast, irgend etwas zu unternehmen, und Du verschließt bewußt die Augen vor diesen Dingen. Eines Tages muß der Sturm losbrechen, und er wird Dich zusammen mit allem übrigen hinwegfegen.

Clovelly
25. August 1918

... Meine Tage werden verschlungen von diesem ohnmächtigen Verlangen nach Dir, und meine Nächte sind zerrissen von unerträglichen Träumen ... Ich will Dich. Ich will Dich begierig, rasend, leidenschaftlich. Ich verzehre mich vor Sehnsucht nach Dir, damit Du's weißt. Nicht nur nach Deinem Körper, sondern auch nach Deiner Kameradschaft, Deiner Zuneigung, unseren zahllosen Gemeinsamkeiten. Ich kann ohne Dich nicht leben, Du bist mir seelenverwandt, bist mein intellektuelles »Pendant«, mein Zwillingsgeist. Ich kann es nicht ändern! Und Du ebensowenig! ... Nous nous complétons.[1] ...

Mitja, wir *müssen*! Wir haben weiß Gott lange genug gewartet. Irgend etwas in meinem Kopf wird »zerspringen«, wenn wir noch länger warten, und ich werde jedem, den ich kenne, erzählen, daß wir fortgehen, und warum. Glaubst Du, ich werde noch mehr von meiner wertvollen Jugend damit ver-

[1] Wir ergänzen uns.

geuden, darauf zu warten, daß Du endlich genügend Mut aufbringst, um davonzulaufen? Nicht ich! ...

Ich will Dich ganz für mich allein haben, ich will mit Dir fortgehen! Ich muß und werde es tun, und zum Teufel mit den Leuten und zum Teufel mit den Konsequenzen, und jeder, der es wagt, sich mir in den Weg zu stellen, sollte sich lieber vorsehen!

Clovelly
26. August 1918

... Wie lustig, daß Du jetzt ein Pony hast! Darf auch ich es mal reiten? Liebling, es ist so wichtig, daß Dmitri reitet – eigentlich sollte er auch auf die Jagd gehen, nicht? Wenn wir im Ausland sind, müssen wir Pferde haben, und ich werde mit Dir reiten, bis ich mir das Genick breche, was mit ziemlicher Sicherheit passieren wird, wenn mich erst der Ehrgeiz packt, wirklich gut zu reiten! Was für ein Reiterbrief! Eigentlich sollte er so lauten: »Lieber alter Knabe, höre, Du hast 'n gutes Geschäft bei Tattersall's[1] gemacht. Hattest schon immer 'nen Riecher für was Gutes. Hör auf mich und behalt ihn bloß! Meine Zweijährigen wollen sich nicht recht entwikkeln – bekommen heutzutage nie vernünftiges Futter, der verdammte Krieg macht mir noch mein ganzes Gestüt kaputt. Jetzt haben sie sich auch meinen zweiten Reiter geschnappt, verfluchte Frechheit! Werde noch die Gnädigste höchstpersönlich als Jagdgehilfin beim Kragen packen müssen: – bestimmt kann sie die Hunde ganz geschickt mit der Peitsche zusammenhalten, wenn sie nur will! Na dann, bis bald, alter Junge! Wenn Du Lust hast, demnächst ein paar Tage am wohlbekannten Ort einzuschieben – Du weißt, Du

[1] Rennpferdehändler

bist jederzeit willkommen. P. S. Bring Deine Jagdausrüstung mit!

Ich habe Thomas Hardys Gedichte gelesen, Mitja. Ich mag sie nicht: Sie sind schwerfällig und langatmig. Die Post ist angekommen, und mit ihr ein Brief von Denys T., der Dich sehr wütend machen wird – ich kann nichts dafür, Liebling, von hier aus kann ich seine Briefe nicht kontrollieren. Er beginnt »Meine lieblichste Fialka!!« Soll ich zitieren? . . . »Meine Kompanie hat die Boxkämpfe gewonnen, dank Dir. Morgen werde ich in einer weiteren Pferdeschau springen. Das wird Dich bestimmt interessieren.

»O meine Fialka – bin gerade von der zweiten Pferdeschau zurückgekommen, nachdem ich wieder das Springen gewonnen habe – einen sehr schönen Silberpokal obendrein. Ich hatte einen verteufelt schweren Kampf mit einem anderen Pferd zu bestehen, und wir mußten viermal die Runde machen, bevor sie sich für einen von uns entscheiden konnten. Danach muß ich an der Armeeschau teilnehmen. Ich glaube, Du mußt mir in vielfacher Hinsicht Glück gebracht haben, mein Maskottchen!«

Dmitri, ich habe viel gewagt, und nun habe ich Angst. Aber gib zu, es ist nicht meine Schuld. Ich war nicht da, um zu sehen, was er schrieb . . . Gott! Wenn Du wüßtest, wie bitter wahr alles ist, was ich Dir gestern abend schrieb! Du würdest erkennen, wie sinnlos es ist, Pläne für »nach dem Krieg« zu schmieden.

Clovelly
27. August 1918

Ich kann nicht begreifen, warum Du es für richtig gehalten hast, keins meiner gestrigen Telegramme zu beantworten. Vielleicht hattest Du allzu große Angst vor Harold – wirklich, es ist zu absurd . . .

Deine Briefe sind voll von Prof. Ross[1]. Ich hätte mich *nicht* auf eine Diskussion mit Dir über die Kunst des Lebens einlassen sollen. Meine Ansichten darüber sind absolut geheim, und nur zwei Menschen kennen sie; einer davon bist Du. Begreifst du, wie furchtbar wenig ich mit Menschen über Dinge spreche – ich meine Dinge wie Religion, Epikurismus, Ethik und so weiter. Nie, niemals spreche ich darüber ...

Über meine Verschwiegenheit wache ich eifersüchtiger als über irgend etwas anderes auf dieser Welt. Ich *hasse* es, Themen zu erörtern, die anderen Menschen Hinweise über mich geben könnten. Ich will nicht, daß andere mich kennenlernen; eh das passiert, würde ich eine Extra-Festung um mich herum bauen und die Wache verdreifachen, und selbst Zerberus wäre weniger grimmig als der »Spadassius«[2], bereit, jeden Eindringling zu durchbohren!

Ich ärgere mich sogar darüber, daß *Du* mich besser kennst, als Worte es ausdrücken können. Ich meine mein wirkliches »Ich« ...

Gestern habe ich Deiner Mutter geschrieben, Dich dabei jedoch (absichtlich) nicht erwähnt. Chinday[3] ist hier so wunderbar »geistreich« gewesen, daß ich ihr alles verzeihen könnte. Sie *ist* eine kluge Frau: ich verehre sie. Ich bewundere die beispiellose Romantik ihres Lebens. Meine Liebe: Es gehört schon einiges dazu, unsere beiden Mütter zu übertreffen! Ich frage mich, ob es mir je gelingen wird, so viel Romantik in mein Leben zu pressen, wie sie in ihrem gehabt hat; auf jeden

[1] Sir (Edward) Denison Ross (1871–1940), Orientalist und Ratgeber bei der Britischen Botschaft in der Türkei, Direktor der School of Oriental Studies (London Institution) und Professor für Persisch; ein hochproduktiver Schriftsteller.

[2] nicht identifiziert

[3] Mutter, d. h. Mrs. Keppel

Fall hab ich vor, mir verdammt viel Mühe zu geben! À tout prendre, je n'ai pas trop mal débuté . . .[1]

Clovelly
29. August 1918

Mer Dmitri, gestern war herrlich: Ich habe mich köstlich amüsiert! Du weißt, wie Luschka es manchmal *liebt*, ganz in eine völlig »raste«[2] Atmosphäre *einzutauchen*: Nun, gestern hatte sie Gelegenheit dazu: Der Ort wimmelte geradezu von verbotenen Liaisons! Unsere Gastgeberin lebt mit einem Herrn zusammen, der nicht ihr Ehemann ist. Ein anderer Herr hielt sich dort mit einer Dame auf, die nicht seine Frau ist. Eine bezaubernde Amerikanerin mit fast international schlechtem Ruf kam zum Tee mit einer hinreißend schönen Tochter, die nicht die Tochter ihres Ehemannes ist, und so weiter, ganz nach Belieben. Ich stelle mir vor, daß Du dort fast jeden kennst, aber Luschka ist taktvoll!

Sie besitzen eine ungewöhnlich kontinental anmutende weißgetünchte Villa am Meer, voller Orchideen und Photographien von russischen Großherzögen, und servierten den Tee so unverschämt gut wie bei Rumplemeyer mit Madeleines, Petit fours und Schokoladeneclairs en veux-tu en voilà.[3] Es kostete Luschka nicht viel, sich vorzustellen, wieder in Biarritz zu sein, eine Einbildung, die noch dadurch erleichtert wurde, daß sie den Gesprächen dieser Leute zuhörte! Dmitri wäre in seinem Element gewesen! Wie gerne hätte ich ihn dabeigehabt!

[1] Alles in allem war der Anfang gar nicht schlecht . . .
[2] ein spezielles Wort im Violet/Vita-Vokabular, wahrscheinlich leichtlebig, d. h. »sexuell erregend«.
[3] was Du nur willst.

Wohlgemerkt, Luschka hat nur ab und zu Freude an solchen Dingen, denn sie findet keinen Geschmack an schäbiger Intrige, es sei denn, diese ist zufällig wirklich theatralisch, dann allerdings ist sie ganz dafür.

Meine Liebe, ich habe gerade Deine Briefe erhalten. Auf das Wesentliche, das ich Dich gefragt habe, hast Du nicht richtig geantwortet. Geh doch zurück zu Deinem albern lächelnden kleinen Harold, wenn Du willst! Es ist mir egal. Gestern erst sagte jemand, was für ein kleines Würstchen er doch sei. Ich fürchte, ich mag nur richtige Männer, nicht des femmes manquées[1]. Gott! Wie wütend ich bin! Meine Liebe, soyez sans crainte, je trouverai moyen de me consoler[2], ob jetzt oder später, spielt das wirklich eine Rolle? Ich gehöre nicht zu diesen Idioten, die glauben, daß man sein ganzes Leben einer einzigen Person widmen könne. Du weißt sehr genau, daß ich es nicht tun werde. »Pourquoi le mot ›toujours‹ sur des lèvres mortelles?« Non, il faut varier le menu.[3] Sei versichert, daß ich, so lange ich lebe, nie auf das Niveau einer bloßen Zierpflanze herabsinken werde, eines netten Hausmütterchens, das die Mahlzeiten anordnet und die Bücher führt, nichts als eine Gebärmaschine, eine Matrone, eine Haushälterin – pah!

Jedes Jahr ein Kind. Dein Ehemann – diesen alljährlichen Greuel geduldig hinnehmen. Gütiger Himmel! Welch ein Leben! Verschone mich bloß damit! . . .

Ich hätte Dir nichts abgeschlagen, Mitja. Niemand hat während der letzten 5 Monate für mich existiert außer Dir, ABER ich weigere mich, so weiterzuleben. Ich will Dich entweder ganz für mich allein haben oder überhaupt nicht, Du kannst also wählen.

1 mißlungene Frauen (d. h. weibische Männer)

2 sei unbesorgt, ich werde einen Weg finden, mich zu trösten

3 ›Warum das Wort »immer« auf sterblichen Lippen?‹ Nein, man muß das Menü variieren.

Im Zug
15. September 1918

. . . Mein wunderschöner, romantischer Mitja, unsere Skrupel sind unserer Charaktere nicht wert. Denk an das Leben, das wir gemeinsam ausschließlich dem Streben nach Schönheit widmen könnten. Oh, Mitja, chepescar![1] Was haben wir mit dem vulgären, geschwätzigen, schäbigen Leben von heute zu schaffen? Was gehen uns die praktischen kleinen soigné[2] Beschäftigungen unserer Zeitgenossen an? Du *weißt*, daß wir anders sind – Zigeuner in einer Welt des »Landadels«.

Dich, mein armer Mitja, Dich haben sie gefangen und Deinen Zigeunerwagen verbrannt. Deine Töpfe und Pfannen und Deine geflickten Rohrstühle haben sie weggeworfen. Sie haben Deine Ärmel heruntergekrempelt und Deinen Kragen zugeknöpft! Sie haben Dich gezwungen, unter einem respektablen Dach zu schlafen, ohne Ritzen, durch welche die Sterne lugen – aber mich, Mitja, *mich* haben sie noch nicht eingefangen. Ich drehe ihnen eine Nase. Komm mit, Mitja, komm mit, wenn sie alle in ihren behaglichen weißen Betten schlafen . . . ich warte auf Dich an der Straßenkreuzung . . . Ach, Geliebte!

Appley Hall, Ryde
Isle of Wight
15. September 1918

Men tiliche, was für eine Reise! Ich fühle mich furchtbar erschöpft, d'autant plus[3], als ich heute unerklärlicherweise krank war. Das Schiff war überfüllt: feucht und ziemlich de-

[1] laß uns fliehen! (Zigeunersprache)
[2] sorgfältig ausgeführten
[3] um so mehr

primierend. Kreischende Kinder und geschwätzige Matrosen: Ich klammerte mich an eine Seilrolle, die Augen geschlossen, und versuchte mir vorzustellen, ich sei auf der Überfahrt nach Frankreich. Da hörte ich ein perfides Lächeln dicht neben mir: »O Liebling, ich wün*ss*te, wir rei*ss*ten in*ss* Au*ss*land.« Es war himmlisch!

Bei diesen Worten stieg die ganze aufgestaute Wanderlust von vier mageren Jahren des Verzichts in mir auf und erstickte mich fast! Daß es beim Namen genannt wurde, kam mir geradezu erhaben vor. Die Stimme fuhr fort: »Wenn wir nur auf dem Weg nach *Ss*eylon oder Tuni*ss* oder Ägypten wären –« in ihrem Lispeln lag eine ungeheure Sehnsucht – mir schwanden die Sinne. O Mitja, wir *müssen* fortgehen! Ich bin von diesem Gedanken einfach besessen: Die vielgerühmten Klippen von Dover zu sehen, wie sie im Nebel verschwinden, während das betäubende Rauschen der Wellen mit jedem Moment freier, ungezügelter wird! Das geschäftige Treiben, das Durcheinander und das Knarren der Liegestühle – »C'est y là-bas, la France, dis Papa?«[1] erkundigt sich ein kleiner Junge bei einem Friseur, der gerade eine stinkende Zigarre raucht und mit großer Präzision und Regelmäßigkeit auf einen Stapel Reisedecken im Schottenmuster spuckt . . . »Tais toi, tu m'ennuies.«[2] Dann zu seiner Frau, die so gelb ist wie eine Zitrone und aussieht, als müsse sie sich jeden Moment übergeben, »si on allait manger, eh bien?«[3] Dann eine gewollt forsche Stimme: »Sieht aus, als ob wir ein bißchen Seegang kriegen, was?« Dann sagt der blasierte Kosmopolit: »Donnerwetter, die ›Lapin Agile‹ ist auch nicht mehr das, was sie mal war«, und die ängstliche alte Dame murmelt: »Wo habe ich nur mein Riechfläschchen gelassen?«

[1] »Sag, Papa, ist das da drüben Frankreich?«

[2] »Sei still, du gehst mir auf die Nerven.«

[3] »Nun, was hältst du davon, essen zu gehen?«

O Mitja, geh fort mit mir! Laß uns nach Paris gehen, an die Riviera, irgendwohin! Welche Rolle spielt das schon, solange wir nur England verlassen! ...

Innig Geliebte, letzte Nacht hatte ich einen ganz ungewöhnlich lebendigen Traum von Dir, lebendig in dem Sinne, daß ich Dich so deutlich sah, als wärst Du im Raum, und, Mitja, Du warst aus irgendeinem unerklärlichen Grund wie der Graf d'Orsay[1] gekleidet: Ich sah dich mit einem weichen, maulwurfsgrauen Zylinderhut, in einem blauen Mantel, einer knallgelben Weste, hautengen fleischfarbenen Reithosen und hohen Reiterstiefeln, dazu trugst Du einen schwarzen Stock mit Elfenbeingriff. Noch nie habe ich so deutlich von Dir geträumt, und, Mitja, Du sahst einfach unwiderstehlich aus! ...

Appley Hall, Ryde
Isle of Wight
20. September 1918

Es tut mir leid, ich habe Dir einen rasenden Brief geschrieben, aber Du bist auch eine Närrin, mir solche Streiche zu spielen: Tu sais que ça tourne toujours mal.[2]

Ich habe nicht im geringsten etwas gegen Deinen Umgang mit Pat [Dansey], ich habe nur keine Lust – sagen wir, die Rolle eines Charles II. zu spielen und eifrig die Freundschaft mit Louis XIV. weiterzupflegen, obwohl ich über Louise de Kerouaille[3] Bescheid weiß, usw. usw.

[1] Alfred-Guillaume Gabriel, Graf d'Orsay (1801–1852), ein bekannter Dandy

[2] Du weißt, daß das immer ein schlechtes Ende nimmt.

[3] Die Geliebte Charles II., ernannte Herzogin von Portsmouth, die zu diesem Zwecke von Louis XIV. aus Frankreich herübergeschickt wurde. Die Tochter ihres Sohnes von Charles II. heiratete William Anne Keppel, 2. Graf von Albemarle.

Ein etwas weithergeholter Vergleich, aber trotzdem – si ça t'amuse?[1]

Das nächste Mal, wenn ich in der gleichen Stimmung wie gestern bin, werde ich etwas Verzweifeltes tun, nimm Dich also lieber in acht! Bist Du Dir darüber im klaren, daß Du mir anderthalb Seiten über die körperlichen Reize Deines Stubenmädchens geschrieben hast? Armes Ding, ich nehme an, Dmitri hätte nichts dagegen gehabt, ein Stubenmädchen zu verführen! (Laß diesen Brief lieber nicht herumliegen.)

Höre, Mitja, (dies ist KEINE Vergeltungsmaßnahme!) die junge Dame hier, deren Namen ich lieber nicht verraten möchte, ist nicht so, wie ich es zuerst glaubte. Wie falsch erste Eindrücke doch immer sind! Sie ist *nicht* dumm, und sie ist schrecklich attraktiv, und – schlimmer noch! – sie ist beinahe wie ein viel hübscheres *Ich*! Nicht wirklich ähnlich, aber die »gleiche Schule«. Manchmal ist sie bezaubernd ... Sie hat lange mandelförmige Augen von dem Aquamarinblau, das ich so liebe, manchmal blau, manchmal grün, mit tiefschwarzen Wimpern, einer Nase, die unverkennbar meiner ähnelt, und so ziemlich den schönsten roten Mund, den ich je gesehen habe.

Du würdest von ihr schwärmen! Im Vergleich zu ihr sehe ich *ganz leidlich* aus. Sie hat nichts gegen mich. Zuerst dachte ich das. Gefällt sie mir? ... Ich werde ihr heute morgen in Ryde ein Geschenk kaufen.

Warum sind Frauen bloß bei weitem das Bezauberndste auf der Welt? Nichts reicht an sie heran; ich glaube, das ist auch der Grund, warum ich solch eine angeborene Bewunderung für mein eigenes Geschlecht habe ...

Später. Mitja Liebling, das ist alles Blödsinn mit Mademoiselle »une telle!«[2] – ich schrieb es nur, um Dich zu ärgern. Sie

[1] wenn Dir das Spaß macht?

[2] Fräulein Soundso

ist hübsch, aber sie ist ein eitles, kokettes Weibsbild, und als solches verdient sie nicht die geringste Aufmerksamkeit. Außerdem hat sie eine miserable Figur, und ich hasse es, wenn Menschen eine schlechte Figur haben, miese Beine und ziemlich scheußliche Hände – fast wie Sibyl Colefax[1] ...

O Mitja, ich bin froh, daß Du es M. un tel[2] gesagt hast, aber ich wünschte, Du ließest es zu, daß auch *ich* es ihm sage ... Wirst Du bis Donnerstag bei mir bleiben?

Appley Hall, Ryde
Isle of Wight
23. September 1918

Es tut mir leid, daß ich so unmöglich bin: Ich weiß, ich bin chronisch unzufrieden. Aber Mitja, selbst Du in Deiner Blindheit warst Dir völlig darüber im klaren, daß mich Dein Besuch bei Pat nicht gerade entzücken würde. Du tust diese zwangsläufig zerstörerischen Dinge, und dann bekundest Du Überraschung über das Resultat ... Wie dem auch sei ... alles ist hoffnungslos, wenn jegliche joie de vivre[3] vergangen ist. Praktisch, seitdem ich fort bin, bin ich überwältigt von dem Gedanken, wie unbefriedigend unser beider Leben ist ...

Was *hat* es für einen Wert, Mitja? Die Liebe bringt mir sehr viel mehr Unglück als Glück. Eifersucht, die sofort allmächtig wird, ist die Wurzel meines ganzen Elends. Sie ist eine Krankheit, und sie wird unsere Liebe töten, so sicher und unbarmherzig, wie Krebs am Ende sein Opfer fordert.

[1] Sibyl Lady Colefax (1874–1950), eine bekannte Londoner Gastgeberin und Freundin von Vita und Harold Nicolson

[2] Herrn Soundso, d. h. Harold Nicolson

[3] Lebensfreude

Es gibt *immer* etwas, wovon sie sich nähren kann, verstehst Du. Ich kann sie nur dann zeitweilig vergessen, wenn ich mit Dir zusammen bin – wenn ich fort bin, beherrscht sie mich völlig. Immer habe ich es mit dem unüberwindlichen Nicolson zu tun; wenn ich nur glauben könnte, daß er eines Tages verschwinden würde, aber das wird er nicht. In gewissem Sinne habe ich fast aufgehört, eifersüchtig zu sein auf das, was er *Dir* bedeutet, ich bin eifersüchtig auf das, was er in den Augen der Welt für Dich ist ...

Es wäre absurd, wenn Du auf *mich* eifersüchtig wärst, denn Du weißt im Grunde Deines Herzens, daß es für mich *unmöglich* ist, gleichzeitig mehr als einen Menschen zu lieben – wenn ich sage zu lieben, dann heißt das, daß ich nicht einmal jemanden außer Dir *gern haben* oder auch nur oberflächlich an ihm interessiert sein kann. Während Du dagegen zugegebenermaßen Zuneigungen hegst, sehr tiefe sogar ... zu Menschen, die mich weiß Gott nichts angehen. Es ist ein sehr einseitiger Handel: Du bedeutest ein und alles für mich – und ich bin für Dich nur der Hauptreiz unter mehreren. Ich weiß, daß Du mich liebst, aber ganz und gar nicht auf die gleiche Art, wie ich Dich liebe. Was kannst Du dafür? Du hast zwangsläufig andere Zuneigungen, andere Kraftquellen – wenn ich Dich im Stich lasse, hast Du eine Menge anderer Menschen, auf die Du zurückgreifen kannst. Wenn Du *mich* im Stich läßt, was bleibt mir dann? Alkohol, Morphium, Prostitution, und *was* dann? Bin ich komisch? Ich fühle mich ganz und gar nicht komisch.

Ich werde Anna Karenina fürchterlich ähnlich, malgré moi[1]. Betrachte einmal den *Sachverhalt*: Seit wir uns lieben, wer ist immer die Unbeschwertere, die Optimistischere, die Leichtsinnigere gewesen? DU! Wer von uns beiden ist heiter, gesellig, gesprächig und amüsant geworden? DU! Wer von

[1] gegen meinen Willen

uns beiden hat sorglos au jour de jour sans souci du lendemain[1] gelebt? DU, DU, DU! ...

Hill Hall, Theydon Mount, Epping
1. Oktober 1918

... Ich habe nur den Brief erhalten, den Du mir aus der Ebury Street geschrieben hast. Ich habe mich gefreut, Dich gestern allein wegfahren zu sehen. Ich bin nur in C. de L.s[2] Wagen gefahren, weil er zu meiner Stimmung paßte – und zu meinem Kleid. Ich wünschte, Du hättest zu diesem Konzert kommen können, aber es hätte Dir doch nicht gefallen. Ich habe Dich (musikalisch betrachtet) noch nicht auf dieses Niveau gebracht. Ich bin selbst auch *gerade* erst dahin gelangt – und habe noch keinen festen Boden unter den Füßen! Denys fachsimpelte und analysierte übertrieben viel und ließ sich zersetzend biographisch über jedes einzelne Stück aus. Ich glaube, im ganzen gesehen gehe ich lieber mit (etwas) weniger musikalisch gebildeten Leuten ins Konzert.

Muriel Foster[3] war göttlich! Diesmal ausnahmsweise angemessen »corsetée«[4] und streng in schwarzen Samt gekleidet. ... Und was für eine Stimme! Mein Gott, was könnte man nicht alles mit solch einer Stimme erreichen: D. sagte, sie hätte den schönsten Mezzosopran, den er je gehört hat. Wir mußten mittendrin gehen, um unseren Zug zu erreichen.

Es tut mir leid, Dir sagen zu müssen, daß D. T. [Denys Trefusis] ein succès fou[5] gewesen ist. Mrs. Hunter fühlt sich

[1] von Tag zu Tag ohne Sorge um die Zukunft
[2] nicht identifiziert
[3] nicht identifiziert
[4] eingeschnürt
[5] Wahnsinnserfolg

zu ihm hingezogen wie ein Fisch zum Wasser, und Phyllis schwärmt ungestüm und aufdringlich von (1.) seinem Aussehen, (2.) seiner »Männlichkeit«, (3.) seinem Sinn für Humor.

Mitja, ich sage dies nicht, um Dich eifersüchtig zu machen . . . glaub mir das ein für allemal! Denk an das eine Mal, als ich über jemanden fein schwieg! Sicherlich ist Dir dieses törichte Geplapper lieber! . . .

[1918]

. . . Ich habe »Juda, der Unberühmte«[1] zu Ende gelesen, das ich wirklich wunderbar finde! – eines der schönsten Bücher, das ich je gelesen habe! Welch starken Eindruck es hinterläßt! Kein Wunder, daß Entwurf und Ausführung insgesamt 7 Jahre gedauert haben! Es ist in der Tat eine tour de force[2].

Wenn Du es hast, dann lies Phillotsons Gründe, warum er sie zu ihrem Liebhaber gehen läßt . . . Das nenne ich Edelmut!

. . . Du wirst nie die *Qualen* erleben oder verstehen, die ich im Moment durchmache; selbst ich sehe, daß ich völlig durcheinander bin. Ab und zu versuche ich, mich an mein Buch zu setzen, aber ich muß feststellen, daß ich nur verständlich schreiben kann, wenn meine Seele ruhig ist . . . Intanto[3] schick mir bitte den Brief, den ich Dir geschrieben habe, als Du in Knole warst und Dich von den Masern erholtest. Vielleicht solltest Du mir zur Sicherheit lieber beide schicken?

Schreib mir bitte lange Briefe, sonst wirst Du eines schönen Morgens entdecken, daß der Käfig offen und der Vogel davongeflogen ist . . .

1 »Jude the Obscure« (1895) von Thomas Hardy (1840–1928)
2 Kraftleistung
3 inzwischen

[Oktober 1918]

Ich habe gerade Dein ratloses Telegramm erhalten. Es tut mir so leid, aber ich kann Dir nicht *schreiben*, worum es geht, weil ich ganz entschieden keinen Streit mit Dir haben will. Ich bin auch so schon unglücklich genug, und im Moment würde ein Streit mich glattweg vernichten, besteh also bitte nicht darauf.

Ich bin närrisch genug, Dich so zu lieben wie immer: Das müßte genügen. Wenn wir uns sehen, hoffe ich, daß wir alle Dinge klarstellen können, denn sie bringen mich um . . . Aber ich will nicht auf sie anspielen.

Je t'aime – bien plus que tu ne le mérites – et mon amour me tue.[1] Wir müssen uns nächste Woche sehen.

O Mitja, il faut à tout prix que je te voie – le plus tôt possible[2] – und was immer auch passiert, wir dürfen uns nicht streiten: Im Moment wäre das tödlich. Hat es irgendeinen Sinn, Dich anzuflehen, daß Du Dich an Deine Versprechen wegen Harold[3] erinnerst? Es ist so unsagbar grausam für mich zu erkennen, daß man Dir keinen Meter weit trauen kann, was ich Dir nur zu gut beweisen kann, wenn ich Dich sehe, und sehen MUSS ich Dich.

Écoute, si tu l'aimes ainsi que moi, de grâce, dis-le moi franchement. Tu me dois cela. Je ne t'ai jamais fait de mal; au contraire, je voulais te dédier toute ma vie.[4] Ich flehe Dich an – *mir die Wahrheit zu sagen*! Verschone mich nicht; das ist

[1] Ich liebe Dich – sehr viel mehr, als Du es verdienst –, und meine Liebe tötet mich.

[2] ich muß Dich um jeden Preis sehen – so bald wie möglich –

[3] daß Vita keine »sexuelle Beziehung« zu Harold haben würde

[4] Höre, wenn Du ihn genauso liebst wie mich, bitte, sag es mir rundheraus. Das bist Du mir schuldig. Ich habe Dir niemals etwas Böses getan; im Gegenteil, ich wollte Dir mein ganzes Leben widmen.

nicht schlimmer als der Zustand, in dem ich mich zur Zeit befinde. Wenn Du ihn tatsächlich liebst, dann laß mich gehen, Liebling! Dann wirst Du sehr viel glücklicher sein. Ich liebe Dich mit meinem ganzen verletzten Herzen. Aus diesem Grunde *mußt Du mir die Wahrheit sagen.* ...

[Oktober 1918]

... Ach Mitja, Du wirst Dich doch, während Du in Brighton bist, an das Versprechen erinnern, das Du mir gegeben hast, nicht wahr? Ich werde keinen Moment mehr Frieden finden, wenn ich befürchten muß, daß es aufgehoben werden könnte, und offen gesagt, Du weißt *nicht*, du *kannst nicht* wissen, welche Qualen ich durchmache. Bitte – ach *bitte* – rädere mich nicht wieder, denn so fühlt es sich an! Du wirst niemals wissen, wie eifersüchtig ich auf Dich bin, bis zum Jüngsten Gericht, wenn ein gütiger bebrillter Engel, qui fait de la contrebande[1] mit Kaltwasser für die arme kleine *heiße* Luschka, es Dir sagen wird.

Und er wird mitleidig den Kopf schütteln und sagen: »Ja, da bist du nun überrascht, daß sie deshalb Dort gelandet ist!«

Glaub nicht, daß ich das im geringsten amüsant finde, weil ich mir den obigen kleinen humoristischen *écart*[2] erlaubt habe: Diese Scherze reiße ich mir aus der Tiefe meiner Seele und werfe sie Dir ohne die geringste Rücksicht auf mich selbst vor die Füße, wo sie tapfer lächelnd und blutend liegenbleiben!

Ach Mitja, laß mich Dir vertrauen, laß mich Dir genauso vertrauen, als wärst Du ein Teil von mir – laß Dich durch nichts auch nur *zeitweise* von mir und von unserem Großen

[1] der Schmuggel treibt

[2] Seitschritt (b. Boxen); hier etwa »Schlenker«

Abenteuer[1] abbringen. Laß die tausend-und-eine konfettiartigen Beschwerden von B. M.[2] keine winzigen Dellen in Deine wunderschöne, glatte (das einzige Mal, daß ich dieses Wort anders als spöttisch benutze!) Entschlossenheit schlagen! Laß nicht zu, daß Bequemlichkeit, Luxus und Frieden Deinen Entschluß an ihrem federbettartigen Busen ersticken. ...

14. Oktober 1918

... Niemand kann daran zweifeln, daß Du Harold geliebt hast. Gewiß gibt es hinreichend Beweise dafür, daß sie für Dein ganzes Leben reichen könnten. Für ihn hast Du *alles* geopfert. Du hast jemanden geheiratet, der keinen Pfennig in der Tasche hatte, der keine »weltlichen Vorzüge« besaß – dabei hättest Du jeden heiraten können. Und Du hast ihm unter Schmerzen und Qualen drei Kinder[3] geboren. ... Ich rede dich jetzt mit »Mrs. Harold Nicolson« an – das muß ich auf den Umschlag schreiben – welchen Anspruch habe *ich* auf Dich? *Keinen*!

... Und selbst jetzt in meiner Seelenangst darf ich keinen Anspruch auf Dich erheben, Harold darf um keinen Preis erfahren, daß ich Dir gehöre! Was ist Deine Liebe bloß wert, wenn Du keinen Anspruch auf mich zu erheben wagst? Du armes, feiges Ding! Ich würde jedem gegenüber *Anspruch auf Dich erheben*, egal, ob dies einen Skandal auslösen würde oder nicht! ...

[1] alles aufzugeben und zusammen fortzugehen

[2] ›Bonne Maman‹ – d. h. Vitas Mutter

[3] Der zweite Sohn der Nicolsons (geb. November 1915) war eine Totgeburt.

18. Oktober 1918

Dank Dir für Deinen brieflichen Erguß, von dem ich einen schrecklichen Moment lang glaubte, er stammte von Nancy Fairbairn![1] »Trunken von bernsteinfarbenen Zigaretten und Gardenien! Völlig trunken! ... Blind! ... St. Dunstan![2] ... Blindenschrift! ... Deine Briefe, Liebling! ... Champagner! ... Werde es Dir sagen! ... Wir werden sehen! ... Alles ist anders! ... Juwelengeschmückte Welt! ... Das Baby gefunden! ... Die Herzogin von Malborough! ... Ewige Jugend! ... Laß es uns angehen! ... Wunderbar, Liebling! ... Golden! ... Welches Leben Du führst! ...«

Liebling, ich ziehe Dich zu gern auf. ... Ich finde meine Briefe schöner als Deine: Zum einen sind sie sehr viel persönlicher. Die Vorsicht, die überall in Deinen Briefen zu spüren ist, kann ich meist kaum ertragen. ...

Liebling, denk daran, Du bist jung, und ich bin jung, und was Leute im gesetzten Alter zum Zeitvertreib tun, ist noch lange nichts für unsereins. Daher revoltierte mein ganzes Wesen, als ich sah, wie Du, von der Natur nicht gerade benachteiligt, unendlich und auf immer wieder neue Weise anziehend, vor nicht allzulanger Zeit Bridge oder Poker mit einer Menge alter Fischgesichter gespielt hast. Du erinnerst Dich sicher an den Vorfall. Heute morgen bekam ich ein Päckchen mit einigen Magnolienknospen, von denen ich nicht ohne Grund annahm, daß sie von Dmitri seien – aber weit gefehlt! Sie waren von Orsino[3],

[1] Nancy Cunard, die Sydney Fairbairn heiratete (im November 1914), eine Ehe, die zwanzig Monate lang hielt.

[2] St. Dunstan (?909–988), engl. Prälat u. Staatsmann, Erzbischof von Canterbury (959–988)

[3] vermutlich Orsino Orsini, Sproß einer aristokratischen römischen Familie.

rührend, nicht wahr? Le chevalier sans peur et sans reproche[1] ...

So soll ich also zu einer Levantinerin gemacht werden? Könnten wir nicht nach Ithaka gehen, wo ich herstamme?[2] Du kannst einen sehr amüsanten »raste«-kosmopolitischen Hintergrund entwerfen, voller Poesie. ...

Mitja! Sei auf der Hut: denn ich treffe mich zum Mittagessen mit einem Mann namens Georg von Serbien[3], der in dem Ruf steht, unwiderstehlich, sehr gutaussehend und völlig skrupellos zu sein! ... George Karageorgevitch! Es ist absolut wahnsinnig!

Aluschka

21. Oktober 1918

Innig Geliebte, Du hast keine Ahnung, wie schwer es mir fällt, Dir zu schreiben: Ich hasse es, Dir zu schreiben, da ich mir gerne einbilde, Du seist nie fortgegangen, und daß ich nur meine Stimme zu erheben brauche, damit Du zu mir kommst ...

All die Rüschen und der Firlefanz, die Eitelkeiten und Koketterien sind endgültig verschwunden und haben meine Liebe herrlich und schonungslos nackt zurückgelassen, damit Du sie entweder nimmst oder verschmähst – ganz wie Du willst. Im Augenblick haben alle Lügen und Ausflüchte, Spitzfindigkeiten und Zartgefühl, Esprit und Humor mich völlig verlassen ...

1 Der Ritter ohne Furcht und Tadel

2 Violets Urgroßvater, ein Edmonstone, hatte ein griechisches Mädchen geheiratet, als er Gouverneur der Ionischen Inseln war, und Violets Großmutter wurde in Ithaka geboren.

3 George Karageorgevitch (1881–1972), Sohn König Peters I. von Serbien, der 1909 auf seine Thronrechte verzichtet hatte.

Ich will Dir auf gleicher Ebene begegnen – wenn Du nicht weißt, was ich meine, dann schau Dir die Unterschiede an zwischen den letzten beiden Briefen, die Du mir geschrieben hast, und den letzten beiden, die ich Dir geschrieben habe. Wohlgemerkt, ich habe nichts an Deinen Briefen auszusetzen, ganz und gar nicht, aber sie erreichen mich – ich spreche vor allem von dem Brief, den ich heute abend bekam –, sie erreichen mich gelockt, parfümiert und mit Juwelen behangen ... sie sind gewiß sehr aufrichtig, aber sie verlieren niemals auch nur einen Moment lang die Kontrolle über sich selbst, sie sind redegewandt, gefeilt und versöhnlich. Um womit beantwortet zu werden? Mit meinen Briefen – die man kaum richtige Briefe nennen kann – dafür sind sie viel zu débraillé[1] – Proteste, Erklärungen, Gotteslästerungen, wirbelnd, keuchend, wirr, grob, rotglühend, unverzeihlich, verrückt!

Wie kann es je zu einer Einigung kommen zwischen diesen Bolschewiken und jenen spitzfindigen Politikern des »netteren Regimes«?

Nein! Nieder mit Deinem Puder und Deinen Schönheitspflästerchen, mit Deinem Schwanken und Deinen halbherzigen Maßnahmen! Reiß Dir die Kleider und den Putz vom Leib, und wir werden uns als Ebenbürtige treffen, als rivalisierende Kandidaten für romantische Abenteuer und Freiheit!

22. Oktober 1918

Wieder einmal bist Du fortgegangen und hast mich verlassen. Wie oft wird sich diese kleine Folter noch wiederholen? Diese Trennungen sind wie ebensoviele kleine Nadelstiche – sie werden jedoch zu einer Wunde, einer großen klaffenden ro-

[1] nachlässig

ten Wunde. Brighton, das harte, mechanische, vulgäre Brighton und die Freuden des häuslichen Lebens – la rentrée au bercail[1] – korrekt, bequem ... Mitja, nicht länger mein ungezähmter, freier, leichtsinniger Mitja! Mitja wurde durch eine freundliche, liebe- und rücksichtsvolle, nette Person ersetzt – eine Person, die ihre Mutter und ihre Kinder übertrieben liebt ... Au! Das hat weh getan, aber egal. Warum nicht die Dinge beim Namen nennen?

... Ich sehe alles vor mir, wie Du amüsiert-zärtlich die Schwächen Deiner Mutter hinnimmst! Wie überglücklich Du beim Anblick von Ben und Nigel bist.[2] Warum auch nicht? Ben ist ein hübsches Kind, und er ist wie Du – quälend liebevoll und zärtlich besorgt um Monsieur un tel [Harold] ... Beim Abendessen umgibt Dich der ewig-gleiche Rahmen – gepflegte Konversation, durchsetzt mit Brocken römischer Erinnerungen, und eheliche Neckereien.

Gott weiß, ich liebe und verehre Deine Mutter, aber ihre häufigen Anspielungen auf Dein glückliches Eheleben finde ich unendlich kränkend ...

Oh, mein Gott, Mitja, und das alles muß ich ertragen! Es ist die *Widersinnigkeit* der ganzen Sache, die mir am meisten zu schaffen macht. Es ist, als spiele man den *Walkürenritt*[3] auf einer Piccoloflöte und einer Kindertrompete. Es macht alles so unendlich und unermüdlich *klein* – Es ist, als hänge man die *Nachtwacht*[4] in das Zimmer des Hausmeisters. Es ist wie ein Panorama der Dolomiten, auf die Rückseite einer Speisekarte gemalt.

O mein Gott, und ich kann Dir die Hoffnungslosigkeit von alledem nicht klarmachen! ...

1 die Rückkehr in den Schoß der Familie
2 die beiden Söhne von Vita und Harold Nicolson
3 von Wagner (im Original deutsch)
4 Rembrandts »Nachtwache« (im Original deutsch)

25. Oktober 1918

... Mir ist ein himmelschreiend ungebildeter Mensch unendlich viel lieber als jemand, der »ein bißchen« und immer angemessen über fast alle Dinge reden kann. Der Himmel bewahre mich vor solcher »Kleinheit« – und »Gefälligkeit« und »Glätte« –, diese drei Dinge blockieren die Räder des Fortschritts mehr als alles andere auf der Welt, abgesehen von unserem Schreckgespenst à tous deux[1], der Sicherheit.

Ach Mitja, gib mir große, grelle Laster und große, grelle Tugenden, aber bewahre uns vor den netten, kleinen, neutralen mattrosa oder zartmalvenfarbenen Zweideutigkeiten, die dazwischen einhertraben! Wenn Tugend in Mode ist, tragen sie Weiß, sie kleiden ihre armseligen kleinen anpasserischen Seelen in Weiß und scheiteln ihr Haar in der Mitte – wenn Laster in Mode ist, tragen sie Rouge auf ihren Wangen und rauchen Nezain-Zigaretten.

Oh, mein Gott! Ich würde sie gerne von allen Gerichten der Welt herab anklagen, die Menschen, die weder ja noch nein sagen, sondern erst abwarten, bis sie das Urteil einer Autorität in Sachen Geschmack vernommen haben, bevor sie es wagen, eine Meinung zu äußern ...

Sei verrucht, sei kühn, sei trunken, sei rücksichtslos, sei ausschweifend, sei despotisch, sei eine Anarchistin, sei eine religiöse Fanatikerin, sei eine Suffragette, sei, was Du willst, aber um Himmels willen *sei* es nach Herzenslust – *Lebe* – lebe ganz, lebe leidenschaftlich, lebe zerstörerisch au besoin[2]! Lebe die ganze Skala der menschlichen Erfahrungen, bau auf, zerstöre, bau wieder auf! Lebe, laß uns leben, Du und ich – laß uns leben, wie vor uns noch keiner gelebt hat, laß uns erfor-

[1] beiden gemeinsam

[2] wenn nötig

schen und untersuchen, laß uns furchtlos zu Werke gehen, wo selbst die Furchtlosesten gezaudert haben und zurückgeschreckt sind! . . .

25. Oktober 1918

Men tiliche, es hat mir überhaupt nicht gefallen, Dich heute abend weggehen zu sehen. Ach Mitja, wie furchtbar kompliziert doch das Leben wird, aber eines ist *gewiß*: Man camelo tuti –[1]

Mitja, Du könntest alles mit mir machen, oder vielmehr *Julian* könnte es. Ich liebe Julian, überwältigend, verheerend, besitzergreifend, maßlos, unterwürfig, widerspruchsvoll, unersättlich, leidenschaftlich, verzweifelt. Außerdem kokett, flirtend und frivol. Schrecklicher Gedanke! Was für gute Freunde Denys und Julian doch sein würden! . . .

Bahnhof Bideford
[1918]

Etwas unverzeihlich Grausames ist passiert: Das Dorf hier sieht fast genauso aus wie Polperro; es neigt sich auf genau die gleiche Art und Weise zum Meer hinunter; die kleinen, engen Gassen . . . alle mit Kopfsteinpflaster, und die Häuser mit ihren grünen Fensterläden stehen fast genauso zusammengedrängt und schmuddelig da. Noch unerträglicher wurde alles dadurch, daß Chinday sich von ihrer schlimmsten, snobistischsten und ruchlosesten Seite zeigte, weil ich hier bin. Sie hat so verletzende Dinge zu mir gesagt, daß ich nach einer

[1] Ich liebe Dich, ich kann ohne Dich nicht sein (Zigeunersprache).

Weile gar nichts mehr spürte. Ich fragte mich nur dumpf, was ich mit dieser Frau zu schaffen habe, für die es Schönheit nicht gibt und die die Menschen nur nach ihrem materiellen Wert beurteilt? . . .

Chinday, die Musik haßt, nie eine Gedichtzeile liest oder sonst irgend etwas außer den schlimmsten Kitschromanen, die nicht wirklich an Kunst interessiert ist und die sich aus keinem der Dinge etwas macht, die mir so viel bedeuten? Es ist unmöglich, es ist unerträglich, und dabei immer diese Note leichter Herablassung, die sich in alles schleicht, was sie zu mir sagt, als wäre ich ihr sozial, moralisch und intellektuell unterlegen. Die ersten beiden Dinge mögen vielleicht zutreffen, aber ich schwöre, das letzte nicht.

Freitag morgen

Wie Dir dieser Ort gefallen würde!! Er ist bestimmt der schönste, den ich je in meinem Leben gesehen habe. Von meinem Fenster aus habe ich einen herrlichen Blick – das Haus steht auf einer Terrasse 200 Meter über dem Meer. Die Gärten sind eine einzige Pracht, blaue Hortensien und Fuchsien wachsen wild im Überfluß, genau wie in Irland. Man sieht hintereinander gestaffelte Küstenabschnitte, wie Theaterkulissen . . . alles vergeudet, weil Du nicht hier bist und es daher auch nicht sehen kannst.

Gott sei Dank! Ozzie [Dickinson] kommt heute hierher, und ich werde mit ihm über Dich reden können . . .

Später

Ich bin entschlossen, Dir jetzt zu schreiben, da Chinday noch nicht heruntergekommen ist und niemand da ist, der mir über die Schulter schauen könnte. Liebling, es ist niemand hier, der das leiseste Interesse in mir wecken könnte oder ich in ihm. Pamela und Barbara[1] mag ich sehr gern, aber ach!, der angeborene »Bedintismus«[2] der McK.s[3]! Sie sollten wirklich um eine Lampe herumsitzen und ein mit Messingknöpfen verziertes Photoalbum anschauen! . . . Bete täglich, daß ich Ozzie nicht von Dir erzähle! Noch nie hatte ich solche Lust, mich der Höchsten Indiskretion anzuvertrauen wie jetzt. Ich fühle mich wie irgendeine x-beliebige Französin in irgendeinem x-beliebigen französischen Stück, die zu einer x-beliebigen anderen Französin sagt: »Figure-toi que j'ai un amant . . .«[4] Das könnte ganz leicht passieren . . .

Verflucht sei Monsieur un tel – verflucht sei er dafür, daß er mit Dir zusammen ist, während ich es nicht bin, verflucht sei er für seine Spießigkeit und seine Selbstgefälligkeit, seine Vollkommenheit und seine Überheblichkeit! Letzte Nacht habe ich von ihm geträumt. Ach Mitja, Du kannst es mir nicht verübeln, wenn ich bittere Gedanken habe und sie manchmal laut aussprechen muß. Immerhin ist er (zugegebenermaßen völlig unbewußt) das einzige unüberwindliche Hindernis auf dem Weg zu unserem Glück. . . . Wenn Du wüßtest, wie unglücklich ich bin, ach, Mitja – chepescar[5], wir müssen, wir müssen das, und zwar ganz bald – bevor ich »fünf Faden tief« auf dem Grunde des Meeres liege . . . mit zwei Zwillingsperlen an der Stelle, wo einst meine Augen waren –[6]

1 nicht identifiziert

2 ein vom Nicolson-Kreis erfundenes Wort, ursprünglich vom deutschen »bedienen«; »bedints« waren Diener, aber in diesem Zusammenhang spielt das Wort auf »vulgär«, »affektiert«, »zum Mittelstand gehörig« an.

3 wahrscheinlich die McKenna-Familie

4 ›Stell Dir vor, ich habe einen Liebhaber . . .‹

5 laß uns zusammen fliehen (Zigeunersprache)

6 ein Verweis auf Shakespeares »Der Sturm«, I.ii.396, 398.

31. Oktober 1918

Men cheringue, ich fühle mich ziemlich mies, weil ich Dich heute nicht besucht habe, aber seit gestern abend habe ich »Schnupfen«[1], und Du weißt, welch fürchterlichen Streit das mit meiner Mutter gegeben hätte, wenn sie es gemerkt hätte. Ich habe den ganzen Morgen mit ihr zusammen verbracht ... Dann mußte ich fort, um mich photographieren zu lassen – nicht, wie Du wahrscheinlich vermutest, ausschließlich für Denys T., sondern für jeden, der gerne ein Photo hätte ...

... Hör mal, was unsere Abreise betrifft, so muß es entweder am 9. (einem Samstag) oder am 18. sein – aus Gründen, die ich Dir bereits erklärt habe. Ich muß bis *Samstag* wissen, welcher Tag es sein wird, da Russell Cooke eine Woche braucht, um Pässe zu besorgen. Du darfst keiner Menschenseele erzählen, daß Du wegfährst, denn er sagt, es könnte ihn in Schwierigkeiten bringen und uns auf alle Fälle auffliegen lassen. Ich persönlich finde, je eher, desto besser.

Ich spare eifrig, um nicht mittellos in Paris anzukommen (wenn die Götter uns gnädig sind!). Im Augenblick bin ich der praktischste Mensch der Welt. Aber um Himmels willen, halt Dich bis zum letzten Moment bedeckt!

5. November 1918

Mitja, Du mußt mir verzeihen, daß ich heute nachmittag nicht gekommen bin. Es gibt zwei wahre Gründe dafür: (1.) Ich würde mich sehr ärgern, wenn ich jetzt die Grippe bekäme, wo ich ihr bisher entgangen bin. (2.) Je ne me sens pas dans

[1] im Original deutsch

mon assiette.[1] Ich glaube, ich würde etwa 24 Stunden brauchen, um mich zu erholen. Du machst Dir kein Bild davon, wie krank ich mich heute morgen gefühlt habe. Du machst Dir kein Bild, wie sehr mich die ganze Sache mitgenommen hat. Vielleicht bin ich wirklich nicht ganz richtig im Oberstübchen! Ich weiß es nicht.

Ich habe Lust auf ein Dutzend heiße Bäder, mit einer Menge Desinfektionsmittel, nicht wegen der Grippe oder irgendeiner anderen Art von Krankheitserregern, die sich auf mir niedergelassen haben könnten, sondern weil ich von einer Reinheit sein möchte – geistig, moralisch und körperlich –, die ihresgleichen nicht hat, die noch nie dagewesen ist. Ich möchte zu Dir kommen mit einer Haut, die von Gesundheit und Reinheit glüht – fast schmerzt. Könnten doch mein Geist und meine Seele ebenso rein sein! . . .

Mitja, wir werden uns an die Arbeit machen, Du und ich, und zusammen müssen wir etwas Schönes und Wahres und Reines vollbringen. Wir werden die Worte Lust und Leidenschaft aus unserem Wortschatz streichen. Sie sind schmutzig und abscheulich. Ich weiß, daß ich ohne große Schwierigkeiten jenen Seelenzustand wiedererlangen könnte, in dem ich mich befand, bevor ich in die Gesellschaft eingeführt wurde, der das Keuscheste war, was ich kenne, und ich will hängen, wenn ich im Leben nicht noch irgend etwas erreiche!

Oh, laß uns fortgehen, Mitja, ich ersticke in dieser Atmosphäre! Kein Wunder, daß ich immer in meiner eigenen Welt gelebt habe – oder doch immerhin so weit wie möglich in meiner eigenen Welt; kein Wunder, daß ich immer Märchen den Tatsachen vorgezogen habe, und Feen den Menschen. O Mitja, laß mich Dir die Geheimnisse anvertrauen, die ich jahrelang gehütet habe – ich muß, ich muß sie Dir anvertrauen, denn ich werde sie nie jemand anderem anvertrauen

[1] Ich bin körperlich nicht ganz auf der Höhe.

können. Es ist die seltsamste Barrie-hafte[1], Debussy-artige Welt gewesen. . . .

Ach Mitja, ich kann Dir gar nicht sagen, wie sehr ich Häßlichkeit, Schmutz, praktische und materielle Dinge hasse. Sie brechen kleine Stücke aus meiner Welt, in der ich immer allein gelebt und gespielt habe. Der einzige Mensch, der je ihre Existenz vermutet hat, war Pat [Dansey], doch auch sie ist nie über die Schwelle hinausgekommen.

Es wachsen dort alle Arten tropischer Gewächse und Schlingpflanzen wie müde blaue Flechten . . .

Halb ist es eine Zauberwelt, halb eine mythische; es gibt darin Heinzelmännchen und Baumnymphen, Zentauren und Kobolde. Dort verwandelt Clytie sich neunmal am Tag in eine Sonnenblume, wenn ich es so will, und Arethusa fliegt dort ständig vor Alpheios davon, während ihr blondes Haar im Winde flattert . . .

Und immer gibt es Musik – Musik von Vögeln und fließenden Gewässern, Musik von Bäumen und flüsternden Schilfrohren – und manchmal, im September, die Musik stampfender Hufe, und klirrender Zimbeln . . . Gute Nacht, Du Wunderschöne –

6. November 1918

Mein Liebling Mitja, das arme Kind [Sonia] leidet so sehr an Asthma; Mama hat die ganze Nacht bei ihr gewacht. Ich kann es nicht ertragen, die arme Kleine krank zu sehen, zu sehen, wie sie nach Luft ringt. Sie ist so tapfer, und sie beschwert sich nie. Als sie noch klein war, hatte sie es ständig. Falls es ihr noch nicht besser geht, wenn der Arzt kommt, werde ich nicht

[1] Sir James Matthew Barrie (1860–1937), Autor von »Peter Pan«

wegfahren. Mama ist wundervoll, wenn irgend jemand ernstlich krank ist. So gelassen und ruhig und tüchtig. Sie war die ganze Nacht auf den Beinen.

Ich bin so dankbar, daß Denys fort ist. Ich hasse es, wenn er in *unsere* Angelegenheiten verwickelt wird. Ich möchte dann zu ihm sagen: »Was geht dich meine Schwester überhaupt an? Du gehörst nicht hierher.« Und hätte es wahrscheinlich auch gesagt, was unnötig herzlos gewesen wäre.

Mama und Sonia und ich sind au fond[1] ein sehr fest verbundenes Kleeblatt. Liebling, es würde Dir so leid tun, wenn Du dieses arme geduldige kleine weißgesichtige Ding sehen könntest. Sie sagt, sie habe sich noch nie so krank gefühlt, und ich weiß, sie würde das nicht sagen, wenn es nicht so wäre ...

9. November 1918

Der beigefügte Brief[2] wird Dir zeigen, daß ich auf das erniedrigende Mittel zurückgreifen mußte, Monsieur un tel anzurufen, um ihn zu fragen, ob er hinsichtlich der Pässe etwas tun könne.

Ich glaube nicht, daß er mich ernst nahm, somit liegt der Rest also ganz bei Dir. Du wirst verstehen, wie außerordentlich unangenehm es für mich war, Monsieur un tel um einen Gefallen bitten zu müssen; wenn irgend jemand anderes im Auswärtigen Amt genauso helfen könnte, würde ich keine

1 im Grunde

2 Ein Brief von Sidney Russell Cooke, den Violet beilegte, in dem er schreibt, daß er erst Pässe von Miss Keppel und Mrs. Nicolson brauche, bevor er die für einen Parisaufenthalt nötigen Einreiseerlaubnisse ausstellen könne, und daß man Pässe beim Auswärtigen Amt bekomme, wo Harold Nicolson sie leichter besorgen könne als er.

Zeit verlieren, mich an ihn zu wenden. Du mußt mir nur sagen, an wen ich mich da wenden kann …

10. November 1918

… Ich habe gerade mit Dir telefoniert. Mir wurde ganz kalt, als ich so tiefe Gleichgültigkeit und Unbekümmertheit aus Deiner Stimme heraushörte. Mitja, *kannst* Du, willst Du *nicht* verstehen, daß wir *niemals* wegkommen werden, wenn wir es nicht bald tun? Daß wir fortgehen, und zwar ins Ausland, ist tatsächlich das *einzige*, was mich vor einem andernfalls SICHEREN SCHICKSAL[1] retten kann: Sicher, weil ich nicht verächtlich genug bin, jemanden zu töten, den es unter Tausenden nur einmal gibt, dem vor drei Tagen zwei Regimenter für seinen außerordentlichen Wagemut und sein Können zugejubelt haben. Mitja, ich flehe Dich an, mich nicht mißzuverstehen, Du weißt, wen ich liebe – gewiß habe ich Dir genügend Beweise dafür gegeben …

Jetzt ist nicht die richtige Zeit für Unentschlossenheit und Verdrehung von Tatsachen. C'est le plus fort qui l'emportera[2] – nicht, weil ich es nicht weiß oder weil ich unsicher bin – ach! ich weiß nur zu gut, wen ich liebe, aber *es gewinnt derjenige, der zuerst das Ziel erreicht.*

Julian … KÄMPFE! Kämpfe Tag und Nacht, bis Du diese Pässe bekommst! Ich werde so verzweifelt, weil ich manchmal das Gefühl habe, allein zu kämpfen. Ich spüre keine Unterstützung. Du weißt so gut wie ich, daß zwei Menschen, die absolut *entschlossen* sind, ihren Kopf durchzusetzen, um jeden Preis, dies am Ende auch erreichen. Sag Monsieur un

[1] Denys Trefusis zu heiraten
[2] Der Stärkere wird siegen (d. h. Vita oder Denys).

tel, daß *ich* nach Paris gehen will, um zu heiraten, falls er sich Gedanken darüber macht, warum ich so wild entschlossen bin, dorthin zu fahren – sag ihm *irgend etwas* – was, ist mir egal –

11. November 1918

Mitja, welch große Schande, daß Du nicht hier warst, um Zeugin des größten Gefühlsausbruchs zu sein, den es je in der Geschichte der Menschheit gegeben hat! (Bitte bewundere meinen perfekten Zeitungsstil, den ich gerade eingeweiht habe!) Nein, aber im Ernst, Du wirst es ewig bereuen, gerade heute morgen nicht in London gewesen zu sein. Wir wußten es um 9 Uhr 15. Winston Churchill rief an[1] ... Wie der Blitz war ich aus dem Haus, um Flaggen zu kaufen! Ich schleuderte es jedem Vorbeigehenden großzügig entgegen: »Wissen Sie schon, daß der Waffenstillstand unterzeichnet worden ist?«, worauf ich fast immer mit einem vollkommenen abrutissement[2] angestarrt wurde.

Bei Selfridge's kaufte ich ganze Arme voller Flaggen, warf genug Geld hin, um sie dreimal zu bezahlen, und eilte zurück nach Hause! Papa und ich gingen auf den Balkon, um sie rauszuhängen; er hatte gerade die erste Flagge aufgehängt, als die Sirenen losheulten! Ein gigantisches und unvergeßliches »A-h-h-h« entstieg Tausenden von Kehlen, und die Menschen begannen zu applaudieren, wie sie es sonst nur in Theaterstücken tun, die von der Französischen Revolution handeln (wenn der Held den Girondisten eine Predigt hält). Das letzte bißchen Würde fiel von mir ab – ich stürmte die Bond Street

[1] Winston Churchills Freundschaft mit Alice Keppler entstand in Churchills Jugend und dauerte bis nach dem 2. Weltkrieg an.
[2] Stumpfsinn

hinauf, aus Leibeskräften jauchzend, stürmte bei Barbelline rein, zog die caissière[1] mit raus (die zufällig eine Freundin von mir ist), und so rannten wir Hand in Hand die Oxford Street hoch, um ein paar französische Flaggen zu kaufen, die ich im Basar von Selfridge's erbeutete. Wir riefen dann ein Taxi, schmückten es mit Flaggen (einschließlich Chauffeur), gabelten vier verwundete Tommies auf, zusammen mit einer alten Frau, die in der Bond Street Blumen verkauft, und fuhren zum Trafalgar Square, der sich in einem Zustand absoluten Deliriums befand!

Abertausende von Menschen, die sich alle heiser jubelten, Menschentrauben in jedem Taxi, jedem Bus und jedem Lieferwagen, die schrien, weinten, sangen, gestikulierten ...

Niemals in meinem ganzen Leben habe ich ein beeindruckenderes Schauspiel erlebt. Warum mußt Du immer jedes aufregende Ereignis verpassen? So etwas passiert nur einmal im Leben, oder vielmehr einmal alle zweihundert oder dreihundert Jahre! (Du könntest Deiner Mutter diesen Brief vorlesen, da sie auch nicht hier gewesen ist, um das alles zu sehen. Ich bin sicher, sie wäre mit uns allen zusammen verrückt geworden.)

Die Menschen tanzten die ganze Regent Street hinunter die Farandole; in den Restaurants stiegen sie auf die Tische und sangen »God Save the King« und die Marseillaise. Oh, Mitja, Mitja, *warum* warst Du nicht hier ...

1 Kassiererin

März bis Juni 1919

Als Violet im März von Monte Carlo nach England zurückkehrte, waren dort bereits seit längerem Gerüchte über Violets und Vitas skandalöses Benehmen während ihres dreimonatigen Aufenthalts in Monte Carlo im Umlauf: Vita, als Mann verkleidet, ging mit Violet tanzen; in ihrer hemmungslosen Spielleidenschaft hatten sie schwere Verluste einstecken und in ein billigeres Hotel umziehen müssen. Verzweifelt über die Trennung von Vita und unter dem Druck ihrer Mutter, die entschlossen war, die Affäre zu vertuschen, verlobte sie sich am 26. März widerwillig mit Denys Trefusis. Die Hochzeit sollte im Juni stattfinden, doch die verzweifelte Violet setzte ihre Hoffnungen darauf, daß Vita dies durch eine gemeinsame Flucht am Vorabend der Zeremonie vereiteln würde. Vita wohnte bei ihrer Mutter in Brighton, wo Lady Sackville sich nach der Trennung von ihrem Mann niedergelassen hatte. Sie hielt sich in diesem Frühjahr jedoch auch gelegentlich wegen der Veröffentlichung ihres Romans »Heritage« (»Frühe Leidenschaft«) in London auf. Violet setzte ihre verzweifelten Aufrufe zur Flucht fort.

Im letzten Moment erhörte Vita Harolds Bitten und floh zwei Tage vor der Hochzeit nach Paris, um nicht in Versuchung zu geraten, die Feierlichkeiten zu stören. Die Zeremonie, auf der Dame Nellie Melba Gounods »Ave Maria« sang, fand am 16. Juni in der St. George's Cathedral am Hanover Square statt. Violet hatte offensichtlich Denys' Versprechen erhalten, die Ehe nicht zu vollziehen, so wie sie auch darauf bestanden hatte, daß es zwischen Harold und Vita keine Intimitäten mehr geben solle.

Das frisch verheiratete Paar verbrachte die ersten Nächte der Hochzeitsreise im Pariser Ritz, von wo aus es in den Südwesten Frankreichs reisen wollte. Am 17. Juni tauchte dort die verzweifelte Vita auf und verbrachte eine leidenschaftliche Liebesnacht mit Violet. Während der nächsten zwei Tage kam es zu schrecklichen Szenen mit Denys, in deren Verlauf Violet ihm ihre Fluchtpläne beichtete.

16, Grosvenor Street
[März 1919]

Dein Brief hat alles völlig verändert. Wie wir einander verstehen! Du weißt, daß die Liebe zur Freiheit das Stärkste, Reinste und Ehrlichste in mir ist. Sie wird ewig rein und keusch bleiben. Ich bin vielleicht wertlos, doch der Wunsch fortzugehen, mich über alle engen Beschränkungen und weltliche Borniertheit hinwegzusetzen, frank, frei und furchtlos zu sein, das ist das *eine* in mir, das *nicht* wertlos ist . . .

Ach Mitja, Du bist eifersüchtig auf D. T. Soll ich Dir sagen, warum? *Er ist wie Du*, und das ist auch der Grund, weshalb *ich ihn mag*. Und das ist die reine Wahrheit. Im Grunde Deines Herzens weißt Du genau, er ist »einer von uns« – er gehört zu der allzu kleinen Bruderschaft der Abenteurer, der Tollkühnen, der Wagemutigen, der Freien – er ist kein Feind, sondern ein Gleichgesinnter – er spricht unsere Sprache – wir drei sind jung, uns allen ist völlig gleichgültig, was die Welt denkt, und wir lehnen die hergebrachten Konventionen gleichermaßen ab.

Unbekümmert machen wir uns auf die Suche nach dem Stein der Weisen, dem heiligen Gral und der vierten Dimension! Wir ziehen aus, das sagenhafte El Dorado zu entdecken, und müssen zu unserer Bestürzung sehen, daß wir nicht die einzigen sind! Bruder –

[März 1919]

. . . Heute nacht habe ich eine Entscheidung getroffen. Wenn Du nach Paris gehst, wirst Du mich nie wiedersehen. Vielleicht freut es Dich, dies zu lesen. Vielleicht hast Du die ganze Zeit darauf gewartet. Ich treffe diese Entscheidung, weil ich Dich so schrecklich liebe, und aus keinem anderen Grund . . . Es tut mir leid, dies sagen zu müssen, aber ich kann Dir nicht trauen. Ich bin unglücklicher, als Du Dir vorstellen kannst – Ich gebe Dich auf, ich gebe mein ganzes Leben auf . . .

Heute, in Westminster Abbey, war ich völlig am Boden zerstört. Um mich herum schien nichts zu sein als Alter und Tod – Alter, das um die Toten weint. Und eine Stimme schien zu flüstern: »Qu'as tu fait, o toi, que voilà, de ta jeunesse?«[1] Und ich fühlte mich so winzig, so hilflos und unendlich einsam.

Gott ist der einzige Freund, der einem bleibt, und man traut sich kaum, sich an ihn zu wenden, wenn man gesündigt hat. Meine Gebete für Dich mögen mir vergeben sein, aber ich kann nicht anders. Sind denn meine Bitten so verwerflich? Mit dem Menschen zusammen sein zu wollen, den ich aus ganzem Herzen liebe – in Armut und Vergessenheit. Mein bißchen Talent zu entwickeln und von morgens bis abends zu arbeiten, meine bescheidene Habe mit anderen Menschen zu teilen, alles Geld, das ich verdiene, den Armen zu geben und nur zu behalten, was ich zum Überleben brauche, all die armen, sich plagenden guten Seelen zu ermutigen und unterstützen, zu denen mich mein Herz zieht und die ich nie besser verstanden habe als jetzt . . .

Ist das so verwerflich?

[1] Was hast Du getan, o Du, mit Deiner Jugend?

21. März 1919

Mein einziger Liebling, ein weiterer schrecklicher Tag – wird dieser Alptraum denn nie enden? Dabei hat er gerade erst begonnen, und Du bist fort ... Es ist so furchtbar, ständig mit jemandem zusammen sein zu müssen, der sich keinen Deut aus einem macht, obendrein unglaublich düster und schweigsam ist. Ich habe das dunkle Gefühl, er will mich nur »aus Rache« heiraten. Wir gehen nicht einmal freundschaftlich miteinander um – ich fühle, er hat etwas Unversöhnliches ...

Was wird geschehen? Wirst Du zusehen, wie ich diesen Mann heirate? So etwas ist noch nie dagewesen, ist einfach unvorstellbar. Ich gehöre Dir mit Leib und Seele.

Du weißt, wie sehr ich Betrug und Heuchelei hasse und verabscheue. In meinen Augen ist es das Schlimmste auf der Welt, und hier stehe ich und tue all das, was ich am meisten verabscheut und Dir gegenüber angeprangert habe ...

Wenn wir nur zusammen fortgehen könnten, Du und ich, und sei es nur für ein paar Monate, käme ich aus der Sache heraus – aber wenn ich das täte und dann hier allein und ohne Dich bliebe, wäre mein Leben unerträglich.

Chinday würde mir alles zur Hölle machen. Müßte ich heute weggehen und allein leben, würde ich meinem Leben ein Ende setzen ...

Ach, meine Geliebte – letzte Woche um diese Zeit waren wir noch frei und glücklich und – zusammen, und das ganze Leben schien voller Jugend, Frühling und Romantik!

Erinnerst Du Dich, wie wir nebeneinander standen und auf Monaco hinunterblickten – in diesem Moment dachte ich: Mitja wird mich nie verlassen.

Ach, Liebste, in dieser Nacht schliefen wir eng umschlungen ...

Ich habe das Gefühl, es ist so schrecklich falsch, daß wir alles verheimlichen wollen, daß ich es nicht offen sage. Fern von Dir wird es nie einen Funken Glück in meinem Leben geben (vorausgesetzt, ich könnte überhaupt weiterleben?) ...

Ach Mitja, Du mußt wissen, wie sehr mir diese Beziehung zuwider ist. Sie steht im *absoluten Gegensatz* zu all meinen Moralvorstellungen. Ich mag nicht viele haben, aber das wirft diese wenigen völlig über den Haufen. Ich schwanke zwischen unbeschreiblichem Selbstekel und Selbstmordplänen ...

Samstag, [März 1919]

Wie schön, daß es Dir in Paris gefällt! Ich dachte es mir. Es muß wunderbar sein, an all die Orte zu gehen, die wir gemeinsam besuchen würden, Mitja. Wie schön, daß Deine Qual »köstlich« ist. Ich wünschte, ich könnte dasselbe von meiner sagen. Mein Gott! Mitja! Du hast nicht die *leiseste Ahnung*, was es heißt, unglücklich zu sein! Es ist »schwach« und »würdelos«, »tieftraurig dazusitzen«, nicht wahr? »unedel« und warum nicht eine *»Niederlage«*? Soweit ich es sehe, ist es eine Niederlage – für MICH.

Mein Gott, Mitja, ich koche vor Wut! Du kannst Deine »Lebensverhältnisse« nicht ändern, nicht wahr? Na, ich jedenfalls werde meine »Verhältnisse« sehr wohl ändern!

Was kümmert es mich, ob Dein Name im Gespräch ist oder nicht? Du gehörst ja nicht *mir*, Dein Glanz würde nur auf einen anderen fallen, auf den Menschen, der das große Glück *hat*, Dich zu besitzen! Glaubst Du, bist Du töricht genug zu glauben, *ich* will, daß Du groß und berühmt wirst als »die Ehefrau von Harold Nicolson«? Meinst Du nicht, Du bist als solche bereits berühmt genug? Die schöne und kultivierte Ehefrau von Mr. Nicolson, die bezaubernde und begabte Ehefrau eines unserer vielversprechenden jungen Diplomaten! Mein Gott, Mitja, wenn ich Dich umbringen könnte, würde ich es tun!

. . . Du schreibst mir literarische, wunderschön gefeilte Briefe mit wohlklingenden, makellos formulierten Sätzen. Warum fluchst, schimpfst und tobst Du nicht? Warum verfluchst Du nicht das verdammte Schicksal, das Dich mir genommen hat? Warum verfluchst Du nicht das boshafte Schicksal, das mich Nacht für Nacht wachhält, weil ich um Dich weine? . . .

Ich habe versucht, Dich mir gleich zu machen, und habe versagt. Ich habe versucht, glücklich zu werden, und habe versagt. Ich habe versucht, mein Leben zu einem Erfolg zu machen – zu einem immerwährenden –, und habe wiederum versagt. Mein Leben – was davon noch übrig ist – ist bloß noch eine einzige nackte, grenzenlose Bitterkeit . . .

Du wirst ein glückliches, erfolgreiches, ereignisloses, aber glänzendes Leben führen – und wahrscheinlich als Gattin eines Botschafters enden! Eine fabelhafte Aussicht! Wenn Du alt bist, wirst Du auf Deine Jugend zurückblicken und denken: Nun ja: Einmal stand ich vor einer sehr großen Versuchung, aber, Gott sei Dank!, konnte ich ihr widerstehen!

In Paris wird man Dich mit Malern und Bildhauern bekannt machen und in ihre Ateliers führen. Du wirst mit Literaten und anderen Künstlern verkehren. (Man wird schon dafür sorgen, daß Du nicht nur mit Langweilern zu tun haben mußt.) Du wirst über Kunst und Poesie plaudern: die Leute werden witzige, brillante Dinge sagen: besonders ein Mann, der, glaube ich, Jean Cocteau heißt.

Du wirst denken: Wie falsch doch Luschkas Vorstellung war, ich würde das gewöhnliche, herkömmliche Leben einer Diplomatengattin führen! Sieh mich nun an, in einem echten Bohème-Milieu! *Gütiger Himmel*, Mitja! Ein *wirkliches* Atelier, in dem *wirkliche* Bohemiens leben – nicht bloß die Arrivierten –, würde sich doch herausputzen, um die Gattin eines Delegierten der Friedenskonferenz zu empfangen! Du kannst nicht alles auf einmal haben! Entweder Du lebst ganz bescheiden von zwei- oder dreihundert Pfund im Jahr mit mir auf einem Rive-gauche-Dachboden – vielleicht nicht einmal das, so daß Du nicht mal genau weißt, woher Deine nächste Mahlzeit kommen soll –, oder Du bist die andere, die Ehefrau des Delegierten, schön, ehrgeizig, wohlhabend, einflußreich – aber Du kannst nun mal nicht beides haben!

Warum schreibst Du mir auf dem Papier der britischen Delegation? Sind Deine Briefe zensiert und daher so kühl? Hast Du einem gewissen Jemand versprochen, mir nur noch rein freundschaftliche Briefe zu schreiben? . . .

Sie haben Dich mir weggenommen, Mitja. Sie haben Dich in Dein altes Leben zurückgeführt, Dich, Mitja, die Du doch *so leicht* auf den Schein hereinfällst. Du glaubst wohl, daß Du jetzt schon unser Bohème-Leben führst!

Mein armer Mitja . . . Es war Julian, nicht Du, und Julian ist tot.

Weißt Du noch, was ich Dir gesagt habe? Es ist das Treffendste, was ich je über Dich gesagt habe. Du *hast* eine fatale Neigung, Fälschungen – Schwindler – für echt zu halten. Du *erkennst* das Echte nicht, wenn Du es siehst. Du, obwohl Du doch so kritisch bist, bist immer wieder hereingelegt worden – auch von mir hereingelegt worden. Du glaubst, ich sei klug, und ich weiß, daß ich es nicht bin, aber wärst Du zu mir gekommen, hätte ich Genie entwickelt.

Jetzt bin ich erfüllt von einem wütenden Selbstzerstörungsdrang, einer Art moralischem Selbstmord. Du hättest alles aus mir machen können. Ich hätte mich zwischen den Sternen gewähnt.

Sonntagmorgen

Es ist ein herrlicher Tag. Ich frage mich, was Du heute tun wirst. Du bist so weit fort, so weit fort. Metaphorische Gebirge, Meere und Kontinente trennen Dich von mir. Weil Sonntag ist, wird ein gewisser Jemand den Tag frei haben und ihn natürlich mit Dir verbringen. Heute wirst Du mir wahrscheinlich nicht schreiben, denn Du wirst keine Zeit haben und nicht allein sein.

Du wirst die Kleider tragen, die Dir am besten stehen, und wunderhübsch aussehen. Vielleicht wirst Du in sein Zimmer gehen, Dich hinsetzen und ihm zusehen, wie er sich umzieht – wie Du es getan hast, als ich in Paris war –, und er wird Dich »meine kleine Mar«[1] nennen und Dir den Nacken küssen.

Tu me fais horreur, Mitja, parfois tu me fais horreur.[2] Deine tiefe Gespaltenheit läßt mir die Haare zu Berge stehen ...

28. März 1919

Mitja, ich bin so unglücklich, und unglücklich und verzweifelt erkenne ich, wie mangelhaft alle menschlichen Beziehungen sind, sogar die idealsten – wie unvollkommen und unbefriedigend ...

[1919]

Men tiliche, ich habe den ganzen Abend über Paris geredet – Paris, als wir das erstemal dort ankamen – Knoblocks Wohnung[3] – O Mitja! Es macht mich trunken, wenn ich bloß daran denke, und an die vielen Tage, Wochen und Monate, die vor uns lagen!

[1] Mar war Harolds Kosename für Vita.

[2] Du erschreckst mich, Mitja, manchmal erschreckst Du mich.

[3] Bühnenschriftsteller Edward Knoblock, der Autor von *Kismet*

Das verrückte Hochgefühl der Nächte, in denen ich mit Julian umherspazierte, werde ich nie vergessen, solange ich lebe! Nicht einmal Monte Carlo war besser. Genauso gut, aber nicht besser. Mir wird ganz schwindelig, wenn ich daran denke! Die Nacht, in der wir ins Palais Royal gingen, und die Nacht, in der wir uns »La Femme et le Pantin«[1] ansahen, waren die glücklichsten in meinem Leben. Ich war schier trunken vor Glück. Wir waren nur Bohemiens, Julian und ich, hatten kaum genug Geld, um das Abendessen zu bezahlen, waren frei, ohne Sorgen und ohne Bande in der Welt. O Gott! War ich glücklich! Ich dachte, es würde niemals enden. Ich war wahnsinnig und unersättlich in Dich verliebt.

Julian war ein Dichter sans sou ni maille[2]: Ich war Julians Geliebte. Eines Tages würde Julian ein großes Werk schreiben und viel Geld verdienen – aber bis dahin hätten wir nur gerade genug zum Leben. Ich betete Julian an. Das Paris des François Villon, *Louise*, *La Bohème*, Alfred de Musset, all das lag uns kunterbunt zu Füßen: Wir gehörten dazu, unserem Wesen nach.

Wir gehörten ebenso dazu wie die haarige Concièrge und die Zeitungsverkäufer mit ihren Leinenschuhen, die die Boulevards hinunterrennen und näselnd »La Patrie! La Presse!« und »La Femme et le Pantin« rufen. Hemmungslos vor Glück lehnte ich mich zurück und gab mich vor den Augen des gesamten Theaters Deinen aufreizend schamlosen Liebkosungen hin!

Vielleicht nicht »ladylike«! Aber andererseits wußte ich noch nie, wie eine Lady sich zu benehmen hat.

Dann fuhren wir in dem dunklen Taxi zurück, und der Fahrer lächelte Dich wissend und voller Verständnis an. Ich bin sicher, er dachte: »C'est pas souvent qu'ils doivent se

[1] von Pierre Louys
[2] ohne einen Pfennig

payer ça, pauvres petits . . .«[1] Dann die Wohnung, das verlassene, unbeschreiblich romantische Palais Royal, Julians Ungeduld, Julians Wildheit, Julians ungeschickte, tastende Hände . . . O Gott! Ich kann den Gedanken nicht ertragen! . . .

Professor Ross sagte mir heute abend, Du seist zur Leidenschaft geboren, Dein vollkommen proportionierter Körper, Deine grüblerischen Augen mit den schweren Lidern, die ganz unverhohlen sinnliche Mund- und Kinnpartie. Du bist dafür geschaffen, und ich bin es auch.

Ich sagte zu Professor Ross, ich hielte Dich für einen der moralischsten Menschen, die ich kenne. Er prustete los: »Pah! Mit dem Mund, mit dem Kinn. Bei diesen Vorfahren! Erzählen Sie mir was anderes!« (Professor Ross munterte mich ganz schön auf während seines Besuches.)

Meine Schöne, meine Bezaubernde, ich begehre Dich so sehr!

Dies sind die besten Jahre Deines Lebens. Bald wirst Du dreißig sein. Halbwegs jugendlich, aber nicht mehr jung, dann achtunddreißig, dann vierzig, dann im mittleren Alter.

Was wirst Du für Deine verlorene Jugend, Deine schwindende Schönheit vorzuweisen haben, wenn Du nicht mehr mitreißend lebendig und faszinierend bist, sondern hart, streng und ausdruckslos? Du, die Du eine der größten Gestalten Deines Jahrhunderts hättest werden können, es noch immer werden könntest! – eine George Sand, eine Katharina die Große, eine Helena von Troja, Sappho! . . .

Wirf die farblosen Gewänder der Wohlanständigkeit und Konvention ab, mein schöner Paradiesvogel, sie stehen Dir nicht. Führe das Leben, das die Natur Dir zugedacht hat. Sonst, Mitja, wirst Du eine Enttäuschung sein – Du, die Du

[1] Es passiert nicht oft, daß sie dies [die Taxikosten] bezahlen müssen, die armen Kleinen.

eine der größten, der schillerndsten und romantischsten Figuren aller Zeiten sein könntest, wirst »Mrs. Nicolson« sein, »die einige hübsche Verse geschrieben hat. Sie ist die Tochter des – – – – – – –? Lord Sackville (verzeihen Sie meine Unwissenheit), und erscheint öfter auf Wohltätigkeitsveranstaltungen.«

30. März 1919

... Denys hat gesagt, er würde mich romandinae [heiraten], egal welche Bedingungen ich daran knüpfe, er würde in alles einwilligen, wenn ich ihn nur nicht verließe. Wenn ich ihn verließe, würde er sich umbringen. Ich solle ihm nur genau sagen, was ich will, und es werde geschehen. Er gab mir sein Ehrenwort als *Gentleman, niemals* etwas zu tun, was mir zuwider wäre – Du weißt in welcher Beziehung. Was soll ich tun? Was kann ich sagen? Es gibt nur eins, was ich tun kann – weglaufen, ohne jemandem ein Sterbenswörtchen davon zu sagen.

Armer Loge[1], er hängt an mir wie ein Hündchen. Sein einziger Reiz bisher war, daß ich vom Gegenteil überzeugt war! ...

Ich erhielt gerade einen Brief von ihm, in dem er mir alles, was er gestern sagte, noch einmal schriftlich bestätigt. Ich werde ihn Dir zeigen, Mitja, es ist alles so schrecklich.

... Etwas ist plötzlich in mir geplatzt, so daß mir ganz elend ist. Wie ein Messer durchfährt mich die Erkenntnis, wie glücklich ich war. Und, was das Schlimmste ist, ich sehe Dich vor mir, Mitja, wunderschön und übersprudelnd, strahlend vor Jugend, Gesundheit und Glück ...

[1] Vitas und Violets Name für Denys – nach dem Feuergott in Wagners *Rheingold*

»Luschi, Lusch! Warum antwortest Du nicht, wenn ich mit Dir spreche? Komm her und gib mir sofort einen Kuß! Nein, nicht so! . . . Einen richtigen Kuß! Was *fällt Dir ein*, mich nicht zu küssen, wenn ich es Dir befehle?« Und immerzu singt eine Stimme – doch so weit entfernt, daß ich die Worte kaum verstehen kann . . . Doch, ich kann's . . . gerade eben! . . . Und ich denke: Ja, das ist alles, was mir von den vier glücklichsten Monaten meines Lebens geblieben ist . . . eine Zeit . . .

[März 1919]

Mein geliebtes Herz, ich schreibe dies um zwei Uhr morgens am Ende des bitter-ironischsten Tages meines Lebens.

Heute abend wurde ich zu einem Ball mit lauter wohlmeinenden Leuten mitgenommen. Chinday hatte vorher ihren Freunden von meiner Verlobung erzählt, und so gratulierten mir alle, die ich dort kannte. Ich hätte laut aufschreien können. Mitja, ich kann mich mit diesem Leben nicht abfinden. Am Montag treffe ich Dich noch einmal, und es liegt an Dir, ob wir uns danach je wiedersehen.

Es ist wirklich gemein und schrecklich. Ich verliere den letzten Funken Selbstachtung. Ich *hasse* mich! O Mitja, was *hast* Du mir angetan? Oh, mein Liebling, meine kostbare Geliebte, was wird aus uns werden?

Ich sehne mich jede Stunde und jede Sekunde des Tages nach Dir, und doch werde ich langsam und unaufhaltsam an einen anderen gebunden . . . Manchmal überflutet mich eine qualvolle körperliche Sehnsucht nach Dir . . . ein Verlangen nach Deiner Nähe und Deiner Berührung. Ein anderes Mal wieder wäre ich schon zufrieden, wenn ich bloß den Klang Deiner Stimme hören könnte. Ich versuche ganz fest, mir Deine Lippen auf meinen vorzustellen. Was für ein rührend trauriges Unterfangen . . . Liebling, was immer es uns auch kostet, tiri chinday[1] wird Dir nicht mehr böse sein. Ich nehme an, diese lächerliche Verlobung wird sie beruhigen ...

Nichts und niemand in der Welt kann die Liebe, die ich für Dich empfinde, zerstören. Ich habe meine ganze Persönlichkeit, den Kern meines Wesens, für Dich aufgegeben. Ich habe Dir immer wieder meinen Körper hingegeben. Du konntest mit ihm machen, was Du wolltest, hättest ihn sogar in Stücke reißen können, wenn Du es gewünscht hättest. Alle Schätze meiner Phantasie habe ich vor Dir ausgebreitet. Es gibt keinen Winkel in meinem Gehirn, in den Du nicht vorgedrungen bist. Ich habe Dich umklammert, Dich liebkost und mit Dir geschlafen, und ich würde am liebsten in die Welt hinausschreien, wie sehr ich nach Dir verlange ... Du bist mein Geliebter, und ich bin Deine Geliebte. Wegen dieser mächtigen Verbindung – der mächtigsten der Welt – haben schon Königreiche, Imperien und Regierungen geschwankt und mußten schließlich fallen.

14. April 1919

Men cheringue, ich habe einen ziemlich anstrengenden Abend mit Loge hinter mir. Er war noch schweigsamer, unergründlicher und gleichgültiger als gewöhnlich. Als ich ins Zimmer kam, machte er eine Bemerkung: »Du siehst aus, als hättest Du Dich mal wieder stark in Szene gesetzt.« Dann nahm er ein Buch und fing an zu lesen ...

Ich fing auch an zu lesen, aber in Wirklichkeit habe ich mich die ganze Zeit gefragt, was er wohl denkt. Er ist eine Sphinx, dieser Mann. Ich schreibe dies nicht, um Dich aufzuregen, es ist nur Unsinn, eigentlich nicht wert, mitgeteilt zu werden ...

[1] Deine Mutter (Lady Sackville)

Mitja, flieg, flieg! Ich habe das Gefühl, wir sind wie Menschen, die ihr Haus am Fuße eines Vulkans erbaut haben – wie all die Menschen, deren Häuser sich am Fuße des Vesuv drängen. Sie haben sich so daran gewöhnt, über Ausbrüche zu reden, daß sie am Ende den Vulkan beinahe als ihren Verbündeten behandeln, der sie vor Ausbrüchen beschützen soll! Bis sie eines Tages aufwachen und sehen, wie die Lava an seinen Flanken herunterfließt und die todbringende Schlacke sie in Sprüngen und Sätzen überholt!

Darum sage ich: Flieg, Mitja, flieg! Jetzt, wo noch Zeit ist – und es bleibt so wenig ... Warum behauptest Du Dich und Deine Rechte an mir nicht vor der Welt? Warum zerschmetterst Du diese groteske Verlobung nicht? Warum sagst Du nicht: »Sachez qu'elle est à moi.«[1] ...

19. April 1919

Du bist fort, und ich bin einsam – einsamer als je zuvor in meinem Leben, ich, die ich alle Tiefen der Einsamkeit ergründet habe. Mein Leben lang war ich einsam. Ich wußte nicht, was es heißt, eine Gefährtin zu haben, bis ich Dich traf. Warum stirbt man nicht automatisch, wenn man von dem Menschen verlassen wird, den man liebt? Du weißt, daß ich die Wahrheit gesagt habe, als ich sagte: Je n'ai rien qui m'attache à la vie ...[2]

Nur eine Frau kann sich ganz der Liebe hingeben. Das Leben eines Mannes ist nie so sehr von ihr erfüllt, daß seine Arbeit und seine Interessen ausgeschlossen wären. Liebe ist für ihn nur eine Freizeitbeschäftigung, eine Sache, der er sich

[1] Wisset, sie ist mein.

[2] Nichts hält mich am Leben.

widmen kann, wenn er nicht arbeitet. Wie könnte ein Mann so völlig *abhängig* von einem anderen Menschen sein wie ich von Dir?

Auch nur sehr wenige Frauen könnten das. Nur solche, die kein Durchhaltevermögen besitzen, keine Widerstandskraft, keine festen Vorstellungen von dem, was richtig und was falsch ist, keinerlei Bindungen oder Interessen.

Quand je donne, je donne à pleines mains.[1] Ich halte nichts zurück.

Gibt es jemanden, der schlechter für das tägliche Leben geeignet ist als ich? Du selbst hast mir meinen mangelnden Realitätssinn vorgeworfen! Was soll ich dagegen machen? Ich habe niemals etwas mit dem zu tun gehabt, was ich für die erbärmliche Seite des Lebens halte; ich weiß gar nichts, habe es fertiggebracht, nichts über Dinge zu wissen, die mir ein fünfzehnjähriges Mädchen erklären könnte. Ich lebe in einer Welt, die ausschließlich von meinen Phantasiegestalten bevölkert ist. Meine Freunde haben nichts mit gewöhnlichen Sterblichen gemein, und meine Welt könnte ein halbverrückter angetrunkener Troubadour des Mittelalters ersonnen haben. Ich hasse meine Welt! Welcher Trost sind mir schon diese dürftigen Phantasien, wenn ich halbtot bin vor Weinen und Einsamkeit? . . . Tu ne sais pas tout le mal que tu me fais.[2] Ich weiß, Du denkst nicht an mich! Ich weiß, Du warst freudig erregt bei dem Gedanken, einen gewissen Jemand wiederzusehen; seine Ankunft mit dem Flugzeug hat Dir gefallen; der Anblick hat Dich fasziniert, Du bist mit Deinen beiden Kindern losgeeilt, um es landen zu sehen, hast hinaufgezeigt und gesagt: »Seht, das ist Papa da oben!« oder so was Ähnliches . . . Du bist fast geplatzt vor Neugierde, seine Erlebnisse erzählt zu

[1] Wenn ich gebe, gebe ich mit vollen Händen.

[2] Du weißt gar nicht, was Du mir alles Schlimmes antust.

bekommen … »Hadschi«[1] hier und »Hadschi« da, und fast spaziert Ihr Arm in Arm …

Und ich, obwohl ich Dich fünfzigmal mehr als mein Leben liebe, bin vorübergehend vergessen – beiseite geschoben – nicht mehr beachtet als ein lumpiges Gassenkind, das seine Nase an die Fensterscheibe eines feinen Hauses drückt und die Leute drinnen beim Lachen und Essen beobachtet …

[April 1919]

Ich muß sagen, Du übertriffst Dich selbst dabei, völlig unkompromittierende Briefe zu schreiben – aber warum? Habe ich mich Deines Vertrauens unwürdig erwiesen? Sind Deine Briefe von einem Quartett kichernder Hausmädchen gelesen worden? Was ist aus dem Drachen im seichten Wasser geworden?[2]

Vorsicht ist eine Tugend, die ich verabscheue und verachte – besonders wenn sie nicht nötig ist. Sollte sie nötig sein, würde ich Dich warnen. *Niemand* tastet meine Briefe an, und die, die ich von Dir erhalte, werden sofort den Flammen übergeben.

Heute morgen bekam ich einen Brief von V. E.[3], der Dmitri bestimmt ganz schön ins Schwitzen gebracht hätte! (In solchen Fällen darf man wohl salopper formulieren.) Ich habe tatsächlich große Angst vor ihm. ich bin mir nicht sicher, ob er nicht beabsichtigt ________. Warum paßt Dmitri nicht besser auf Aluschka auf?

[1] Kosename Vitas und der Kinder für Harold Nicolson

[2] Geht auf ein chinesisches Sprichwort zurück, das Violet sehr mochte. Vita machte es zum Titel ihres Romans *The Dragon in Shallow Waters* (1921).

[3] nicht ermittelt

21. April 1919

Ich habe Deinen Brief noch einmal gelesen – Deinen Brief in derselben Handschrift, die Du schon hattest, als Du vierzehn warst und ich zwölf ... Dieselbe geliebte Handschrift, die mich bereits als Kind fasziniert hat. Fast blind vor Tränen sah ich all die Briefe vor mir, die Du mir geschrieben hast – die der Vierzehnjährigen, die schüchtern und zärtlich und vertrauensvoll waren. Mit 16 fingen sie leider! schon an, gleichgültig, vorsichtig und zurückhaltend zu werden: aber es gab ein oder zwei teure Ausnahmen, die ich beinahe auswendig kannte; mit 18 und 19 kamen sie nicht mehr regelmäßig, Deine Briefe. Es kamen wenige in großen Abständen, hastig geschrieben und unverbindlich, mit hier und da eingestreuten Sätzen, die verrieten, daß Du malgré tout[1] nicht vergessen hattest ... Sie wurden immer unpersönlicher, und schließlich, als Du 21 warst, enthielten sie bloß noch Verabredungen. Dann hörten sie ganz auf ...

Vier lange Jahre kamen keine mehr ...

Vor einem Jahr fingen sie wieder an. Der eine, den Du mir nach unserer Rückkehr aus Polperro schriebst, begann mit: »Mein Liebling« ... Ich dankte Gott und glaubte, vor Dankbarkeit sterben zu müssen. Und seitdem, ach, Mitja! ... Wie wundervoll waren sie! Es waren Liebesbriefe von *Dir*, die ich schon als Kind liebte, die mir schon mit vierzehn geschrieben hat – dieselbe kleine, ordentliche, symmetrische Handschrift ... Ich kenne sie praktisch mein ganzes Leben lang, sie ist mit mir zusammen erwachsen geworden, hat, bildlich gesprochen, mit mir lange Röcke angezogen und die Haare aufgesteckt. Vertraut und über alles geliebt.

Mein Gott, Mitja! Nicht auszudenken, Dich für immer zu verlieren!

[1] trotz allem

Ich erinnere mich noch an Deinen Ausspruch, als ich das erste Mal ins C. Malet[1] fuhr: »Wir mögen für eine Weile getrennt sein, vielleicht sogar für ein Jahr, aber wir werden unser Leben lang immer wieder zueinander zurückkehren.«

Und Du hast gedroht, mich für immer zu verlassen!

Was habe ich Dir getan, Mitja, außer Dich zu lieben? . . .

29. April 1919

Mein Mitja, heute morgen habe ich Deinen zweiten Brief erhalten, geschrieben am Sonntag. Es ist der einzige Brief, der sich anhört, als hättest Du mich *wirklich* vermißt, seit Du fortgegangen bist. Natürlich habe ich geschrieben. Ich bin überrascht, daß Du meine Briefe nicht erhalten hast. Ich habe auf alle c/o Außenministerium geschrieben. Ich wünschte, Du würdest nicht dieses schreckliche Papier der britischen Delegation benutzen. Ist das nicht kleinlich von mir? . . . Aber kleine Dinge scheinen im Moment so schrecklich wichtig – und dann doch wieder nicht, weil ich mich manchmal fühle, als hätte ich aufgehört zu existieren, als sei alles Leben aus mir gewichen und nur die Hülle übriggeblieben, nachdem alle Sägespäne herausgerieselt sind – eine »kaputte Puppe« – eines Tages wird es Dir leid tun, eine kaputte Puppe zurückgelassen zu haben!

Morgen ist es erst eine Woche her, seit Du abgereist bist, heute eine Woche, seit ich mich von Dir verabschiedete – es kommt mir vor wie Jahre . . . Oh, Mitja, was *machst* Du aus unseren Leben? Manchmal glaube ich, Du bist mein böser Geist und siehst schreckliche Katastrophen sich zusammenbrauen und tust nichts, um sie zu verhindern. Seit Du weg

[1] Chateau Malet, die Villa, die Lady Sackville in der Nähe von Monte Carlo gemietet hatte

bist, drängt Pat [Dansey] mich unaufhörlich, zu heiraten – die ganze Kraft ihres äußerst starken Willens ist darauf konzentriert.

Der Grund dafür ist einesteils, daß sie mich nicht selbst entführen will. Sie sagt, es sei *Deine* Aufgabe, nicht ihre, mich hier herauszuholen und mich fortzubringen, bis sich der Sturm gelegt hat.

... Wenn Du nur zurückkommen würdest – ich sehe Pat nicht sehr häufig und fast nie allein – Joan[1] und sie sind unzertrennlich.

O Geliebte, es war Zeitverschwendung, auf Pat eifersüchtig zu sein ... Alles scheint sich verschworen zu haben, mich der Gnade von – – – – – auszuliefern. Du siehst mein ewiges Elend: Pat ist nie für mich da, Chinday ist hart und unfreundlich, die unerträgliche Atmosphäre in diesem Haus, meine Einsamkeit ...

Bitte schreibe mir so oft Du kannst, bitte, bitte ...

30. April 1919

... Du kannst Dir nicht vorstellen, Du wirst Dir nie vorstellen können, wie einsam ich mich fühle. Du wirst Dir nie vorstellen können, wie unglücklich ich bin. Du wirst Dir nie vorstellen können, wie unerträglich ich Dich vermisse ...

Ich weiß nicht, wohin ich diesen Brief schicken soll und ob Du ihn je erhalten wirst. Mein Herz ist wie versteinert, Mitja. Ich fühle mich zu elend zum Weinen. Einfach krank und dumm.

Du bist doch immer so rücksichtsvoll, warum hast Du mir nichts gesagt? Es wäre so einfach gewesen und so menschlich. O Geliebte, Rupert Brooke beschreibt immer so genau, was

[1] Pats enge Freundin Joan Campbell

ich fühle. Das hat etwas Beruhigendes. Wenn ich schön formulieren könnte, würde ich sagen, was er sagte ...

»Slip, when all is worst, the bands,
  Hurry back, and duck beneath
Time's old tyrannous groping hands,
Speed away with laughing truth
Back to all I'll ever know,
Back to you, a year ago.

Truant there from Time and Pain,
What I had, I find again:
Sunlight in the boughs above
  Sunlight in your hair and dress,
The hands too proud for all but love
  The Lips of utter kindliness
The Heart of bravery swift and clean
  Where the best was safe, I knew,
And laughter in the gold and green,
  And song and friends, and ever you
With smiling and familiar eyes,
  You – but friendly: you – but true

And Innocence accounted wise,
  And Faith the fool, the pitiable.
Love so rare, one would swear
  All of earth for ever well –
Careless lips and flying hair,
  And little things I may not tell.
It does but double the heart-ache
When I wake, when I wake.«

(Zerreiß, wenn's zu schwer wird, das Band,
  Eil zurück und mach mich frei

Von der Zeit Tyrannenhand,
  Lauf davon, bin heiter, wahr,
Zurück zu dem, was lieb mir war,
Zurück zu dir vor einem Jahr.

Dort, befreit von Schmerz und Zeit,
Was ich besaß, ich wiederfind';
  Sonne durch die Zweige rinnt,
Sonne auf dein Haar und Kleid,
Hände scheu, doch beim Lieben nicht,
  Lippen voller Zärtlichkeit,
Ein kühnes Herz, so rein und licht,
  Wo sicher war das Beste mein,
und Lachen im grün-goldnen Schein,
  Gesang und Freunde und ewig neu
Du mit lächelndem, vertrautem Blick,
  Du – doch freundlich, Du – doch treu.

Und Unschuld galt als weise,
  Vertrauen auch, der arme Narr,
Eine Lieb' so rar, daß ich wohl schwor
  Der ganzen Welt, daß ich sie nie verlor –
Sorglose Lippen und flatterndes Haar
  Und manches, was geheim uns war.
Mein Herz sagt nun ein doppelt' Ach,
Wenn ich erwach', wenn ich erwach'.)[1]

30. April 1919

Kein Brief von Dir heute, abgesehen von dem, was ich heute morgen bekam. Heute und gestern habe ich nur ein paar kümmerliche Zeilen bekommen. Was tust Du? Gott weiß

[1] Rupert Brooke, »Sometimes Even Now« (1912)

was. Der Brief von gestern war auf dem Papier des Hotel Majestic geschrieben, also nehme ich an, daß Du die meiste Zeit dort verbringst?

Ach, Mitja, ich habe die ganze Nacht so entsetzlich von Dir geträumt. Ich brauche Dir wohl kaum zu erzählen, daß es eifersüchtige Träume waren. Ich bin sehr früh aufgewacht und lese seitdem Rupert Brookes Briefe. Sie sind so herrlich, Mitja! Den folgenden Absatz zitiere ich ganz speziell für Dich aus einem seiner Briefe an Violet Asquith: »Ich nehme an, Du saust von Lunchparty zu Lunchparty, von Tanz zu Tanz und aus der Oper auf ein politisches Podium. Komm lieber her und lerne einen Hibiskuskranz für Dein Haar zu flechten, einen Einbaum zu lenken, zwei Minuten unter Wasser zu schwimmen und Schildkröten zu fangen, zwölf Meter tief in einen Wasserfall zu tauchen und eine Kokospalme hinaufzuklettern. Das lohnt sich mehr.«

... Mitja, willst Du mit mir nach Spanien kommen und mich Mitte Juni – sagen wir am 20. – in Venedig treffen? Ich *muß* es wissen! Das Allerschrecklichste ist passiert. Ich habe so sehr von Spanien geschwärmt, daß Denys meinte, wenn Du nicht mit mir hinführest, würde er es tun. Wenn Du also nicht kommst, werde ich von Venedig aus mit ihm dorthin fahren. Ich kann jetzt nicht plötzlich sagen, daß ich Spanien nicht mag, weil ich ihm schon erzählt habe, wie sehr ich es anbete. ... Wenn Du glaubst, ihm gefällt es, wenn wir direkt nach man si romandinado[1] dort hinfahren, dann irrst Du Dich. Er bringt dieses Opfer nur, um mir eine Freude zu machen, denn er wird natürlich als kompletter Trottel dastehen, wenn ich ihn so bald nach der Hochzeit verlasse.

Du mußt daher sofort eine Entscheidung treffen und mich benachrichtigen. Mehr sage ich dazu nicht. Du wirst mich nicht wieder im Stich lassen, nicht wahr, Liebling? ...

[1] unserer Trauung, Hochzeit (Zigeunersprache)

1. Mai 1919

Men cheringue, ich war im Ballett, es war göttlich, und es waren ihrer drei: *Petruschka*, *Papillon* und *Good Humoured Ladies*.[1] Petruschka fand ich wundervoll – es ist so lebendig und unwirklich. Erinnerst Du Dich an den wogenden, tanzenden, trunkenen Jahrmarkt? An mein Verlangen nach Dir?

Hinreißende Tänzerinnen traten auf und schwangen ihre Arme über den Köpfen hin und her (wie ich es manchmal tue!). Ich war entzückt! Eine andere Frau spielte während der *Good Humoured Ladies* das Spinett. Sie war so hübsch. Warum wirkt es immer so zauberhaft, wenn eine Frau etwas gut macht? Wenn ein Mann ziemlich gut das Spinett spielte, würde ihn niemand anschauen. Frauen haben oft so etwas Geheimnisvolles, Witziges, Ironisches, Phantastisches, Urwüchsiges und zugleich so unendlich Begnadetes, daß man zehn Jahre seines Lebens dafür geben würde, daß die Musik sich wiederholt: Jedes Wort ist ein Gedicht, jeder Blick ein Flirt, jede Geste eine Romanze!

Es gibt nur zwei wirklich göttliche Dinge auf der ganzen Welt: Musik und Frauen! . . .

. . . Ich versichere Dir, es gibt nichts Schöneres auf der Erde als eine schöne Frau. Mich persönlich erfüllt es mit solcher Ehrfurcht und Verehrung, daß meine Hand zu zittern beginnt und ich nicht zu zeichnen wage. Ich fühle, es wäre ein Sakrileg.

[1] Strawinskys *Petruschka* (1911), aufgeführt von Sergej Diaghilews »Ballets Russes«, die gelegentlich im Haus der Keppels in der Grosvenor Street probten (*Petruschka* war zeit ihres Lebens Violets Lieblingsmusik); *Le Papillon* (1860) ist ein pantomimisches Ballett von Jacques Offenbach; *The Good Humoured Ladies* ist ein komisches Ballett nach Scarlatti, von Léon Bakst ausgestattet; erste Inszenierung von Diaghilew in Rom 1917.

Ich fühlte mich oft der Ohnmacht nahe, mein Kopf begann zu schwimmen, und ich konnte kaum laufen. Ich würde meilenweit gehen, um eine zu sehen. ... Alte Männer, junge Männer, Knaben. Pah! Ich hasse sie. Sie erfüllen mich mit Abscheu. Es gibt auf der Welt nichts Abstoßenderes für mich, schon kleine Jungen finde ich unbeschreiblich abstoßend.

2. Mai 1919

Ich war gerade mit Loges eiskalter Familie in »Iwan«[1]. Ich hasse sie, Mitja! Heute abend bin ich zu diesem Schluß gekommen. Ich hasse ihr überzüchtetes Aussehen, ihr akademisches Gerede, ihr elitäres Getue und ihre Überheblichkeit in Fragen der Musik, ihre Sturheit, ihren unglaublichen *Stolz*, ihre Gefühlskälte und unüberwindliche Gleichgültigkeit, ihren Mangel an Humor und – seien wir doch einmal ehrlich! – das Fehlen jeglichen Zeichens normaler Menschlichkeit.

Mein armer Mitja, das ist es auch, was ich Dir vorwerfe! Menschlich sein ist offenbar etwas außergewöhnlich Seltenes. Weil ich selbst so intensiv, fast schon ordinär menschlich bin, ist es mir nie aufgefallen! *Sie* meinen, es sei unanständig, seine Begeisterung über irgend etwas zu zeigen, außer über Musik, und dann – ach! Mitja! Es ist nicht *unsere* Musik! Es sind Dinge, die wir nie, nie mögen oder verstehen würden.

Ich hasse sie. Ich würde sie gern an ihren aristokratischen Nasen ziehen. Ich würde ihnen gerne ihre tadellosen Kleider vom Leibe reißen. Ich würde ihnen gerne Groschenromane zu lesen geben und sie dazu zwingen, sich vier Stunden täglich *Helena von Troja* auf dem Grammophon anzuhören!

Ich versuche, das treffende Adjektiv für sie zu finden, denn

[1] Gemeint ist hier Glinkas Oper »Das Leben für den Zaren« (1836), in der der Bauer Iwan Susanin sein Leben für den Zaren opfert.

sie sind nicht genau *bien* oder Snobs – nein sicher keine Snobs – oder altmodisch – nein! Es ist *Unnahbarkeit*, das ist es, reine arktische Unnahbarkeit: »Ja, *Du* liebst und haßt, aber gütiger Gott! *wir* denken nicht mal im Traum daran, etwas so Gewöhnliches zu tun, und wenn, dann würden wir es im Leben nicht zeigen!« Darum hasse ich sie. Sie waren unsagbar angewidert, weil ich bei »Iwan« geweint habe.

Ach, meine Süße, wie ich Dich vermisse! Wie ich mich in der Oper nach Dir *sehnte*.

Weißt Du, was passieren würde, wenn ich einen von denen heiraten würde? Ich würde austrocknen. Ich könnte nie natürlich, nie emotional sein, ich könnte niemals zugeben, daß ich sinnliche Dinge mag. Er hat bereits erklärt, daß er meine Gefühlsausbrüche töricht und ziemlich dumm findet! Aber da sie ihre Wurzel in der tiefsten Tiefe meines Seins haben, kannst Du Dir wohl vorstellen, was es mich kosten würde, sie zu unterdrücken, und bloß zu sagen, ich *mag* etwas, wenn ich in Wirklichkeit davon hingerissen bin. Ich hasse sie, Mitja, und manchmal hasse ich *ihn*. Ich werde *unglücklich* mit ihm sein. Ich fühle mich gefangen und verzweifelt. Heute morgen habe ich mich in meiner Verzweiflung mit Pat getroffen – sie wird versuchen, einen Ausweg zu finden. Sie war nicht zu Hause, also bin ich ihr zu Mrs. Berkeleys Appartment gefolgt. Ich mußte einen Aufzug nehmen wie im Windsor Hotel[1] – mit Seilen. Plötzlich fühlte ich mich ganz krank bei dem Gedanken, daß ich das letzte Mal là-bas, tout là-bas, au beau pays bleu[2] in so einem Ding gewesen bin – und mit wieviel Spaß Du ihn selber bedient hast, und wie ich, wenn ich allein hochfuhr, Dich immer ungeduldig wartend im dritten Stock vorfand, meist in Eile, weil Du ins Casino wolltest!

1 in Monte Carlo

2 Dort unten, dort unten, in dem schönen blauen Land (Monte Carlo)

Es ist mir gelungen, die romandinado für zwei Wochen zu verschieben – c'est toujours ça de gagne . . . Tous les jours il se meurt quelque chose en moi.[1]

Kein einziger Brief heute.

Später

Ich erhielt einen Brief von Dir mit Deinem Gedicht, und ich nehme an, Du hast es H. N. gezeigt, angesichts der Tatsache, daß es von ihm handelt. (Ich nehme an, Du hast Dich an seiner Schulter ausgeweint.) Wie bequem es für Dich sein muß zu denken, ich hätte alle Hoffnung aufgegeben, jemals mit Dir für immer wegzugehen. Aber *habe* ich das denn? Werde ich das je tun, solange ich lebe? Jeden Tag werde ich ein bißchen eifersüchtiger auf H. N. Und ich kann nichts dagegen tun. Es gefällt mir, wie Du meine romandinado für endgültig hältst – das mußt Du nicht, meine Liebe. Es besteht noch – *glaube mir* – jederzeit die Möglichkeit, daß sie nie stattfindet. Man wird sie »auf unbestimmte Zeit verschieben«.

Wenn Du also unter dem Eindruck wegbleibst, ich werde entweder am 11. Juni oder später romandinado, begehst Du einen großen Fehler – und je länger Du wegbleibst, desto schlimmer wird alles werden. Pat sagt, es sei höchste Zeit, daß Du zurückkommst und Dich um Deine und meine Angelegenheiten kümmerst.

Du hast gesagt, Du würdest für zwei Wochen verreisen. In dem Brief, den ich gerade erhalten habe, fragst Du: »Soll ich ganz wegbleiben?« – Du läßt wirklich *Mordgedanken* in mir aufsteigen – es ist Dir wohl noch nie in Deinen verdammten leeren Schädel gekommen, daß ich die Tage zähle, bis Du wie-

[1] Etwas erreicht man immer . . . jeden Tag stirbt etwas in mir.

der zurückkehrst??? Du machst den Fehler Deines Lebens, wenn Du meinst, ich würde »nachdem ich gekämpft habe«, nun »den Kampf aufgeben«. Ich tue es NICHT, und ich will verdammt sein, wenn ich es jemals tue. Ich werde um Dich kämpfen, solange ich noch Atem habe – und es ist mir egal, ob Du das für vergeblich hältst –

Du verdammte, dumme Närrin! Weißt Du nicht, daß ich mir längst eine Kugel durch den Kopf gejagt hätte, wenn ich alle Hoffnung aufgegeben hätte, jemals wieder mit Dir zusammenzusein? – Warte nur ab – es dauert vielleicht Jahre, aber warte nur ab – Wenn ich Dich nicht haben kann, dann werde ich Rache nehmen.

Später

Meine Süße, verzeih mir meinen aufsässigen Brief. Es tut mir leid. Komm zurück, Liebling, und ich werde Dir beweisen, wie anders ich sein kann.

Ach Mitja, es erscheint mir wie *Jahre*, seit Du von mit fortgegangen bist!

Hugh [Walpole] war heute zum Tee hier. Er fährt morgen nach Polperro. Letztes Jahr um diese Zeit waren wir dort. Wir waren so glücklich, Mitja, in unserer neugewonnenen Freiheit – ja, und nach unserer Rückkehr entdeckte ich den Brief, den Du H. N. geschrieben hattest. Gott, Mitja, wundert es Dich, wenn ich Dir mißtraue? Wenn Du dazu imstande warst, wozu bist Du dann *nicht* imstande?

Nein, es war alles vollkommen, bis wir fort waren – und dann: (Wie wunderbar es sein muß, jemandem unbedingt zu vertrauen –) Mitja, Du mußt meine Briefe langweilig finden, »unter meinem üblichen Niveau«, aber ich kann Dir in meiner augenblicklichen Verfassung keine Abhandlungen über Gefühle oder Theorien über *Die Art zu leben* schreiben.

Wie oft muß ich Dich daran erinnern, daß ich *nicht* intellektuell bin und sogar stolz darauf? Darf ich Oscar Wilde zitieren, ohne intellektuell zu wirken: »Wo ein intellektueller Ausdruck beginnt, endet alle Schönheit« – nicht daß irgendwelche Schönheit in dem Zeug steckt, das ich Dir schreibe – es ist die reine, unverfälschte seelische Qual. Das ist es, nichts als das.

Ich liebe Dich so sehr.

3. Mai 1919

Als ich gerade hereinkam, fand ich ein Paket in der Halle. Ich öffnete es und war wie vom Donner gerührt: Es enthielt deine »Frühe Leidenschaft«.[1]

O Mitja, mein liebster, liebster Mitja, ich schreibe dies unter Tränenfluten. Ich bitte und flehe Dich an zurückzukommen! Seit ich Deinen Brief heute morgen bekam, habe ich beinahe ununterbrochen geweint. Ich habe Pat dazu gebracht, mit mir zu Mittag zu essen, die Arme. Sie ist mit ihrer Weisheit am Ende. Mitja, Du mußt um deiner eigenen Zukunft willen zurückkommen. . . .

Ich bete um eine Antwort auf mein Telegramm. Ich bin allein, allein.

Wie konntest Du nur diese schrecklichen Worte in dem Brief schreiben? Wo Du wußtest, daß ich Dich weder sehen noch sprechen konnte?

Men cheringue, ich danke Gott für Dein Telegramm: Ich hoffe, es bedeutet auch, daß Du nächsten Mittwoch zurückkommst. . . . Ich bin abscheulicher und unmöglicher, als Worte es je ausdrücken können. Versetze Dich in meine Lage. . . . Ich verabscheue mich, ich verabscheue meinen selbstsüchti-

[1] Vitas erster Roman aus dem Jahre 1919

gen, eifersüchtigen, mißtrauischen, zügellosen Charakter. Ich verabscheue meine Belanglosigkeit und Gemeinheit, meine maßlose Veranlagung; ich verabscheue meine Härte und Bitterkeit, meinen Zynismus und meine Rachsucht. Jeden Tag vermisse ich Dich mehr; jeden Tag scheinst Du Dich mir noch weiter zu entziehen. . . .

[Telegramm]
4. Mai 1919

MARIAGE REMIS JUSQUAU COMMENCEMENT JUILLET TE SUPPLIE TELEGRAPHIER DISANT QUE TU VAS BIENTOT REVENIR TELLEMENT MALHEUREUSE[1] – KEPPEL

5. Mai 1919

Men tiliche, draußen auf der Straße spielt ein alter blinder Italiener Geige. Mir ist zum Heulen zumute, denn es erinnert mich so an Emmanuel Zecchi . . . Erinnerst Du Dich an »La Paloma« und »La P'tite Dance du Métro«?

Oh, mein Gott, Mitja, waren wir glücklich! Keiner kann behaupten, daß je zwei Menschen glücklicher waren als wir. Mein ganzes buntes und ereignisreiches Leben erscheint grau und leblos, verglichen mit diesen vier himmlischen Monaten! Mitja, es muß noch einmal geschehen, bevor wir sterben; es muß bald noch einmal geschehen, solange wir noch jung, stark und gesund sind. Ach, die Fülle, die Üppigkeit dieser vier Monate! . . .

1 HOCHZEIT AUF ANFANG JULI VERSCHOBEN BITTE UM TELEGRAMM, DASS DU ZURÜCKKOMMST SEHR UNGLÜCKLICH

Es war süß von Dir, auf das Gedicht hin ein Telegramm zu schicken – ich danke Dir sehr. Ich habe gerade ein neues angefangen; wenn es etwas taugt, schicke ich es Dir – aber das ist fast ausgeschlossen. Ich wünschte mir jetzt so sehr, mich mehr mit Poesie beschäftigt zu haben. Dann könnte sie mir vielleicht jetzt eine Gefährtin sein, statt einer sehr distanzierten und würdevollen Bekannten, die mich immer wieder schneidet, wenn ich mich tief bis in die Gosse vor ihrer vorbeifahrenden Kutsche verbeuge!

Wie Loge neulich so treffend bemerkte: »Tu, um Himmels willen das eine oder das andere, aber *tu nicht beides*! – Entscheide Dich entweder dafür, zu heiraten, Dich häuslich niederzulassen und im Laufe der Zeit eine Familie zu gründen, und laß die Finger von der Kunst. Oder aber wenn du Talent hast, oder anders gesagt, eine künstlerische Veranlagung, dann opfere Dein ganzes Leben und, wenn nötig, auch das anderer Menschen, um ein solches Talent zu kultivieren und zu vervollkommnen, mit dem Du für die Menschheit unendlich viel wertvoller bist als in einem zufriedenen Eheleben. Aber was immer Du tust, versuche nicht, beides auf einmal zu tun!« Ich zitiere wörtlich. Das ist ungefähr der einzige Punkt, in dem wir uns völlig einig sind. Ein Mensch mit Talent ist für die Nachwelt hundertmal mehr wert als das gewöhnliche, durchschnittliche, häusliche Wesen, das zum Erhalt der Art beiträgt. Fast alle Leute, die wir kennen, sind so. Ich will hängen, wenn auch *ich* so sein wollte!

Je mehr ich über die Ehe nachdenke, desto mehr fühle ich mich von dem Gedanken befremdet. Sie ist eine Einrichtung, die für launische alte Jungfern, müde Prostituierte und Königshäuser reserviert bleiben sollte!

Ach, Liebling, Liebling, für einen strahlend hellen Moment sah ich unsere Liebe – Julians und meine –, wie sie sein könnte! O Gott, dieser Spaß! Ich würde Julian erlauben, den alten Jungfern, die ihm über den Weg laufen, Heiratsanträge zu machen! Er dürfte nach Herzenslust flirten. Er dürfte jede Dirne in der Nachbarschaft besuchen. Er dürfte ehrenwerte Damen auf Abwege führen, oder zumindest den Auftakt dazu wagen – er dürfte ihnen Hüte und Juwelen versprechen (die er sowieso nicht bezahlen könnte). Er dürfte mit ihnen in cafés de nuit gehen und die halbe Nacht durchtanzen. Er dürfte der phantastischste, unwiderstehlichste und skrupelloseste Schurke auf der Erde sein, und ich würde ihn einfach anbeten ... und wahrscheinlich meinen ganzen Schmuck verkaufen, damit er sich jeden Tag eine frische Blume ins Knopfloch stecken kann. ...

[Telegramm]
5. Mai 1919

GESTERN ABEND HOCHZEIT BIS JULI VERSCHOBEN VON DEINEM BRIEF ERSCHÜTTERT FLEHE DICH AN SEI NACHSICHTIG MIT GROSSER TRAUER UND ABSCHEULICHEM CHARAKTER BITTE TELEGRAPHIERE NACH ERHALT SAG DU KOMMST NÄCHSTE WOCHE ZURÜCK LIES MEINE BRIEFE NICHT – KEPPEL

6. Mai 1919

... Heute abend habe ich *Silbermond und Kupfermünze* von Somerset Maugham gelesen ... Das mußt Du lesen. In der Zeitung, die ich Dir geschickt habe, war eine Kritik darüber, aber ich vermute, daß sie verlorengegangen ist – mittlerweile wohl unwiederbringlich.

Ich werde Dir nichts darüber erzählen, außer daß hier meine Theorien zu einer Geschichte geformt sind: daß es nämlich, wenn jemand ein großer Künstler ist, keine Rolle spielt, wie sein Privatleben aussieht oder welche Leben er seinem Egoismus opfert, daß es falsch und widernatürlich ist, einen solchen Menschen mit unseren (Deinen, nicht meinen) armseligen Vorstellungen von Recht und Unrecht zu beurteilen. Solche Dinge existieren einfach nicht für einen Menschen solchen Formats. Liebling, ich habe in diesem Buch einige Dialoge gefunden, die auch von uns stammen könnten ... zwischen einem Künstler und einem Freund, der eine moralische Existenz zwar nicht wirklich erreicht, aber anstrebt – nicht, daß ich mein völlig unbedeutendes Ich mit einer Künstlerin vergleichen will, ganz zu schweigen einer großen, doch es ist die Künstlerseele qui y est pour quelque chose[1] – und ich denke, davon kann ich einen beträchtlichen Anteil für mich in Anspruch nehmen.

Und der Freund redet und redet und findet kein Ende: »Ist es denn nicht abscheulich, sie nach siebzehn Jahren Ehe auf diese Art zu verlassen, obwohl man keinen Fehler an ihr findet?«

»Abscheulich«, spricht der Künstler milde.

Später

Als ich nichts anderes mehr zu erzählen wußte, erwähnte ich zufällig, daß eins meiner Gedichte in *Country Life* erschienen ist. Alles was Chinday dazu einfiel, war: »Wie nett, wirklich. Was zahlen sie dafür?« Und später bemerkte sie: »Es ist natürlich sinnlos, Gedichte zu schreiben, wenn man dafür nicht bezahlt wird.« Was für Ansichten! Ich hätte am liebsten vor Schmerz laut aufgeschrien! Fast hätte ich gesagt: »Du bist unmöglich meine Mutter! Ich will, ich kann nicht glauben, daß wir verwandt sind!«

[1] die zählt

Ich habe Deinen Brief bekommen, Mitja. Ich habe ihn Pat gezeigt. Er kam, als ich gerade mit Chinday den schlimmsten Krach meines Lebens hatte. Ich hätte sie fast geschlagen ... Aber die ganze Zeit dachte ich, in drei Tagen wird Mitja mir gehören, und dann kam Dein Brief, und ich habe erkannt, daß Du nicht zu mir zurückkehren willst, daß Du offensichtlich sehr viel lieber erst später zurückkommen möchtest. Mir liefen die Tränen in Strömen übers Gesicht, als ich damit zu Pat rannte ...

7. Mai 1919

Ich verstehe Deine Briefe immer weniger. Als Du aus London abgereist bist, war abgemacht, daß Du nach Deinem zweiwöchigen Aufenthalt in Paris *auf jeden Fall zurückkehrst*, daß Du nach den zwei Wochen wieder hier bist und auf Long Barn bleibst, bis H. N. dorthin kommt. Wozu diese Änderung der Pläne?

Mein Gott, denkst Du, ich hätte den Zeitpunkt meiner romandinado je verschoben, wenn ich gewußt hätte, daß Du mir diesen Streich spielen würdest?

Sie kann immer noch einfach auf den 2. Juni zurückverlegt werden. Wenn Du nächsten Mittwoch nicht zurückkommen kannst, oder besser willst, Liebling, dann komm besser überhaupt nicht zurück ...

8. Mai 1919

Was hast Du Dir dabei gedacht, Deinen Brief mit »Meine liebste Luschka« zu beginnen? Er wirkt recht töricht, Dein Brief, denn er traf hier ein, als ich gerade einen höchst ernsthaften Appell an Julian beendet hatte. Jedenfalls wird dieser Brief, den ich J. an seine Hoteladresse geschickt habe, ihm deutlicher als alles andere zeigen, wie unbegründet seine Verdächtigungen sind.

Was Deinen Brief betrifft, werde ich ihn hier genauso methodisch abhandeln, wie Du es tust (bist Du sicher, daß Du in einem früheren Leben nicht mal Buchhalterin warst?)

1. »Als Du im vergangenen Frühjahr zu Besuch kamst, warst Du freudig erregt« usw. Zugegeben.
2. »Im vergangenen Herbst, bevor er Urlaub bekam, warst Du freudig erregt« etc. Zugegeben.
3. »An dem Tag, als er dann tatsächlich kam, warst Du aufgeregt« etc. Zugegeben.
4. »Während seiner Abwesenheit hast du den Leuten erzählt, Du seist verliebt« etc. Sicher habe ich das den Leuten erzählt, und warum? Um unsere Flucht zu tarnen ... Du hast zugegeben, du hättest Pat aus demselben Grund erzählt, ich sei im Begriff, mich zu verlieben.
5. »Als er nach Frankreich zurückkehrte, hast Du geweint und warst unglücklich« usw. Geweint, ja. Unglücklich, nein. Besorgt, ja. Aber es besteht ein riesiger Unterschied zwischen »besorgt« und »unglücklich« sein. Damals war ich besorgt. *Jetzt* bin ich unglücklich, aus einem ganz anderen Grund. Ein himmelweiter Unterschied.
6. Was Paris angeht – *voll und ganz* verantwortlich. Vor allem als Tarnung gedacht, um Chinday (die alles darüber wußte) etwas zu denken zu geben.
7. »Du hast geschrieben, Du seist in ihn verliebt.« Zugegeben. Der Grund, *anrüchig*, und Du *weißt* es. Wenn ich dächte, daß Du Dir nichts mehr aus mir machst und Du hättest Dich jemand anderem zugewandt, würde ich es ihm sagen und so meine Rolle spielen.
8. »Verschiedene Leute, die Euch zusammen gesehen haben, sagen, Ihr seid offensichtlich ineinander verliebt.« Geschwätz. Überflüssig, darauf zu antworten.

9. Wie kannst Du es WAGEN, an meinen Worten über Sinn und Zweck des Briefes, den ich Dir gezeigt habe, zu zweifeln? Mein Wort zählt auf jeden Fall immer noch mehr als Deins – warum sollte ich sonst so voller Genugtuung über den Brief sein? Ich schwöre bei nonero jepi[1], bei Deinem Leben und bei meinem eigenen, schlag mich tot, wenn es nicht stimmt, daß der Brief *exakt* das bedeutet, was ich Dir erzählt habe. Und der Mensch, der ihn geschrieben hat, schrieb ihn unter Qualen, als höchsten, unanfechtbaren Beweis seiner Zuneigung zu mir. Dieser Mensch hat mir niemals auch nur den geringsten Anlaß gegeben, seine Worte zu bezweifeln oder ihnen zu mißtrauen. Jedes Versprechen, sogar das geringste, wurde gewissenhaft gehalten. Wieso sollte ich an diesem Menschen zweifeln, wenn er es sich schon untersagt, mich bloß aufs Haar zu küssen oder gar meinen Arm zu nehmen? Zeigt man Dir gegenüber dieselbe Zurückhaltung? Ich wette, nein! Außerdem hast Du es wahrscheinlich auch nie verlangt.

10. »Wann immer er Dich mir gegenüber erwähnt hat, tat er das mit absoluter Sicherheit und ohne jegliche Befangenheit ... im Gegenteil, er genießt es ganz offensichtlich, über sie zu sprechen –« Gütiger Himmel! Hast Du denn noch immer nicht gemerkt, daß die fragliche Person so stolz wie Luzifer ist und daß er bewußt alles in seiner Macht Stehende tun würde, um Dich (die er in gutem Glauben akzeptiert) davon zu überzeugen, daß zwischen uns alles au mieux[2] steht? Als wir weg waren, hast Du mir erzählt, ein gewisser Mensch verbreitete, er höre täglich von Dir. Und das ist genau das gleiche, siehst Du das

[1] unserer Liebe (Zigeunersprache)

[2] zum besten

denn nicht? Stolz und Unbehagen, daß irgendwer merken könnte, daß die Dinge nicht so laufen, wie sie sollten. *Ich sage ihm ständig, daß ich todunglücklich bin, ihn nicht liebe* und *daß ich, solange ich lebe, weder ihn noch irgendeinen anderen Mann heiraten möchte.* Einmal habe ich ihm gesagt, daß ich ihn *nicht* heiraten werde – mit dem Dir wohlbekannten Ergebnis.

11. Nein, ich habe ihm nicht erzählt, daß ich in jemand anderen verliebt bin. Er hat selbst gesagt, daß ich Dich lieber habe als irgendwen sonst, und ich habe ihm zugestimmt.
12. Natürlich war ich es, die die Hochzeit aufgeschoben hat, Du verdammte Idiotin. Wenn Du es genau wissen willst – durch rabâchen[1] ich könnte nicht romandinado[2] wenn ich unpäßlich bin. Und außerdem habe ich ihm gesagt, wegen der Pferderennen wäre kein Mensch in London. Verdammt noch mal, darauf hättest Du selbst kommen können, auch ohne daß ich es Dir sagen muß.
13. Ich besitze ganze acht Schmuckstücke auf der Welt, und Du weißt, wie sehr ich [unleserlich] liebe. Ich habe niemals versucht, Deine scheußliche [unleserlich] schlechtzumachen. Ich verstehe nicht, warum Du *meins* schlechtmachen willst.
14. Ich sage viele häßliche Dinge über mich. Du hast es oft gehört. Aber es kränkt meine Eitelkeit, wenn jemand anderes es tut. Wenn Du auch nur einen Funken Scharfsinn hättest, dann müßtest Du Dir das denken können.

Zusammenfassend: Er glaubt nicht, daß ich andre jeli[3] bin. Er denkt, ich mag ihn als Freund, als einen *vertrauenswürdigen Freund*, und ich schwöre, das ist alles. Wie kann ich Dir bewei-

[1] Wiederholung desselben alten Tricks

[2] heiraten

[3] in ihn verliebt

sen, daß dies alles die absolute Wahrheit ist – außer auf die einzig mögliche Weise: durch »chapescando«[1]. Du brauchst dieses Wort nur auszusprechen, und ich schreibe drei Zeilen auf ein Blatt Papier (O Gott, wie glühend ich mir das wünsche –) . . .

Soeben habe ich einen weiteren ärgerlichen Brief von Dir erhalten. Was zum Teufel meinst Du, wenn Du sagst, Du glaubst nicht, »daß es Dir möglich sein wird, vor dem zwanzigsten wegzukommen«? Mir fällt auf, Du hältst es neuerdings nicht mehr für nötig, mir Begründungen zu liefern.

Du bist ein Miststück, Mitja! Kein Wunder, daß ich Loge vertraue und Dir nicht. Wie auch Pat schon gestern sagte, würdest Du sehr wohl früher kommen, wenn es Dir *in den Kram paßte*. Mein Gott, wie ich Dich verachte! Welche ist wohl die bessere Auffassung von jeli[2], Deine oder meine? Deine ist faul, faul, faul, und jeden Tag wächst in mir die Gewißheit, daß ich eine Närrin bin und daß Du es nicht wert bist. Si tu tiens à moi,[3] meinst Du nicht auch, daß es sehr dumm von Dir ist, dies geschehen zu lassen? Mehr sage ich dazu nicht.

9. Mai 1919

Men tiliche, ich bin den ganzen Tag auf dem Land gewesen und habe mir ein Haus angesehen. Ich *kann* nicht, bringe es einfach nicht fertig, mir eins ohne Dich anzuschaffen. Mein ganzes Wesen rebelliert à une telle trahison[4].

[1] fliehen, zusammen weglaufen
[2] Liebe (Zigeunersprache)
[3] wenn Du mich liebst
[4] gegen einen solchen Verrat

Ich war mit Pat dort, die sehr nett und verständnisvoll war. Oh, men tiliche, gibt es noch etwas auf der Welt, das so tot ist wie un amour enseveli?[1] Es ist tragisch. Wenn es sartuti[2] dasselbe ist, dann ist es in der Tat dumm von mir, eifersüchtig zu sein.

Men tiliche, im Zug dorthin ... wurde mir plötzlich schwindlig. Ich sehne mich so schrecklich nach Dir. Ich sehne mich in jeder Beziehung, aber ganz dringend. Du weißt, wie. Du hast keine Ahnung, wie es um mich steht. Ich habe einmal in Monte Carlo versucht, es Dir zu erklären. Es muß etwas dagegen getan werden. Du siehst viele Dinge an mir nicht. Ich bin furchtbar und schamlos leidenschaftlich, *wie* leidenschaftlich, weißt vermutlich nicht einmal Du. Ich möchte auch gar nicht, daß Du es weißt. Die ganze Kraft dieser Leidenschaft ist auf Dich konzentriert. Ich will Dich, ich begehre Dich, abgesehen von allem anderen, wie ich noch nie in meinem Leben jemanden begehrt habe. (Ich kann nicht mal eine ganz normal hübsche Frau sehen, ohne daß es mich erregt, was glaubst Du also, fühle ich für Dich?) Im Tunnel schloß ich meine Augen und meinte zu fühlen, wie Du Dich über mich beugst und mich küßt. O Mitja, mon amour, ma vie, reviens. Il faut que tu reviennes.

Parfois, avant de m'endormir, à force de te désirer, je finis par sentir ton corps allongé à mes côtés, toute la tiédeur de ta chair frémissante, les baisers de ta bouche, et la caresses de tes doigts, et je défailles, et je me sens sur le point de mourir. . . .

N'éprouves-tu jamais de telles sensations, voyons, un peu de franchise?

C'est que je te veux que c'est de la frénésie! Il y a des jours entiers ou je ne pense qu'à cela. C'est de la démence, tout ce

[1] eine tote Liebe
[2] für Dich

que tu voudras, mais aussi j'en meurs. Je suis sur que tu n'as jamais rien éprouvé de tel.

Mon amour, ma joie, reviens, je t'en conjure![1]

[Telegramm]
16. Mai 1919

FERAI TOUT AU MONDE POUR TE GARDER TAIME TANT[2] SENDE DIR KOPIE VON BRIEF AN PAT FLEHE DICH AN MICH ANZURUFEN WERDE ALLES TUN WAS DU VORSCHLÄGST FALLS TELEPHONIEREN UNMÖGLICH GEHE MORGEN INS CROWN HOTEL KOMM DORTHIN 12–30 TIRI LUSCHKA

16. Mai 1919

Mitja, Liebling, ich *beschwöre* Dich, versuche zu verstehen, was heute nachmittag vorgefallen ist. O Mitja, ich *liebe* Dich so

[1] . . . meine Liebe, mein Leben, komm zurück, Du mußt zurückkommen.
Manchmal, bevor ich einschlafe, führt mein Verlangen nach Dir dazu, daß ich fühle, wie sich Dein Körper neben meinem ausstreckt, ich spüre die Wärme Deines zitternden Fleisches, Deine Küsse und die Liebkosungen Deiner Finger, und ich fühle mich schwach und dem Sterben nah . . .
Hast Du nie solche Empfindungen gehabt, komm schon, ein bißchen ehrlich jetzt?
Ich will Dich einfach. Ich will Dich wie toll. Ganze Tage lang denke ich nur daran. Es ist Wahnsinn, wenn Du so willst, aber ich sterbe auch daran. Ich bin mir sicher, daß Du nie so gelitten hast.
Meine Liebste, meine Freude, komm zurück, ich flehe Dich an!
[2] Werde alles tun, um Dich zu behalten. Liebe Dich so sehr.

schrecklich, und Du *weißt* das. Du weißt auch, daß es für Pat ein sehr glücklicher Tag gewesen wäre, wenn sie es geschafft hätte, uns für immer zu trennen ... Gütiger Himmel! Das kann Dir doch nicht entgangen sein! Was hat sie gesehen, als Du weg warst? Was habe ich Dir heute morgen gesagt?

Mitja, ich *schwöre*. Ich habe nur gelogen, um uns beide zu retten und damit alles so bleibt [*durchgestrichen*]. Es war schrecklich zu lügen, aber es gab mir Sicherheit, und ich hätte mir nie träumen lassen, daß Du es nicht verstehen würdest. Ich bin bereit, jedes Zugeständnis zu machen! Ich gehe am Donnerstag mit Dir zu Pat und sage ihr, daß ich von Anfang an gelogen habe, wenn dadurch zwischen uns alles wie immer bleibt ...

Ich bin so müde und unglücklich, Mitja. Warum sparst Du Dir nicht Deinen Zorn und Deinen Ärger auf, bis ich etwas *wirklich* Schreckliches getan habe? [durchgestrichen] In dem Fall wäre Deine Wut völlig gerechtfertigt, aber Gott weiß, daß es jetzt nicht so ist. Bitte, bitte glaube mir, Mitja! Ich hätte mir nie auch nur einen Moment lang träumen lassen, daß Du meine Lügen nicht durchschaust. Ich möchte so *verzweifelt* gern Loge alles von Anfang bis Ende erzählen ...

Ich war im Bahnhof Charing Cross, in der vergeblichen Hoffnung, Dich zu sehen und mit nach Sevenoaks zu kommen, aber Du bist wohl mit dem Auto gefahren. Ach Gott, ich möchte Dich so gern sehen, mein Liebling, mein Liebling! Ich weiß, Du würdest alles verstehen, wenn ich nur mit Dir reden könnte. Wenn Du mich nicht anrufst, komme ich runter nach Sevenoaks (Crown Hotel), um Dich morgen früh zu sehen ...

[Mai 1919]

Ich habe schon lange nichts von Dir gehört. Alle meine schlimmsten Befürchtungen scheinen eingetroffen zu sein.

Hast Du mich vergessen? Ich kann mich nicht dazu durchringen, das Schlimmste von Dir anzunehmen ... Bist Du wirklich nur herzlos und ein Feigling? War es nie Liebe, sondern nur Eifersucht? Es ist schrecklich, solche Gedanken zu haben, aber was soll ich tun? ... Ach, vielleicht existiert jenes Du, das ich liebte, nur in meiner Phantasie!

Es ist schlimm, wie Du mich quälst.

[Mai 1919]

O men tiliche! Ich habe Loge alles erzählt. Ich habe ihm gesagt, daß Du mir mehr als alles andere auf der Welt bedeutest und daß ich sterben müßte, wenn Du aufhörtest, mich zu lieben. Er sagte, er verstehe das und es müsse alles getan werden, damit Du mir erhalten bleibst. Er sagte, er würde alles tun, was in seiner Macht steht, mir zu helfen, und daß er mir das schon damals in Paris hätte sagen können. Warum machen wir ihn nicht zum Verbündeten, Liebling? ...

... Es ist zu einem neuen dramatischen Höhepunkt mit Loge gekommen. Jeder neue ist schlimmer als der vorige. Ich weiß nicht, was ich tun soll. Er ist furchtbar wütend auf mich und redet jetzt davon, mit Men Chinday über unsere unnatürliche Vereinbarung[1] zu sprechen, was ihr völlig den Rest geben würde. Was soll ich tun? ...

[1] Gemeint ist, daß die Ehe nicht vollzogen werden sollte.

31. Mai 1919

Liebling, so sehr es mir auch widerstrebt, ich halte es für meine Pflicht, Dir Auszüge aus allen Zeitungen zu schicken. Du kannst Deine eigenen Schlüsse daraus ziehen. Du darfst sie an Deine Mutter weitergeben.

»Der Boden, auf dem er geht, ist ihr heilig; planen sie eine altmodische Familie? ... HOME CHAT

»Dienstagabend wurden sie im Ritz beobachtet: keiner von beiden sprach ein Wort.« LONDON OPINION

»Es ist schön, in diesen kalten Zeiten zu sehen, daß Major Trefusis und Miss Keppel sich für ein Haus mit großen, gut gelüfteten Kinderzimmern entschieden haben.« BANGKOK BOURGEOIS

»Ist etwas an dem Gerücht, daß eine gewisse Braut aus den besten Kreisen an ihrem Hochzeitstag mit einem dunkeläugigen Fremden durchbrennen will?« »Was uns interessiert«, LONDON MAIL

»Ich war sehr gerührt, als ich auf meinem Spaziergang durch den Park Miss Keppel traf (die ihren Freunden natürlich als ›Birdie‹ bekannt ist). Sie trug blaue Gabardine über niedlichen Spitzen und saß Händchen haltend neben ihrem ›Zukünftigen‹. Oh, sie haben die Hüte getauscht – erinnert ganz schön an Old Hampstead, was Betty?« »Evas Briefe«, TATLER

»Wie ich höre, schwirrt London vor Gerüchten. Es gibt natürlich keinen Zweifel, daß Miss V. . .t K. . .l drei Jahre mit dem O. . . K. . .ten zusammengelebt hat, bevor sie sich mit Major T. . . verlobte, und daß sie einige Schwierigkeiten hatte, ihre vielköpfige und anspruchsvolle Familie unterzubringen« Tante Tiare in »Heiße Neuigkeiten«. TAHITI TIMES ...

[1919]

O Mitja, Dein Brief hat mich völlig zerstört – Es kann *nicht* wirklich Dein Ernst sein, daß Du nicht zurückkommen willst. Ach Liebling, Du weißt sicher mittlerweile, daß ich besonders abscheulich werde, wenn ich tief unglücklich bin? . . .

Nächsten Mittwoch sind Deine zwei Wochen um. Hast Du vergessen, oder bist Du in Paris jetzt so glücklich, daß Du nicht zurückkommen willst – Gestern abend ist es mir gelungen, die romandinado[1] auf Anfang Juli zu verschieben; es war nicht schwierig: Ich sagte, im Juni wären alle verreist! . . . Ich hasse ihn wieder, und er merkt es. Er hat genug von der ganzen Sache, und ich glaube, er möchte selbst gerne Schluß machen. Es ist jederzeit möglich, daß er es tut. Er ist abscheulich zu mir – und hat mich gestern zum Weinen gebracht . . . Ich glaube, er fängt an, mich zu hassen . . .

[6. Juni 1919]

Men tiliche, das Schlimmste ist also geschehen: Du bist fort und läßt es zu, daß ich zu jemand anderem gehe. Genau an dem Tag, da ich alles gegeben hätte, um nicht allein zu sein! – Du mußt einräumen, daß es der grausamste Tag zum Alleinsein ist[2]; niemanden zu haben, mit dem man reden kann – ach, Mitja!

Du wirst mich *sehr* glücklich machen müssen, Liebling, um mich für den Kummer zu entschädigen, den ich Deinetwegen erleiden mußte. Ich weiß, es ist nicht Deine Schuld, aber gerade heute ist es so schrecklich, niemanden zu haben, mit dem ich reden kann! . . .

[1] Hochzeit (Zigeunersprache)

[2] Es war Violets Geburtstag.

12. Juni 1919 [vier Tage vor der Hochzeit]

Hiermit fasse ich einen Beschluß: Ich werde das verrückteste, obszönste, erbarmungsloseste Buch schreiben, das die Welt je aufgeschreckt hat. Es wird mehr als nur ein Buch sein. Es soll die reine Leidenschaft sein, Wahnwitz, Trunkenheit, Schmutz, Vernunft, Reinheit, Gutes und Böses, alles, was je im menschlichen Leiden miteinander rang ... Es soll der ewige Kampf zwischen Gut und Böse sein. Es soll die Wahrheit sein ... Die gesamte Menschheit wird ihren Widerhall in mir finden, mit Schmerzen erkauft. Dank sei Gott für meine Leiden.

Juni bis Dezember 1919

Auf die schrecklichen Tage in Paris vom 17. bis 19. Juni folgten drei »Flitterwochen« in St. Jean de Luz, im baskischen Teil Frankreichs, die einem Alptraum glichen. Violet und Denys wohnten in getrennten Zimmern. Violet, verliebter denn je in Vita, begann ihren Mann zu verabscheuen. In den letzten Juli-Tagen kehrten sie nach England zurück und ließen sich in Possingworth Manor, in Uckfield, Sussex, nieder, nur dreißig Kilometer von Long Barn entfernt. Vitas und Violets Verbindung setzte sich den Sommer über fort, und die Liebenden machten erneut Pläne, gemeinsam fortzulaufen. In der Zwischenzeit hatte Harold eine Affäre in Paris mit dem eleganten Couturier Edward Molyneux.

Am 19. Oktober brachen Violet und Vita über Paris nach Monte Carlo auf, wo sie die nächsten zwei Monate verbrachten. Am 18. Dezember blieb Violet allein in Cannes zurück, während Vita nach Paris fuhr, um dort Weihnachten mit Harold zu feiern.

23. Juni 1919

... Ach Mitja, wenn ich nicht ganz akut unter meinem Unglück leide, dann langweile ich mich entsetzlich – das ist die einzige Erleichterung, die ich zwischen Stunden tiefen Kummers finde, in denen ich denke – aber Du weißt ja, was ich denke. Kennst Du das Gedicht von Sully Prudhomme, das mit den Zeilen endet: »Des dèbris du palais ... j'ai batî ma chaumière«[1] – ach, genau dazu versuchen sie mich zu bringen.

Es ist, als ob eine Stimme unentwegt sagte: Deine Gedanken sind zu groß, zu weit ist Dein Horizont, allzu hochfliegend Deine Ideale. Sie müssen zurechtgeschnitten, gestutzt und dem täglichen Leben angepaßt werden! ... Versuche, nur noch an Lunchparties, Kleider, Luxus, gesellschaftlichen Erfolg und Flirts zu denken. *Mach Dich klein.* Du, die so grenzenlos war. Es ist nämlich viel besser: es *lohnt*, sich klein zu machen ... Teil Dein Herz in lauter kleine Stücke und gib jedes einem anderen Menschen. Ersetze Tahiti durch Deauville, die Liebe durch Liebesabenteuer, Romantik durch bequemen Dilettantismus, Deine Petruschka-ähnliche Kirmes durch die Rue de la Paix, Wagner durch Mozart.

Ich kann es nicht, ich kann es einfach nicht. Ich werde es nie können, so lange ich lebe ... Ich bin verzweifelt.

Loge geht mir so sehr auf die Nerven, daß ich schreien könnte. Und ebenso nervt mich dieses leere, sinnlose Leben, dessen Belanglosigkeit meine Seele zerstört. Ich habe die Zigaretten gezählt, die D. heute geraucht hat: Bis jetzt sind es schon neunzehn.

Hotel Ritz, Place Vendôme, Paris
23. Juni 1919

Meine Geliebte, ich bin völlig zusammengebrochen. Den ganzen Morgen weine ich schon – ich kann es einfach nicht ertragen, von Dir getrennt zu sein, Mitja. Ich habe D. erzählt, warum ich so unglücklich gewesen bin. Er wäre noch hierge-

[1] Auf den Ruinen dieses Palastes ... baute ich meine strohgedeckte Hütte.

blieben. Aber außer heute abend gibt es keine Schlafwagenplätze mehr bis zum 6. Juli. Also muß ich heute abfahren –

Mitja, Du ahnst ja nicht, wie mir zumute ist. Ich habe den ganzen Morgen in Gegenwart von D. bitterlich geweint. Er ist bereit, alles zu tun, damit ich nicht mehr so unglücklich bin. Ach meine Liebste, ich möchte so sehr, daß Du nach St. Jean de Luz kommst; er wird uns in Ruhe lassen – Mitja, Du mußt kommen!

... Ich bin sicher, Harold hätte nichts dagegen, daß Du kommst, wenn er Bescheid wüßte. Ich weiß, daß er fast alles für Dein Glück tun würde, außer Dich aufgeben. Bitte ihn doch, daß er Dich nach St. Jean de Luz kommen läßt – ich schwöre Dir, es wird nichts passieren, das Dir auch nur den geringsten Anlaß zur Eifersucht geben wird, und D. wird uns so oft allein lassen, wie wir wollen. Wenn D. dieses Opfer für mich bringen will, bin ich sicher, daß Harold es auch für Dich tut.

Golf Hotel, St. Jean de Luz
24. Juni 1919

Men cheringue, gestern abend hättest Du mich beinahe für immer verloren. Der Teil des Zuges, in dem ich mich befand, fing plötzlich Feuer. Ein völlig erschreckter Schlafwagenschaffner stürmte herein und forderte mich auf, sofort das Abteil zu verlassen; keine Zeit wäre zu verlieren. Das Abteil war voller Rauch, und es roch stark nach Brand.

Ich sprang auf den Bahnsteig (der Zug hatte in Poitiers angehalten), aber nichts konnte D. dazu bewegen, ebenfalls das Abteil zu verlassen, bevor er nicht jedes auch noch so kleine Gepäckstück, jedes Medizinfläschchen und jede Illustrierte zusammengesucht hatte! Alle waren außer sich, nur er nicht. Ich sah ihn schon jeden Augenblick ein Opfer der Flammen werden – unser Spitzname hätte besser denn je gepaßt – Loge in Flammen!

Ach Mitja, Du weißt nicht, wie der gestrige und heutige Tag gewesen sind. Ich kann es Dir gar nicht sagen ... Wenn ich drei Wochen an diesem Ort bleiben muß, gehe ich zugrunde ... J'ai perdu mes forces et ma vie et mes amis, et ma gaieté. J'ai perdu jusqu'à la fierté qui pensait encore à mon génie.[1]

Golf Hotel, St. Jean de Luz
[Juni 1919]

... Draußen tobt ein schrecklicher Sturm; riesige wütende Wellen schlagen fast gegen mein Fenster; der Wind kämpft mit meiner Tür und heult durch den Schornstein – draußen nichts als große, jagende Wolken; und die düstere spanische Küste sieht noch düsterer aus als sonst ... ich habe noch nie einen Ort gesehen, der so grimmig und trostlos ist wie dieser hier! ...

Alas, a quoi cela nous avance-t'il, Mitja?[2] Alles, was Du in Deinen Briefen schreibst? Du wirst nie versuchen, diese unerträgliche Situation zu beenden, das ist ganz deutlich ...

Du hast mir geschrieben, Du wolltest am Mittwoch nach England zurückfahren; in deinem Telegramm teilst Du mir mit, daß Du bis Samstag in Paris bleibst; am Samstag wirst Du sagen, Du hättest Dich entschlossen, noch eine Woche zu bleiben.

[1] Ich habe meine Kraft verloren, mein Leben, meine Freunde und meine Freude. Ich habe sogar den Stolz verloren, der noch an mein Genie glaubte.

[2] Aber was hilft uns das?

Ach Mitja, tu nous as bien ruinées – est ce que tu te rends bien compte de ce que tu es en train de faire?[1] …

Golf Hotel, St. Jean de Luz
[Juni 1919]

Men cheringue, Du brauchst keine Angst zu haben, daß ich auch nur im geringsten besser mit D. zurechtkomme. Wir haben nur noch Streitereien um Geld – das niedrigste Niveau – den ganzen lieben Tag lang.

Er treibt mich zum Wahnsinn.

Im Augenblick warte ich auf das Auto, das mich nach Spanien fahren soll. Es ist weit angenehmer, mit dem Auto zu fahren. Die Züge sind abscheulich. Ach Mitja, könnte ich doch nur mit Dir fahren, wenn auch nur nach San Sebastian! Vorgestern habe ich mich mit einem alten Mann angefreundet. Er ist halb Schmuggler, halb Wilddieb und lebt in der Nähe einiger Höhlen an der Grenze. Er hätte Dir gefallen! Eine Hälfte der Höhle – eigentlich sind es mehr Grotten, keine Höhlen – liegt in Spanien, die andere Hälfte in Frankreich. Sie erstrecken sich über viele Kilometer und sehen aus wie der Eingang zu den Regionen der Hölle! Man nimmt an, daß ein Eingang in Pamplona liegt! – Ach Mitja, wären wir doch nur zusammen! Loge zählt nicht mehr als eine Fliege an der Wand.

[1] Du hast uns wirklich ruiniert – ist Dir völlig klar, was Du tust?

Golf Hotel, St. Jean de Luz
[Juni 1919]

Meine schöne Calisto[1] – Was hätte ich nicht dafür gegeben, Dich gestern abend hier bei mir gehabt zu haben. Du hättest es so genossen – Liebling, ich sage das nicht, um Dich zu ärgern, aber ich muß Dir einfach davon erzählen, und wir müssen unbedingt für das Saint Jean gemeinsam hierher kommen, vielleicht erst in einem anderen Leben, wenn Du darauf bestehst, Dein jetziges Leben weiter zu verpfuschen.

Saint Jean ist hier der Anlaß für Orgien oder regionale Feste, eine Art Karneval, es gleicht sehr viel mehr der Feria von Sevilla als irgendeinem anderen Fest. Wärest Du doch nur hier gewesen! Wir wären verrückt geworden vor Freude! Petruschka lebt, aber ein spanischer, kein russischer Petruschka –

Der gestrige Abend war absolut vollkommen; gegen halb zehn, als es anfing, richtig dunkel zu werden, gingen alle Einwohner, teils Basken, teils Spanier, zu dem kleinen Platz vor der Kirche. (Die Kirche ist aus dem 13. Jahrhundert und in rein baskischem Stil, glaube ich, sehr hübsch, mit geschnitzten hölzernen Galerien und einem äußerst prächtigen Altar aus gewundenen Säulen, umrankt von Rebenblättern.) Die Kirchentüren waren geschlossen. Durch die Ritzen sah man zunächst nur einen Strahl gelben Lichtes.

[1] In der griechischen Mythologie war Calisto die Dienerin von Artemis. Zeus nahm sie zur Geliebten und erzürnte damit Hera, die aus Eifersucht Calisto in eine Bärin verwandelte. Arcas, der aus der Verbindung von Calisto und Zeus hervorgegangen war, wuchs heran und ging eines Tages auf die Jagd. Als er gerade eine Bärin töten wollte (nicht wissend, daß sie seine Mutter war), erschien ihm Zeus als Wirbelsturm und verwandelte Calisto in das Sternbild des großen Bären.

Die Kirche war bis auf den letzten Platz gefüllt! Man konnte sich keinen Millimeter bewegen. Alle Männer trugen schwarze Stiefel, und einige Frauen hatten Blumen im Haar. Nicht mehr als zwei oder drei Ausländer waren da, denn die »Saison« beginnt hier erst in einem Monat.

Wir hatten das Gefühl, endlos warten zu müssen. La foule trepignait.[1] Dann öffneten sich ganz langsam die Kirchentüren, und zwei »Suisses«[2] in tadelloser Uniform erschienen; sie stellten sich rechts und links vom Portal auf. Zur gleichen Zeit versammelten sich die Dorfmusiker mit ihren roten Baretten um die Kirche und spielten baskische Musik. Schließlich erschien der curé[3] in einem prächtigen Meßgewand, murmelte etwas in Latein und zündete mit einer Fackel einen riesigen Holzstoß vor der Kirche an. Offensichtlich hat sich diese Tradition seit über 700 Jahren erhalten!

Gewaltige Flammen loderten sofort empor. Ich schwöre Dir, so etwas Malerisches oder Mittelalterliches habe ich in meinem ganzen Leben noch nicht gesehen! Im Hintergrund die riesigen, höhlenartigen Portale, halb geöffnet, erfüllt mit gelbem Licht, die baumlangen Schweizergardisten mit ihren halibards[4] (ich weiß nicht, wie man das schreibt), der verhutzelte alte curé, wie ein verblaßter Ribera[5], die dunklen, vom Feuer erhellten Gesichter der Menschen und die pulsierenden Fackeln der Garde municipale[6] wie Satelliten des riesigen Feuers in der Mitte. . . . Es war wunderbar!

[1] Die Menge stampfte mit den Füßen.

[2] Schweizergardisten

[3] Pfarrer

[4] Hellebarden: Eine sehr alte militärische Waffe, eine Verbindung von Speer und Axt. Die traditionelle Waffe der Schweizer Garde.

[5] José de Ribera (ca. 1588 bis 1652), einer der spanischen Maler des »Goldenen Zeitalters«

[6] Stadtwache

Ach Mitja, hättest Du das doch sehen können! Aber das war erst der Anfang! Denn dann schwärmte die Menge aus zum Rathausplatz, der mit zauberischen Laternen und bunten Buden dekoriert war. Vor der Maison de l'Infanta war ein Musikpodium aufgebaut. Ich habe noch nie etwas so Köstliches gesehen außer der Feria. Zigeunerinnen standen vor ihren kleinen Buden und versuchten, die jeunesse dorée[1] hereinzulocken, um ihnen die Zukunft zu deuten; über der ganzen Szene lag ein Konfettischleier. Ein alter, dicker Mann im Abendanzug und mit einer qualmenden Zigarre im Mundwinkel zog mit zwei hübschen Fischermädchen an jedem Arm herum (genauso wie der Jude in Petruschka!) –

Ach! Und die wunderschöne südliche Nacht mit dem samtenen Himmel und den riesigen Sternen! Aber das Beste sollte noch kommen! Als der Platz zum Bersten voll war mit lachenden, singenden und gestikulierenden Leuten, stimmte die Kapelle einen Fandango[2] an! – Sofort begann die ganze Menge zu tanzen! So etwas habe ich in meinem ganzen Leben noch nicht gesehen! Alte Frauen, junge Frauen, Frauen im mittleren Alter, Fischerfrauen, Soldaten, Matrosen, Bauern und Polizisten! Wer Kastagnetten hatte, klapperte damit; wer keine hatte, schnippte mit den Fingern! Die jungen Frauen und Zigeuner gerieten fast außer sich vor Wonne – so habe ich Menschen noch nie tanzen sehen, und die plumpen Fischer wurden so geschmeidig wie die Katzen! Sie wiegten sich im Rhythmus der Musik und riefen »Olé!«, schlugen die Hakken zusammen und tanzten, wie nur die Spanier tanzen können!

Du lieber Gott, dachte ich, und in England leben Menschen, die Bücher lesen und versuchen, ihren Geist und ihr Bewußtsein zu bilden, wenn man in einem Land wie Spanien

1 verwöhnte reiche Jugend
2 spanischer Volkstanz

leben kann, wenn man sich auf einem Fest trunken tanzen und von einem Land ins andere ziehen kann, wenn es nur auf Liebe und Sonne ankommt, auf Singen und Tanzen!

Jedenfalls ist das das Leben, das ich vorhabe zu führen, si tu veux pas de moi.[1] Ich muß es also allein leben, aber, o Gott!, wie ich mich gestern abend nach Dir gesehnt habe – heftiger als je zuvor in meinem Leben –, und in meiner tiefen Sehnsucht schoß mir ein kurzer Satz durch den Kopf: »Calisto était beaucoup trop savante. . . .«[2]

Mitja, was nützt Dir Deine Bildung, was nützen Dir Deine Bücher, Dein Wissen, Deine sogenannten Prinzipien, was nützt Dir Deine Intellektualität? Glaub mir, meine Vorstellung vom Leben ist die wahre, und der Rest ist . . . Staub.

Golf Hotel, St. Jean de Luz
[Juni 1919]

Dieser Brief liest sich wie ein kaukasisches Märchen! Ich bin allein. Loge ist auf dem Gipfel des La Rhun (der höchste Berg in der Umgebung) und schießt dort mit einem baskischen Wilderer auf Geier. Gestern um Mitternacht ist er aufgebrochen, bis dahin hat er angestrengt an einer Übersetzung von Puschkin gearbeitet. Er fuhr etwa 15 Kilometer mit dem Auto zu einem Ort, wo er den Wilderer traf (von dem man behauptet, er würde L. seelenruhig die Kehle durchschneiden, falls er glaubt, daß er viele Wertgegenstände bei sich trage). Dann sollten sie das Auto zurücklassen und zwei Stunden lang auf Mulis weiterreiten. Der Aufstieg auf den La Rhun ist sehr schwierig; es war gestern nacht stockdunkel, und wenn die Mulis einen Fehltritt machen, wäre es um sie geschehen!

[1] wenn Du mich nicht willst
[2] Calisto war viel zu gelehrt.

Ich wäre sofort mitgegangen, aber leider bin ich unpäßlich – ich werde es morgen nacht versuchen. Es wird mein schönstes Abenteuer sein, aber hoffentlich nicht mein letztes. Ein Sonnenaufgang über den Pyrenäen muß einfach überwältigend sein, und dazu ist heute auch noch ein wunderschöner Tag. O Gott! wie aufregend muß das sein! Ein Geier kann dir mit einem Flügelschlag das Bein brechen.

Mittwoch nachmittag. Meine Liebste, heute morgen habe ich Dir einige Kleinigkeiten gekauft. Vielleicht ist L. von einem Geier gefressen worden: Er ist nämlich noch nicht zurückgekehrt . . .

Ich habe herausgefunden, daß der Besitzer dieses Hotels ein Monegasse ist, also habe ich mich mit ihm während des ganzen Mittagessens unterhalten. Geradezu trunken habe ich mit ihm über Monte Carlo gesprochen, über das Mittelmeer, das Casino, M. Gaillard[1], das Sporting[2], über alles, was man sich nur vorstellen kann. Er sagte, wie göttlich Monte Carlo sei – »seulement il faut être amoureux –«[3] dachte ich mir, Oui mon gaillard, si tu savais à quel point je l'étais, et je suis encore![4]

Ach Mitja, wird es wieder ein Monte Carlo für uns geben – oder etwas, das genauso schön ist? . . .

Liebling, ich habe gerade eine absolut widerwärtige kleine Postkarte von Dir bekommen – was fällt Dir eigentlich ein, mir eine Postkarte zu schicken – hol Dich der Teufel! Das bedeutet keine weiteren Briefe bis Samstag morgen – VERDAMMT!

[1] nicht identifiziert

[2] Sporting d'hiver, ein elegantes Spielcasino in Monte Carlo

[3] man muß nur verliebt sein

[4] Ja, mein Lieber, wenn Du nur wüßtest, wie sehr ich es war und immer noch bin!

Es wird Dir leid tun, wenn ich morgen nacht TATSÄCHLICH von einem Geier gefressen werde! Ich habe vergessen, Dir zu sagen, daß ich ins Ritz gehe – Ach, Liebling, wie konntest Du mir nur eine Postkarte schicken??? Ich weine fast vor Enttäuschung ...

Golf Hotel, St. Jean de Luz
26. Juni 1919

Ich bin so unglücklich, Liebling. Unglücklich, weil il y a tant de choses qui demandent à être éclairées.[1] Warum bist Du, als Du das letzte Mal in Paris warst, ganz zufrieden allein im Hotel Roosevelt geblieben, und warum hast Du dieses Mal jede Gelegenheit gesucht, mit Harold zusammenzusein? Zuerst habt Ihr zusammen in Versailles gewohnt, dann gehst Du ins Majestic; anschließend fahrt Ihr zusammen nach Genf. Schließlich kommst Du nach Paris zurück und verläßt Dein Hotel Roosevelt, um wieder bei ihm zu sein. – Kurz und gut, Du hast es so eingerichtet, daß Du die ganze Zeit mit ihm im gleichen Haus wohnen konntest. Das alles ist so bedrückend. Warum dieses Verlangen, unbedingt mit H. zusammenzusein?

Ich gebe Dir mein feierliches Ehrenwort, Mitja, daß ich, *solange ich lebe*, nie wieder mit Dir sprechen werde, sollte ich je herausfinden, daß Du mich in dem Punkt, der mir am wichtigsten ist, hintergangen hast und mir untreu geworden bist; solltest Du je ein falsches Spiel mit mir gespielt haben; sollte ich je erfahren, daß Du Dein Versprechen von vor einem Jahr gebrochen hast, und Du weißt sehr gut, was Du mir versprochen hast. Aber nicht nur das, ich schwöre Dir, ich würde in jeder Hinsicht, in jeder Einzelheit genau das tun, was Du getan hast. Wie kann ich Dir vertrauen? Wie kann

[1] es so vieles zu erklären gibt

ich wissen, *warum* Du aus Deinem Hotel zu H. gezogen bist? Wenn Du Dich wieder in ihn verliebt hast, warum sagst Du mir das nicht? *Alles* deutet darauf hin. Mein Gott, ce serait le comble![1]

Aber Du kannst nicht ihn und auch mich haben! . . .

Ach Mitja, alles, worum ich Dich bitte, ist eine Erklärung, und die MUSST Du mir geben. Wenn ich Dir doch nur vertrauen könnte! . . .

Schau, Mitja, ich kann das nicht ertragen. Nach Erhalt dieses Briefes mußt Du sofort an folgende Adresse telegrafieren: Poste Restante San Sebastian. Ich rate Dir, das unverzüglich zu tun! . . . Wüßte ich doch nur die Wahrheit über Dich und H.! Wenn ich mir nur *sicher* wäre, daß Du kein doppeltes Spiel treibst! . . . O mein Gott, es ist so *demütigend*, Dir so wenig vertrauen zu können . . .

Ich habe Loge den hypothetischen Fall einer Person in genau Deiner Situation geschildert, die den geliebten Menschen genauso behandelt hat wie Du mich, und ich habe L. gefragt, welche Schlußfolgerungen er daraus ziehen würde. Er erwiderte, daß es nur eine gibt: Es lag ihr nicht genug daran, um Mann und Kinder aufzugeben. Im Grunde ihres Herzens wußte sie, daß sie ihr mehr bedeuteten als ihr Geliebter. Es lag ihr nicht genug an ihm. Und den ganzen gestrigen Tag über ging es mir nicht mehr aus dem Kopf: »Es lag ihr nicht genug an ihm. Es lag ihr nicht genug an ihm.« . . .

Golf Hotel, St. Jean de Luz
28. Juni 1919

. . . Wie ewig lange brauchen doch Briefe von Paris und umgekehrt! Jeden Morgen halte ich nach den Deinen Ausschau.

[1] Das wäre der Gipfel!

Gestern morgen waren es vier, heute ist es nur einer. Vielleicht bekomme ich heute abend noch einen. Heute morgen bin ich in die Stadt gegangen und habe Dir einen Ring gekauft. Es gibt ein Geschäft hier, in dem sie alle Steine verkaufen, die man in den Pyrenäen findet: Aquamarine, Chrysolithen, Topase, Granate, Turmaline, Hyazinthe usw. . . .

Liebling, wie glücklich würden wir hier zusammen sein! Die Pyrenäen würden lächeln, statt finster dreinzuschauen – und Du wärst hingerissen von den baskischen Bauern. Sie tragen Barette wie die chasseurs alpins[1] und sehen unglaublich gut aus à la manière espagnole:[2] schlank, dunkelhäutig, blauäugig, mit schmalen Lippen. Asketisch aussehende Männer, und Frauen mit ebenso brauner Haut, strahlend weißen Zähnen und wunderschönem Haar mit tiefem, über der Stirn spitz zulaufendem Ansatz. Die Hälfte der Bevölkerung spricht nur Baskisch – eine völlig unverständliche und äußerst gutturale Sprache, von der ich nur einen ziemlich charakteristischen, morbiden kurzen Satz kann, der über jeder Kirchentür steht: »bun guzek dute gizone kolkatzen askenekdak du Hobireat egoitzen« – was »Toute heure blesse l'homme, la dernière le tue«[3] heißt.

Ich bin chronisch unglücklich. Es ändert sich nie – der gleiche Zustand gestern, heute und morgen. Gerade habe ich zwei Briefe aus Paris bekommen . . . Du schreibst, man hätte Dich vielleicht im Majestic nicht haben wollen, folglich mußtest Du das Zimmer mit Harold teilen, um nicht entlarvt zu werden! Wie schön für ihn! Du bist ins Majestic gezogen, um Harolds Zimmer zu teilen . . . Was Du wohl sonst noch alles mit ihm geteilt hast! Du bist absichtlich aus Deinem Hotel gezogen, um bei Harold zu sein!

[1] Gebirgsjäger
[2] auf spanische Art
[3] Jede Stunde verwundet den Menschen, die letzte tötet ihn.

Gr. Hotel Eskualduna, Hendaye (Basses-Pyrénées)
1. Juli 1919

Men tiliche, ich konnte Spanien ohne Dich plötzlich nicht mehr ertragen: Es war eine Quälerei, mir vorzustellen, welch einen Spaß Du hier gehabt hättest. Also habe ich Loge gesagt, ich hätte plötzlich Spanien en grippe[1], und so habe ich gestern nachmittag San Sebastian verlassen. Mit unendlichen Schwierigkeiten habe ich ein Auto aufgetrieben und bin in solcher Eile aufgebrochen, daß keine Zeit mehr übrigblieb, die Visa in die Pässe eintragen zu lassen.

Gott, welch eine Fahrt! Ich fuhr direkt von S. S. nach Fuenterrabia, in meinen Augen einer der schönsten Orte Europas. Fuenterrabia ist so urspanisch wie alles südlich von Madrid . . .

Liebling, ich möchte wissen, was Du gestern abend um 6.00 Uhr wohl gemacht hast? Hattest Du Wochenendgäste und hast mit Ihnen auf der Terrasse gesessen und über den neuesten Roman oder den Völkerbund gesprochen?

Hättest Du in Deinen Zauberspiegel geschaut, dann hättest Du gesehen, wie Luschka neben einem geplatzten Reifen auf der Straße hockte, vor einer Stierkampfarena in der Nähe der spanischen Grenze, mitten in einer Demonstration der Carlisten. Sie bestand aus ungefähr dreißig jungen Männern mit roten Baretten, die wild aus ihren Gewehren feuerten (nicht aus Zorn, sondern offensichtlich nur, um die Aufmerksamkeit auf sich zu ziehen und damit ihr Anliegen zu unterstreichen). Ich hatte fürchterliche Angst und hätte fast einen Schuß in die Schulter abbekommen. Ein höchst unpassender Ort für eine Autopanne.

In Fuenterrabia erwartete mich die übliche religiöse Prozession . . .

[1] über, satt

All meine beginnende Leidenschaft für Spanien ist in helle Flammen ausgebrochen. Ich spüre, daß ich dort leben und sterben möchte, sans bouger[1]. Spanien hat etwas so Großartiges und Unabänderliches, etwas so Unbarmherziges; man fühlt sich so schwach und winzig hier!

Men tiliche, daß ich Spanien verlassen habe, ist ein großes Zugeständnis an meine Liebe zu Dir. Es war, als hätte man mir Kästchen mit unzähligen Edelsteinen angeboten und ich sagte »nein«, nur aus Treue zu Dir . . .

Gr. Hotel Eskualduna, Hendaye (Basses-Pyrénées)
2. Juli 1919

Heute nachmittag habe ich einen langen Spaziergang gemacht in einer Landschaft, die unverfälscht schottisch aussieht, mit Farnen, Heide usw. Dieser Küstenabschnitt Frankreichs (und Spaniens) wirkt unglaublich nordisch. Ein »hartnäckiger Sprühregen« und durchdringende Kälte verstärkten nur noch diesen Eindruck. Als ich an einer Hecke entlangging, spürte ich einen kleinen Stich im Herzen. Die Hecke war überwuchert mit Winden . . . Bacco . . . Letztes Jahr um diese Zeit . . .

Was ich über Deine Vergangenheit nicht weiß, ergänzt meine Phantasie hervorragend. Ich weiß, wie eng Euer Verhältnis war, und es ist mir unerträglich und quält mich immer wieder. Wie schrecklich verliebt Du gewesen sein mußt! Es ist zu entsetzlich, mir das vorzustellen . . .

Ich werde Dir Deine verfluchte Lüge in Monte Carlo nie verzeihen. Ich habe sie Dir schon damals nicht abgenommen, aber heute noch weniger als je zuvor.

[1] ohne mich von der Stelle zu rühren

Gr. Hotel Eskualduna, Hendaye (Basses-Pyrénées)
3. Juli 1919

... Ach Mitja, wohin werden wir in diesem Herbst fahren? Nach Ceylon, Jamaica oder Tahiti? Denk daran, Du hast es mir versprochen. Wäre da nicht diese ständige Hoffnung, dann hätte ich mir schon vor langer Zeit das Leben genommen, als ich zum erstenmal nach St. Jean kam und mein Leben an einem seidenen Faden hing ...

O Gott! Noch eine ganze solche Woche –

An diesem fürchterlichen Ort gibt es gar nichts zu tun! (Wie würden wir ihn lieben!) Ich wünschte, es gäbe hier Geschäfte, Kinos, Theater und Lunchparties.

Vermutlich mache ich heute nachmittag wieder einen dieser langen, öden Spaziergänge ...

Golf Hotel, St. Jean de Luz
[Juli 1919]

... Mitja, Du weißt nicht, wie weit ich meine Aufrichtigkeit Loge gegenüber jetzt treibe. Wir führen ständig Gespräche wie das folgende:

L: Woran denkst Du?

Ich: An Vita.

L: Wünschst Du Dir, sie wäre hier?

Ich: Ja.

L: (All das hat sich tatsächlich so abgespielt) Du bist nicht gern mit Männern zusammen, oder?

Ich: Nein, Frauen sind mir unendlich lieber.

L: Du bist schon seltsam.

Ich: Seltsamer, als Du Dir vorstellen kannst.

Dieses Gespräch war typisch, und es hat gestern abend Wort für Wort so stattgefunden. Ich will Loge *nicht* belügen, es sei denn in einer Ausnahmesituation. Ich weiß, daß ihn die Wahrheit sehr verletzt, aber ich hätte keine Selbstachtung mehr, würde ich ihn belügen. Ich glaube beinahe, wenn er mich direkt bäte, ihm die ganze Wahrheit von Anfang bis Ende zu erzählen, ohne auch nur die kleinste Einzelheit auszulassen, dann würde ich es tun. Es würde ihn umbringen; Du weißt, was ich meine, aber er ist im wesentlichen ein Mensch, den man nicht belügen kann.

Andere Menschen zu belügen hat mir nie die geringsten Gewissensbisse verursacht. Fast alles, was ich sage, trifft ihn bis ins Mark, den Armen, aber das ist immer noch besser als die andere Möglichkeit. Ich bin mir sicher. Liebling, Du bist da anderer Meinung, nicht wahr? Und ich weiß, daß Loge Dir entsetzlich leid täte, könntest Du einige unserer Gespräche mit anhören.

Ich werde Dich nie hintergehen, aber *Du* darfst mich auch nie hintergehen. Tu me dois cela.[1] Glaube nicht, es macht mir Spaß, wenn ich mit ansehen muß, wie Loge sich manchmal vor Qualen krümmt. *Wirklich nicht* – nichts hat mir jemals weniger Spaß gemacht, aber ich weiß, daß die ehrliche Antwort auf seine Frage ihm schrecklich weh tun wird, und ich weiß auch, daß es unaufrichtig wäre, die Antwort zu verweigern oder in irgendeiner Weise abzumildern; also zögere ich nie . . .

Ach Mitja, Du mußt zu Harold auch offen sein, was mich angeht. *Du mußt es einfach.* Es ist so erbärmlich, einen Menschen zu belügen, dem man etwas bedeutet. Die ganze Zeit, seit ich hier bin, habe ich nichts gesagt oder getan, wogegen Du Einwände erheben könntest. Bist Du genauso aufrichtig zu Harold? . . .

Mitja, warum hast Du nicht vor zwei Wochen an Venedig gedacht? Wie kann ich denn jetzt dorthin fahren . . . Ich habe

[1] Das schuldest Du mir.

dieses widerliche Haus ab dem 15. gemietet. Noch eine Kleinigkeit, und dazu eine prosaische: Ich bin furchtbar knapp bei Kasse: Ich habe es fertiggebracht, in drei Wochen ungefähr 400 Pfund auszugeben. Men chinday würde toben, wenn ich jetzt das Haus nicht bezöge, da ich es nun einmal besorgt habe. Und schließlich der zwingendste Grund von allen: Ich hasse Italien . . .

Du willst, daß ich meine bedrohlichen Pyrenäen verlasse, meine Stürme und meine Orkane . . . all das aufgebe, was in der Natur und im Menschen am stolzesten, strengsten, wildesten und widerspenstigsten ist, für das klingelnde, alberne, überschwengliche, sentimentale und kichernde Italien?!!

Gr. Hotel Eskualduna, Hendaye (Basses-Pyrénées)
8. Juli 1919

Men tiliche, letzte Nacht habe ich kaum geschlafen. Ich habe an Dich gedacht . . .

Ich bin abwechselnd traurig, trostlos, zynisch, desillusioniert, apathisch, voller Groll, dann wieder traurig, eifersüchtig, verzweifelt, teilnahmslos – aber dann richtet sich meine unbezähmbare Natur wieder auf! Und alles andere ist vorübergehend beiseite geschoben . . .

Gnädiger Gott, was ich alles schreiben möchte!

Du erinnerst Dich an die Zärtlichkeiten . . .

Es scheint, als hätte ich mich noch nie so sehr nach Dir gesehnt wie jetzt –

Wenn ich an Deinen Mund denke . . .

Wenn ich an . . . anderes denke, schießt mir das Blut in den Kopf, und ich kann mir beinahe vorstellen . . .

Hotel Ritz, Paris
14. Juli 1919

DRINGEND

Ich bin zurück in Paris, das mir jetzt wie ein Gefängnis vorkommt ... Nie werde ich vergessen, wie ich mich bei meiner Ankunft in Paris im letzten November gefreut habe: c'était le comble de tous mes voeux[1] ... Es war der glücklichste Tag meines Lebens. Aber dann verschlechterten sich die äußeren Umstände unseres Lebens, verschlechterten sich langsam und unerbittlich. Wir waren hier im März, aber nicht allein ... Damals war Loge nur ein flüchtiger Freund, ein Außenstehender. Er aß mit uns zu Mittag – und zu Abend – unser Gast. Neulich war es, *nach außen hin*, genau umgekehrt. Du warst der Gast, der Besucher – o mein Gott, welche Ironie! Und jetzt, und das ist das Schlimmste, bin ich allein mit ihm in Paris ...

20. Juli 1919

... Von unserer ersten Reise nach Polperro an ... Ach Mitja, wie glücklich wir da waren! Und das zweite Mal, noch glücklicher. Mitja, erinnerst Du Dich an Plymouth, das zweite Mal? Wie wir frohlockten – Hugh Walpoles kleines Zimmer[2], wo das Meer fast gegen die Mauern schlug, das unermüdliche und zeitlose Geschrei der Möwen, die freundlichen Bücher – die noch freundlichere Atmosphäre, die totale Freiheit des Ganzen! Ich gehörte Dir, Du konntest Dich über mich beugen und mich küssen, wann immer Dich

[1] Es war die Erfüllung all meiner Wünsche.

[2] Hugh Walpole überließ Violet und Vita wiederholt sein kleines Haus in Polperro, Cornwall.

danach verlangte. Und manchmal liebten wir einander so sehr, daß wir keine Worte mehr fanden, schon allein damit zufrieden waren, in unseren Augen das Geheimnis zu suchen, das keines mehr war ...

Mitja, die Szene wechselt – wir sind jetzt wieder in Long Barn – draußen eine atemlose Sommernacht, voll von Düften und Geräuschen, und auf einmal sehe ich jemanden, der unglaublich jung ist, unglaublich wild und schön, in ein Leopardenfell gehüllt, mit frohlockendem Lachen ...

Bacco ...

Jetzt ist es Clovelly, ich, von Dir getrennt, aber dennoch Tag und Nacht von Dir verfolgt; das zärtliche blaue Meer, so verschieden von Polperros zügellosen grauen Wellen – Unmengen von Hortensien, das Dorf, das grausam Polperro nachäfft ... die Nächte voll Musik und dem unauslöschlichen Verlangen nach Dir – ich stand immer am offenen Fenster, zwischen der Musik und dem Garten. Und im Garten wuchsen Iris, die sehr schwarze Schatten warfen, und manchmal hielt ich den Atem an: Ganz gewiß war dort eine Gestalt im Leopardenfell, die in das gesprenkelte Mondlicht hinauslief ...

Wenn je ein Mensch angebetet und ersehnt wurde, dann bist Du es; mein ganzes Herz und meine ganze Seele verlangten nach Dir, Prince of Romance, und höchst Geliebter ...

[Juli 1919]

Mein Mitja, ich habe gerade nach Deinem Ring geschaut. Ich wollte einen Siegelring, mit einem Smaragden. Aber so etwas ist offensichtlich nicht zu bekommen. Grün: Symbol der Eifersucht! So werde ich mich notgedrungen mit einem Saphir oder einem Amethyst zufriedengeben müssen. Sollte es die allerdings auch nicht geben, wird mein Geschmack in die biblische Richtung gelenkt: Chrysopras, Chalzedon, oder Beryll? ... Arme kleine Aluschka, sie ist verliebter in Mitja denn je. Der Großherzog Sergej Sergejewitsch wird heute abend eine sehr langweilige Begleiterin haben. ... Ich würde Dich so gern in Deinen russischen Kleidern sehen, so groß, so stolz, so prächtig. Prächtig trifft von allen Adjektiven am besten auf Dich zu, mein Mitja. Eine prächtige – ja – Zigeunerin – paradox, aber unbestreitbar!

Liebling, ich habe über alles nachgedacht und bestehe darauf, daß Du meine Briefe verbrennst. Du solltest inzwischen erkannt haben, daß eifersüchtige Menschen vor *nichts* zurückschrecken. *Es ist so gefährlich.* Wenn man sie jemals lesen sollte, wie stünden wir dann da?

[Juli 1919]

Liebling, wenn Du nur wüßtest, wie wütend ich gewesen bin! Hat Mitja es nötig, irgend etwas anderes als den Siegelring zu tragen, den Aluschka ihm geschenkt hat, *solange er fort ist? Sag nichts darüber* zu mir. Du kannst schweigend einwilligen oder auch nicht, wie Du willst, aber bitte erwähne es nicht. Mein Gott, Mitja, mit welchem Recht trägst Du zur Zeit alles, nur das nicht, worauf es Dir und mir ankommt? ...

Juli 1919

Men tiliche – ach! Die Leere dieses Hauses ... Ich fühlte mich völlig zerschlagen, nachdem Du fort warst: Ich konnte nichts tun: Ich saß da, benommen und stumpf. All meine Ängste hatten sich wieder eingeschlichen und heulten mich an wie Wölfe aus den dunklen Ecken meines Zimmers ...

Ich war so verzweifelt, Mitja, da habe ich etwas getan, was Du vielleicht nicht richtig findest? Ich hab Hwth[1] angerufen und zum Mittagessen eingeladen. Ich war einfach nicht in der Lage, das Mittagessen allein durchzustehen. Liebling, sei mir bitte deswegen nicht böse: Sie geht morgen für immer fort, oder jedenfalls für drei Wochen, und danach fährt sie nach Amerika.

Als sie ankam, war ihr Gesicht vom Regen überströmt. Ihre herkulischen Schultern steckten in einem tropfnassen, derben Gewand. Ich brauche Dir wohl nicht zu sagen, daß sie sowohl Regenschirm wie Regenmantel verschmäht hatte! Sie sprach über die Gegensätze zwischen Buddhismus und Christentum, zwischen den Römern und den Griechen, ihren Eltern und sich! Das Haus zitterte und bebte unter ihrer ungeheuerlichen Empörung! Aber, Liebling, der Zauber funktionierte nicht! Die ganze Zeit wünschte ich, sie wäre Du. Ich sehe nun, was es ist. Ich spüre ihre Anziehungskraft nur, wenn ich mit Dir zusammen bin, nicht, wenn ich allein bin. Sie ist einfach zu überwältigend. Ich fühlte mich winzig und verloren. Bevor ich Messer! rufen konnte, hatte sie sich schon meine herumliegenden Gedichte geschnappt und vernichtete mich dann mit ihrer höchst erbarmungslosen und bewundernswerten Kritik! Du lieber Gott, sie *ist* clever! Sie hat viel mehr von Deiner Art Verstand als meiner ...

Sie hat mir erzählt, daß sie neulich als Walküre auf ein Kostümfest gegangen ist! (Wie passend für sie.)

Mitja, etwas Gemeines und absolut Fürchterliches ist gerade passiert: ein Telegramm von Loge, in dem steht, daß er heute abend kommt. Ich wollte ihm telegrafieren, er brauche meinetwegen nicht zu kommen, aber nun ist es zu spät. Ach, men tiliche, ich will es nicht, ich hasse ihn dafür, daß er einfach kommt, nachdem Du gerade fortgegangen bist – o Gott, wie elend ich mich fühle ...

[1] nicht identifiziert

[Juli 1919]

Luz de mi vida[1], man hat mir meine Perlen gestohlen! Nun habe ich fast gar keinen Schmuck mehr. Den Rest schicke ich an S.F.T.M.O.O.B. (Society for the Maintenance of Overworked Burglars.)[2] Auf Dauer erspart man sich damit viel Ärger ...

Ich bin auf einem schrecklichen Ball gewesen, und (obwohl ich das eigentlich nicht sagen sollte) ich war meiner Meinung nach die schönste und eleganteste Frau dort –

Diana kam in einem lavendelfarbenen Musselinkleid und sah unglaublich verschüchtert, altbacken und verändert aus! Trotzdem habe ich mich sehr angenehm mit ihr unterhalten.

Ach Mitja, Mitja, Tiri Luschka war noch nie so schön! Darf ich sie Dir schildern? Ihr Haar war wunderbar frisiert, ganz »lisse«[3] – und sie trug ein diamantenes Stirnband kurz über den Augenbrauen – außerdem hatte sie das hinreißendste Kleid ihres Lebens an, zum Teil raffiniert und höchst vorteilhaft durchsichtig; die Gesamtwirkung war zurückhaltende Unanständigkeit. »Alle starrten mich an!« ...

Das letzte Mal habe ich auf dem Karneval in St. Jean de Luz getanzt – welch ein frappierender Unterschied ...

Ich habe mich kaum mit jemandem auf dem Ball unterhalten – mai più![4] Wenn Du menschenscheu bist, bin ich es zwanzigmal mehr. Und wenn Du keine Freunde hast, habe ich auch zwanzigmal weniger. Davon abgesehen, bist Du nicht mehr menschenscheu und warst auch nie ohne Freunde, außer im Alter von 14! ...

1 Licht meines Lebens
2 Gesellschaft für den Unterhalt überarbeiteter Einbrecher
3 glatt
4 nie wieder!

Quidenham[1]*, Attleborough*
5. August 1919

O Gott! Es ist so sonderbar, wieder hier zu sein! Als ich das letztemal hier war, war ich siebzehn – que des choses se sont passées depuis lors ...[2]

Dieser Ort bringt mir meine ganze Kindheit zurück. Die Zeiten, in denen wir Vogelnester suchten, Indianer spielten, um halb neun zu Bett gingen und Verstecken spielten. Und die Samstagabende, die historischen Scharaden (in denen Betty es immer schaffte, Richelieu darzustellen), das endlose Verkleiden und das »Consequences-Spielen«[3] nach dem Tee ...

Daher eine leichte Schwäche für dieses finstere, strenge und *un-gemütliche*[4] Haus und eine ausgeprägtere für die Generationen von dummen, eigensinnigen, streitsüchtigen und talentierten Keppels, die hier gelebt haben.

Hier in meinem Zimmer schauen sie vorwurfsvoll auf mich herab: William Anne[5], dick, mit fahlem Teint und aus Holland; Elizabeth Caroline, gepudert, »picklig«, aus der Zeit Georgs V., Augustus[6], der auf eine wunderschön sym-

[1] Der Familiensitz der Keppels in Norfolk, im Besitz von George Keppels ältestem Bruder, »Onkel Arnold«, 8. Graf von Albemarle.
[2] Was ist nicht alles seitdem passiert.
[3] Vgl. Fußnote 1,Seite 58.
[4] im Original deutsch
[5] William Anne, der 2. Graf von Albemarle, benannt nach Königin Anne, seiner Taufpatin; er war ein berühmter General und Botschafter in Frankreich, heiratete die Herzogin von Portsmouth, Tochter des Herzogs von Richmond; er selbst war der uneheliche Sohn von Charles II. und Louise von Kerouaille.
[6] Konteradmiral Augustus Keppel, trat im Alter von 10 Jahren der Marine bei und begleitete im Alter von 15 Jahren Baron Anson auf einer Reise um die Welt.

metrische Flotte weist auf einem gleichmäßig ondulierten Meer. Arnold Joost – der Dandy![1] Mit seiner gelockten Perücke, seinen Strumpfbändern und rothackigen Schuhen! Und, ach Mitja! Aus dieser steifen und würdevollen Gesellschaft drängt sich plötzlich Louise[2] hervor mit ihren schelmischen Ringellocken, ihrem tief ausgeschnittenen, senffarbenen Satinkleid, ihren leuchtend weißen Schultern und ihrem sinnlichen roten Mund mit der ausgeprägten Unterlippe (wie die Mitjas). Ihre Lely-weißen[3] (Ach Liebling, pfui!), schmal zulaufenden Finger spielen genüßlich mit einer Reihe übertrieben dicker Perlen, und ihre graugrünen Augen sind schwer von unausgesprochenen Bekenntnissen ...

Louise war hübsch,
Louise war geistreich,
Louise war ein ungezogenes Mädchen!

Sie allein aus der ganzen Satire schaut freundlich und aufmunternd drein.

Samstagmorgen. Ich habe schlecht geschlafen, bin aber vor einigen Minuten mit einem eigenartigen Gefühl von Frische aufgewacht: All die Jahre seit meinem letzten Aufenthalt hier schienen sich verflüchtigt zu haben: Einen Augenblick lang fühlte ich mich wunderbar jung und unschuldig ... Ich hatte nie geliebt und wurde auch nie geliebt; ich hatte mir nie den

[1] Arnold Joost van Keppel, aus einer holländischen Adelsfamilie, begleitete Wilhelm von Oranien 1688 als Ehrenpage nach Holland. Der König ernannte ihn zum Herzog von Albemarle, später diente er als Hauptgeneral unter dem Herzog von Marlborough.

[2] Louise von Kerouaille, Herzogin von Portsmouth, Geliebte Charles' II.

[3] Sir Peter Lely, ein Maler des 17. Jahrhunderts, der Portraits der Aristokratie malte.

Kopf über solche Dinge zerbrochen. Es ist ein wunderschöner Frühlingsmorgen, und mit ein wenig Glück werde ich um 12.00 Uhr mit den Schularbeiten fertig sein. Anschließend werden Betty und ich Vogelnester suchen ... Onkel Arnold wird uns wohl einen Klumpen Lehm geben, mit dem wir dann den ganzen Nachmittag herummanschen können ...

Ich mag meinen Onkel A. Ich mag seine Körperfülle, seine geistige Beschränktheit und absolut rohe Kraft. Ich mag seine Hakennase, wie ein Adlerschnabel, und seine Unfähigkeit, irgendeinen anderen als den eigenen Standpunkt zu sehen. Ich mag seine großen, behaarten Hände mit den Fingern eines Bildhauers, die, obwohl sehr plump, doch äußerst empfindsam sind. Etwas Monumentales und Großartiges umgibt ihn, etwas Feudales und Unerschütterliches. O Gott! Ich kenne die Menschen, die mir gefallen, nur zu gut ..., und weiß Gott, sie sind anders als die Menschen, die Du magst. Du liebst Geist, Beweglichkeit, Humor (eigenartigerweise), Intelligenz und ein gewisses Maß an geistiger Leichtigkeit und Zugänglichkeit, geistigem Sprühen, Zischen und Sprudeln. So etwas macht mir Spaß, zieht mich aber, besonders bei Männern, nicht an. Ich habe zu viel selbst davon – ich weiß, das klingt unbescheiden, ist aber mehr oder weniger wahr.

9. August 1919

Men tiliche, ich schreibe diesen Brief im Zug, auf dem Weg nach London, wo ich mir die Haare waschen lassen will!

Fang bitte Deine Briefe nicht mit »Mein eigener Liebling Luschka« – an, diese Anrede mag ich nicht, aus einem Grund, den ich Dir lieber nicht verrate.

Liebling, ich freue mich so, daß Du Deine Ausritte vervielfachst. Hoffentlich erlebe ich noch, wie Du zum Stolz der Grafschaften wirst! . . . Ich kann Dir gar nicht sagen, wie begeistert ich von Deiner Verwegenheit zu Pferde bin! Das gehört ohnehin zu den Dingen, die mir am meisten an Dir gefallen . . .

O mein Gott, wie hoffnungslos weiblich ich doch bin! Lushkas Entwicklung à travers les âges[1]:

Römisches Zeitalter: Sie besteht darauf, daß Julian Gladiator wird.

Moyen Age[2]: Sie zwingt Julian, wenigstens einmal die Woche ihretwegen in »les lices«[3] zu treten; um seinen Ärmel ist eines ihrer (stark parfümierten) Taschentücher gebunden, als gage d'amour[4].

Renaissance: Sie möchte, daß Julian um jeden Preis Bayard[5] besiegt.

Dixhuitième[6]: Sie bringt ihn dazu, ihre Ehre in unzähligen Duellen zu verteidigen.

1914: Sie sagt ihm, sie wolle nichts weiter mit ihm zu tun haben, wenn er ihr nicht einen Zeppelin vom Himmel hole.

1915: Sie will unbedingt, daß er ein U-Boot versenkt.

1916: Ein [unlesbar] ist das mindeste, was er ihr als Zeichen der Huldigung zu Füßen legen kann.

1917: Warum sollte er schließlich nicht Berlin bombardieren?

1918: Oder den Kaiser?

1 durch die Jahrhunderte

2 Mittelalter

3 »die Schranken«, Turnierplatz für mittelalterliche Kämpfe

4 Liebespfand

5 Pierre Terrail, Seigneur de Bayard (ca. 1473–1524), französischer Soldat, berühmt für seine heldenhaften Streifzüge

6 18. Jahrhundert

1919: Bestimmt wird Julian den Atlantik überfliegen wollen?

Usw. . . .

Bring Deine Reithosen mit – ich hab' einen famosen kleinen Gaul für Dich – fürchte nur, er kann nicht sehr schwer tragen – ist auch ziemlich schwieriges Gelände hier in meinem Teil der Welt! Steinmauern und was Dich sonst noch alles an Duke Country erinnert – bis dann, alter Knabe. Dein, bis der Mond sich rosa färbt . . .

Im Zug
15. August 1919

Mein Mitja, das Auto trägt Dich bereits fort von mir. Schon verflüchtigt sich das Gefühl Deiner Nähe. Ich kann Dir einfach nicht sagen, wie ich leide . . . Ich wünschte, ich könnte meinen Kopf an Deine Schulter legen und mein Herz ausweinen. Selbst hier im Zug kann ich kaum meine Tränen zurückhalten. Mein Liebling, mein Liebling, wie endlos scheint sich dieser Horror zu wiederholen.

. . . Ach! Daran zu denken, daß Du morgen statt mit mir mit jemand anderem zusammensein wirst! Nicht nur mit ihm, sondern zu *viert.*[1] Ich könnte mich umbringen, Mitja. Ich weiß nicht, was mich davon abhält. Da Du mich liebst, Mitja, halte Dein Versprechen – nimm es wörtlich – erzähl ihm von mir . . .

Mir vorzustellen, daß Du schon außer mir jemand anderem körperlich gehört hast – und in solch einem Ausmaß! Daß Du alles, was Du zu mir gesagt hast, schon vorher zu einem anderen Menschen gesagt hast! Ich bin halb verrückt vor Schmerz und Eifersucht.

[1] Harold und die Kinder, Benedict und Nigel

Ach Mitja, ständig mit Dir zusammenzusein, ohne Unterbrechung! Ein wenig *wirkliches* Glück zu erleben, nicht nur die Seligkeit weniger Tage zwischen langen Phasen des Elends. *Du* hast es gehabt, Liebling, Du hast es fünf Jahre lang mit jemand anderem gehabt! Du konntest es Dir leisten, verschwenderisch zu sein. Du hattest Dein ganzes Leben, aus dem Du schöpfen konntest! Du hast jene Tage nicht mit ihm verbracht, nur um am vierten Tag von einem erbarmungslosen Schicksal fortgerissen zu werden ...

Claridge's Hotel, Brook Street, W. 1.
16. August 1919

... Hättest Du nicht ein wenig netter zu mir am Telefon sein können? Ich habe stundenlang auf Deinen Anruf gewartet.

Ach Mitja, ein Wort nur hätte so einen Unterschied gemacht. L. und D.[1] sprechen kaum noch miteinander. Gestern abend habe ich ihm gesagt, daß ich mich erbärmlich fühle; er antwortete, das könne er sehen, und ich erzählte ihm, warum, und daß meine Zuneigung und meine Gedanken immer nur Dir gelten werden.

Es ist mir zuwider, mit ihm zusammenzusein, Mitja, Du hörtest Dich am Telefon wie eine Fremde an. Du hast nur an Deinen Koffer gedacht ...

21. August 1919

Mer Dmitri, ich habe Lord Redesdales Memoiren überflogen und bin dabei auf einige ziemlich saftige Anekdoten über Deinen Urgroßvater, den Herzog von Osuna, gestoßen. Er

[1] Luschka (Violet) und Denys

muß ein Prachtmensch gewesen sein – Du hast mir erzählt, daß er gegen die Aufführung der »Lucrezia Borgia« Einwände erhob, aber Dein Bericht war unvollständig.[1] Gestatte mir, Lord Redesdale zu zitieren: »Er ist ein großer Dandy und sieht aus wie Philipp II., aber obwohl er der einzig lebende Abkömmling der Borgias ist, steht er in dem Ruf, sehr liebenswürdig zu sein. Als er zuletzt in Paris war, besuchte er eine Aufführung von Victor Hugos ›Lucrezia Borgia‹. In einer Szene sagt sie: ›Große Verbrechen stecken uns im Blut!‹ Alle seine Freunde schauten ihn ängstlich an. ›Aber das Blut ist degeneriert!‹ sagte er, ›denn ich habe nur Schwäche gezeigt!‹« Und ein weiteres, ebenso liebenswertes Zitat: »In der großen

[1] In *Pepita* (1937) schreibt Vita ausführlich über die Vorfahren ihrer Großmutter: »Offiziell war sie die Tochter von Catalina Ortega und Pedro Durán, dem Barbier aus Málaga, Ex-Dockarbeiter und Tagelöhner; trotzdem ist in Spanien über Pepitas Geburt eine weit romantischere Geschichte im Umlauf. Catalina, die eine gebürtige Zigeunerin war, sei – wie man sich erzählte – in ihrer Jugend in einem Zirkus durch Papierreifen gesprungen und die Geliebte des Herzogs von Osuna gewesen; ihm wurde die Vaterschaft an Pepita inoffiziell zugeschrieben. Der unbedeutende Barbier aus Málaga verschwindet vollständig hinter dieser Wolke wilder Romantik. Denn der Herzog von Osuna ist selbst eine recht lebendige und hinreichend beglaubigte Gestalt mit einer schreckeneinflößenden Ahnenreihe. Ich habe Erzählungen über ihn von Leuten gehört, die ihn persönlich gekannt und gesehen hatten. Da er ein Nachkomme der Borgias aus deren spanischer Seitenlinie war, hatte ganz Paris gezittert, als man ihn bei der Erstaufführung von Victor Hugos »Lucrezia Borgia« eine Loge betreten sah, denn man fürchtete, er könne in gewaltigem Zorn auffahren, wenn seine vornehmen, aber reichlich fragwürdigen Vorfahren verächtlich gemacht würden . . .« Nigel Nicolson tut diese Romanze herzöglicher Herkunft in »Portrait of a Marriage« als Wunschdenken auf seiten Vitas und Pepitas ab.

Halle und dem jardin d'hiver[1] waren Tische, jeder für zehn Gäste, rund um einen Apfelsinenbaum voller Früchte angeordnet. Die Beleuchtung mit der üblichen sagenhaften Anzahl von Kerzen war ein hinreißender Anblick! ›Mon Dieu: Que c'est joli!‹ ›Mais c'est ravissant!‹[2] ›Oui‹, sagte George de Lucit, ›c'est positivement féerique!‹[3] ›Ah‹, sagte der Herzog von Osuna, in seinem spanischen Französisch, ›n'est ce pas que c'est zoli! C'est l'uniforme du regiment que zé commande.‹[4] Der gute Herzog hatte alle Äußerungen als eine wohlverdiente Huldigung an seine Erscheinung verstanden!« Mitja, was hast Du doch für *wunderbare* Vorfahren!!! Du mußt Dich bemühen, es ihnen gleichzutun.

Ich habe mich so über Dein Telegramm gefreut, Dmitri. Du kannst telegraphieren, so oft Du möchtest, vorausgesetzt, Du unterschreibst mit Dmitri, denn niemand weiß, wer Dmitri ist, und ich sage einfach, es ist mein Spitzname für – irgend jemanden. Bitte telegraphiere oft. Wie gewandt Du doch inzwischen in Z.[5] geworden bist . . .

Heute morgen habe ich Neuigkeiten von D. bekommen. Ich zitiere: »Ach Fialka[6], ich bin wieder hoffnungslos verzweifelt, was meinen Urlaub angeht. Es sieht so aus, als ob ich noch einen ganzen Monat warten muß, obwohl es *vielleicht* doch weniger ist. Ich bin das ständige Aufschieben schrecklich leid.« Wir werden uns also das nächste Mal ohne den Leidenschaftlichen sehen, nur Chinday darf nichts wissen. Sie würde mich sonst fortschicken. . . .

[1] Wintergarten
[2] Guter Gott! Wie hübsch das ist! Es ist entzückend!
[3] Es ist ganz und gar märchenhaft!
[4] Ist es nicht hübsch! Das ist die Uniform des Regiments, das ich befehlige.
[5] Wahrscheinlich Zincali – d. h. die Sprache der spanischen Zigeuner
[6] Denys Trefusis' Spitzname für Violet

Und, ach Mitja! Typischerweise habe ich die einzig wirklich überwältigende Neuigkeit vergessen! Ich habe begonnen, den Weg für unseren Auslandsaufenthalt zu ebnen, und bin dabei auf *keinerlei Widerstand* gestoßen, habe nur Wohlwollen erfahren – »ja . . . natürlich sollte ich fahren! Ich wünschte, ich könnte auch kommen, aber ich kann London nicht verlassen – Holland, wenn Du willst, oder sonstwohin –« Mit glaubwürdiger Geschicklichkeit habe ich Dich dann eingebracht und erklärt, wie gern auch Du verreisen möchtest, wie sehr Du von England genug hättest, usw. . . . Dabei habe ich es im Augenblick belassen, aber, Mitja, warum Holland? Wäre uns nicht Italien lieber? O Gott, unser Land, par excellence[1], ist Rußland, aber *nicht* unter den gegenwärtigen Umständen. In letzter Zeit habe ich die Leute nur noch über Rußland ausgefragt – und je mehr ich höre, desto klarer wird mir, wie außergewöhnlich slawisch die Veranlagung Aluschkas und Dmitris ist. Wie sehr würden sie die Mischung aus Barbarei und Luxus genießen . . .

5. September 1919

. . . Ach, meine Allerschönste, ich weiß, daß ich unheilbar bin und mir niemand außer Dir jemals etwas bedeuten wird. Wahrscheinlich wirst Du irgendwann meine »hündische Ergebenheit« satt haben, und was dann, mein armer Julian?

Liebling, ich glaube nicht, daß ich Hugh [Walpole] mein Buch zeigen werde. Ich habe solch schreckliche Angst, er könnte es miserabel finden – und ich bin *überzeugt*, Du könntest dem Buch den richtigen Schliff geben. Ich muß eingestehen, ich hoffe inbrünstig, es möge doch irgendwie gelingen. Sonst werde ich als Wäscherin arbeiten müssen, meine Süße!

[1] eigentlich

Aber es ist mir egal, solange ich nur sartuti[1] bin. – Keine Arbeit ist zu schmutzig!

6. September 1919

... Mitja, um Himmels willen, schreib mir lange Briefe; wenn nicht, wird es uns beiden sehr leid tun. Es fällt mir nicht leicht, freundlich und geduldig zu sein, und ich will mir auch wirklich Mühe geben; aber ich schaffe es nur, wenn Du mir Briefe schreibst, die mir Sicherheit verleihen, und dazu noch lange.

Aus Deinen wenigen Zeilen heute morgen spüre ich, daß Dein Kummer langsam nachläßt, und in einigen Tagen wirst Du Dich mit Deinem alten Leben wieder ganz ausgesöhnt haben ... Hättest Du mir in einem Telegramm aus Brighton mitgeteilt, daß Du dort bis gestern bliebst, dann hätte ich Dir direkt dorthin schreiben können. Vermutlich hattest Du keine Zeit. ... Noch einmal, Mitja, ich bitte Dich *inständig*, nichts meinetwegen zu tun, was odores[2] herausfordern könnte; Du wirst es genauso bedauern wie ich.

Mir war und ist immer noch absolut elend zumute; das müssen die Briefe, die Du in L. B.[3] gefunden hast, zur Genüge gezeigt haben. Ich glaube, Du wirst kein schriftliches Versprechen von einer gewissen Person[4] bekommen –

... Wie ich das möglicherweise noch zehn Tage aushalten soll, weiß Gott! An Deiner Stelle würde ich die Zeit nicht hinauszögern – das ist keine Drohung, sondern eine flehentliche Bitte ...

[1] satt
[2] Damit ist Denys gemeint.
[3] Long Barn
[4] Harold Nicolson

Possingworth Manor, Blackboys, Sussex
9. September 1919

Mitja, ich weiß nicht, was plötzlich über mich gekommen ist: Ich spüre ein wildes Verlangen nach Erregung und Leben, das ich nicht länger unterdrücken kann!

Es ist das alte, unausrottbare Verlangen nach Zügen, die nächtens gen Süden eilen, dem Gewühl an den Grenzstationen, den Gepäckträgern mit den bläulichen Kinns und dem Knoblauchduft, dem schaukelnden, stickigen Speisewagen, der ausgedörrten, südlichen Landschaft, den mit Sägemehl ausgestreuten Cafés und den hellviolett gepuderten Damen. Und das ist nicht alles, Mitja!

Ich will das Abenteuer ... Verschleiert und heimlich in den großen Kathedralen, ausschweifend und herausfordernd in ... [nicht entzifferbar], listig und verstohlen in einer baignoire[1], frivol und spöttisch auf den Straßen, romantisch und schwierig in der freien Natur! ... Ich möchte der Konvention den Fehdehandschuh hinwerfen! Ich möchte fliegen, singen und tanzen ...

Wenn Du meine Gefühle nicht teilst, dann laß mich in Ruhe!

Claridge's Hotel
13. September 1919

Men tiliche, ich habe gerade ganz allein im Claridges' zu Mittag gegessen. Dann habe ich meinen sprichwörtlichen Charme spielen lassen, damit das Orchester »Alma di Dios« spielt. Erinnerst Du Dich an den Dirigenten in Nizza, der mit jedem Lied einen Schritt näher kam?

1 Theaterloge

O Gott, bin ich aufgeregt! Sie spielen »Alma di Dios«, Deine Melodie, par excellence[1]. Wie sie mich an das sonnige Café erinnert: Die strahlend weißen Terrassen, das unwiderstehliche Casino, die Küste, die einem décor de théâtre[2] glich . . .

Amor di mi vida[3], wie ich mich nach all dem *sehne*! Die Sonne und die Leidenschaft des Ganzen! Ich bin die unverbesserlichste Vagabundin und die ruheloseste Nomadin der Welt! Nous nous completons! (Mon gigolo!) Ce qu'on va rigoler à Paris, on s'amusera dans les grands prix??[4] . . .

[September 1919]

Ach Mitja, Du bist wunderbar – meine Lippen brennen immer noch von Deinen Küssen! Ich erzähle Dir von meiner Not und Eifersucht, meinem Groll und meiner Bosheit, und Du läßt das alles über Dich ergehen. Dann sprichst Du zu mir über ähnliche Dinge mit versteinertem Gesicht, und dann plötzlich – ein »Schlag« aus Granit! Krach! Was passiert jetzt? Das weiß der Himmel: Du küßt mich wild, leidenschaftlich, besitzergreifend und triumphierend! Einen Augenblick lang sehe ich Dich, wie Du wirklich bist: Ewig jung, ewig unberührbar von den Sorgen und Schwächen dieser verrückten Welt! Unverwüstlich gesund und unnachahmlich heißblütig!

Dionysius! Von all Deinen »Travestien« die erfolgreichste! Du bist schön, strahlend: Voll Feuer und Jugend! Schöpferisch, belebend, nicht *menschlich*!!?? NEIN!

(*Wie* ich Dich anbete) . . .

[1] absolute Lieblingsmelodie

[2] Bühnendekoration

[3] Liebe meines Lebens

[4] Wir ergänzen uns! (Mein Gigolo!) Welch eine wilde Zeit werden wir in Paris haben, und außerdem enorm viel Spaß?

Possingworth Manor, Blackboys, Uckfield, Sussex
23. September 1919

... Liebling, es tut mir leid, daß ich Dich schon wieder damit belästige, aber ich glaube wirklich, man könnte die Zeichnung für den Buchumschlag[1] verwenden, wenn man anstelle eines Pariser Boulevards lieber einen anderen Hintergrund nimmt. Die Würde und die Dichte der Geschichte kommen in der Tat nicht deutlich genug heraus. Julian kontrastiert so gut mit der Unberechenbarkeit und Launenhaftigkeit der anderen Person, die ihm verübelt, daß er ganz von einer Zigarette absorbiert ist! Liebling, bitte verstehe mich nicht falsch: Ich habe es nicht perfekt gezeichnet, *könnte* es aber. Wie auch immer, wenn Du kommst, werde ich es für Dich tun ...

[September 1919]

... Ich bin nicht nach London gefahren, um Loge zu treffen. Ich war dort, um meine Haare waschen zu lassen, Du Dumme ... Dieses Wochenende werde ich L. wohl nicht zu Gesicht bekommen. Wir hatten ohnehin wieder Streit. Ach Liebling, wie sehr ich den Montag *herbeisehne*. Das kannst Du Dir gar nicht vorstellen. Bitte sei nicht eklig und verdirb alles ... Wenn Du es wirklich wissen willst, beide, L. und sein Freund, langweilen mich zu Tode! Im Augenblick sitzen sie hier. Ich wünsche mir fast, sie könnten sehen, was ich schreibe. L. hat einen gräßlich fusseligen Pullover an, den er nur trägt, um mich zu ärgern, und er sieht unsäglich ungepflegt aus. (Das allein reicht schon aus für einen Streit.) Sie sprechen über Politik. L. sieht einfach zu schrecklich aus mit seinen abstehenden Haaren. Ich würde ihn liebend gern ohrfeigen! ...

[1] von *Challenge*

Liebling, nicht alle Deine Vermutungen über mich sind richtig, aber ich stimme Dir zu, daß ich ein Wechselbalg bin – plus je vis, moins je ressemble au reste de l'humanité.[1] Wer war mein Vater? Zweifellos ein Faun! Ein Faun, der mit einer Hexe eine mésalliance[2] einging ... Aber Spaß beiseite, manchmal glaube ich, an mir ist etwas Unheimliches und Sonderbares – ich mach mir selber angst. Wenn ich allein bin, würde ich alles glauben. Weißt Du, immer schon seit meinen Kindertagen, habe ich eine unbestimmte Angst, man wolle mich »wegholen« – irgend jemand oder irgend etwas wolle *von mir Besitz ergreifen.* Du wirst lachen, aber das ist zum Teil der Grund, warum ich so ungern allein bin ...

Mitja, ein arabisches Sprichwort sagt: »Wer die Wahrheit denkt, muß die Zügel in der Hand behalten; wer die Wahrheit erkennt, muß die Füße im Bügel lassen; wer die Wahrheit ausspricht, muß im Sattel sitzen und fortreiten!«

Mein Gott, aber die Wahrheit blendet manchmal! ... Eines Tages werde ich im Sattel sitzen und fortreiten!

27. September 1919

Men tiliche, seitdem ich von Dir fort bin, war ich so brav und habe viel in mein altes Buch gekritzelt! – Es war *gräßlich*, nicht mehr neben Dir zu sitzen, Liebling, nachdem ich in die andere Hälfte des Zuges gegangen bin. Ist die Person, die Du »Cow« nennst und ich »Con«, auch recht charmant zu Diana[3]?

[1] Je länger ich lebe, desto weniger gleiche ich dem Rest der Menschheit.

[2] Mißheirat

[3] Protagonisten in Violets Roman, von dem heutzutage nur noch Fragmente existieren.

Mais je ne t'en dirai pas plus long.[1]

Mir gegenüber sitzt das exakte Ebenbild einer fünfundvierzigjährigen Mélusine – quand les beaux jour sont finis[2] –, französisch, fett und kokett, überladen mit Rouge, Perlen und Federn. Redselig. Wollüstig. Ringe an jedem Finger. Eine liebe alte Kokotte. Ich mag sie sehr. Ihre Freundin ist jünger und weniger selbstsicher (oder abgesichert). Wir haben uns unterhalten ...

3. Oktober 1919

Men cheringue, Du bist erst seit einer Woche fort, aber es kommt mir vor wie Monate! Noch nie hast Du mir so gefehlt oder war ich so durcheinander. Gestern habe ich nichts von Dir gehört, und das hat alles noch viel schlimmer gemacht. Wenn Du mir nicht schreibst, werde ich D. überreden, mir das Auto zu geben, damit ich nach L. B. fahren kann. Ich bin sicher, er ist einverstanden, da wir gestern eine ganze Menge Benzin bekommen haben. Wenn ich also nichts höre, fahre ich einfach rüber. Du kannst mich doch nicht hinauswerfen? Ich muß Dich *dringend* sehen: Ich kann nicht, ich kann wirklich nicht länger warten ... Ich weiß, ________[3] wird dort sein. Aber ich schere mich den Teufel drum! Wenn Du mir nicht schreibst, muß ich einfach kommen – ich bin völlig skrupellos, Mitja. Ich kann nicht anders, ich habe die ganze Woche über zu sehr gelitten. Ich kann weder schlafen noch essen. Gestern war ich richtig krank, und ich weiß, mein Kummer und meine Unruhe waren der unmittelbare Anlaß dafür ...

[1] Aber ich sage nichts mehr.

[2] die ihre beste Zeit hinter sich hat

[3] Harold

Die arme Rosamund[1]! Was sie alles durchgemacht haben muß! Ich meine, als Du dich in ______ verliebt hast! Ich staune, daß sie Dich nicht umgebracht hat! Si tu avais compris quelque chose à l'amour, tu m'aurais tuée, plutôt que de me laisser passer 3 semaines seule à St. Jean de Luz avec qui tu sais![2] Aber nein! Nein! Nein! Du verstehst eben nichts! Dir gefällt etwas nur so lange, wie es heiter, sonnig, bequem und anspruchslos ist. Sobald es chaotisch, stürmisch, schwierig und schmerzhaft wird, möchtest Du fortlaufen! Du haßt es, wenn Dein innerer Frieden bedroht und Deine heitere Ruhe gestört wird! ...

Possingworth Manor, Blackboys, Uckfield, Sussex
6. Oktober 1919

Dein Brief war wie ein Fußtritt, den man einem Mann versetzt, der bereits am Boden liegt. In meiner Not und Verzweiflung habe ich Dich angerufen und angefleht, mich zu beruhigen, und Du wählst den grausamsten Augenblick, den Du konntest, mir einen solchen Brief zu schreiben ...

Um mich wieder aufzumuntern, habe ich mir alles, was Du in letzter Zeit über chepescar[3] gesagt hast, in Erinnerung gerufen. Wenn ich für wahr hielte, was Du in Deinem Brief geschrieben hast, nämlich daß Du heimlich und absichtlich versuchst, mich dazu zu bringen, Dich von Deinem Versprechen zu entbinden, lohnte es sich für mich nicht mehr, weiterzuleben! ...

[1] Grosvenor
[2] Wenn Du etwas von der Liebe begriffen hättest, hättest Du mich eher umgebracht, als mich 3 Wochen mit – Du weißt schon, wem – allein in St. Jean du Luz zu lassen!
[3] gemeinsam fliehen (Zigeunersprache)

[1919]

Ach meine Liebe, ich bin so traurig. Eine weitere Trennung steht uns bevor. Ich ertrage es nicht, ohne Dich in mein armseliges kleines Haus zurückzukehren. Das Geheimnis meiner Liebe zu Possingworth ist so rührend und so einfach zu erraten: Dort sind wir einem gemeinsamen Zuhause näher gewesen als irgendwo sonst. Ich betrachte es immer als »unser« Haus. Und nun wirst Du mit einem anderen Menschen in einem anderen Haus leben. Dein Haus, Dein Leben, Deine Gedanken und Dein Lachen . . .

In Possingworth waren wir glücklich wie die Götter! Wir hatten alle unsere alten Gewohnheiten wiederaufgenommen. Ich werde dort verfolgt von Deiner Gegenwart und dem Klang Deiner Stimme, die mich lockt.

Ach Mitja, kein »Luschi, wo *bist* Du?« mehr – Du stürmst mir nicht mehr nach, die Treppen hinauf, und wir nehmen auch das Bad nicht mehr stundenlang in Besitz . . .

Du sagst, Du bewunderst den Mut zur Aufrichtigkeit. Man braucht unglaublich viel davon, will man die Welt zunächst mißachten, sie dann bekämpfen und schließlich besiegen. Wir müssen kämpfen, um zu beweisen, daß die Liebe, wo immer sie auch wächst, mächtiger ist als alles andere auf der Welt.

[1919]

Es freut mich ungemein, daß Dir gefällt, was Du so gütig bist, meine »Dichtungen« zu nennen. Inzwischen mußt Du erkannt haben, wie schrecklich empfindlich ich bei allem bin, was mit meinen Schreibversuchen zu tun hat – noch schlimmer als bei meinen Zeichnungen, parce qu'on met plus de soi.[1]

[1] denn man gibt mehr von sich selbst.

Aber natürlich ist es keine Dichtung; es sind Wörter, die irgendwie aneinandergereiht sind, weil sie einfach niedergeschrieben werden *mußten*. Ich schreibe nur dann, wenn ich das Gefühl habe, ich muß es einfach. Und ich bin zu faul, mir auch nur die elementarsten Techniken anzueignen. Wenn Du nur wüßtest, wie faul ich bin! Manchmal schreibe ich viel, in absoluter Heimlichkeit, als ob ich ein Verbrechen beginge – fast immer zerreiße ich am nächsten Morgen, was ich in der Nacht geschrieben habe (umgekehrt wie bei Penelopes Stickerei). Niemals zeige ich jemandem – ausgenommen Deinem bête-grise![1] –, was ich geschrieben habe. Es ist gewöhnlich so schlecht, und zu meiner Schande – laß es mich sagen

EINE DER GRÖSSTEN ENTHÜLLUNGEN
EINES LEBENS
Ein absolutes
Muß!

Seit unserer ersten Begegnung versuche ich – mit Unterbrechungen – zu schreiben. Die Phasen, in denen ich untätig war, dauerten bis zu 3 Jahren (weißt Du, was ich meine?) – Keine Gedichte, einfach irgend etwas; überflüssig zu erwähnen, ich habe nichts je zu Ende gebracht. Und ich habe »nichts aufzuweisen«, denn außer ungefähr 5 Texten habe ich alles verbrannt.

Mitja, Du weißt nicht, was Du in mir ausgelöst hast, als Du sagtest, Dir gefallen meine armseligen Dichtungsversuche besser als meine Zeichnungen. Mir stockte der Atem. Ich habe wohl schon immer meine schriftstellerische Arbeit meinen Zeichnungen vorgezogen, aber ich wagte es kaum zu *den-*

[1] Violets Abschwächung des Ausdrucks bête-noire für jemanden, den man nicht völlig ablehnt (noir = schwarz, gris = grau)

ken, geschweige denn, meine Gedanken jemandem anzuvertrauen! Um beim Zeichnen Originalität zu erreichen, braucht man Wissen und Genauigkeit, Originalität, die auf Professionalität aufbaut und sich *nicht* Farbeffekten oder einem glücklichen Zufall verdankt; echte Originalität ist das einzige, worauf es ankommt, und davon kann ich höchstens träumen, weil es mir an den unbedingt notwendigen Kenntnissen und an der Genauigkeit der lebendigen Darstellung fehlt. Wie ich Dir gestern schrieb, hasse ich nichts mehr als *schlechte* Zeichnungen; doch es gibt etwas, das ich noch mehr verabscheue: das sind mittelmäßige Zeichnungen. Der Neger ist ein gutes Beispiel für zufällige Originalität, die wie von selbst entstanden ist und nicht, weil sie auf fundiertem oder verläßlichem Wissen beruht. Ich will nicht von Theorien sprechen, denn die hat man natürlich, aber meine Arbeiten sind noch nicht stark genug, um von meinen Theorien geprägt zu werden, obwohl, Gott sei Dank, meine Theorien stark genug sind, um nicht von meinen Arbeiten beeinflußt zu werden. Ich *könnte* gut zeichnen; das weiß ich, aber um dahin zu gelangen, brauchte ich unendlich viel Zeit und, was noch schlimmer ist, unendlich viel Geduld!

Also mache ich weiter mittelmäßige Zeichnungen mit dem bißchen Genauigkeit, das mir zu Gebote steht; es fehlt ihnen an Schwung, es fehlt ihnen an Kühnheit. Warum? Weil ihnen keine erlaubt wird, sie keine haben *dürfen*. Bah! Ich hasse das Zeichnen; es verkrampft mich, lähmt mich, hält mich klein. Sobald meine Phantasie mit mir durchgeht, befiehlt mir eine gouvernantenhafte innere Stimme: Paß auf! Siehst Du denn nicht, daß diese Linie unsauber gezeichnet ist? Die Proportionen stimmen nicht. Dein Bleistift läuft Dir davon!

Genau das passiert *tatsächlich*: Meine Theorien gehen über das, was ich zeichne, hinaus; meine Arbeit kann mit ihnen nicht Schritt halten – als stünde ich auf einem Berg und meine Hand zeichnete unten im Tal. Es macht mich verrückt. Gott weiß, wie lange es dauert, bis meine Zeichnungen auf dem Niveau meiner Theorien sind.

Gnädiger Gott, was für ein egozentrischer Brief! Und wie er Dich langweilen muß – aber es ist mir egal, ich schreibe weiter. Dies sind die épanchements[1] eines ganzen Lebens. Weißt Du, ich besitze nicht die Gabe für das von mir so geliebte, vollkommene und erhabene Ausdrucksmittel. Ich brauche wohl nicht zu sagen, daß ich die Musik meine. Also wählte ich das, was ich noch am besten konnte, und das war zufällig das Zeichnen, aber es genügt nicht. Liebling, ich muß wie ein Hansdampf in allen Gassen durchs Leben gehen, der keine Kunst wirklich beherrscht! Bin ich denn bis an mein Lebensende zum Dilettantismus verdammt? Ihr Götter da oben, könnt ihr mir eine Antwort darauf geben? Soll ich, die eingefleischteste und beständigste Anbeterin der Schönheit, in meinem ganzen Leben niemals etwas Schönes schaffen dürfen? Etwas von makelloser und vollkommener Schönheit?

Worauf läuft das, was Du von mir weißt, hinaus? Selbst *jetzt* kennst Du nur eine Seite von mir. In diesem Brief zeige ich Dir zum ersten Mal den Schimmer einer Seite meines Wesens, die völlig verschlossen ist, unbezähmbar stolz und völlig unzugänglich. Mein Gott, Mitja, Du mußt noch viel über mich lernen – wahrscheinlich wird nie wieder jemand diese Seite an mir entdecken. Warum auch? Für sie, ja und auch für Dich bin ich eine eitle, vergnügungssüchtige, amüsante, witzige, herausfordernde und sinnliche Frau. Es stimmt, daß ich all das auch bin – und so wird mich die Welt in Erinnerung behalten – wenn sie das überhaupt tut. Aber, Mitja, so soll es *nicht* sein, sie soll mehr bekommen, um an mich zu denken, das schwöre ich Dir, mehr – in welcher Form, weiß ich nicht, aber o mein Gott, bin ich verrückt, Dir all dies zu erzählen?

[1] Ergüsse

Verstehst Du denn nicht, Mitja, daß sich etwas Wildes und Entsetzliches in mich hineinfrißt, wie der Adler in Prometheus? Du Närrin! Die Seite, die Du von mir kennst, ist *nicht* die, die *zählt*! Ich bin Dir wieder einmal entwischt, und noch bin ich frei! Und kein Mensch auf der Welt hat mich je besessen oder wird es je können!

10. Oktober 1919

... Ich habe vergessen, Dir zu erzählen, daß eine Zigeunerkarawane hier ganz in der Nähe ist ... Und eine blaue Rauchfahne schlingt sich hinterhältig um die zerzausten Pinien ... Ich sah dort auch ein großes Mädchen mit glitzernden Messingohrringen, dicken, kupferfarbenen Haarflechten und einem Gesicht so braun wie eine Beere. Sie schaute finster drein, die Arme in die Seiten gestemmt ...

Heute nachmittag werde ich wohl versuchen, die Zigeuner wiederzufinden, aber sie werden geflohen sein wie auch Du und alles andere.

»Rebellion«[1] wird man als geniales Werk preisen (Du hast keine Ahnung, wie gut es ist). Bis dahin werde ich für Julian (im wirklichen Leben als ein jüngerer Don Juan bejubelt, o weh) eine Art »ergebene Sekretärin« geworden sein (die auch staubwischen und kochen soll), mit keiner höheren Aufgabe im Leben als Deine MS. zu tippen und Deine Liebesbriefe zu adressieren.

Außerdem wirst Du trinken und mit *meinem* Geld spielen. Du wirst *meinen* Schmuck versetzen, damit die Mélusinen dieser Welt weiter seidene Strümpfe und schwarze Onyx-

[1] Der Titel des Romans, an dem Vita schrieb; er wurde später in »Challenge« umbenannt.

Armbanduhren tragen können! Mais je t'adore, tout admettant que – je suis bête!![1]

12. Oktober 1919

Men tiliche, ich habe gerade zwei entzückende Briefe von Dir bekommen, aber bitte sag Julian, er möge kein Ambra-Parfüm benutzen! Ich fürchte, er wird rasta[2]? ... Du mußt mich so schnell wie möglich beruhigen, wenn nicht, wird es immer schlimmer – ich spaße nicht: Ich flehe Dich an, schreib und gib mir Dein Ehrenwort, daß Du mich darin nicht belügst, ebensowenig wie mit irgendeinem anderen kleinen Verstoß gegen Dein schriftliches Versprechen[3], das in meinem Schreibtisch liegt. *Bitte, Mitja.*

[Oktober 1919]

Gestern abend habe ich Loge stundenlang von Dir erzählt, und dabei war ich furchtbar unklug. Er sagte, es sei so schrecklich zu wissen, daß ich mich mein Leben lang nie in ihn verlieben werde – und daß ich Dich andererseits immer lieben werde.

Mitja, ich fühle mich allein so unwohl, daß ich schreien könnte! Ich komme mir ganz hysterisch vor ...

Sogar die Dienstboten machen mir angst; sie haben Gesichter wie blutrünstige Ungeheuer: Ich bin sicher, sie denken: Wie können wir sie ausbluten? Wenn wir sie töteten,

[1] Ich bete Dich an, obwohl ich zugeben muß – ich bin verrückt!!

[2] sexuell erregt

[3] höchstwahrscheinlich Vitas Versprechen, mit keinem anderen Menschen Beziehungen zu haben

würde es niemand entdecken. Sie ist schwach und völlig hilflos.

. . . Ich bin ganz allein in diesem Haus: Ich weiß, ich stehe es nicht durch! In meinem ganzen Leben habe ich noch nicht einen Tag allein verbracht.

Meine eigene Stimme macht mir angst; unter den windigsten Vorwänden gehe ich in die Küche, um mit den Dienstboten zu reden! Ich bin sprunghafter und nervöser, als sich sagen läßt; mein eigener Schatten läßt mich vor Entsetzen erschauern! Zweifellos wäre ich nach einer ganzen solchen Woche des Wahnsinns Beute, oder? Ich könnte wirklich *niemals* allein leben. Um Dir zu zeigen, wie abgrundtief ich das Alleinsein hasse, habe ich die Peareth-Tochter[1] (die langweiligste Frau der Welt, und fast auch die unscheinbarste!) bis Freitag eingeladen. Dann fahre ich nach London. Wenn sie nicht kommt, weiß ich nicht, was tun –

17. Oktober 1919

. . . Ich hoffe sehr, Du hast mir gestern *wirklich* zugehört; ich weiß nie, ob das, was ich sage, Dir nicht zum einen Ohr hinein und zum anderen wieder herausgeht! Deshalb kann ich Dir nicht nachdrücklich genug versichern, daß es dieses Mal mehr einem tragischen Unternehmen ähnelt als einem Abenteuer (wie letztes Jahr). Und ich muß Dich noch einmal inständig bitten, nicht zu fahren, es sei denn, Du bist absolut sicher. Denksehr ernsthaft darüber nach und wäge alles gut ab . . . Dieses Mal würdest Du mich völlig vernichten, und ich schwöre Dir, das habe ich von Dir nicht verdient. Weißt Du, manchmal benimmst Du Dich wirklich wie ein Kind. Ich komme mir vor wie eine Kinderfrau, die sagt: »Wenn Du die

[1] nicht identifiziert

Marmelade stiehlst, bekommst Du sofort schreckliches Bauchweh –«

Aber es ist Dir gleichgültig, und Deine Phantasie geht nicht über den Genuß von Marmelade hinaus. Aber ich will, daß Du Dir ganz klar darüber wirst, ob die Marmelade es wert ist.

Liebling, das soll nicht witzig sein, aber ich fühle mich ungefähr wie eine leicht verwirrte Witwe von vierzig (immer noch einigermaßen hübsch und attraktiv), die einem fünfundzwanzig Jahre alten Studenten versprochen hat, mit ihm durchzubrennen. Er sieht zwar erwachsen aus, aber das Schlabberlätzchen geistert immer noch um seinen Hals, und er schlittert auch immer noch das Treppengeländer herunter . . . und sie weiß von einem Tag auf den nächsten nicht, was plötzlich aus ihm werden könnte!

Genau das sind meine Gefühle! Welche Macht kann man über solche Menschen haben? Ich bitte Dich bebend: »Vergiß nicht, Liebe, daß ich über fünfzig sein werde, wenn Du erst dreißig bist!« Und Du wirst dann denken: »Zum Schießen! Die Burschen im Balliol College werden denken, ich höre nie auf, ein Witzbold zu sein!« Das trifft die ganze Situation genau! Und die unglückliche Witwe schwärmt für den Studenten, kämpft aber einen heftigen Kampf mit sich, bevor sie den entscheidenden Schritt tut – und anstatt die unterschwellige Tragik in diesem Vergleich zu sehen, wirst Du in lautes Gelächter ausbrechen und Dir sagen: Liebling, Luschi. Sie ist drollig. Welch eine fabelhafte Zeit werden wir haben, oder ähnlich treffende Worte! Hat es überhaupt irgendeinen Sinn, Dich zu bitten, mich zu beruhigen? Du *könntest* aber trotzdem . . . Gott segne Dich, mein KIND, und bemühe Dich, erwachsen zu werden! Je t'aime![1]

[1] Ich liebe Dich!

Possingworth Manor, Blackboys, Sussex
[1919]

Diesen Brief wirst Du nicht erhalten, aber ich muß ihn schreiben.

Gestern bin ich geflogen – zum ersten Mal.

Bevor ich ins Flugzeug stieg, dachte ich: Ich habe die Götter so schwer und so oft beleidigt, daß sie dieser großartigen, verlockenden und spektakulären Gelegenheit nicht werden widerstehen können, me renverser d'une chiquenaudo[1]. Sie werden sagen: »Da! Du winziges Etwas, das wird Dich lehren, Dich in der Welt Deiner Götter herumzutreiben!« Und das Ergebnis von so viel Unverfrorenheit wäre unweigerlich ein verstümmeltes kleines Häufchen. Mit wild klopfendem Herzen und der absoluten Gewißheit, in wenigen Minuten in tausend Stücke gerissen zu werden, aber dem Gefühl, daß es so oder so egal ist, kletterte ich also in den Sitz hinter dem Piloten. Ich hörte, wie eine rauhe Stimme abgehackte Anweisungen erteilte: »Contact! Release! Contact!«

Das Motorengeräusch war so laut, daß ich dachte, mein Kopf würde platzen: Dann hatte ich das Gefühl, in heftigen Stößen eine endlose Himmelsrutsche hinaufkatapultiert zu werden, wie im Selfridge-Lift (dem schnellsten, den ich kenne).

Ich schloß die Augen und hatte Angst, nach unten zu schauen ... die Motoren fingen an, rhythmisch wie ein großes Herz zu klopfen.

Dann schaute ich.

Rip van Winkle kann sich nach seinem hundertjährigen Schlaf nicht mehr verändert gefühlt haben als ich! Mein altes Ich war gestorben, das wußte ich mit absoluter Sicherheit und Gleichgültigkeit – ob es je wieder erwachen würde, war eine andere Sache.

[1] mich einfach mit den Fingern wegzuschnipsen.

Zwischen den Tragflächen sah ich unten eine kleine Landkarte, gesprenkelt mit winzigen Städten und einem winzigen Meer. Wir flogen zurück – tausend Meter hoch, sagte mir der Pilot hinterher – ich dachte: Was ist doch die Welt für ein kümmerlicher kleiner Ort! Die Menschheit war ausgelöscht ...

Ich glaube, ich war den Göttern sehr nah. Nah genug für das »chiquenaudo«. Aber warum taten sie es nicht? Ich war direkt in der Höhle des Löwen und forderte sie heraus. Nur ein paar Bretter und eine unberechenbare Maschine trennten mich von der Vernichtung. Es war wirklich eine Unverschämtheit. Ich schnitt ihnen eine pied de nez[1] direkt ins Gesicht!

Dann wurde ich von dem absoluten Wunder des Ganzen so überwältigt, daß ich in Ekstase geriet. Es glich auf so tollkühne Weise der Vollkommenheit! Es war so überraschend wie die Frucht am verbotenen Baum. Sollte ich sterben, weil ich versucht hatte, sie zu pflücken? Ich schwebte zwischen Tod und Vollkommenheit – war beiden so nah ...

Wäre etwas noch vollkommener, würde man sterben müssen, weil man noch als Lebender die Tore zum Paradies gewaltsam geöffnet hat ... mir war, als wäre ich plötzlich und auf wundersame Weise von aller Gemeinheit, aller Kleinheit des Geistes und aller Täuschung befreit ... die Wörter hatten ihre Bedeutung verloren. Ich frage mich, ob vielleicht sehr gute Menschen so empfinden, wenn sie sterben.

Plötzlich stellte der Pilot den Motor ab. Wir begannen, geräuschlos zu sinken. Nie zuvor habe ich mich so ohnmächtig gefühlt. Durch den grenzenlosen Raum zu fallen.

... Ich sah, wie die kleine Landkarte immer größer wurde, mit jeder Sekunde deutlicher. Ich fand das abscheulich. Ich wollte es nicht sehen ...

Dann – rums, rums! Wir waren wieder unten! Wir waren zurück! Verwegen holperte das Flugzeug über das Gelände,

[1] Grimasse

und durch meine beschlagene Brille konnte ich zwei Männer sehen, die uns zu Hilfe eilten wie Pferdeknechte, die ein wild gewordenes Pferd einfangen!

Hill Hall, Theydon Mount, Epping
[Oktober 1919]

. . . Ich habe gerade sehr eifrig Tennis gespielt. Es ist ziemlich kläglich, nicht wahr?, daß ich fast alles dafür geben würde, um wirklich gut in irgendeinem Sport zu sein . . . Ich glaube, meine Vorlieben sind wirklich außerordentlich gesund. Die Art Menschen, die mir gefallen, beweisen das zur Genüge.

Arme Calisto[1], sie weiß kaum, was sie erwartet! . . . Aber sie darf so viel Tennis spielen, wie sie möchte, auch wird sie ermuntert zu reiten,

Golf
Polo
Baseball
Hockey
und Pelota zu spielen

und mit Pfeil und Bogen zu schießen, denn das gefällt mir. . . .! Ich bin der Französin so ähnlich, die sagte: »Moi j'adore la campagne . . . ça repose les cheveux.«[2]

[1] Siehe Anmerkung Seite 142.
[2] »Ich liebe das Landleben – es tut den Haaren so gut.«

Januar bis April 1920

Im Januar 1920 waren Vita und Violet beide wieder in England und planten ihre, wie sie hofften, endgültige »Flucht«. Am 17. Januar teilte Vita Harold ihren Entschluß durchzubrennen mit. Er war krank aus Paris zurückgekehrt, und sie willigte ein, die nächsten beiden Wochen mit ihm auf Knole zu verbringen. Violet war indessen den scharfen Angriffen ihrer Mutter ausgesetzt, die sogar drohte, ihr den Unterhalt zu entziehen. Später gestand Violet, daß sie am Abend des 2. Februar Denys' sexuellem Drängen nachgegeben habe, doch bis zu welchem Punkt, ist unklar.

Bis zum 8. Februar blieben die beiden Frauen in Lincoln und reisten dann am 9. nach Dover. Um kein Aufsehen zu erregen, setzte Violet zunächst allein über, während Vita in Dover übernachtete. Dort tauchte plötzlich Denys auf. Vita und Denys, das merkwürdigste Gespann von Reisegefährten, das sich denken läßt, trafen am 10. in Calais mit Violet zusammen. Gemeinsam fuhren sie weiter nach Amiens. Dort verließ Denys die beiden Frauen und kehrte nach England zurück, wo er die Keppels und Sackvilles in heller Aufregung vorfand.

Am 11. Februar tauchte George Keppel in Amiens auf, und am 14. stellten sich Harold und Denys mit einem kleinen Flugzeug ein. Die Szene, die nun folgte, war der dramatische Höhepunkt der Beziehung zwischen Violet und Vita. Nach Tränen und gegenseitigen Beschuldigungen reiste Vita mit Harold nach Paris ab, und am 16. fuhr Violet, seelisch gebrochen, mit Denys im Auto nach Toulon, wo ihre Eltern auf sie warteten. Alice Keppels größte Sorge war, einen Skandal zu vermeiden, der Sonjas Verlobung mit Roland Cubitt, einem Sohn des berühmten Architekten Baron Ashcombe, hätte gefährden können. Die Möglichkeit einer Scheidung wurde verworfen, und man vereinbarte, daß die Trefusis nach Südfrankreich weiterreisen sollten. Violet wohnte in Pat Danseys Villa in Bordighera, während Denys ein Zimmer in Monte Carlo in dem gleichen Hotel nahm, in dem auch Nancy Cunard abgestiegen war. Am 20. März trafen sich Violet und Vita in Avignon. Von dort aus reisten sie über Bordighera nach Venedig und kehrten am 10. April nach England zurück.

6. Januar 1920

Men tiliche, ist es nicht entsetzlich? Eben kam Men chinday herein, um mir zu verkünden, sie habe das Haus gekauft! Noch heute morgen hatte sie versprochen, es nicht zu tun, bis ich »mir alles gründlich überlegt hätte«. Doch man kann nichts dagegen machen. Heute abend nach dem Essen will ich noch einmal versuchen, es – – –[1] zu sagen. Ich muß, ich *muß* – – –

... Wie ich wünschte, sie hätte das Haus nicht gekauft! Am liebsten würde ich ihr das Geld dafür wiedergeben. Gott sei Dank hat sie es wenigstens billig bekommen – Quelle triste farce![2] ...

Meine Nomadenseele s'y accroche désespérément[3] ... und doch ... und doch ... Wie wär's, gar nichts zu besit-

[1] Denys Trefusis; Violet spielt hier auf die geplante »Flucht« nach Amiens an, die für Februar vorgesehen war.

[2] Welch traurige Farce!

[3] hängt sich verzweifelt daran

zen, überhaupt nichts, nur den Himmel, den Wind und die Sterne? Granada!

29. Januar 1920

Daß Du unser Buch nicht veröffentlichen willst, meinst Du doch wohl nicht im Ernst![1] Das wäre einfach *zu* dumm! Es ist wirklich gut – wie schlecht doch die Leute ihre eigenen Bücher einschätzen können (d. h. Du, Clemence Dane[2]) ...

Du hast ja keine Ahnung, wie gut »Rebellion« ist! Ich könnte natürlich sagen, es ist besonders interessant, weil es von uns handelt, aber das ist es nicht allein. Warte ab, ob ich nicht recht behalte. Ich glaube, Clemence Dane ist *neidisch* auf Dich – wegen »Frühe Leidenschaft«[3], meine ich. (Welch schöner Gedanke, daß mein Buch niemanden neidisch machen wird – es ist *zu* schlecht.)

D. T. sieht heute abend hundeelend aus. Ich hätte nicht in E. Bagnolds[4] Gegenwart eklig zu ihm sein sollen.

Was stimmt denn Deiner Ansicht nach nicht mit »Rebellion«? Die Handlung ist originell, der Stil glänzend, und

1 Vitas Roman *Rebellion,* der später unter dem Titel *Challenge (Die Herausforderung)* erschien.

2 Künstlername der Dramatikerin und Künstlerin Winifred Ashton (1885–1965).

3 Vitas Erstlingsroman

4 Enid Bagnold (1889–1981), bekannte Dramatikerin und Romanautorin, die während der Zeit der Liebesgeschichte zwischen Vita und Violet als Freundin zu ihnen stand. Nach Violets Tod schrieb sie in einem Nachruf in der *Times*: »Ich erinnere mich Violets (früher Trefusis), jung an Jahren, doch zeitlos-alt im Geist; überströmend, heiter, sprunghaft, witzig ... Ihr Tod ist ein großer Verlust für mich.«

psychologisch könnte es nicht treffender sein. Was willst Du mehr? Es hat nichts von den Unbeholfenheiten von »Frühe Leidenschaft«, keine etwas mühselig gezeichnete Figur wie Malory. Ich will »Frühe Leidenschaft« nicht heruntermachen. Es war *sehr* gut, aber nichts kann mich davon abbringen, »Rebellion« nicht zehnmal besser zu finden. Warum »oberflächlich?« Ich hätte gerade das Gegenteil gedacht – Du kannst doch nicht sagen, daß Du oberflächlich bist oder Julian ...

Ich kann nicht gerade behaupten, daß ich mich besonders darauf freue, mich an diesem Wochenende Trefusis zu widmen ... Mitja, SEI BRAV! Ich vertraue Dir. Laß nicht nach, werde nicht weich, seufze nicht und bereue nichts: Es wäre absurd, treulos (gegen mich) und sinnlos ...

Meine Adresse ist Stonewall Cottage, Langton Green, Tunbridge Wells. SCHREIB, SCHREIB, SCHREIB!

Hotel Ritz, Place Vendôme, Paris,
14. Februar 1920

Mein geliebter Liebling, ich bin ganz benommen und stumpf vor Schmerz; ich kann kaum glauben, daß ich weiterlebe ---

Mein Gott, und das Glück war so nah ... Was für mich einfach *entsetzlich* ist, ist das Gefühl, daß unsere Trennung zum Teil auf einem Mißverständnis beruht. Es hat niemals, niemals, NIEMALS in meinem Leben von seiten dieses Menschen einen Versuch der Art gegeben, die Du vermutest. *Nie* – er sagte, sein Stolz verbiete ihm, mehr zu sagen, und er ist nicht scharf darauf, daß jemand es weiß, aber, ach Mitja, ich schwöre – mag mich der Tod heute nacht ereilen –, daß es niemals etwas dieser Art zwischen uns gab und kaum etwas von der anderen! Es ist mir sehr unangenehm, dies schreiben zu müssen, aber was ich Dir heute abend gesagt habe, stimmt haargenau. Ach Gott – wenn ich – oder er – es nur hätten erklären können! Ich habe ihm gesagt, daß ich ihn hasse und daß ich lieber nach St. Moritz fahren würde[1], als mit ihm allein zu bleiben, wenn weder Pat noch (Enid) Bagnold kommen kann. Im Augenblick schluchzt er im Nebenzimmer.

Ich habe ihm gesagt, ich würde Dir auch in Zukunft unablässig schreiben und Du mir. Wenn Du das alles nicht glaubst, schreib ihm und frag ihn! Ich werde ihn *zwingen*, Deinen Brief zu beantworten. Er hat sich alles gründlich und unwiderruflich verdorben, und das weiß er auch. Ich habe H(arold) aufgetragen, er soll Dir sagen, daß es gegen meinen Willen geschehen ist, aber jetzt weißt Du mehr darüber als er, Gott sei Dank. Ach Mitja, warum hast Du mir nicht die Zeit gelassen, es zu erklären? Es war noch weniger, als Du Dir jetzt ausmalst. Du mußt es wissen, Du mußt! Es bringt mich um, das zu schreiben, aber Du *mußt* einfach alles wissen ...

Der Mensch hat für elf Uhr ein Auto bestellt, mit dem wir nach Toulon fahren wollen – es wird Tage dauern –, aber mir ist egal, was ich tue oder wohin ich fahre. Toulon ist das Ziel, weil ich Pat gebeten habe, mich dort zu treffen. Und Du, Mitja, bist so nah und doch so völlig unerreichbar, daß Du ebensogut auf einem anderen Kontinent sein könntest ...

Was immer ich auch getan oder zu Dir gesagt habe, ich habe nie jemanden so geliebt wie Dich, und ich werde auch niemanden außer Dir lieben, solange ich lebe ... Ach, meine Geliebte, ich spüre, daß ich bisher noch nicht wußte, was Kummer, Schmerz und Leid sind.

Ich flehe Dich um Verzeihung an, Mitja, für alle Lügen und Halbwahrheiten, die ich Dir erzählt habe! Ich flehe Dich an mit der Zerknirschung eines völlig gebrochenen Herzens. Versuch mir zu verzeihen, obwohl es unverzeihlich war ...

[1] Violets Eltern waren in St. Moritz.

Hotel du Rivage, Gien (Loiret)
[Februar 1920]

Mein Geliebter, ich schreibe Dir aus einem dreckigen kleinen ›bouge‹[1] in einem Dorf namens Gien. Gott sei Dank bin ich todmüde! Mein einziger Gedanke ist zu reisen, bis ich umfalle. Die Straße war furchtbar: Man wurde fast zu Tode geschüttelt. Draußen fließt ein breiter, glatter, öliger Fluß vorbei, von dem ich annehme, daß es die Loire ist. Soll ich mich hineinstürzen? Es würde viel Ärger und viel Schmerz ersparen ...

Denys ist krank. In Fontainebleau, wo ich halten ließ, um etwas zu trinken zu besorgen, ist er fast in Ohnmacht gefallen. Er sagt, er habe große Schmerzen, und sieht aus wie ein Gespenst. Ich habe kaum mit ihm gesprochen. Es wäre zu schrecklich, wenn er hier bettlägerig würde, was ich für mehr als wahrscheinlich halte.

Ach Mitja, daß ich von Dir weggerissen wurde, hat mich härter als Granit gemacht. Falls Du nicht verstehst: Das Telegramm, das Harold von Denys bekam, spielte auf meinen Widerstand an – aber bin ich denn nicht schon genug bestraft?

Wenn ich bei Denys bliebe, würde das seinen Tod bedeuten; er sagt, so sei es viel, viel schlimmer als alles andere. Ich bin hart ... hart ... Ich kann nichts fühlen, weiß kaum, was ich sage. Wenn Du mich für immer verläßt, wirst Du uns beide umbringen. Wie kannst Du sagen, Du seist meiner Liebe so sicher gewesen? ...

Denys ist mitten im Abendessen in Tränen ausgebrochen. Jetzt ist er in sein Zimmer hinaufgegangen. Ich werde ihn bis morgen früh nicht mehr sehen. Daß Du mich jetzt verlassen hast, war das Schlimmste, was ihm passieren konnte.

[1] Hütte

Morgen werde ich wohl nach Bourges fahren. – Meine Geliebte, dies ist ein Alptraum: Denys liegt nebenan halb im Delirium, und der Chauffeur eilt zwischen Hotel und Apotheke hin und her, um ihm Chinin und Aspirin zu besorgen. Jedesmal wenn ich hineingehe, bekommt er eine Art Anfall und ruft immer wieder: »Geh weg, geh weg, du sagst, du haßt mich, es steht dir im Gesicht geschrieben, ich kann es sehen, geh weg!«

Was soll ich bloß machen, wenn es ihm morgen nicht bessergeht? Dies hier ist ein schmutziges Loch, eine Art Bauernhaus, ebensowenig ein Hotel, wie ich eins bin. Ach mein Gott, warum hast Du mich verlassen, Mitja? Es war die Wahrheit, als ich zu Dir sagte, ich kann nur anständig zu ihm sein, solange ich mit Dir zusammen bin. Jetzt bin ich unmenschlich. Heute abend sagte ich zu ihm, wenn er länger krank bleiben sollte, müsse er seine Schwester kommen lassen, damit sie für ihn sorgt, denn ich könne es nicht. Ich weiß, ich werde ihn töten, wenn ich bei ihm bleibe. Ach Mitja, komm zurück, komm zurück, bevor es zu spät ist – Mitja, ich *KANN NICHT* ohne Dich leben! Ich bin ganz von Sinnen vor Schmerz. Wenn ich alle Verbrechen unter der Sonne begangen hätte, wäre keins so schlimm, daß es diese Strafe verdiente.

Meine einzigen Verbrechen waren *Schwäche* und *Angst* – Angst vor ihm – Angst, daß er unser Fortgehen verhindern könnte – ach, Mitja, wenn Du nur wüßtest, wie wahr das ist! Sonst habe ich mir nichts zuschulden kommen lassen. Vielleicht wird er Dir das eines Tages schreiben, aber ich weiß, im Moment tut er das nicht . . .

[Telegramm]
16. Februar 1920
BOULE D'OR BOURGES JUSQUA DEMAIN ENVOIE MOI DEPECHE[1]

16. Februar 1920

Ich kam heute morgen hier an, nachdem ich vergeblich versucht hatte, Dich telefonisch zu erreichen. Denys ist ein Wrack, er heult und jammert nur noch: Das stößt mich ab, und ich kann es nicht verbergen. Ich bin besessen von dem Gedanken, von ihm fortzukommen, côute que côute[2]. Es ist schrecklich und widerlich. Was mich angeht, Mitja, je ne vaux guère mieux[3]. Ich halte mich an mein Versprechen, aber nicht für zwei Monate – das kann ich nicht, mein Liebling, ich kann nicht![4] Denys geht es heute etwas besser, aber er kann kaum laufen, so schwach ist er. Ich *hasse* es, mit ihm zusammenzusein, und er weiß es. All das Mitgefühl, das ich mal für ihn empfand, hat sich in Abscheu verwandelt ... Es ist gräßlich, alptraumhaft. Heute abend werde ich wieder versuchen, Dich telefonisch zu erreichen – morgen bin ich vielleicht schon zu weit fort. Ich glaube, wir fahren nach Moulins (wo immer das sein mag). Wenn ich wenigstens heute abend Deine *Stimme* hören könnte! Denys ist für mich nur noch ein Gefängniswärter, und ich schaue ihn an und denke: Ja, wenn du nicht wärst ... Gefangene haben keine Angst vor ihren Wärtern, Mitja, und etwas

[1] Boule d'Or Bourges bis morgen, bitte schicke mir Telegramm.
[2] koste es, was es wolle
[3] es geht mir kaum besser
[4] Am Abend der Krise in Amiens zwei Tage früher hatte Vita gesagt, sie wolle Violet zwei Monate lang nicht sehen.

Furchtbares und Unerbittliches ergreift von meinem Herzen Besitz ...

Ach mein Liebling, heute nachmittag kam ich an einem kleinen Blumenstand vorbei, genau wie der in Amiens, voller Mimosen. Es ging mir wie ein Messer durch und durch. Mitja, wie kannst Du Dir nur einbilden, ich könnte zwei solche Monate aushalten? Da hättest Du genausogut zwei Jahre sagen können!

Meine Geliebte, komm zurück – Du *mußt*! Was immer Du getan oder nicht getan hättest, ich könnte es nie über mich bringen, Dich für zwei Monate zu verbannen ...

Mitja, *verkürze* wenigstens Deinen Urteilsspruch! Die größte Ironie liegt darin, daß alles nur deshalb so gekommen ist, weil mein Wunsch, mit Dir fortzugehen, so übermächtig war.

... Es mag diesmal indirekt meine Schuld sein, aber trotzdem verdiene ich nicht, zwei Monate von Dir getrennt zu sein. Es ist, als ob man von einem Baum jedesmal die Knospen abreißt, wenn er sie gerade öffnen will. Mit Sicherheit kommt der Tag, an dem der Baum der Versuche müde ist, immer wieder neue Blüten zu treiben, und einfach verkümmert.

Ich habe ihm niemals (in *keiner* Weise) mehr *gehört* als Andrea (Andrea benutze ich nur bildlich). Wenn Du nur begreifen würdest, daß ich die Wahrheit sage, und dabei staunst Du doch immer, daß ich Männer unheilbar verabscheue und nur als Tiere betrachte ... Wenn ich Dir nur alles in Paris ausführlicher hätte erzählen können, oder noch besser, wenn er es getan hätte ...

[Telegramm]
17. Februar 1920

SUIS A MOULINS POUR DEUX HEURES COUCHE A CHAROLLES CE SOIR TELEGRAPHIE MOI DE NOUVEAU POSTE RESTANTE MACON[1]

Grand Hôtel du Dauphin, Moulins (Allier)
17. Februar 1920

Nur ein paar Zeilen, mein Liebling, um Dir zu sagen, daß ich nun doch nicht nach Mâcon fahre. Die Straße soll unmöglich sein. Also dachte ich, es ist besser, über Vichy zu fahren, und werde morgen wahrscheinlich bis Nîmes kommen. Ich habe Dir gerade ein Telegramm geschickt, um Dir den geänderten Plan mitzuteilen. Außerdem habe ich nach Mâcon telegraphiert und gebeten, mir alle Briefe und Telegramme, die dort eventuell auf mich warten, nach Nîmes nachzuschicken.

Ach Mitja, die Sehnsucht nach Dir ist die reine Folter . . .

Wir haben eine Motorpanne, also muß ich hier zwei Stunden ausharren. Ach Mitja, wie trostlos diese Autofahrten sind! Ich hocke zusammengekauert in der einen Ecke, er in der anderen, wir sprechen kein einziges Wort, starren nur endlos aus dem Fenster auf die vorüberfliegende Landschaft . . . Ich befehle dem Chauffeur, immer schneller zu fahren: Das Auto rumpelt furchtbar über Wegfurchen und Schlaglöcher, groß wie Granateinschläge, und manchmal fliegen wir ein

[1] Bin für zwei Stunden in Moulins. Werde in Charolles übernachten. Telegraphiere mir wieder nach Mâcon.

Stück in die Luft. Aber mir ist alles egal. Ich stecke meinen Kopf aus dem Fenster und rufe: »Plus vite! Mais vous ne pouvez donc pas aller plus vite que ça?«[1] Nirgends möchte ich anhalten. Die Geschwindigkeit betäubt mich halb . . . Wir rasen über unmögliche Straßen; heute morgen haben wir einen Hund überfahren – das arme Tier! Danach fuhren wir schneller denn je.

Die Sehnsucht nach Dir treibt mich noch in den Wahnsinn, Mitja. Denys hat einen Rückfall. Er mußte sich hinlegen. Er hat den ganzen Tag über kaum ein Wort gesagt. Ich nehme an, wenn ich zu ihm gehe, finde ich ihn in Tränen aufgelöst.

Wenn er so weitermacht, wird er sich bestimmt umbringen. Ich kann nichts dagegen machen, ich bin wie erfroren. Nichts berührt mich mehr.

In Toulon werden wir wahrscheinlich im Grand Hotel wohnen, also schreib bitte dorthin.

Heut abend Charolles und morgen Mâcon und hoffentlich ein Brief von Dir!

Mein Gott, warum kommst Du nicht zu mir zurück?

17. Februar 1920, Montagabend

Meine Geliebte, heute abend kann ich mich kaum dazu aufraffen, Dir zu schreiben. Du brichst mir wirklich das Herz, Mitja. Glaubst Du denn, daß ich das verdiene? Im Grund weißt Du, daß das nicht so ist. Gott sei mir gnädig, Mitja, ich werde sterben, wenn du erst in zwei Monaten zu mir zurückkommst. Seit wir von Amiens abgefahren sind, habe ich kaum gegessen und kaum geschlafen . . . Zwei Monate, und was dann? . . .

[1] Schneller! Können Sie denn nicht schneller fahren?

Ich an Deiner Stelle wäre fuchtsteufelswild geworden, aber ich wäre noch am selben Tag zurückgekehrt.

Ich werde dieses Auto loswerden und weiterfliegen, wenn ich ein Flugzeug auftreiben kann; vielleicht muß ich dann weniger grübeln? Ich glaube, das wäre das einzige, was mich überhaupt von Dir ablenken könnte, also werde ich auf alle Fälle fliegen, entweder jetzt, wenn's geht, oder wenn Denys mich verläßt. Ich sollte keine Schwierigkeiten haben, Pat oder Enid Bagnold zu überreden, mich zu begleiten (beim Fliegen, meine ich).

Ach mein Herz, ich habe noch immer das Geld, das für *unser* Haus bestimmt war! Als Denys es mir gab, hätte ich es fast weggeworfen. Wie *konntest* Du es ihm nur wiedergeben? Der Anblick bringt mich um, wenn ich es in meinem Portemonnaie sehe . . .

Ich habe eine der Hustenpastillen gefunden, die Du nicht magst . . . und Deine Lippensalbe . . . Es war kindisch, aber ich habe mir die Augen ausgeweint. Wie kannst Du nur einen Moment daran zweifeln, daß ich mir das Leben nehmen werde, wenn ich glauben müßte, ich würde Dich nie wiedersehen? . . . Wie ich Denys mit seinen Tränen und seiner Ergebenheit und seiner völligen Abhängigkeit von mir verabscheue! Vor zwei Tagen hat er seinen Roman vernichtet. All das entsetzt mich und widert mich an, mehr als ich in Worten ausdrücken kann . . .

Hotel de Beaujolais, Vichy
18. Februar 1920

Meine Geliebte, ich schreibe Dir aus Vichy, nicht Mâcon. Ich bin hier gestern abend ziemlich spät angekommen. Ach Mitja, es ist so grauenhaft – diese Flucht weg von dem Menschen, den ich liebe – jeden Tag hundert oder mehr Kilometer weiter fort von Dir!

Violet Keppel im Alter von drei Jahren (1897)

Violet als Bacchantin verkleidet

Alice Keppel (1890), im Alter von 21 Jahren

Hauptmann Keppel,
Violets Vater,
gezeichnet von Phillipe Julian

Violet (rechts außen)
und Violet de Trafford
in der Albert Hall,
März 1916

Denys Trefusis auf der Yacht eines Freundes (1922)

Vita Sackville-West, 1920

Skizze Violets von sich selbst, während sie sich an die als Mann verkleidete Vita klammert

Skizze, in der Violet sich selbst zusammen mit Sir Basil Zaharoff in Deauville darstellt, untertitelt: »Falls V. Sir Basil's Angebot akzeptiert«.

Violet in der Villa Ombrellino in Florenz zu Beginn der zwanziger Jahre

Alice Keppel (sitzend, links außen), neben Violet, zusammen mit Sir Arthur Colefax, George Keppel (rechts), Mrs. James, Lady Ridley und Lady Lowther (1922)

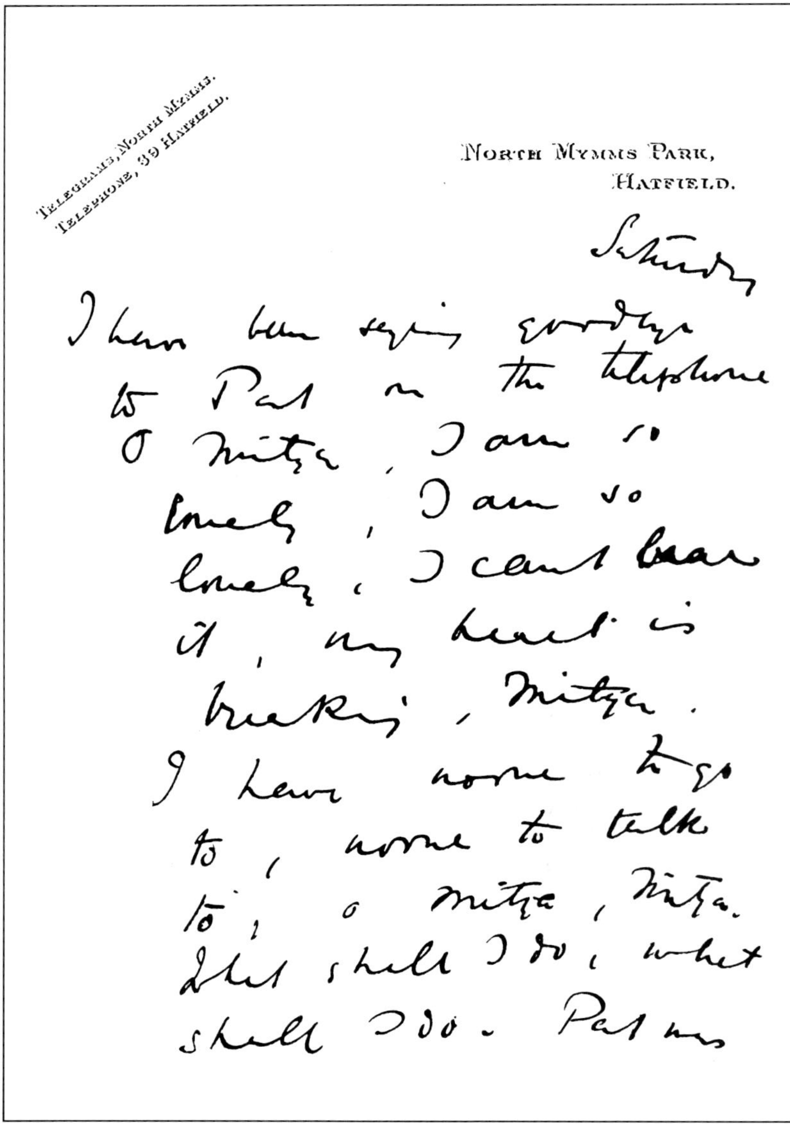

Telegrams, North Mymms.
Telephone, 39 Hatfield.

North Mymms Park,
Hatfield.

Saturday

I have been saying goodbye to Pat on the telephone O Mitya, I am so lonely, I am so lonely, I cant bear it, my heart is breaking, Mitya. I have none to go to, none to talk to, o Mitya, Mitya. What shall I do, what shall I do. Pat was

Ein Brief von Violet

Violet Trefusis in den frühen zwanziger Jahren

Vita als jungverheiratete Ehefrau

Porträt von Vita (Philip de Laszlo, 1910)

Vita in phantasievoller Verkleidung

Heute abend oder morgen werden wir in Nîmes sein – die Alternative war Avignon, da kannst Du Dir vorstellen, wie ich auf Nîmes gedrungen habe. Das Anhalten ist mir ein Graus. Am liebsten würde ich Tag und Nacht weiterfahren; wenn ich anhalte, überschwemmt mich eine solche Woge der Verzweiflung, daß ich glaube, ich kann es nicht mehr aushalten und muß mein Versprechen brechen. Es wird mir immer unerträglicher, mit D. zusammenzusein, und ich sorge auch dafür, daß er es merkt. Lieber wäre ich noch mit Men Chinday zusammen oder mit Papa. – Der Narr! Er dachte wohl, ich würde bei ihm bleiben, wenn ich nicht mit Dir fortgehen kann – na, er wird seinen Irrtum schon noch einsehen! Wenn Pat mich hängen läßt, werde ich sofort an Bagnold telegraphieren, und es muß Druck auf sie ausgeübt werden, daß sie kommt.

Was D. angeht, ist mir egal, was er tut oder wohin er geht. Mein Mitgefühl ist tot ... tot, nur Abscheu ist übriggeblieben ...

Ach Mitja, ich werde sterben, wenn Du nicht bald zu mir kommst! Ich sehe fast so krank aus wie D., und mein Haar fällt mir in Büscheln aus ...

16. Februar 1920

Men tiliche, ich habe gerade an Deine Mutter geschrieben, um ihr zu sagen, daß wir beide uns getrennt haben und mein Herz gebrochen ist. Ich habe überlegt, ob ich ihr alles erzählen sollte, hielt es aber dann doch für besser, es nicht zu tun. Sag also bitte nichts darüber, wenn Du schreibst. Ich habe *gar nichts* gesagt, außer daß ich so unglücklich bin, und ich habe ihr meine Pläne mitgeteilt und sie gebeten, mir zu schreiben. Ich mag Deine Mutter wirklich sehr, Mitja, und ihr Mitgefühl würde mir viel bedeuten. Ach, mein Liebling, mein Liebling,

Du *darfst* mich nicht treulos nennen – es *stimmt* nicht. O Gott, wenn ich Dir doch nur die Umstände dieses furchtbaren Abends ganz genau erzählen könnte . . . Es war eine Art Preis, den ich zahlen mußte; ich weiß nicht, aber ich glaube, so hat er es auch betrachtet, und, ach Mitja, es wurde *nicht vollzogen* – ich weiß, es ist schrecklich, daß ich Dir das erzählen muß, aber es hatte überhaupt nichts mit Dir zu tun – mit dem, wovor Du zurückschreckst –, wenn er sich doch nur überwinden könnte, Dir mehr zu erzählen, nämlich daß er Abstand davon genommen hat . . . Ach, mein Gott, Mitja, Du mußt doch das Entsetzen in meinem Gesicht gesehen haben, als Du an dem Morgen unserer Fahrt nach Lincoln zu mir sagtest, Du würdest mich in der South Street absetzen, als ich Dir erzählte, was für eine schreckliche Szene er mir auf dem Weg zum Bahnhof gemacht hatte. Da wollte ich es Dir erzählen, Mitja.

Wenn ich denken muß, daß Du nie mehr zu mir zurückkommst, bleibt mir nur noch ein Ausweg – der Tod.

[Telegramm]
18. Februar 1920

SUIS AU PUY SERAI NIMES DEMAIN ECRIS MOI TOULON[1]

Le Puy
19. Februar 1920

Ach meine Liebste, ich *hasse* ihn so sehr! Wenn ich noch eine weitere Woche mit ihm zusammensein müßte, würde ich ihn umbringen. Sein bloßer Anblick ist mir zuwider. Mit seinen

[1] Bin in Puy. Werde morgen in Nîmes sein. Schreib nach Toulon.

Tränen und seiner Unterwürfigkeit ekelt er mich an. Gerade habe ich ihm gesagt, daß er jede Form von Mitleid oder Zuneigung, die ich je für ihn empfunden haben mag, gründlich abgetötet hat. Ich hab' ihm gesagt, ich sähe ihn nur noch als meinen Gefängniswärter an, und mein ganzes Trachten gehe dahin, von ihm fortzukommen – ich *hasse* ihn, ich *hasse* ihn! Ach Mitja, ich bin SO unglücklich! Ich weine mir die Augen nach Dir aus ...

Wie dumm der Mann gewesen ist! Immerhin hat er auch sein eigenes Glück zerstört. Vorher hatte er wenigstens mein Mitgefühl, aber das ist nun auch tot – und wird nie wieder lebendig.

Offensichtlich habe ich D. in einem Punkt falsch eingeschätzt. Er sagt, er fände es genauso unerträglich, mit mir zusammenzusein, wie ich mit ihm, und wenn er mich erst bei Pat oder Bagnold »abgeliefert« habe, wolle er für immer fortgehen, nach Jamaica oder sonstwohin. Er werde mir nur erlauben, nachzukommen, wenn ich bereit wäre, den Rest meines Lebens mit ihm zu verbringen!!! Und wenn ich aufgehört hätte, Dich zu lieben!! Da das aber an ein Wunder grenzte, fügte er hinzu, würde ich ihn wohl nie wiedersehen ...

Nîmes
[Februar 1920]

Ach Mitja, Mitja, warum tust Du so, als verstündest Du mein Telegramm nicht? ... Ich hatte heute mit einer Antwort gerechnet. Mitja, wenn Du mich noch ein bißchen liebst, sag mir die Wahrheit: Hat sich Deine Einstellung zu ihm geändert? Mir ist ganz übel vor Angst. Was soll ich machen, was soll ich bloß machen? Ich weine seit Stunden. Mitja, wie kannst Du mich nur so in Ungewißheit lassen?

Heute habe ich drei Briefe von Dir bekommen. In einem schreibst Du, Harold hätte D. geschrieben. Ich bete, daß er keine Anspielungen darauf gemacht hat, daß ich Dich auf Deinem Weg nach Florenz treffen will; denn wenn er das getan hat, wird D. sich ganz bestimmt weigern, mich allein zu lassen. Wenn er auch nur die kleinste Möglichkeit wittert, ich könnte Dich sehen, wird er wie ein Blutegel an mir kleben.

Ich werde Dir telegraphieren, und wenn H. so eine Anspielung gemacht hat, mußt Du oder muß Harold D. telegraphieren, daß er den Brief nicht öffnen soll. Ich nehme an, wir werden ihn in Toulon vorfinden.

... Denys will für immer fortgehen. Mich will er nicht mehr wiedersehen, solange ich an Dir hänge ... Wenn Du Dich aber weigerst, mich wiederzusehen, weißt Du, was geschehen würde. Ich habe Dir und Denys und vielen anderen zahllose Lügen erzählt; ich bin sehr schwach und ganz verabscheuenswert gewesen. Ich werde mir selbst nicht verzeihen, solange ich lebe. Aber D. habe ich *nie* geliebt, er hat mir nur manchmal leid getan, und das führte zu weiteren Lügen, aber ich habe ihn nie, *nie* in dem Glauben gewiegt, ich liebte ihn. Wenn Du Dich an all die Briefe von ihm an mich erinnerst, die Du gesehen hast: Sie bestanden alle aus Vorwürfen verschiedenster Art, aber in keinem hat er *je* geschrieben, ich liebte ihn ...

[Telegramm]
20. Februar 1920

MES PARENTS SONT ICI RIEN DE TOI[1]

[1] Meine Eltern sind hier. Von Dir keine Nachricht.

[Telegramm]
20. Februar 1920

WERDE NICHT FLIEGEN WERDE ABER VERRÜCKT WENN DU FRAGE NICHT BEANTWORTEST TELEGRAPHIERE HOTEL LUXEMBOURG NIMES

Nîmes
20. Februar 1920

... Du hast gar nicht auf mein Telegramm geantwortet, in dem ich Dich gefragt habe, ob Du auch »brav« seist – Du weißt schon, was ich mit »brav« meine – wenn ich den Eindruck gewinne, daß sich etwas bei Dir verändert hat, gilt gleiches Recht für alle: Dann werde ich mein Versprechen auch nicht halten ...

Schreib mir, mein Herz, sag mir, daß Du nicht anders zu Harold stehst und daß Du mich wenigstens bald sehen willst! Ich bin so furchtbar unglücklich, Mitja, und ich liebe Dich mehr denn je. Warum unterschreibst Du nicht mehr mit »Dein Mitja«? Trägst Du Deinen Ehering wieder? Ach Mitja, *bitte* nicht! Ich hoffe so sehr, daß ich noch heute ein beruhigendes Telegramm von Dir bekomme. Ohne Dich ist alles Staub und Asche.

Gestern abend habe ich einen Augenblick lang geglaubt, D. würde mich erwürgen. Ich sagte ihm, ich wollte früh zu Bett gehen, weil ich Kopfschmerzen hätte, fing dann aber im Bett an, diesen Brief zu schreiben. Er sah das Licht in meinem Zimmer, steckte den Kopf durch die Tür und sagte: »Du betrügst mich schon wieder. Du hast doch gesagt, Du wolltest schlafen gehen –«

Da schlug ich nach ihm und schrie, es ginge ihn gar nichts an, ob ich schlafen ginge oder nicht, und er brüllte, bebend vor Wut, zurück: »Ich hasse Dich! Ich *hasse* Dich! Ich werde mich noch für Deinen ganzen Betrug rächen! Ich werde Dich genauso unglücklich machen, wie Du mich gemacht hast. Ich werde Dein Leben zerstören, so wie Du meins zerstört hast!« Schreib, was immer Du über Pläne schreiben willst, auf italienisch, denn das versteht er nicht, falls er mir je einen Deiner Briefe entwenden sollte.

[Telegramm]
21. Februar 1920

T AI ECRIT AU MOINS DEUX FOIS PAR JOUR E T AI ENVOYE DEPECHES INNOMBRABLES SI TU VAS EN CHINE PROMESSE NE TIENT PLUS MEN TILICHE NE ME TOURMENTE PAS[1]

[Telegramm]
21. Februar 1920

NICHTS VON DIR NICHT MAL EIN BRIEF FAHRE HEUTE NACH TOULON VERSPRECHEN IN GEFAHR FLEHE DICH AN TELEGRAPHIERE AN GRAND HOTEL TOULON

[1] Habe Dir mindestens zweimal täglich geschrieben. Habe zahllose Telegramme geschickt. Wenn Du nach China fährst, gilt das Versprechen nicht mehr. Men tiliche, quäl mich nicht.

[Telegramm]
22. Februar 1920

ECRIS MOI VILLA PRIMAVERA BORDIGHERA PARENTS SONT PARTIS[1]

[Telegramm]
23. Februar 1920

ACH JULIAN JULIAN

Toulon
24. Februar 1920

Men tiliche, ich sitze in der Falle, alle Wege sind abgeschnitten! Als ich hier ankam, warteten mein Vater und meine Mutter auf mich. Sie sind extra aus St. Moritz angereist. Sie stellen mich vor die Alternative: Entweder ich reise mit D. um die Welt, oder sie wollen nichts mehr mit mir zu tun haben, finanziell und auch sonst. (Sie schlugen mir eine kleine Apanage von 600 Pfund im Jahr vor). O Gott, was soll ich bloß machen? Sie lassen einen Anwalt aus England hierher kommen. Es ist zu entsetzlich! Nur eins habe ich ihnen abringen können: Daß ich direkt nach Bordighera zu Pat fahren kann, auf vierzehn Tage, bevor wir nach Algier weiterreisen. Denys hat versprochen, in ein Hotel zu gehen.

Hör zu, Mitja, die Lage ist verzweifelt: Entweder muß ich ihn dazu bringen, unter allen Umständen in die Scheidung einzuwilligen, oder ich muß aus Bordighera zu Dir fliehen.

[1] Schreib mir Villa Primavera Bordighera. Eltern abgereist.

Das wäre nicht schwierig, weil er die ganze Zeit am Spieltisch in Monte Carlo verbringen wird.

Was von beidem soll es sein? Wenn ich ihn zur Scheidung bewegen kann, mußt Du sofort herkommen und mit meinen Eltern und dem Rechtsanwalt sprechen usw. (die Ehe würde allerdings nur für ungültig erklärt, nicht geschieden. Ist es nicht schrecklich? Eine ärztliche Untersuchung ist dafür notwendig).

Ich habe vierundzwanzig Stunden, um es mir zu überlegen. Ich will, daß er sich von mir scheiden läßt. Egal, was *Du* willst, nichts kann mich mehr dazu bringen, bei ihm zu bleiben. Ich werde aus Bordighera fliehen ... Aber selbst wenn er in die Scheidung einwilligt, wird Men Chinday mich zwingen, mit ihr zu gehen. Hör zu: Ich habe kein Fünkchen Skrupel mehr, ihn offen oder heimlich zu verlassen. Er hat mir gesagt, er würde wieder heiraten. Er sagt, der einzige Grund, warum er zögere, sich scheiden zu lassen, sei, daß er glaubte, es würde *mir* schaden. Er hat schon eine Frau im Auge, also gibt es keinen Grund, warum wir seinetwegen ein schlechtes Gewissen haben sollten.

Aber was soll ich bloß in der Zwischenzeit Men Chinday sagen? Es ist so furchtbar, so überrumpelt zu werden ...

Meine Mutter sagt, sie will Dir einen Brief schreiben – worüber, weiß ich nicht, und sie sagt auch, sie wird ihn mir auf keinen Fall zeigen. Denk also um Himmels willen nicht, ich hätte irgend etwas damit zu tun. Mitja, wenn er in die Scheidung einwilligt, werde ich Dir telegraphieren, und Du mußt sofort kommen.

Wenn ich nur mit Dir sprechen und das alles mündlich bereden könnte! Ich werde so bald wie möglich direkt zu Pat fahren und von dort zu Dir flüchten. Ich habe schreckliche Angst, zu viel in einem Brief zu sagen. Noch nie in meinem Leben habe ich mich so umstellt und beobachtet gefühlt.

Sonntagmorgen
Mitja, was soll ich nur machen? Gestern abend habe ich Stunden damit zugebracht, Denys um die Scheidung anzuflehen. Heute morgen wollte er mir seine Entscheidung mitteilen. Er ist *völlig* von dem abgegangen, was er früher gesagt hatte, nämlich daß er für immer fortgehen will, egal welche Haltung meine Eltern einnehmen, und daß ich nur ganz freiwillig zu ihm kommen sollte. Heute morgen sagte er, er habe sich entschlossen, die Ehe für ungültig erklären zu lassen. Meine Mutter bestellte ihn zu sich und sagte ihm, wenn er das täte, wollte sie nichts mehr mit mir zu tun haben und würde sich auch weigern, mir Unterhalt zu zahlen. Sie nahm zurück, was sie über die 600 Pfund im Jahr gesagt hatte.

Ich rannte runter zu Mama und sagte zu ihr, wenn Denys sich scheiden ließe, würde ich mit *ihr* gehen. Aber sie sagte, ich dürfte dann nie wieder ihr Haus betreten und sie würde nie mehr mit mir sprechen. Ich fiel vor ihr auf die Knie und gestand ihr, daß ich Widerwillen gegen ihn spürte und schon immer empfunden hätte. Ich sagte ihr, ich würde sogar mit Duckrus[1] gehen, wohin sie nur wollte, wenn Mama nur die Scheidung zuließe. Offenbar hatte er zu ihr gesagt, sie würde aufgrund von »unzulässiger Beeinflussung« vollzogen werden – die Annullierung meine ich –, und sie erzählte mir von der ärztlichen Untersuchung. Mama ist unmenschlich! Mitja, so sind sie alle, aber ich werde mich eher umbringen, als bei Denys bleiben, denn ich verabscheue und hasse ihn. Gerade habe ich ihn mir vorgeknöpft, und er sagte, er würde die Annullierung durchsetzen, egal was sie mir erzählte. Ich sagte, ich würde lieber verhungern, als bei ihm bleiben. Ich weiß nicht mehr, was und wem ich glauben soll. Mama sagt, er wolle mich mit sich nehmen, wenn sie sich weigerte, mich

[1] Spitzname von Violets Tante Jessie (Mrs. Winnington-Ingram)

finanziell zu unterstützen, und natürlich habe sie sich geweigert. Mitja, ich *schwöre*, ich werde mir eher das Leben nehmen, als mit ihm gehen! Wenn er die Scheidung verweigert oder von Mama dazu gezwungen wird, werde ich zu Pat fahren und sie überreden, mit mir irgendwohin zu fliehen. Ich weiß, sie würde das tun.

O Gott, es ist so furchtbar! Sie sind drei gegen eine und völlig skrupellos. Gerade habe ich Mama gesagt, ich würde *alles* dafür geben, von ihm geschieden zu werden, und daß ich ganz zufrieden damit wäre, irgendwo von hundert Pfund im Jahr zu leben. Er sagt noch immer zu mir, er wolle die Ehe annullieren lassen; wenn er dabei bleibt, bedeutet das, daß wir hier warten müssen, bis die Anwälte aus England eintreffen ... Wenn Mama ihn umstimmen kann, werde ich mit ihm nach Bordighera fahren und dort Pat überreden, mich irgendwohin zu begleiten, wo ich Dich treffen kann. Telegraphiere und schreib unverzüglich postlagernd nach Bordighera! Das ist sicherer, als an die Villa zu schreiben. Selbst wenn ich nicht dorthin komme, sind wenigstens die Briefe sicher. Mitja, bitte glaub mir, wenn ich sage, ich würde mir eher das Leben nehmen, als mit ihm gehen. ICH MEINE DAS IM ERNST!

Heute keine Zeile von Dir. Warum hast Du seit Mittwoch nicht geschrieben und auch meine Frage nicht beantwortet ... Ach Gott, was soll bloß aus mir werden! Telegraphiere *nicht* hierher!

Später. Meine Mutter kam gerade herein, um mir mitzuteilen, sie habe Denys dazu bewogen, bei mir zu bleiben und mit mir für zwei Monate nach Algier zu gehen und dann nach England zurückzukehren. Damit ist es entschieden: Bei der erstbesten Gelegenheit werde ich von Bordighera mit dem Auto fliehen. Wir müssen uns in einer Stadt in Südfrankreich treffen – am besten Marseille. Wenn mir das mißlingt, werde ich meinem elenden Leben ein Ende setzen, aber es *muß* mir gelingen. Schreib *nicht* postlagernd nach Bordighera, sondern an die Villa Primavera. Denys wird dort nicht wohnen. Mitja, es muß mir gelingen! Sie (meine Mutter) sagt, wenn ich mich jetzt weigere, mit ihm zu gehen, würde sie mich keinen Augenblick mehr aus den Augen lassen. Hast Du eine Ahnung, wie sehr ich diesen Mann hasse und verabscheue!

Toulon
24. Februar 1920

... Papa und Mama sind abgereist und haben mich verlassen, und sie werden nicht zurückkommen. Als Denys erschien und mir sagte, er habe ihr versprochen, er würde mich mitnehmen, egal, was ich dazu sagte, habe ich versucht, aus dem Fenster zu springen, aber er hat mich gerade noch abgefangen. Ach Mitja, Du hast ja keine Ahnung! Ich bin völlig am Ende. Wenn ich Dich nicht sehen kann, muß ich mir das Leben nehmen ... Sogar Mama wurde schließlich etwas weicher. Als sie sah, wie schlecht es mir ging, sagte sie, ich dürfte Dich später wiedersehen; sie sagte sogar, Du dürftest mich in England besuchen. Ich hab' ihr gesagt, daß ich ihn verabscheue, und sie meinte, es sei alles ein furchtbarer Fehler gewesen. Doch sie blieb dabei, ich müßte jetzt mit ihm gehen; aber ich würde lieber sterben, als bei ihm bleiben. Pat muß mich fortbringen, und Du mußt zu mir kommen oder ich zu Dir ...

Ich mußte so weinen, als ich Deinen eingeschriebenen Brief las. Ich weinte vor Schmerz und Verzweiflung, daß ich Dir so weh getan und Dich angelogen habe. Ach Mitja, wenn jemand mir was Gutes tun wollte, würde er mir eine Kugel durch den Kopf jagen. Nie, nie habe ich jemanden geliebt außer Dir, *nie*, wie sehr ich Dich auch angelogen habe.

Denys hat Mama erzählt, daß ich versucht hätte, mich umzubringen, aber nicht einmal das bewog sie zu sagen, ich brauchte nicht mit ihm zu gehen . . .

Sie kann nie geliebt haben, sonst würde sie mich nicht so behandeln. Aber Pat wird lieb zu mir sein und Mitleid haben, und ich glaube, sie wird mich fortbringen.

Toulon
24. Februar 1920

Denys gibt immer mehr nach. Er sagt, er wird es so einrichten, daß ich ihn die ganze Zeit über, während ich in Bordighera bin, nicht sehen muß und daß er, wenn ich mich nach Ablauf dieser Zeit immer noch weigere, mit ihm nach Tanger zu fahren, keine Gewalt anwenden wird und wir uns dann ganz trennen sollten. Er sagt, im Augenblick will er die Ehe Sonias wegen nicht annullieren (inzwischen habe ich herausbekommen, daß das Mamas Hauptmotiv war und auch der Grund, warum er mich jetzt mitnehmen wollte)[1]. Er schämt sich sehr, daß er mich betrogen hat, nicht nur indem er sein Versprechen brach, mich sofort zu verlassen, sobald ich Pat treffen würde, sondern auch, weil er mir verschwiegen hat, daß er meine Mutter gebeten hat zu kommen. Das hat er offenbar gemacht, ohne mir etwas davon zu sagen. Ich hasse ihn unwiderruflich, egal was er sagt oder tut, also kommt es gar nicht mehr darauf an. Gestern abend meinte er, er wisse, daß das auch immer so bleiben würde, wenn wir (toi et moi) nicht wieder zusammenkämen, und zwar für immer.

[1] Mrs. Keppel glaubte, Sonjas bevorstehende Heirat mit Ronald Cubitt sei gefährdet, wenn Violets Scheidung genehmigt würde, weil der Skandal die überaus traditionsbewußte Familie Ashcombe zu sehr erregen würde.

Heute, meine Herzensgeliebte, fahre ich nach Bordighera, aber ich werde es wohl nicht an einem Tag schaffen, da es fast vierhundert Kilometer sind (sagt der Chauffeur). Es wäre zu furchtbar, wenn ich in Nizza anhalten und übernachten müßte, was ungefähr auf der Hälfte der Strecke liegt ...

Die Post ist noch nicht da; wenn sie keinen Brief von Dir bringt (Du hast seit Tagen nicht geschrieben), werde ich nur einen Schluß daraus ziehen, nämlich daß das, was ich in bezug auf Deine Beziehung zu Harold am meisten fürchte, eingetreten ist. Mir ist ganz übel vor bösen Ahnungen. Das wäre das Ende. Willst Du die ganzen zwei Monate bei Harold bleiben? Was ist mit Deinem Plan, allein nach Italien zu fahren? Kein Wort darüber oder über das, was ich Dich ganz besonders gebeten hatte, mir zu sagen. Bist Du so glücklich mit Harold in Paris?

Denys hat mir gerade das folgende geschrieben: »Vertrauen« bezieht sich auf sein Versprechen, mich für immer zu verlassen, und den Bruch dieses Versprechens.

[*Kurzer Brief in Denys Trefusis' Handschrift*]: Ich weiß, daß ich mich in letzter Zeit Deines Vertrauens als unwürdig erwiesen habe. Das soll nicht wieder vorkommen.

Nimm mir nicht auch noch *das*. Selbst wenn Du mich hassen mußt, versuche, ein bißchen großzügig zu sein, und gib mir den kleinen Rest zurück, der von all dem übrig ist, was mir viel bedeutet hat.

Ich werde Dich nicht wieder in dieser Weise enttäuschen. Ich will versuchen, auf jeden Fall Dein Vertrauen wiederzugewinnen – selbst wenn es mit Haß verbunden ist.

Ich weiß, es gibt nichts, was ich *sofort* für Dich tun könnte. Aber wenn Du das Gefühl hast, Du kannst mir in Zukunft wenigstens *trauen* – dann hilft das vielleicht ein ganz kleines bißchen.

Nizza
24. Februar 1920

Dieser Ort macht mich ganz rebellisch. Es fing mit der herrlichen Fahrt über die Esterelles an! Majestätisch hielten sie ein wunderbares Geheimnis bereit: das Mittelmeer! Man sieht es ganz plötzlich aus einer Höhe von tausend Metern. O Mitja, da lag es, unglaublich blau, wundersam leuchtend ... Der Himmel ist von einem tiefen, pulsierenden Blau, so daß es fast schmerzt, hineinzuschauen – Ach Julian, und Du bist *nicht* hier!

Wir sind aufgefordert, glücklich zu sein, aber wir nehmen die Aufforderung nicht an. Andere werden unsere Plätze einnehmen ...

Denys steht uns nicht mehr im Weg. Er sagte, seit gestern sei ich frei zu tun, was ich wolle. Er begleitet mich nur nach Bordighera, um mich vor meiner Mutter zu retten. Aber ich werde ihn nicht sehen, solange ich dort bin –

Nach Ablauf von vierzehn Tagen will er mich noch einmal fragen, ob ich noch immer nicht mit ihm nach Tanger gehen will. Wenn ich diese Frage bejahe, brauche ich nicht zu fahren. Ich habe ihm erzählt, daß ich Dich sehen würde, falls Du durch Italien kämst. Er bat mich, ihn nicht genau wissen zu lassen, wann das stattfindet, und während dieser Zeit nicht mit ihm Kontakt aufzunehmen ... Ich könnte Dich *überall* treffen, aber Italien wäre doch am besten, da ich meiner Mutter nicht über den Weg laufen möchte, und D. wird ihr nichts davon sagen – gib mir bald Bescheid, bald!

Deine Eve[1]

[1] Die Geliebte von Julian in »Challenge«

Nizza
24. Februar 1920

Denys hat mich in die gräßlichsten Zweifel über Dich gestürzt. Er sagte, daß ich Dich betrogen habe, sei nur einer der Gründe gewesen, warum Du mich verlassen hast, und der wichtigere sei gewesen, daß Harold es Dir befohlen habe. Ich fragte ihn, ob er meinte, daß Du Harold genauso liebtest wie mich? Er zuckte nur die Achseln und sagte, er wüßte das nicht und wollte sich nicht festlegen. *Ist das wahr?*

Ich sagte ihm, sein Anblick sei mir zuwider, und er gab zurück, ich könnte machen, was ich wollte, und er ›verfluche mich mit jedem Atemzug‹ – ich wollte die Lampe nach ihm werfen, aber sie war an der Wand befestigt, und es ging nicht –

Wenn es wahr ist, daß Du Harold genauso liebst wie mich, brauchst Du es nur zu sagen. Dann wirst Du nie wieder etwas von mir hören oder sehen.

Bitte, telegraphier mir Deine Antwort darauf!

[Telegramm]
Bordighera
26. Februar 1920

VIENI[1]

[1] Komm! (ital.)

[Telegramm]
27. Februar 1920

BIN SO FROH DASS ICH MICH IRRTE WEISS NICHT WO DU BIST TELEGRAPHIERTE DIR HERZUKOMMEN DENYS IN MONTE CARLO MAMA HAT ABREISE FÜR MICH NACH TANGER AM ZEHNTEN ARRANGIERT MUSS DICH VORHER SEHEN

Denys ist zu Nancy [Cunard] nach Monte Carlo gezogen.
Bordighera
2. März 1920

Men cheringue, wie *konntest* Du mir nur dieses Telegramm schicken? Hast Du gar kein Mitleid, keinerlei Verständnis? Hast Du keinen meiner Briefe bekommen? Pat rauft sich buchstäblich die Haare vor Verzweiflung. Du hast kein einziges ihrer Telegramme beantwortet. Sie sagte, sie habe Dir drei geschickt – die hättest Du doch wohl beantworten können, oder? Sie hat mir das erste gezeigt, in dem sie Dich bat, herzukommen. Das war sehr lieb von ihr, wenn man bedenkt, wieviel Ihr Euch immer gestritten habt. Ach Mitja, ich bin sehr gerührt über ihre Versuche, uns zusammenzubringen. Und Du, meine ich, hättest wenigstens darauf reagieren können. Was mich angeht, weiß ich wirklich nicht mehr, was ich denken soll – Du bist so hart und verständnislos. Daß ich Dir geschrieben hab', ich würde für immer zu Dir kommen, wenn Du mich noch haben willst, hast Du völlig übergangen. Was meinst Du wohl, wie ich Denys' Zustimmung zu unserem Aufenthalt hier hätte kriegen sollen, wenn ich ihm nicht versprochen hätte, eine Zeitlang mit ihm zu gehen? Glaubst Du, ich ginge *gern* mit ihm? Du *Närrin, Närrin, Närrin!* Außerdem besteht, wie ich Dir schon mal gesagt habe, meine Mutter *eisern* darauf, daß ich bei Denys bleibe, es sei denn, ich ginge für *immer* mit Dir fort, was ich natürlich am allerliebsten täte, wie Du sehr gut weißt. Wenn ich mit irgend jemand anderem zusammen wäre, zum Beispiel mit Bagnold (Pat und Joan fahren bald nach Venedig und wollen mich nicht dabei haben), würden sie wieder mit der ganzen Verfolgung anfangen – um es ganz deutlich zu sagen: mit welcher Frau auch immer ich zusammen wäre. Um der Barmherzigkeit willen, versuch doch zu verstehen. Wenn Du mich willst ... sag es, und D. wird verschwinden.

Mitja, ich flehe Dich an, sei ein bißchen lieb und verständnisvoll ... Jetzt hör gut zu: Denys muß geschäftlich nach England, sobald die Züge von der Riviera wieder fahren (oder er reist über die Schweiz). Soll ich ihn dazu überreden, mich heimlich mitzunehmen, was bedeuten würde, daß ich bestenfalls eine Woche in England sein könnte (ich müßte das aber vor meiner Mutter geheimhalten) und dann mit ihm zurückkäme, oder soll ich es so einrichten, daß ich drei Wochen in Italien bin?

Ich kann hier nur bis zum 15. bleiben, und wenn Du bis dahin nicht gekommen bist, fährt er nach Venedig – und ich muß dann mit. Ich könnte Dich von Venedig aus ein paar Tage in Mailand oder Florenz treffen oder an irgendeinem anderen Ort, den Du vorschlägst. Ich weiß, er wäre damit einverstanden, ohne daß ich ihn fragen muß (heute ist er in Menton).

Mitja, ich flehe Dich an, Vernunft anzunehmen und zu begreifen, daß meine Mutter es verlangt, daß ich bis Mai mit ihm zusammensein muß. Nur auf eine Weise kann das vermieden werden, nämlich indem ich ihm am 15. März sage, daß ich meine vollständige Unabhängigkeit haben möchte und zu Dir gehe. In diesem Falle müßten wir uns unseren Familien stellen und es ausfechten.

Andernfalls komme ich entweder nach England (gegen den

Willen meiner Mutter, aber das ist mir egal!), oder Du mußt Dich innerhalb der nächsten drei Wochen irgendwo in Italien mit mir treffen – der Streik wird dann schon *längst* beendet sein. Irgendwie *muß* ich Dich sehen, also entscheide Du jetzt, wie und wo.

Wenn Du Dich für England entscheidest, Liebling, dann erwarte ich etwas Besseres als ein paar verstohlene Minuten in Grosvenor Street oder einem Hotel. Ich meine, ich sollte entweder nach Long Barn kommen, oder wir könnten irgendwohin aufs Land fahren. Alles, worum ich Dich jetzt inständig bitte, ist, mir ein Telegramm zu schicken, sobald Du diesen Brief erhältst, und mir mitzuteilen, was Du entschieden hast . . .

Bordighera
2. März 1920

Ich bin völlig verzweifelt: Du scheinst überhaupt nichts begriffen zu haben. Entweder hast Du meine Briefe nicht bekommen, oder Du willst sie nicht zur Kenntnis nehmen – was von beidem ist es? In den Briefen, die ich Dir aus Toulon schrieb, habe ich Dir erzählt, daß meine Mutter zuerst verlangte, ich solle mit D. um die Welt reisen. Dann tat es ihr leid, und sie beschloß, ich solle für vier Monate nach Jamaica gehen. Schließlich habe ich sie (durch Tränen und Unterwerfung) dazu bewogen, zu sagen, es reiche, wenn ich bis Mai im Ausland bliebe. All dies habe ich Dir geschrieben.

Dann hat sie den Laverys[1] geschrieben (oder telegraphiert) und gesagt, sie wünsche, daß ich mit D. nach Tanger führe. Sie sagte, ich könne dort aber nicht sehr lange bleiben, und D.

[1] Der Künstler Sir John Lavery (1856–1941) und seine Frau Hazel, die ein Winterdomizil in Tanger besaßen.

meinte, er wolle mich nach Ragusa mitnehmen, was sie freudig aufgriff. Du schlägst vor, ich solle nach England kommen ... Angenommen, ich käme, dann könnte ich in London nur ins Hotel gehen. Wenn Mama herausfände, daß ich in Grosvenor Street bin, würde sie sofort hinterherkommen. Außerdem könnte ich bloß eine Woche bleiben. Du müßtest für ein paar gestohlene Stunden von Long Barn dorthin kommen. Statt dessen könntest Du jetzt, wenn Du willst, zu mir kommen und in Genua, oder wo immer Du willst, ungestört und allein mit mir zusammensein bis zum 15.! D. wird die ganze Zeit über in England sein und möchte sehr gern wissen, an welchem Tag Du ankommst. Deine sinn- und endlosen Argumentationen per Brief oder Telegramm machen mich einfach langsam verrückt vor Wut – der Himmel weiß, wie knapp die Zeit ist, und Du mußt sie immer noch verschwenden. Warum um alles in der Welt mußtest Du nach England gehen, wo man Dich in Paris so viel einfacher erreichen konnte? Du mußt verrückt sein ... Wenn Du wüßtest, wie Pat und ich daran gearbeitet haben! Sie hat sich wie ein Engel benommen, aber jetzt weiß sie auch nicht mehr weiter. Du fährst doch *immer* nach Florenz, und Harold hat nie Einwände dagegen erhoben, warum kannst Du da nicht ein bißchen früher fahren? ...

Nein, wenn Du nicht kommst, ist es, weil Du *nicht willst.* Als ich in Paris war, sagtest Du, Du würdest in ein paar Tagen nach Florenz fahren. Ich weiß, daß nicht alle Bahnlinien in Frankreich bestreikt werden; außerdem ist der Streik jetzt vorbei. Wenn Du nicht kommst – und mein Herz wird bei dem Gedanken bleischwer vor Verzweiflung –, *dann wirst Du mich vor Mai nicht wiedersehen – das heißt fast drei Monate, seit wir uns in Paris zuletzt gesehen haben,* nämlich am 14. Februar! Das würde dann aber bedeuten, daß Du mich überhaupt nicht mehr wiedersehen willst. Und in einem Deiner Briefe schreibst Du, wie herrlich es wäre, ein paar Tage mit mir zusammen in Italien zu verbringen! ...

Mitja, Du wirst mein Herz brechen, wenn Du nicht kommst.

Du weißt, wie offen und ehrlich ich in dieser Sache war! Denys sagt, daß es meine Ehrlichkeit war, die ihn schließlich bewogen hat, seine Einwilligung zu geben. Mehr als er ist es *Mama*, die mich im Ausland festhält ... Er hat gesagt, wenn ich nach Ablauf dieser Zeit immer noch zu Dir wolle, könnte ich noch immer gehen. Und Du erwähnst es nicht einmal in Deinen Briefen! Aber wenn ich ihn nicht für immer verlasse, muß ich jetzt mit ihm gehen. Mama läßt nicht zu, daß ich mit irgend jemand anderem zusammen bin – nicht einmal mit Duckrus.

Es macht mich so müde, Liebling; immerzu beschuldigst Du mich, Dich zu belügen und zu betrügen ... Ich bin hier allein ... er wohnt in Monte Carlo, und wenn Du mir nicht glaubst, kannst Du Pat fragen ... Stell Dir vor, wie göttlich es wäre! Und wenn auch nur für eine Woche – ich könnte Dich auch in Avignon oder Nîmes treffen, wenn Dir Italien zu weit ist.

[Pat Dansey an Vita]
Villa Primavera, Bordighera
2. März 1920

Liebe Vita,
es ist schon eine komische Welt! Du und ich waren uns einig, daß wir uns nicht leiden können, und jetzt stehe ich hier und muß mir genausoviel Sorgen um Deine und Violets Angelegenheiten machen, wie von mir zu erwarten wäre, wenn ich Gefühle wärmster Zuneigung für Dich hegte! Es ist ein Segen, daß ich immerhin die Komik meiner Situation erkenne, nicht wahr? Doch das wichtigste ist, daß Ihr beide sehr unglücklich seid; das ist nicht recht, und deshalb bin ich nur zu froh, wenn ich etwas tun kann, und sei's auch noch so wenig.

Ich fürchte, das ewige Telegraphieren führt zu schlimmen Mißverständnissen. Hör zu, ich glaube ganz ehrlich, daß Violet völlig aufrichtig war, und alles, was sie telegraphiert hat, war – soweit ich weiß – die reine Wahrheit. Wenn Du hättest herkommen können, wäre alles gut gewesen – verflucht sei der Eisenbahnstreik! Violet *hat* Verständnis. *Kannst* Du das glauben? Und ist *sehr* unglücklich. Jetzt versucht sie, nach England zu fahren, um Deinen Wünschen entgegenzukommen, und ich glaube wirklich, daß die Englandreise der beste Plan ist.

Mach *ihr* keine Vorwürfe wegen Tanger. Es war nicht ihr Plan oder Wunsch, und wenn Ihr Euch seht, wird sie es Dir vollkommen erklären. Was Ihr beiden in Zukunft anfangen wollt, übersteigt allerdings meine Vorstellungskraft ...

Deine Pat

Pat und Joan sind nach Monte Carlo gefahren
Bordighera
3. März 1920

Es ist unglaublich heiß. Ich bin hier ganz allein heraufgeklettert und ganz erschöpft. Ich sitze im Schatten der Olivenbäume oben auf einem Hügel. Ich kann Dir einfach nicht beschreiben, wie wunderschön es ist. Unter den Olivenbäumen breitet sich ein Mosaik von wilden Blumen aus, und rundherum Pfirsichblüten. Auf den hohen Gipfeln schmilzt der Schnee und läßt nur weiße Krönchen zurück. Das Mittelmeer ist in blauen Dunst gehüllt und spiegelglatt. Ach Mitja, wenn Du hier wärst ... Wenn Du nicht kommen kannst, werde ich auf Biegen und Brechen nach England zurückkommen.

Wie wenig Lust ich habe, England zu sehen. Wie tief ich den Norden hasse!

Verflucht sei das alles. Meine Großmutter war Griechin! Wir gehören nicht in den Norden, ich noch weniger als Du.

[Telegramm]
Bordighera
3. März 1920

MEINE MUTTER VERBIETET ENGLANDREISE BIS MAI ALLES BESTENS GEREGELT MIT DENYS TANGER VERSCHOBEN AUF FÜNFZEHNTEN UM MIT DIR ZUSAMMENZUSEIN HABE HIMMEL UND HÖLLE IN BEWEGUNG GESETZT UNSERE LETZTE CHANCE VOR MAI UNS ZU SEHEN DEINE SCHULD WENN PLAN SCHIEFGEHT BIN VERZWEIFELT KANN NICHT MEHR TUN

Bordighera
3. März 1920

Manchmal scheint es so unmöglich, daß Du nicht kommen kannst und ich zu einer weiteren Enttäuschung verurteilt sein sollte.

. . . Ich sehne mich so nach Dir, Mitja. Nachts liege ich stundenlang wach und verlange nach Dir, hungrig, hoffnungslos . . . Wenn Du Dir eines Tages nichts mehr aus mir machen solltest, wäre mein Leben zu Ende . . . Sag niemals, ich liebte Dich nicht, wenn ich kerzengerade sitzend durch ganz Europa reisen muß, nach England, das ich hasse, und dem Zorn meiner Mutter trotzend, bloß um einen Blick auf Dich zu werfen! Je t'adore . . .

[Telegramm]
Bordighera
3. März 1920

WENN DU NICHT ZU MIR KOMMEN WILLST MUSS ICH EIN PAAR TAGE ZU DIR KOMMEN FALLS ICH PLATZ IN ZUG BEKOMMEN KANN WENN MUTTER DAHINTERKOMMT TANT PIS[1] STREIKS BEENDET

Bordighera
5. März 1920

... Ich bin bestimmt schon unglücklich genug, ohne daß Du mir auch nur spaßeshalber ordinäre »Racheakte« im Casino de Paris androhst! – Und Racheakte wofür?

Bevor ich hierherkam, habe ich Dir täglich zweimal, manchmal dreimal geschrieben. Von hier habe ich Dir nicht geschrieben, weil Du so bemerkenswert ungerührt auf meine Frage reagiert hast. Mitja, Du sagst, Du seist »im Augenblick nicht in der Lage, irgend etwas zu überlegen«, als würdest Du Dich gerade erst von einer schweren Krankheit erholen, aber das ist trotzdem Unsinn. Wenn Du Dir jetzt nichts überlegen magst, wirst Du mich zwei Monate lang nicht sehen, vom 10. März an gerechnet. Das heißt, von heute an fast zehn Wochen. Ich werde mit Denys nach Tanger fahren müssen und danach, wohin er will – wahrscheinlich Jamaica.

... Die Tage schleppen sich traurig dahin – wenn Du nicht zu mir zurückkommst, wird es keine Liebe für mich geben, Mitja – nie mehr. Es scheint, daß ich mich damit zufriedengeben muß, das Glück anderer Leute zu betrachten. Wenn Du

[1] um so schlimmer

mich haben willst, kannst Du das, wenn nicht, dann sag es. Je ne t'ennuierai plus.[1] . . .

Mein geliebtes Herz, ich werde diesen Brief in Monte Carlo abschicken, aber Du darfst es mir nicht übelnehmen, wenn ich mit Pat dahin fahre. Ich bin so ungern allein, und wenn ich nicht mit ihr und Joan führe, wäre ich den ganzen Tag allein. D. T. werde ich nicht sehen. Pat hat ihm mitgeteilt, daß wir fahren. (Er will keinen Kontakt zu mir haben.) Er wird uns also aus dem Weg gehen. Er will mich genausowenig sehen wie ich ihn. Er hat meine Mutter schon dort getroffen . . . also nehme ich an, es ist mal wieder ein munterer Streit im Gange, wenn sie herausbekommen hat, daß er in Monte Carlo wohnt. Natürlich kann er ihr das ganz offen gesagt haben, aber er hatte versprochen, es nicht zu tun. Aber ich kann ihm nicht trauen . . .

Aber egal, was macht das schon aus?

Nichts ist wichtig außer Dir und daß wir uns wiedersehen . . . Ach Liebling, bitte, *bitte* schreib mir, sonst sterbe ich. Ein kleines Mißgeschick ist, daß mir eine größere Summe Geld gestohlen worden ist, aber Du weißt, wie wenig mir solche Dinge ausmachen. Es ist nicht der Rede wert, und Du schiltst mich vielleicht für meine Unordnung! Ich vermisse Dich täglich mehr. Die arme Pat, die die Güte in Person ist, fühlt sich unseretwegen ganz elend . . .

Bordighera
5. März 1920

Men tiliche, wie konntest Du nur denken, ich würde Dich aufgeben, egal, was Mama sagt? Diese Theorie kannst Du für immer verwerfen . . .

[1] Ich werde Dich nicht mehr langweilen.

Es macht mich wütend, daß ich nicht weiß, wo Du bist. Gestern bekam ich etwa vier widersprüchliche Telegramme von Dir, von denen einige besagten, Du führest nach England, andere genau das Gegenteil.

Warum, zum Teufel, fährst Du nach England? Ich hoffe, Harold muß dahin und schleppt Dich mit. Aber warum nach Long Barn? Dann ist es doch wohl nicht aus Berufsgründen? »Pour revivre le passé?«[1] Ach Gott, ich lebe in einer Hölle aus Eifersucht und Unsicherheit Deinetwegen!

Ich habe Dir ein Telegramm – nein, zwei geschickt und Dich darin gebeten, herzukommen. Pat hat Dir auch eins geschickt. Sie hat sich wie ein Engel verhalten – sie sagt, Du darfst in meinem Schlafzimmer übernachten, wenn sie überzeugt sein kann, es kommt nicht zum Skandal! Du mußt sehr nett zu ihr sein, meine Liebste. Sie ist der großzügigste und nachsichtigste Mensch, den ich kenne. Sie und Joan scheinen wunschlos glücklich zusammen ... Ich kann Dir gar nicht sagen, wie ich die beiden beneide – allein, unabhängig, unbehelligt. Ach Mitja, warum können *wir* nicht ein Haus zusammen haben?

Ich bin so erleichtert, daß ich von Denys fort bin. Ich glaube, er ist in Monte Carlo; vielleicht fährt er nach Rom. Das hat er mir auf der Durchreise hier erzählt und auch, daß er die meiste Zeit mit Nancy [Cunard] zusammensein wird (die in Monte Carlo ist) und versucht, ein Zimmer im selben Hotel wie sie zu bekommen. Mir ist es egal, was er macht oder wohin er geht, solange er mich in Ruhe läßt. Nancy wäre eine befriedigende Lösung. Er weiß, daß ich vorhabe, Dich dieser Tage zu sehen. Mama glaubt, er verbringt nur seine Tage in Monte Carlo und kommt jeden Abend hierher zurück. Ich vermute, es käme zum Krach, wenn sie Bescheid wüßte. Mir

[1] Um die Vergangenheit wiederzubeleben?

ist das egal. Ich bin härter geworden und völlig gleichgültig. Pat hat sich vorbehaltlos auf unsere Seite gestellt; sie kann Denys nicht ausstehen, und Joan auch nicht.

Am 10. muß ich entweder mit Denys nach Tanger, oder ich bekomme meine volle Freiheit zurück. Es hängt ganz und gar davon ab, was Du vorschlägst.

Ach, Dich hier zu haben, meine schöne Liebste ...

Bordighera
6. März 1920

... Liebling, wie kannst Du nur so herzlos sein und weder schreiben noch meine Telegramme beantworten? Welchen Grund hast Du, böse zu sein? Ich bin hier ganz allein; Denys trifft, so vermute ich, morgen in England ein. Ich fahre weder mit ihm nach Tanger noch sonstwohin. Ich warte nur auf Deine »Befehle«. Außerdem bin ich völlig frei und unabhängig ...

Ich bin so unglücklich, weil ich nie von Dir höre, mein Liebling. Vielleicht bekommst Du diesen Brief an Deinem Geburtstag (am 8.)[1], den Du, wäre es nach meinen Plänen gegangen, eigentlich mit mir im Süden hättest verbringen sollen.

Ich habe ein recht schönes Geschenk für Dich, obwohl nichts je gut genug ist ...

Wenn Du bei Deiner Entscheidung bleibst, werde ich versuchen, am Wochenende einen Platz im Zug zu bekommen –

Verzeih das Durcheinander, aber ich muß warten, bis es mir wieder gutgeht. *Heute morgen habe ich Schmerzen.*

Die arme Pat stieß einen Schrei der Enttäuschung aus, als ich ihr sagte, Du kämest nicht hierher. »Aber warum kommt

[1] Vitas Geburtstag war in Wirklichkeit am 9. März.

sie denn nicht nach Italien?« sagte sie. »Ihr beiden armen Kinder könntet hier so glücklich sein.« Sie und Joan fahren nach Venedig. Sie möchten, daß wir mitkommen. Ich würde Venedig so gern sehen. Ich war noch nie da. Venedig und Grosvenor Street, welch ein Vergleich! . . .

Sonia und Mama sind entweder schon fort oder sind im Aufbruch nach Spanien auf unbestimmte Zeit. Sie will nichts mit mir zu tun haben und gab mir kaum die Hand, als wir uns das letzte Mal sahen. Ich habe gehört, Sonia sei verliebt in einen Spanier.

[Telegramm]
Bordighera
8. März 1920

FAHRE NICHT NACH TANGER NICHT DAS ENDE SONDERN NEUER ANFANG BIN ALLEIN UND FREI KANN MEN TILICHE ÜBERALL UNTER DER SONNE TREFFEN DEIN BRIEF GRÖSSTER UNSINN

Bordighera
8. März 1920

Ich habe zehntausend Franc in Monte Carlo verloren, weil ich absolut verzweifelt war und Spielen das einzige ist, was einen eine Weile vergessen läßt.

Ach mein Schatz, was für schrecklich alberne Vorstellungen Du Dir in Deinem Kopf zurechtlegst! Ich könnte darüber lachen. Zum Beispiel die eine, daß ich rasend vor Eifersucht auf Nancy Cunard gewesen sei. Dabei habe ich Denys geradezu *angefleht*, zu ihr zu gehen und sich mit ihr zu trösten!

Liebling, es ist zu absurd! Du könntest ihn ja danach

fragen? Ich schrieb Dir das voller Erleichterung, nicht voll Zorn, und erwähnte die Tatsache nur, weil ich fand, sie klang so dramatisch.

T'es bête, mon pauvre chou.[1] ...

Was ist wohl mit all den Briefen passiert, die ich Dir von hier geschrieben habe? Ich weiß, daß das Postamt hoffnungslos ist. Es ist ein privates Familienunternehmen, und Du kannst das Ganze für dreitausend Lire kaufen! Die Leute sagen, Briefe, die von hier abgeschickt werden, kommen selten an, und Telegramme auch nicht öfter, oder sie kommen so verstümmelt an, daß man nicht mehr daraus schlau wird. Wenn ich noch sehr viel länger hier bliebe, würde ich bestimmt das Postamt kaufen.

Und jetzt zur Sache: Ich kann nicht länger leben, ohne Dich zu sehen, das steht fest. Wenn Du nicht nach Italien kommen willst – und Gott weiß, Du willst es nicht –, werde ich nach England zurückkehren, sobald Du mir endgültigen Bescheid gibst. Wenn es nicht Deinetwegen wäre, würde ich noch sehr lange nicht zurückkehren – vielleicht nie mehr –, ich liebe den Süden und meine Freiheit. Ich bin glücklich bei dem Gedanken, kein Haus zu haben, keine Besitztümer, keine Bindungen, keine Pläne und sehr wenig Geld ...

Ich lebe nur dafür, Dich wiederzusehen. Wie ich heute abend in meinem Telegramm gesagt habe, ist es nicht das Ende, sondern ein neuer Anfang. Es wäre nur dann das Ende, wenn Du darauf *bestehst*, daß es das Ende ist, und wenn Du das tust, bringst Du mich um ... Selbst wenn Du mich in Biskra[2] treffen wolltest, würde ich dorthin kommen! Sollen wir beide nach Ragusa fahren, Mitja? Ragusa ist so wild und unzivilisiert, wie Du Dir nur wünschen kannst – oder nach Korfu oder Zypern – oder bloß Florenz?

[1] Du bist dumm, mein armer Liebling.

[2] Stadt und Oase in der algerischen Sahara

Ach Mitja, ich kann an meinem Buch nicht weiterschreiben – unserem Buch –, ich kann nicht, wie Du weißt, wenn ich unglücklich bin, und wenn es nie fertig wird, wirst Du es auf dem Gewissen haben.

Hör nicht so sehr auf das, was Deine Mutter sagt – seit wann hat sie ein kompetentes Urteil über Literatur? Was die Verleumdungen gegen mich angeht – ich könnte nicht mehr verleumdet und gemieden werden als im Augenblick, zum Teil dank Deiner Mutter, die zu jemandem, den ich kenne und der in Monte Carlo war, gesagt hat: »Diese Erzhexe Violet hat versucht, die Ehe der Nicolsons zu zerstören, usw. usw.« Es trifft mich nicht besonders, wie Du weißt, aber sie hat mich in London ziemlich unmöglich gemacht, was recht unangenehm für mich ist, wenn ich dorthin zurück muß, besonders da ich nicht ständig in trauter Zweisamkeit mit D. T. zusammensein will, was unweigerlich geschehen wird, wenn niemand etwas mit mir zu tun haben will. Einige Leute haben meiner Mutter erzählt, daß sie herumgeht und jedem, der ihr begegnet, alles erzählt und das größte Unheil anrichtet (in Monte Carlo haben mich Bekannte völlig geschnitten) – Moi je m'en fiche[1], aber ununterbrochene Zweisamkeit mit D. T. wäre das Ergebnis, wenn ich zurückgehe . . . Wenn ich allein in der Grosvernor Street leben müßte, würde ich Selbstmord begehen (im Ernst) . . . Wenn ich offenen Auges in meinen verhaßten Käfig zurückkehre, mußt Du mich wenigstens durch die Gitterstäbe füttern! . . .

Liebling, dies ist England: Grosvenor Street
Häßlichkeit
Fesseln
Konventionen
enge Schranken
eine blasse Sonne

[1] Mir ist es völlig egal.

und der Süden ist: Freiheit
la branche[1] als Ersatz für G. St.[2]
keine Konventionen
keine Schranken
keine gräßlichen Leute
Sonne
Hitze
fremde, unbekannte, erreichbare Länder
Abenteuer
Aber ach, England ist für Dich:
Long Barn
Deine Bücher
Dein Garten
Knole
Dein Vater
Leute wie Du
Aber schließlich weißt Du ja warum ich es so verabscheue – und so unterbreite ich Dir drei neue Titel für mein Buch, das nie fertig werden wird, wenn mein Glück nicht wiederkehrt: »Der bequeme Käfig«, oder »Der Trott« oder »Sisyphus«? . . .

[Telegramm von Denys Trefusis an Vita]
Bordighera
8. März 1920

VERGASS GESTERN TELEGRAMM VON VIOLET AUS BORDIGHERA ABZUSCHICKEN DASS SIE NICHT RÜBERKOMMT

[1] wörtlich: der Ast eines Baumes
[2] Grosvenor Street

8. März
(Dein Geburtstag)

Liebling, warum willst Du bloß nicht nach Italien kommen? Kannst Du Dich nicht von Long Barn losreißen? Bist Du nicht ein bißchen inkonsequent? Die ganze Zeit hast Du mir erzählt, wie sehr Du es haßt, wenn ich mit D. T. zusammen bin, und jetzt schlägst Du ausdrücklich vor, ich solle zu ihm zurückkehren! Solange ich im Ausland bin, bin ich *frei; für meine Rückkehr ist kein Datum festgesetzt;* ich kann *unbegrenzt* lange im Ausland bleiben. Es steht vage im Raum, daß ich vielleicht am Anfang des Sommers zurückfahre, aber wenn ich es nicht tue, wird es kein Theater geben. Ich verstehe es wirklich nicht, Mitja, Liebling. Warum hast Du gesagt, Du führest nach Florenz, wenn Du es gar nicht vorhattest ... Wahrscheinlich hat Harold Dich überredet, nicht zu fahren? Wie steht's mit Deiner erklärten Sehnsucht nach Einsamkeit? Wenn Du noch eisern auf England bestehst, *werde ich kommen*, aber abgesehen von unserem Wiedersehen, *geht es ganz gegen meine Wünsche*. Ich weiß, Du wirst verstehen, wie höchst ungern ich meine Freiheit aufgebe und in die verhaßte Grosvenor Street zurückkehre. Ich will Dir nicht so viel Unrecht tun, zu denken, Du möchtest mich nur zurücklocken um des Vergnügens willen, ab und zu einen Tag mit mir in London verbringen zu können. *Nein, Mitja, eins muß ganz klar sein: Wenn ich zurückkomme, dann mußt Du mit mir für mindestens eine Woche an einen Ort wie Polperro fahren, UND ZWAR SOFORT.*

Außerdem ist es nur eine billige Forderung – wenn ich zurück bin, warst Du bereits einen ganzen Monat mit Harold zusammen. Da kannst Du mir wohl eine Woche gönnen ...

Ich hab' mich geirrt.
Heute ist Dein Geburtstag
Bordighera
9. März 1920

... Als ich zurückkam, habe ich gierig nach Briefen gesucht, fand aber keinen. Liebling, wie ich der Frau nachfühlen konnte, von der ich heute morgen gelesen habe:

»Aber wenn ich Lionel so lange nicht sehe ...! Gestern habe ich ihm telegraphiert!« sagte sie vorwurfsvoll.

»So lange nicht!« Du hast ihn doch erst gesehen, bevor Du hierherkamst.«

»Fast *drei Wochen* nicht!« Alice stand einen Augenblick da und starrte über das geschnitzte Geländer hinunter in die Halle, als schaute sie ins Fegefeuer. »Drei tödliche Wochen! Schließlich ist Lionel nur Fleisch und Blut. Drei Wochen sind zu lang –«

Ich bin jetzt von meiner Familie genauso abgeschnitten, als wäre ich mit Dir tatsächlich durchgebrannt! Ich glaube, sie wollen nichts mehr mit mir zu schaffen haben. Abgesehen von dem einen Mal, als ich meiner Mutter zufällig im Casino in Monte Carlo begegnete, hat sie mir weder geschrieben noch die kleinste Notiz von mir genommen, und obwohl sie sich nur 30 Kilometer von hier entfernt aufhält, hat sie mich nie gebeten, sie zu besuchen, oder den Vorschlag gemacht, mich zu besuchen. Als ich sie im Casino traf, sagte sie, es wäre ihr völlig gleichgültig, was ich täte, solange D. in London sei und sich um ihr Geld kümmerte!

Anfangs war ich etwas verletzt, aber jetzt ist es mir ganz gleichgültig! (Ich glaube, das Verhalten meiner Schwester verletzt mich am meisten.) Aber schließlich sind das alles unwesentliche Dinge, Dinge, die ich gelernt habe, beiseite zu wischen wie Krümel vom Eßtisch – Es gibt nur zwei wesentliche: Dich und die Freiheit.

Das Leben ist seltsam einfach geworden ...

[Telegramm]
Bordighera
10. März 1920

BEGREIFST DU DASS ICH ZURÜCK IN GROSVENOR STREET ZU DENYS MUSS NICHTS WÜRDE MICH ZU RÜCKKEHR BEWEGEN AUSSER WIEDERSEHEN MIT DIR VERLIERE BEI RÜCKKEHR FREIHEIT WARUM FÄHRST DU NICHT NACH FLORENZ WIE URSPRÜNGLICH GEPLANT ÜBERLEG GUT UND TELEGRAPHIERE ENDGÜLTIGE ENTSCHEIDUNG

Bordighera
10. März 1920

Meine Herzliebste, habe gerade zwei Briefe von Dir bekommen, aber *kein Telegramm. Warum?* Du *kannst* mir doch nicht übelnehmen, daß ich nicht zurück in die Gefangenschaft will? Es ist so nervenaufreibend nichts zu hören, schließlich will ich meinen Schlafwagenplatz buchen, wenn ich nach England zurückfahre –

... Heute war ich den ganzen Tag so deprimiert. Ich bin wieder nach Monte Carlo gefahren und habe prompt wieder fünftausend Franc verspielt, nur um die elende Gewißheit zu ersticken, daß es Dir gleichgültig geworden ist, ob Du mich siehst oder nicht.

Mitja, beim Mittagessen spielten sie die Serenade aus *Les Millions D'Arlequin* – ich bin fast in Tränen ausgebrochen. Das letzte Mal habe ich sie im Hotel de Paris gehört, und Du gingst hinaus und hast mich verlassen, weißt Du noch? Monte Carlo sind *wir*; es gehört uns, die herrliche Küstenlinie, das glasklare Meer. Ich hebe es für Dich auf, Mitja ... Erinnerst Du Dich an die kleine Modistin, die so gar keinen Schick hatte? Ich unterhalte mich manchmal stundenlang mit ihr, aber sie *ahnte* schon alles! Sie findet Dich hinreißend. Dafür habe ich sie zum Mittagessen eingeladen, und das nächste Mal, wenn ich hinfahre, gehen wir zusammen essen – ich segne die freundlichen kleinen Leute im Casino. Ich liebe sie – mit den ›Damen und Herren‹ kann ich nichts anfangen, Mitja. Das sind die einzig echten Menschen, Mitja, die Armen, die sich durchschlagen müssen, die Erfolglosen, die unendlich Gütigen. *Ich hasse den Erfolg*.

Erinnerst Du Dich an »Rideau« oder »L'école des Cocottes« – »Mais, chère amie, rappelez-vous donc que le bonheur n'est que pour ceux qui n'ont pas réussi!«[1]

Und wie ich mit Robert Browning übereinstimme! Du weißt doch:

»Thoughts hardly to be packed
Into a narrow act
Fancies that broke through and escaped;
All I could never be
All, men ignored in me,
This, I was worth to God, whose wheel the pitcher shaped.«[2]

(Gedanken kaum zu zwängen
In eine kleine Tat,
Träume, die nicht einzuengen;
Was ich nie sein konnt' hier,
Was Menschen übersah'n in mir,
Das war ich wert vor Gott, des' Scheibe mir den Krug geformt.)

1 Aber meine liebe Freundin, erinnern Sie sich daran, daß das Glück nur den Erfolglosen bestimmt ist!
2 aus *Rabbi Ben Ezra.*

Bordighera
12. März 1920

Mitja, Du kannst die Geduld einer Heiligen auf die Probe stellen!

Ich bin es einfach leid, Dir die Dinge immer wieder zu erklären! Du treibst wieder Dein altes Spiel, weder ja noch nein zu sagen ... Es hat keinen Zweck, so zu tun, als bekämst Du meine Telegramme nicht, denn Du *bekommst* sie! Besonders die, die ich Dir aus Monte Carlo geschickt habe. Montag habe ich Dir eins aus Monte Carlo geschickt; es hätte nicht deutlicher sein können – »Muß zurück in Grosvenor Street zu Denys; verliere bei Rückkehr Freiheit, nichts würde mich zu Rückkehr bewegen außer Wiedersehen mit Dir! Warum fährst Du nicht nach Florenz, wie ursprünglich geplant? Überleg gut und telegraphiere endgültige Entscheidung.«

Du hast es vorgezogen, dieses Telegramm völlig zu ignorieren. Also gut, Dir zu Gefallen werde ich mich in diese vergiftete Grosvenor Street zurückschleppen, in diese verhaßte, »überwachte« und eingeengte Existenz. Ich werde meine schon abgestreiften Fesseln wieder anlegen – für Dich, um Dich zu sehen. Ich will das Opfer bringen, aber wenn Du je wagen solltest, ein eifersüchtiges Wort zu sagen, oder einen einzigen Streit mit mir anfängst, weil ich nur um *Deines eigenen törichten Fehlers willen* mit Denys zusammen bin, dann werde ich dieses verpestete Land verlassen, und Du wirst mich nie wiedersehen ...

Mit Ausnahme der Woche, die wir im Auto hier herunter gefahren sind, habe ich nie unter einem Dach mit Denys geschlafen. Als er an der Riviera war, war er *nicht*, wie Du immer zu denken scheinst, *hier*, sondern in Monte Carlo. Ab und zu hat er eine Nacht in Bordighera im Hotel verbracht, aber hierher kam er nur, wenn ich ihn darum bat, und ich habe ihn nur zweimal kommen lassen, um Pläne mit ihm zu besprechen und ihm zu sagen, daß ich Dich sehen würde. Er hatte mir versprochen, nicht zu kommen, und er hat sich daran gehalten.

Und diese ganze Zeit über habe ich Dich nie damit gequält, daß Du mit Harold zusammen bist, obwohl Du mir in Paris gesagt hattest, Du wolltest allein sein. Du bist seit dem 14. Februar *ununterbrochen* mit ihm zusammen, vielleicht mit Ausnahme von zwei Tagen, die er vor Dir nach England gefahren ist ...

Nein, Mitja, Du hast mir einen üblen Streich gespielt.

[Pat Dansey an Violet]
Hotel Prince de Galles, Monte Carlo
15. März 1920

Liebling, gestern habe ich Deine Mutter im Casino gesehen – sie sieht so elend aus – sorgenvoll und traurig. Und sie ist tiefunglücklich über die ganze schreckliche Angelegenheit. Ist es denn ganz und gar unmöglich, die Dinge ohne diese furchtbare öffentliche Blamage zu arrangieren? Wird Denys es sich nicht doch noch anders überlegen?

Liebling, Deine Mutter tat mir so leid. Es trifft sie sehr hart.

Ach Violet, was für ein Chaos Du angerichtet hast, *und das alles nur für eine einzige Person*! Alle Deine wahren Freunde stößt Du vor den Kopf – ganz zu schweigen von Deiner armen Familie. Wie oft habe ich Dir gesagt, Liebling, daß nichts Gutes dabei herauskommt, wenn Du eigensinnig auf Deinem Weg nach unten beharrst. Ich weiß, mein Kind, daß Du unglücklich bist. Aber das sind auch Deine Freunde. Der Gedanke ist mir schrecklich, daß Du diejenige bist, die zu leiden haben wird.

Deine Mutter ist eine tapfere Frau, und ich bewundere den Mut, den sie inmitten dieses Sperrfeuers von haßerfülltem

Klatsch beweist. Sie ist eine stolze Frau, und es ist ganz furchtbar für sie.

Nimm Vita das Versprechen ab, daß ihre Mutter Deiner niemals irgendwelche Geschichten erzählt.

Gott segne Dich

19. März 1920

Ich bin voller Wut auf diesen Stinker [Denys]. Ich habe sein Buch verbrannt und dabei fast das Haus in Brand gesteckt.

Warum rührt es Dich nicht einmal, wenn ich sage, daß ich krank bin? Mein Kopf glüht vor Fieber! Was ist mit Dir geschehen? Warum bist Du so verändert? . . .

Ein Satz von Harold geht mir nicht aus dem Kopf: »Und sie sagt sich dann: ›Wenn ich nach Haus komme, werde ich ganz lieb zum kleinen Hadji sein.‹« Bist Du jetzt so lieb zu ihm? . . .

Das noch zu all meinem Unglück ist zuviel. Meine Kopfschmerzen – O Gott, hab doch Mitleid mit mir – was habe ich bloß getan, womit habe ich das alles verdient . . .

Heute habe ich den ganzen Tag an Dich gedacht, wie Du mit Deinen Kindern spielst, besonders mit dem einen Jungen, der Dir so ähnlich sieht [Benedict]. Aber nicht nur Dir, auch ihm. Mein Patenkind.

Ich frage mich, ob der andere [Nigel] – Dir auch ähnlich wird?

Er muß jetzt ungefähr vier sein, nehme ich an. Ich habe keine sehr klare Erinnerung mehr an ihn, außer daran, daß er die Ohren seines Vaters hat. Eines Abends, als wir in Nîmes waren und der Kleine herumspielte und sich zwischen den toiles peintes[1] verfing, dachtest Du voller Sehnsucht an Deinen Ältesten. Ich spürte das damals.

[1] bemalte Leinwände

Erstaunlich viel und oft denke ich an Deine Kinder – Du wärest überrascht, wenn Du es wüßtest. Welch seltsames Gefühl es sein muß, Kinder zu haben . . .

Manchmal denke ich stundenlang an Dich als Mutter. Heute auch. Nicht nur als Mutter, auch als potentielle Großmutter, Urgroßmutter. Wie mein Kopf brennt . . .

Wenn Du mich nur gestern bei unserem Telefongespräch hättest sehen können. Hättest Du meine verweinten Augen gesehen, meinen glühenden Kopf und die heißen Hände angefaßt und gemerkt, wie krank und elend ich mich fühlte, und hättest Du gewußt, ich würde die Nacht nicht schlafen, wenn Du so mit mir sprichst, wie Du es getan hast, dann wärest Du nicht so skeptisch und kalt und ungeduldig gewesen. Es war zu herzlos . . . Sogar die Ladenbesitzer in einem kleinen Geschäft, in das ich immer gehe, waren grob zu mir.

Die Leute sagen, man könne sich mit mir nicht mehr in der Öffentlichkeit zeigen. Ich gebe Dir mein Ehrenwort, das ist wahr. Zwei Leute haben es zu mir gesagt, die angeblich meine Freunde sind. Versuch zu verstehen, wie tief mich das verletzt. Ich komme blutend und verletzt zu Dir in dem Wissen, daß Dir der entsetzliche Tag, den ich gerade durchlebt habe, erspart geblieben ist und daß Du von Liebe und Verständnis umgeben bist – Wie kannst Du erwarten, daß ich das nicht ungerecht finde? Es ist, als wären zwei Menschen beim Stehlen ertappt worden, und einer wurde ins Gefängnis geworfen, der andere nicht. Der im Gefängnis kann nicht umhin, die Ungerechtigkeit zu empfinden . . .

13. April 1920

Mein Mitja, Gott segne Dich dafür, daß Du heute morgen am Telefon so lieb zu mir warst – ach bitte, lieb mich ganz schrecklich doll, um all das Gräßliche auszugleichen, was ich ertragen muß . . .

Das Haus[1] ist eine perfekte Mischung aus allem, was ich hasse: Es ist schon fast genial. Es ist, als hätte ich eine Liste all der Dinge, die ich nicht leiden kann, angefertigt, und das Haus ist die getreue Zusammenstellung. Zunächst einmal ist es klein, winzig, ein Puppenhaus! Die Zimmer sind winzig, und man stößt sich den Kopf an der Decke. Es liegt mitten im Dorf. Ich nehme an, das Dorf ist hübsch, aber ich verabscheue »malerische« englische Dörfer; man kann dort nicht atmen.

Es ist ein winziges georgianisches Häuschen, und einige Teile sind noch viel älter. Es hat einen winzigen Garten, und es besitzt eine gemütliche[2], spießige kleine Atmosphäre. Vielleicht würde es besser wirken, wenn Joan Campbell drin wohnte – sie paßt wenigstens im Format dazu –, aber ich! Was soll ich hier bloß machen? Es liegt genau in der entgegengesetzten Richtung von Sevenoaks – an der Great Western[-Bahnlinie]. Als ich das sah, sank mein Mut . . .

Heute morgen ist was Nettes passiert: Ich habe das größte Stück Bluejohn[3] gekauft, das ich je gesehen habe, einen gewaltigen Pokal, wie der Heilige Gral. Und auch eine bezaubernde Tanagra-Figur. Ach, mein geliebtes Herz, welche Sehnsucht ich nach Dir habe; Du mußt mir sagen, wo wir uns treffen können . . .

Ach Raum! Ach, ein großes Haus, ein weitläufiger Park, mächtige, hoch aufragende Bäume! . . . Voller Sehnsucht denke ich an Possingworth – der weite Horizont, die einsamen Wälder –, das Haus war klein, aber seltsam charmant,

[1] das Dower-House in Sonning-on-Thames
[2] im Original in deutsch
[3] ein Gestein (Fluorspat), das nur in Derbyshire vorkommt

und es hatte nichts Enges; außerdem war es ziemlich weit von jedem Laden oder Dorf entfernt.

Dieses elende kleine Land!

Im Zug
15. April 1920

Ach Mitja, ich kann nicht schreiben. Ich sitze nur da und starre trübsinnig aus dem Fenster. Dein Platz ist leer. Ich kann Dir nicht mehr mein Gesicht zuwenden, damit Du es küßt. Du kannst mir nicht mehr sagen, daß Du mich liebst . . . Ach, meine Liebste, wo sind unsere berauschten Reisen hin? Unser seliges Dahinfliegen von Ort zu Ort? Du, in ein Buch versunken, und ich unterbreche Dich alle drei Minuten oder so, um einen Kuß zu erhaschen oder Dich auf die Landschaft aufmerksam zu machen.

Und jetzt bist Du fort . . .

Ach, dieses graue, sonnenlose Land. Wie ich es hasse. Der Zug scheint Ker-ker, Ker-ker zu skandieren. Er bringt mich in den Kerker zurück – Die Freiheit liegt hinter mir wie ein leuchtender Mantel, der von den Schultern geglitten ist. Freiheit und Glück . . .

Das ganze Land ist eine ekelhafte Illustration der Kunst des Kompromisses – man hat ihm gesagt: Du kannst nicht *großartig* sein, also kannst du nur *hübsch* sein. Dem Himmel sagte man: Du kannst nicht richtig blau oder schwarz sein, also sei grau . . . Es ist weder häßlich noch schön, armselig oder üppig. Es ist *mittelmäßig*, gemäßigt, zweitrangig . . . Es ist das Land der sanften Heuchelei, der glattgekämmten Wohlanständigkeit . . .

[April 1920]

Liebling, gestern war etwas »Sanftes, Schmiegsames« an Dir. Du warst elegant angezogen und zierlich – jawohl, feminin, und das zum Himmel schreiend, welch Widerspruch. Ich mag Dich derb und ungeschliffen und wild und unordentlich!

Aber ich hab' das schon früher bemerkt, Du wirst so, wenn Du mit – – [Harold] zusammen bist. Dann kommt alles Weibliche in Dir hoch – und alles, was nicht so ist, liegt im Dämmerschlaf. Skandalöserweise ist *mir all das lieber, was nicht so ist*! Um es in brutaler Klarheit zu sagen: ein maskulines Inneres unter einem weiblichen Äußeren ... Deine Augen waren wie ein urweltlicher Dschungel, in ihrem Dunkel lauerte eine namenlose Gefahr ...

Ich liebe diesen ganzen lauernden Atavismus ... Ich liebe die latente Wildheit in Dir, die beherrschte Sinnlichkeit ... Sie gibt mir das Gefühl der Gefahr ... Du baust Mauern und immer neue Mauern um Dich, und die Schildwache patrouilliert auf und ab, Tag und Nacht. Doch wenn es je losbräche –! Ich würde in den Untergang gerissen werden, und alles andere auch! Du würdest keinerlei Skrupel haben. Jeder, der Dich anzieht, würde Deine Beute. Die Erde wäre übersät mit den Leichen der Menschen, die Du geliebt hast – für eine Nacht!

Ich glaube, das ist Dir selbst nicht ganz klar, nicht wahr, Mitja?

The Dower House, Sonning-on-Thames
17. April 1920

Soweit ich sehe, werde ich heute wohl wieder allein sein. Was für eine Vergeudung! »Sussex Gorse« [Stechginster aus Sussex] fand ich einfach hinreißend! Was für ein gewaltiges Buch! Es wirkt fast russisch; es hat all die Vorzüge, die mich ansprechen. Ich finde es großartig, und mir gefällt ihr präziser, lebendiger Stil (ein besserer Stil als der von Clemence Dane, je le constate à regret[1]). Ich mag das Groteske des Ganzen. Ich muß Sheila Kaye Smith[2] unbedingt kennenlernen! Es macht mir Spaß, sie mit Clemence Dane zu vergleichen.

Kaye-Smith hat eine viel männlichere Art des Schreibens; sie ist viel klarer, direkter, weniger weitschweifig, weniger kapriziös. Sie hat eine gesunde und erdige Direktheit, die mich ziemlich an Dich erinnert! Auch sie glaubte an »Jugend« und »Kraft« – »vollkommene Gesundheit«, mein Liebling! (Ich mußte lächeln) . . .

1 es tut mir leid, das sagen zu müssen

2 Sheila Kaye-Smith (1887–1956), Autorin vieler Romane, die meist auf dem Lande in Sussex spielen

Mai 1920 bis Februar 1921

Nachdem Violet nach England zurückgekehrt war, brachte Alice Keppel ihre Tochter und Denys im Dower House in Sonning-on-Thames unter. Violets Leidenschaft für Vita war ungebrochen, und die Isolation von Gesellschaft und Familie verstärkte nur ihren Kummer. Mit Bitterkeit verglich sie ihren elenden Zustand mit Vitas gesichertem gesellschaftlichen Leben und Harolds unverminderter Ergebenheit. Mitte Mai unternahm Vita eine Segeltour mit ihrem Vater und hatte während des Sommers enervierende Treffen mit Violet in London und auf Long Barn. Violet suchte Trost bei Pat Dansey, die nun eine entscheidende Rolle als Vermittlerin zwischen den beiden Frauen zu spielen begann.

Im August verbrachten Violet und Vita fünf Tage zusammen. Der jährliche Besuch der Keppels auf Duntreath Castle Ende August erschien Violet wie eine Ruhepause, doch während der nächsten zwei Monate in Clingendaal wurde ihre Lage wieder so elend wie zuvor, als ihre Mutter sie weiterhin öffentlich demütigte. Im November war sie zu Sonias Hochzeit wieder in England, und abermals konzentrierte sich ihre Hoffnung darauf, mit Vita zu fliehen. Dieses Weihnachtsfest verbrachte sie allein, aber im Januar 1921 reisten Violet und Vita wieder für zwei Monate zusammen nach Hyères und Carcassonne in Südfrankreich.

1. Mai 1920

Ich bin den ganzen Abend todunglücklich gewesen. Ich hab' Dir ein Telegramm geschickt, um es Dir zu sagen. Ich fühle mich so wund und verletzt ... Warum siehst Du immer nur die zweitrangigen, nebensächlichen Dinge und nicht die wesentlichen? Du bist wie jemand, der versucht, nicht von einem Hund gebissen zu werden, während gerade ein Tiger Anstalten macht, ihn zu verschlingen. Andauernd verlierst Du Dich in Nebensächlichkeiten – ich nehme an, es war dumm von mir, so böse darüber zu sein, daß Du Dich davongestohlen hast, um mit der armen Clemence Dane zusammenzusein. Aber nach dem, was ich Dir an diesem Morgen gesagt hatte, kam es mir so über alle Maßen pervers vor, wie Du jedes Jahr wieder zu ihr fährst, nur um Eure Freundschaft zu pflegen. Ich dachte, Du hättest vielleicht begriffen, wie bodenlos unglücklich ich bin. Aber nein, die ganze Zeit hast Du etwas vor mir verborgen, ein schäbiges, kleines, nichtiges Geheimnis – eigentlich ist es egal, nur sagte ich gerade an diesem Abend zu Denys, daß es sich nicht lohnt, ehrlich zu sein, weder zu Dir noch zu ihm.

Mitja, siehst Du nicht, wohin wir treiben? Ich habe schreckliche Angst und bin so einsam in meiner furchtbaren Hellsichtigkeit ... ach, kann ich Dich nicht aus Deiner Apathie wachrütteln, dieser Apathie, die Dich überwuchert wie ein heimtückischer Pilz? Was ist aus unserer Liebe geworden? Ein entwürdigtes, verkrüppeltes, listiges Ding der heimlichen Freuden und falschen Großzügigkeiten, der niedrigen Reize und des fehlenden Verständnisses. Aber das Schlimmste für mich ist diese himmelschreiende, niederschmetternde Scheinheiligkeit. Dank unserer geschickten Verdrehungen – nicht nur *unserer, sondern auch der der Leute um uns herum* – wird aus Feigheit Klugheit, Egoismus heißt auf einmal Liebe, irreführende Ausflüchte nimmt man als »gutgemeint« hin, Kleinmut,

Blindheit und Eifersucht gelten bloß als unterschiedliche Ausdrucksformen der »Liebe«. Versteh mich recht, ich gebe mir selbst ebensoviel Schuld wie Dir – und die meiste Schuld gebe ich den Umständen. Unter diesen Bedingungen kann sich keine Liebe gesund entwickeln – sie muß geradezu eine verkrüppelte Mißgeburt werden . . . Wie kann man das Beste aus etwas machen, das von Lügen und Betrug lebt?

The Dower House, Sonning-on-Thames
4. Mai 1920

. . . wir haben nichts getan, als geredet, und sind der Lösung nicht einen Deut näher gekommen. Umsonst versuche ich, diese tyrannische, allesverzehrende Liebe aus meinem Herzen zu verbannen; unerschrocken und unzerstörbar kehrt sie zurück, wütet und stürmt durch mich hindurch wie der Wind durch ein ungedecktes Haus.

The Dower House, Sonning-on-Thames
7. Mai 1920

. . . Etwas, woran ich meine helle Freude habe, ist mein bemerkenswert schwacher Realitätssinn – ein kleiner Schubs, und ich wäre für immer frei, frei von dem, was die meisten Menschen Realität nennen –

Ich habe andere Realitäten, die freilich ›insaisissable‹[1] sind. Sie verstecken sich in den Bäumen, sie lauern in dem kleinen wispernden Windhauch, der sich durchs Fenster stiehlt und mir zuflüstert, während ich schreibe. Auf meinen einsamen

[1] ungreifbar

Spaziergängen machen sie Musik für mich, und vor allen Dingen sind sie untrennbar mit allen »freien« Dingen verbunden, mit den Vogelschwärmen, den Wolken und den umherziehenden Zigeunern. (Mitja, denk nur an all die göttlichen Menschen, die Wanderer waren: Jason, Odysseus, Lavengro, Richard Löwenherz, François Villon . . .)

Weißt Du, Mitja, daß *Du*, meine Liebe zu Dir, das einzige wirklich untrennbare ›lien‹[1] zur Welt ist? Ich glaube, wenn es Dich nicht gäbe, würde ich mehr und mehr in meiner eigenen Welt leben, bis ich mich schließlich ganz in mich selbst zurückzöge . . .

Du weißt nicht, wie seltsam ich mich manchmal fühle. Alles was die Leute mir sagen, sogar was Du mir sagst, perlt an mir ab wie Wasser vom Gefieder einer Ente.

Und was immer Du oder die Leute mir auch sagen, ich meine zum Beispiel über unser Weggehen, ändert nichts. Du läßt Deine vollkommen vernünftigen, berechtigten und ausgewogenen Argumente gegen das Fortgehen aufmarschieren, und dabei sitzt ein Teil von mir gleichsam hoch oben in einem Baum und schaut neugierig und amüsiert auf sie herab, wie auf eine Ameisenprozession . . .

Es ist mein Allerinnerstes, das auf diesem Baum sitzt und lächelt, obwohl der Rest, der unerträglich menschliche Teil von mir, vom Schmerz über Deine Begriffsstutzigkeit zerrissen wird.

Begreifst Du nicht, Mitja, daß Du, selbst wenn Du hundert Jahre Zeit hättest, z. B. einen Fidschi-Insulaner dazu zu bringen, die Dinge mit Deinen Augen zu sehen, es nie schaffen würdest? Und Dein Versuch, sie mich so sehen zu lassen, ist ebenso vergeblich. Ich werde meine einsamen Spiele weiterspielen, bis Du Dir meinen Standpunkt anhörst, und dieser ist

[1] Band

tatsächlich weder selbstsüchtig noch unmoralisch, sondern lediglich ANDERS. Im Mittelalter wurden Menschen, die Dinge taten, welche die Gemeinschaft nicht verstand, auf der Stelle als Zauberer und Hexen auf dem Scheiterhaufen verbrannt.

Weil Du die Dinge nicht mit den gleichen Augen siehst wie ich, weil Du nicht richtig verstehst, hältst Du mich für schlecht, unmoralisch und egoistisch – und so bin ich auch, gemessen an *Deinem* Standard, aber nicht nach meinem. Nach meinem Standard bin ich einzigartig rein, unverdorben und von hohen Prinzipien. Du wirst lachen, *aber es ist wahr.* Und solltest Du Dein Leben lang lachen, so wird es doch wahr bleiben.

[Pat Dansey an Vita]
1a, Lower Grosvenor Place, S.W.1
8. Mai 1920

Meine liebe Vita,

Dein Brief, den Du nach Bordighera geschickt hattest, ist heute morgen zurückgekommen. Ich werde Violet am nächsten Donnerstag für einen Tag besuchen. Aus vielen Gründen wünschte ich, ich hätte Dich vorher sehen können, weil ich fürchte, daß Violet, falls sie mit dem Vorschlag Deines Mannes nicht einverstanden ist, mir das verheimlichen wird. Sie ist so eine kleine Schlange. Heute morgen rief sie mich an und sagte, sie sei besorgt. Worüber weiß ich nicht. Ich werde jetzt sehr offen sein, und Du darfst mich nicht verraten, sonst kann ich bei einer zukünftigen Krise keinen Einfluß mehr nehmen. Während all dieser Szenen und Stürme in Bordighera und Venedig war ich voll und ganz auf Deiner Seite!

Ich habe versucht, was ich konnte, um Violet zu überreden, nach England zurückzugehen, weil ich sah, wie furchtbar schwer es für Dich war, daß sie ständig auf Dich einredete, Du solltest Dein Wort gegenüber allen brechen, die gut und verständnisvoll zu Dir waren. Meine Liebe, ich sorge mich um Dich genauso wie um Violet, vielleicht noch mehr um Dich als um sie. Ich hätte so gerne mit Dir gesprochen, als wir in Venedig waren, und wollte es dann doch nicht – es ist so schwierig, und ich hatte solche Angst, meine Absichten könnten falsch interpretiert werden.

Ich finde, Du bist so *wundervoll* zu Violet – aber, ach Vita, denk manchmal auch an Dein eigenes Glück – und nicht nur an Violets! Sie wird, das habe ich ihr immer wieder gesagt, stets »Siegerin« bleiben. Ganz bestimmt hat sie Dir nie erzählt, was ich wirklich zu ihr über den »Fluchtplan« gesagt habe. Sie muß sich erst als beständig, treu und loyal erweisen, bevor sie von Dir verlangen kann, alles aufzugeben. Man kann den Charakter eines Kindes nicht ändern, und wir müssen die Tatsache akzeptieren, daß sie, um im Augenblick ihren Kopf durchzusetzen, alles sagen und tun wird, aber, du lieber Gott, ich falle selten darauf herein. In Zukunft werde ich mich ebenso darum kümmern, daß Du nicht leidest und unglücklich wirst, wie ich mich um Violet kümmere, und wenn der Tag kommen sollte, an dem ich Dir sage, Du wirst leiden, dann weißt Du, es geschieht aus lauteren Motiven. In Bordighera habe ich sehr offen mit Violet gesprochen, und, was wichtiger ist, sie weiß, daß ich über ihren Charakter nur die absolute Wahrheit sage. Ich wünsche so sehr, daß Ihr beide glücklich werdet, und tue so gerne alles für jeden von Euch.

Eifersucht ist zwischen uns dreien Gott sei Dank unmöglich. So können wir ohne Hintergedanken miteinander umgehen. Bitte, Vita, vertraue mir! Nichts von dem, was Du mir sagen möchtest, werde ich je weitererzählen. Ich wäre dankbar, wenn Du fühltest, Du kannst alles, was Dich bei den Schwierigkeiten mit Violet bedrückt, mit mir besprechen, ohne auf den Gedanken zu kommen, ich könne taktlos sein und es weitererzählen. Wenn ich Violet sehe, werde ich ihr sagen, ich möchte, daß Du mich genauso als Deine Freundin betrachtest wie als die ihre und daß ich mir nur eins wünsche, nämlich Euch beide glücklich zu sehen. Ich war so unglücklich über Euch beide, als ich im Ausland war.

Ich habe Dir ein paar, wirklich nur ein paar, Macedonia-Zigaretten mitgebracht!

Für immer
Deine Pat

The Dower House, Sonning-on-Thames
10. Mai 1920

... Letzte Nacht ein weiterer Schrecken est venue s'ajouter aux autres[1]. Zum Spaß hatte ich Clemence Dane erzählt, in diesem Haus spuke es – nun glaube ich selbst daran. Ich erwachte en sursaut[2] um 2 Uhr nachts, weil jemand recht deutlich an meine Tür geklopft hatte. Ich zündete alle Kerzen an, und nachdem ich eine halbe Stunde gewartet hatte, hörte ich ein furchtbar gruseliges Schlurfen auf dem Gang vor meiner Tür und ein leises, seltsames Klopfen in meinem Zimmer – ich bin fast gestorben vor Angst.

Ich wagte es nicht mehr, die Kerzen auszublasen, und bin erst wieder bei Tagesanbruch eingeschlafen. Ich bete, daß es heute nacht nicht wieder passiert. Und wenn, werde ich schreien, das weiß ich genau ...

[1] kam zu den anderen hinzu.
[2] mit einem Schrecken

11. Mai 1920

Mitja, wie bitter das alles ist – Du bist zwar nicht mit mir zusammengewesen, wirst es aber mit *ihm* sein! Er wird heute zurückkommen, und ihr werdet zusammensein. Für immer zusammen, bis zu Deinem Tod – oh, mein Gott, ich wage gar nicht daran zu denken! Er wird Dich nicht gehen lassen. Wie fürchterlich die Ehe doch ist. Für mich ist sie dasBöseste auf Erden. Denk nur an all die aufrechten und reinen Leben, die sie zerstört hat, indem sie sie zwang, zu kriechen und sich zu verstecken, zu intrigieren und Komplotte zu schmieden. Dabei hat sie aus der Liebe etwas gemacht, das man verstecken und verleugnen muß – so wie in unserem Fall. Sie ist eine böse Institution, und um das zu beweisen, wäre ich fast bereit, mich auf dem Scheiterhaufen verbrennen zu lassen.

Sie hat mein Leben ruiniert, und auch das von Denys – er würde seine Seele dafür geben, nie geheiratet zu haben. Es ist ruiniert – nicht *Dein* Leben, aber unser Glück. Es besteht aus nichts als aus Kummer und ist schrecklich und grauenhaft.

... Wie glühend wünschte ich, wir wären zehn Jahre älter; dann würde es niemand interessieren, was wir täten und wohin wir gingen – oder vielleicht sogar zwanzig Jahre älter. Mir ist es gleich, wie alt ich bin, solange ich mit Dir zusammensein kann ...

Ich liebe Dich, seit meiner Kindheit. Schwächere Lieben sind schon besser belohnt worden – Du weißt nicht, was Du mir bedeutet hast – mir noch bedeutest: Du bist die Lebenskraft, meine raison d'être[1] ...

Irgendwo, versteckt in den Tiefen Deiner Natur, gibt es etwas, das versteht – etwas, das bei meiner Berührung anschlägt wie die Saite einer Harfe – etwas Fremdes, Wildes und Ungezähmtes – etwas Brutales und Unzärtliches, etwas wild Ent-

[1] Daseinsberechtigung

schlossenes und grausam Feindseliges gegenüber dem Rest von Dir – etwas, das nicht Du bist, sondern *ich*! Und an dieses Etwas appelliere ich ...

22. Mai 1920

... Gestern hatte ich einen furchtbaren Tag; Men Chinday war so biestig, wie sie, glaube ich, noch nie war, nicht nur zu mir, sondern auch zu Denys, der sagt, wenn sie hierher kommt, fährt er ab. Übrigens hat er wieder einen seiner Julian Grenfellschen[1] Anfälle von Morbidität und spricht davon, sich umzubringen. Als ich gestern hier eintraf, war er in einem fürchterlichen Zustand. Wäre ich nicht gekommen, hätte er es sicherlich getan, sagte er, und momentan ist er wirklich so elend, daß es mich nicht überraschen würde ...

Armer Kerl, es geht ihm so schlecht, daß er sogar Dir leid tun würde. Er hat angeboten, Montag (31.) und Dienstag nacht fortzugehen, damit Du herkommen kannst, und er will mir dabei helfen, meine Tante loszuwerden. Also bitte, richte es so ein, daß Du *Montag kommst, egal wie spät es wird*! Bitte komm ruhig spät am Montag, wenn Du kannst, denn Men Chinday will, daß ich Mittwoch nach London fahre, um Z.[2] zu treffen. Es ist so grausam zu wissen, daß ich Dich nicht einmal anrufen kann; ich vermisse Dich unsäglich.

[1] Julian Grenfell (1888–1915), Dichter und brillanter Intellektueller und ein ehemaliger Freier Violets. Er erlag seinen Kriegsverletzungen in Frankreich, einige Wochen nachdem er sein berühmtes Kriegsgedicht *Into Battle* (»In die Schlacht«) geschrieben hatte.

[2] Sir Basil Zaharoff, der millionenschwere griechische Finanzier, der die britische Munitionsfirma Vickers beherrschte, nach dem Ersten Weltkrieg Besitzer des Casinos von Monte Carlo wurde und mit der fürstlichen Familie um die Kontrolle Monacos konkurrierte.

Gestern war ich auf einer Gesellschaft und lernte Raquel Meller[1] kennen, die aus der Nähe betrachtet viel schöner ist als auf der Bühne.

Sie spricht überhaupt kein Englisch, also mußte ich mit ihr spanisch sprechen, mein Spanisch, das nur aus Akzent und Gesten besteht.

Men Chinday kam mit irgendeinem konventionellen Kompliment auf sie zu (ich glaube, höchstens vier Leute wußten sie überhaupt zu würdigen), und Raquel Meller schnitt ihr das Wort ab, indem sie »Good-night!« flötete, offensichtlich das einzige englische Wort, das sie beherrscht . . .

Ich ertrage den Gedanken nicht, daß Du auf einem Boot mit Harold auf dem Meer bist[2]. Es macht mich völlig verrückt – die zwangsläufige Intimität. Wenn Du nicht am Montag, dem 31., zurück bist, werde ich Raquel Meller einladen. Ach Mitja, ich flehe Dich an, vergeude Deine Zeit nicht! Ich bitte Dich inständig, bleib fest! Ich bin es so leid, unglücklich zu sein.

Das Fragment, das Du für mein Buch geschrieben hast, war genau, was mir vorschwebte, aber leider ist das ganze Buch so schwierig, daß ich es wohl voller Verzweiflung aufgeben werde – ich bin nicht klug genug oder habe nicht genug technische Erfahrung, um damit fertig zu werden – leider!

[1] Spanische Filmschönheit, die später die Kaiserin Eugénie in »Violettes Impériales« spielte.

[2] Vita wollte mit Harold eine Kreuzfahrt auf Lord Sackvilles Yacht unternehmen.

The Dower House, Sonning-on-Thames
25. Mai 1920

Z. hat mich gefragt, ob ich seine Geliebte werden will, mit einem Haus in Paris, einem auf dem Land und unbegrenztem Kredit in allen Banken Europas – »Ginevra, quoi!«

Ich denke, es wäre schrecklich stillos abzulehnen.

Der Antrag wurde in aller Form gemacht. Das war die »geschäftliche Angelegenheit«, derentwegen ich gestern nach London mußte, obwohl ich nicht angenommen habe, daß es darauf hinausliefe, denn er hatte nur telegraphiert, er wolle mich in einer »geschäftlichen Angelegenheit« sprechen, ohne Genaueres zu sagen.

Nun, mein Liebling, Du hast das schon immer vorausgesehen, und deshalb wird es Dich nicht sonderlich überraschen. Ist es nicht ein gewaltiger »Aufstieg«, dem reichsten Mann der Welt zu gehören? On a son petit chic.[1]

Ich hoffe, wir werden uns nicht vollkommen aus den Augen verlieren: Mein Haus ist in der Avenue du Bois, und ich werde jeden Abend zwischen 5 und 7 Uhr zu Hause sein, trotzdem solltest Du lieber vorher anrufen. Die Telefonnummer findest Du unter dem Namen Mlle. Thais de Champagne.

Ich fühle mich wie ein vom Sturm gepeitschtes Schiff, das endlich in einen sicheren Hafen einläuft, einen sonnigen, seidigen Hafen mit goldgetupften Wellen!!!

Letztlich haben wir beide gewußt, daß ich dazu bestimmt war, Z.'s Geliebte zu werden – es war nur eine Frage der Zeit. Es ist sehr beruhigend, endlich doch noch seine eigentliche Bestimmung gefunden zu haben. Ich werde – das heißt, wir werden – im August nach Deauville fahren: Ich hoffe so sehr,

[1] Man hat so seinen »Schick«.

Dich dort zu sehen, mein armer Julian – mais à ton âge on se console vite et tu dénicheras sûrement quelque bonne petite amie à laquelle tu me présenteras.[1]

Die Winter verbringt Z. immer in Monte Carlo, im Hôtel de Paris. Also werden wir uns bestimmt im Casino treffen! Ich werde so mit Perlen überladen sein, daß ich méconnaissable sein werde – mais que veux tu? Faut se couvrir . . .[2]

Schreib mir manchmal: Ich werde oft mit Bedauern an die glücklichen Zeiten denken, die wir zusammen verbracht haben. On s'aimait bien, quoiqu'on n'avait pas trop de pognon?[3]

Du wirst immer einen Platz in meinem Herzen behalten. Tiens, c'est plus fort que moi: je suis tout en larmes.[4]

Ta Vielle Louchette[5]

P.S. Tu. Tu ne m'en voudras pas. Après tout se ranger. Tant qu'on est jeune, passe encore puis quand vient la vieillesse, si on n'a pas placé des petites économies, il n'y a plus qu'à crever en pleine rue. Mais tout de même, ça me fait de la peine de te quitter . . . Tu as toujours été un chic type . . . comme je sais que tu es dans la misère, je t'envoie ci-joint un billet de mille . . .[6]

[1] aber in Deinem Alter tröstet man sich schnell, und sicherlich wirst Du eine hübsche kleine Freundin finden, der Du mich dann vorstellen kannst

[2] nicht mehr zu erkennen sein werde. Aber, was soll man tun? Man muß sich bedecken . . .

[3] Wir haben uns sehr geliebt, obwohl wir knapp bei Kasse waren.

[4] Nun, ich komme dagegen nicht an; ich bin in Tränen aufgelöst.

[5] Deine alte Louchette

[6] Weißt Du, eigentlich will ich nicht viel. Schließlich muß man sich einrichten. Wenn man jung ist, macht es nicht soviel aus, aber wenn

The Dower House, Sonning-on-Thames
26. Mai 1920

Men tiliche, heute morgen habe ich Dir ein Telegramm geschickt, um Dir zu sagen, Du sollst meinen gestrigen Brief nicht allzu ernst nehmen. Ich habe das Angebot noch nicht definitiv angenommen, und es gab schon wieder einen schrecklichen Krach deswegen: Jedenfalls weiß ich, es wäre sehr stillos abzulehnen.

Gestern habe ich mit der Bagnold zu Mittag gegessen, und ausnahmsweise haben wir uns überhaupt nicht vertragen. Aus purer Nervosität habe ich immer nur das Falsche gesagt. Sie sagte, sie sei verliebt in Sir Roderic[1], was ich gerne glaube; sie kann sich wirklich alles einbilden ... Liebling, sie gab mir das Gefühl, eine sumpfige, dekadente Tropenpflanze zu sein, und ich mag es gar nicht, wenn man mir dieses Gefühl gibt ... OH, KOMM DOCH ZURÜCK ...

North Mymms Park, Hatfield
5. Juni 1920

Men cheringue, ich schreibe Dir im Bett. Es ist furchtbar daran zu denken, daß ich morgen 26 Jahre alt werde! Mir

man ein gewisses Alter erreicht hat und keine Ersparnisse hat, kann man auf der Straße verhungern. Aber trotz alledem schmerzt es, Dich zu verlassen ... Du bist immer ein anständiger Kerl gewesen ... Da ich weiß, daß Du immer knapp bei Kasse bist, lege ich diesem Brief einen Tausender bei ...

[1] Enid Bagnolds Ehemann, Sir Roderic Jones, Vorsitzender von Reuters Nachrichtenagentur.

graust davor. Es ist entsetzlich, so alt zu sein. Ich *hasse* es, alt zu werden …

Der Ort hier ist entzückend, ein bißchen ähnlich wie Hurstmonceaux oder Montacute. Er läßt mir wirklich das Wasser im Mund zusammenlaufen (ausnahmsweise) – herrliche Gobelins, Emaillearbeiten aus Limoges und Teppiche.

In quanto alla gente, ils m'emmerdent,[1] und das würden sie Dich auch. Du kannst Dir leicht ausmalen, was für Leute das sind. Überdies fühle ich mich zu elend für Geplauder.

Ich bin 26, passée, ohne Sinn, ohne Ziel und – ohne Briefe!

Ich habe keinen einzigen Brief bekommen – vielleicht kommt später noch einmal Post, darauf setze ich meine ganze Hoffnung. Niemand hat mir auch nur gratuliert; Du hättest Dir wirklich keine Sorgen zu machen brauchen, daß Denys mir etwas schenken könnte: Er hat es nicht getan, hat noch nicht mal daran gedacht, daß ich überhaupt Geburtstag habe, und er wird mir auch nichts schenken. Du mußt denken, ich *will unbedingt* Geschenke haben, aber das ist es ehrlich nicht, ich bin nur leider ziemlich kindisch und vielleicht auch sentimental, und ich hätte es nun einmal gern, wenn man mir gratulierte. Aber damit ist jetzt Schluß, denn nach dem heutigen Tag will ich, daß mein Geburtstag vergessen wird, ich werde zu alt.

Gestern abend sprach ich beim Essen voll Engagement über Straußenzucht, Dünger, Großwildjagd, Schießen, Polo und Golf (zu gern lasse ich mich für vielseitig halten). Außer mir ist hier nur noch ein Mensch, der nicht zum Bridge herangezogen wird, und wir unterhalten uns stundenlang mit melancholisch gedämpfter Stimme, aus Angst, die Bridgespieler

[1] Was die Leute betrifft, sie langweilen mich unsäglich.

zu stören. Quelle vie, mon Dieu, quelle vie![1] Und die ganze Zeit höre ich die Worte, wie sie in meinem Kopf hämmern: »mai più, mai più«[2] ...

Sogar die herrlichen Dinge in diesem Haus machen mir deutlich, daß man das Leben vereinfachen muß: Ich habe mir ernstlich verboten, jemals solche Dinge zu begehren. Es ist alles Unsinn: Man braucht weder Gobelins noch Teppiche oder Gemälde.

Was man wirklich braucht ist: jemand, der einen liebt, dazu die Sonne, Freiheit. Alles darüber Hinausgehende ist absolut überflüssig ...

Weißt Du, mein Liebling, wenn man schöne Dinge begehrt, begehrt man in Wirklichkeit Geld, und man sollte niemals, niemals beginnen, das zu tun: Das würde einen *wirklich* erniedrigen. Ich habe so wenige Qualitäten, daß ich es nicht ertragen könnte, auch diese noch zu verringern ... Ich möchte leidenschaftlich gern hart arbeiten und frei sein, und Du weißt, was ich mir noch sehnlicher wünsche als das. Es darf niemals irgendeine Form von Habgier (im materiellen Sinne des Wortes) in meinem Leben geben, oder Unaufrichtigkeit, Drückebergerei, Schlampigkeit oder Snobismus ...

Die Post ist gekommen, und dabei war nur ein Brief von Clemence Dane, die sich *tatsächlich* aufgerafft hat zu schreiben. Ich bin *so* verletzt. Bei Harolds Geburtstag hast Du höllisch aufgepaßt, ihm ja nur zu schreiben und zu telegraphieren.

1 Welch ein Leben, mein Gott, welch ein Leben!

2 nie wieder, nie wieder

The Dower House, Sonning-on-Thames
Juni 1920

... Seit ich zurück bin, habe ich nichts anderes getan, als geschrieben; mein Buch ist so schwierig, daß mir der Kopf brummt.

Liebling, ich *baue* auf Dein Gespräch mit Harold. Ich habe ein wunderbar sicheres Gefühl (toi, toi, toi), daß Du erreichst, was Du erreichen willst. Außerdem – das ist ein absolutes Geheimnis – Denys verreist vielleicht – ins Ausland, meine ich –, aber kein Wort davon!

The Dower House, Sonning-on-Thames
18. Juni 1920

... es ist unglaublich, wie mir dieser Ort auf die Nerven geht: Ich bin hier ruheloser und nervöser als je zuvor in meinem Leben. Es ist ein kleiner Ort, voller kleiner Geräusche: Kinderkreischen, Spatzengetschilpe, das Tuten von Motorradhupen auf der Straße. Das macht mich ganz verrückt, so daß ich nichts tun kann. Leider fühle ich mich wieder ganz elend. (Wie ich den Klang von Kinderstimmen verabscheue! Es gibt nichts Schrilleres, Alberneres und Ablenkenderes!) Dieser Ort ist die Apotheose der Kleinlichkeit.

Hier an Berkeley[1] zu denken ist so, als ob man in einem flachen Bach herumwatet, voll von Scherben und alten Bierflaschen, und dann überraschend hinaustritt in einen kühlen Teich mit köstlich klaren Tiefen und Seerosen ... Berkeley,

[1] Berkeley Castle, Gloucestershire, laut Shakespeare Schauplatz der Ermordung von Richard II. und zugleich auch der Ort, wo Pat Dansey ihrem über achtzigjährigen Onkel, Lord Fitzhardinge, den Haushalt führte

eifersüchtig bewacht von hohen Bäumen und einem Dschungel aus Gräsern, Berkeley, mit einer Stimme, die in deinem Herzen singt, während drumherum der Donner grollt wie ein wütender Wachhund. Kann es etwas Romantischeres, Farbigeres, Geheimnisvolleres geben?

Ich habe Pat erzählt, daß wir dort waren. Sie war getroffen und ernstlich verletzt, wie ich befürchtet hatte: Ich sagte, wir hätten es nur von der Straße aus gesehen. (Obwohl ich so glücklich war, daß es Dir gefiel, fühle ich, daß ich eine Taktlosigkeit begangen habe.)

Herrliches, herrliches Berkeley, ich werde ihm bis zu meinem Tode die Treue halten ...

Und Du und ich, wir lassen uns weiter mit dem Banalen ein, mit dem Trivialen, dem Unschönen, Vulgären, dem Lautstarken und Prosaischen!

2. Juli 1920

Ich will Dir den ernsthaftesten Brief schreiben, den ich Dir in meinem ganzen Leben geschrieben habe.

Ich weiß, daß ich Dir viel bedeutet habe und noch viel bedeute, aber es ist meine unerschütterliche Überzeugung, daß nicht nur ich Dir etwas bedeute. Das will ich Dir, weiß Gott, nicht vorwerfen! Ich werfe es Dir nicht vor und verurteile Dich auch nicht. Alles was ich will, alles worum ich Dich *anflehe*, ist, daß Du mir, *um jeden Preis*, die reine, ungeschminkte Wahrheit sagst. Ich bitte Dich inständig, diesen Teil meines Briefes nicht mit Deiner gewohnten ausweichenden Haltung zu behandeln. Wenn ich verletzt werden soll, dann verletze mich jetzt, ein für allemal! Spiel nicht mit mir wie die Katze mit der Maus! Das ist so unendlich viel grausamer als ein Gnadenstoß.

Im Namen unserer Liebe wende ich mich an das Gute in Dir, sag mir die *Wahrheit* – sei mutig und sag mir die *Wahrheit*!

Es ist die Ungewißheit des ganzen Lebens, die mich quält, bis ich halb wahnsinnig bin und nicht mehr weiß, was ich tue. Entscheide Dich, was Du haben willst – Du kannst nicht beides haben.

Dieses ewige Teilen ist für uns beide abscheulich. Wenn Du mich aufgibst, werde ich fast sterben, aber ich kann die Ungewißheit unserer Zukunft nicht länger ertragen.

Liebling, ich möchte Dir noch etwas einschärfen. Von meiner Seite aus wird es fraglos keinerlei »Vergeltungsmaßnahmen« geben. Ich sage das, um deutlich zu machen, daß ich diesen Brief nicht in gemeiner oder kleinlicher Absicht schreibe . . .

Wenn Du Dich entscheidest, mich aufzugeben, so werde ich so schnell wie möglich ganz alleine oder mit einer ganz unbeteiligten dritten Person fortgehen, und – ich wiederhole – mein Herz wird zwar brechen, aber ich kann es nicht länger ertragen . . .

Ich möchte, daß Du glücklich wirst, genauso wie ich selbst, obwohl Du es wohl nicht glauben wirst, aber, ach, es stimmt! Kühlen Kopfes denke ich seit Stunden über alles nach. Ich weiß, daß ich Dir etwas bedeute, und wenn Du mich aufgibst, dann weiß ich, Du tust es nicht, weil Du aufgehört hättest, mich zu lieben, sondern weil Du die Fruchtlosigkeit Deiner Bemühungen, Dich zu befreien, erkannt hast, weil Du es für falsch hältst, Harold und die Kinder zu verlassen, und weil ich Dich unglücklich mache. Nicht einmal eine Spur von Schuld träfe Dich.

Du glaubst, ich erkenne Deine Schwierigkeiten nicht, *aber das tue ich sehr wohl.* Gerade deshalb will ich, daß Du Dich entscheidest, ein völlig ehrliches und offenes Leben zu führen, entweder mit Deiner Familie oder mit mir. Du kannst nicht mehr länger »la navette«[1] machen. Wir müssen endlich eine »situation nette«[2] schaffen.

[1] das Pendelboot

[2] klare Situation

Eins würde ich Dir nie verzeihen: wenn Du die Motive, die hinter diesem Brief stehen, mißdeutest. Ich hätte nie gedacht, daß ich jemals so mutig sein würde, ihn zu schreiben, denn jedes Wort, das ich schreibe, ist eine Qual.

Ich habe es satt, mich als mieser Charakter zu fühlen – satt, selbstsüchtig, gemein und boshaft zu sein –, vor allem aber habe ich es satt, eifersüchtig zu sein. Es bringt mich um und macht uns beide zu vollkommenen Biestern. Du wirst sagen, es sei egoistisch von mir, von Dir zu verlangen, alle anderen für mich aufzugeben. Es ist egoistisch, aber es ist ehrlich, und es würde Betrug und Eifersucht für immer ein Ende setzen. Andererseits sehe ich ein, es ist falsch, das von Dir zu verlangen. Deshalb werde ich es auch nicht mehr von Dir fordern. Wenn Du kommen willst, so mußt Du aus freien Stücken kommen. Ich verzichte auf meine Rechte und Ansprüche. Ich verzichte auf meine Forderungen.

Du mußt tun, was immer Du willst, gehen, wohin Du willst, sehen, wen Du willst. Ich werde mich nicht einmischen.

Es wird mir *furchtbar* schwerfallen, aber ich darf Dich nicht sehen, denn Du sollst es nicht mitkriegen.

Du hast gesagt, ich gäbe Dir keine Freiheit. Jetzt hast Du völlige Freiheit. Ich werde Dir weder Vorwürfe machen, noch werde ich Dich kritisieren.

Du sagst, ich sei kleinlich. Das wirst Du jetzt nicht länger sagen können. Ich werde keine halben Sachen mehr machen. Oh, Liebling, *ich möchte zurück* – ich hasse Gemeinheit, Lügen und Täuschung. Alles, was ich getan habe, tut mir von Herzen leid. Ich fühle bittere Reue. Ich möchte all das wiedererobern, was ich verloren habe. Ich will gut sein, so wie ich mit sechzehn war. Am meisten wünsche ich mir, gut zu Dir zu sein. Wenn Du unglücklich bist, dann ist es gut für Dich, mich aufzugeben, auch wenn es mir das Herz brechen würde. Es bringt mich um, diese Worte zu schreiben, aber Deine Familie hat ein Recht auf Dich – wenn Du meinst, daß es richtig ist, dann solltest Du mich aufgeben.

Ich weiß, ich habe mich bisher oft von der üblen Seite gezeigt, aber ich schwöre Dir, all das Gute, das einmal in mir war, ist nicht tot. Ich lege es Dir zu Füßen, als einen würdigen Tribut an unsere Liebe.

Ich liebe Dich so grenzenlos – Du hast keine Ahnung, mit welch vollständiger Hingabe.

Die ganze letzte Nacht und den heutigen Tag habe ich mit meiner Selbstsucht gerungen, und ich glaube, ich habe sie endlich überwunden.

Ich werde Dich lieben bis zu meinem Tod, was immer Du auch tust.

Gott segne Dich und möge Dir Glück schenken, und Harold auch ...

7. Juli 1920

... Der Arzt war gerade bei mir. Er sagt, mein »nervöses« Herz ist überanstrengt, und ich brauche vollständige Ruhe – was immer das bedeuten soll? Er empfiehlt mir Evian – den berühmten Ort für Herzkranke –, er denkt, die Bäder würden mir guttun. Er sagt, die ganze Herzgeschichte sei eine Folge von zuviel »Aufregung« und ich dürfe nicht rauchen etc. Bringst Du mich nach Evian?

Meine Mutter hat mich aus dem Haus geworfen, wegen eines Briefes, den sie heute morgen von Denys bekommen hat.

Mein teurer Liebling, ich hatte einen vollständigen Zusammenbruch bei Clemence Dane (im Ritz, wo wir zu Abend aßen, bin ich fast ohnmächtig geworden). In meinem Kopf drehte sich alles, und mein Herz schlug fast zum Ersticken. Ich glaubte, ich müßte sterben, und lag eine Ewigkeit auf dem Sofa, ohne mich zu bewegen.

Nachdem ich Dich verlassen hatte, dachte ich an nichts anderes mehr als daran, wie schlimm es ohne Dich sein würde, und es ging mir im Kopf herum, bis ich mich vor Angst und Verzweiflung ganz krank fühlte und kaum noch wußte, was ich tat.

... Du hast heute gesagt, unsere Liebe sei zu einer entwürdigten, verdorbenen Sache geworden, Du könntest mir nicht vertrauen – o, Mitja, Du kannst mir vertrauen – Du mußt doch heute mittag gesehen haben, was hinter allem steckt – eine unverbesserliche, unersättliche Sehnsucht, bei Dir zu sein – egal wo, egal wann. Kannst Du mir deshalb Vorwürfe machen?

8. Juli 1920

... Ich fühle mich so schrecklich müde und ausgelaugt, so, wie ich mich in Venedig gefühlt habe, als ich wirklich nicht mehr verantwortlich war für das, was ich sagte oder tat. Du mußt mir verzeihen. Letzte Nacht hatte ich so fürchterliche Schmerzen, richtige Qualen, mein Gesicht war schweißnaß. Es hat mich fast umgebracht.

Muß es nicht schrecklich sein für die Menschen, die immer krank sind?

Ich habe mich über mein Geschenk[1] gefreut, Liebling. Es tut mir leid, daß ich mich verärgert angehört habe, aber das war nur, weil der Brief nicht pünktlich eintraf und weil er, als er endlich kam, nicht mit »Herzlichen Glückwunsch zum Geburtstag« begann! ...

[1] zu Violets Geburtstag am 6. Juni

[Juli 1920]

... Der einzige Moment des Tages, auf den ich mich neuerdings freue, ist der des Zu-Bett-Gehens ... Mein Verstand weigert sich, sich mit neuen Problemen herumzuschlagen. Ich denke nach, bis mir fast der Kopf platzt ... Ich fühle mich wie betäubt und dumm ... Sollte ich alleine fortgehen, werde ich versuchen, völlige Leere in meinem Kopf zu schaffen.

Ich wünschte, ich gehörte ganz und gar einer niedereren Lebensform an, irgend etwas zwischen einem Wurm und einer Seeanemone. Denys wollte einen Autoausflug machen, hat es sich aber anders überlegt. Dann kam er hier hereinmarschiert, um mir zu verkünden, er habe einen beleidigenden Brief an Alfonso[1] geschrieben. Ich habe A. sofort geschrieben und erklärt, ich hätte nicht geahnt, daß Denys solche Hausmädchenallüren habe, wie heimlich anderer Leute Briefe in deren Abwesenheit zu lesen, daß er mir in Zukunft nicht mehr schreiben soll und daß es an unserer Freundschaft nichts ändere. Ich bin absolut rasend vor Wut auf Denys! Trotz Alfonsos Briefen haben wir immer eine völlig unschuldige Freundschaft geführt, und er hat sich mir gegenüber auch nie die geringste Freiheit herausgenommen ...

Denys' Beleidigungen und Einmischungen habe ich mehr als satt, und wenn es Dich nicht gäbe, würde ich Denys morgen mit A. einen echten Grund zur Klage geben –

In meinem ganzen Leben bin ich noch nie so behandelt worden – beobachtet, bespitzelt und schikaniert. Der Himmel allein weiß, ich habe mir nie über seine Jeannes, Yvonnes und Anne K.s[2] den Kopf zerbrochen – es kümmert mich nicht im geringsten, was er tut. Wenn er doch nur dahin gehen würde,

[1] nicht identifiziert

[2] Denys hatte *viele* Freundinnen.

wo der Pfeffer wächst – wenn er noch mal hereinkommt, dann werfe ich ihm irgend etwas an den Kopf. Du bist nicht so dumm gewesen, Dich in Freundschaften einzumischen, von denen Du wußtest, daß sie im Grunde harmlos waren –

... Ich kann diesen Mann nicht mehr länger ertragen. Wenn er doch nur mit A. K. durchbrennen würde: Wieviel Ärger würde er allen ersparen! Ich bin so wütend, daß meine Wangen brennen und mein Füllfederhalter zittert, so daß ich kaum schreiben kann.

Bitte laß mich sofort den Ausgang Deines Gesprächs mit Harold wissen. Denn wenn Du das nicht tust, weiß ich nicht, was ich meiner Mutter sagen soll ... Wenn es Dir nicht gelingt, bedeutet es das Ende von allem.

10. Juli 1920

Ich schreibe Dir in großer Verzweiflung: Bitte versuche zu begreifen.

Ich schreibe Dir im schlimmsten Zustand der Heimatlosigkeit und Verlassenheit, in dem man sich befinden kann. Den ganzen Morgen habe ich Listen meiner Sachen angefertigt. Du weißt, ich brauche nicht unbedingt ein ständiges »Heim«, aber es ist doch recht traurig, keinen Ort mehr zu haben, wo ich meine Habseligkeiten unterbringen könnte – (Du hast freundlicherweise gesagt, Du würdest sie für mich aufbewahren, aber seitdem habe ich gehört, daß sie vielleicht in die Grosvenor Street kommen) – ich meine, keinen Ort, an dem sie bleiben könnten.

Ich sehe mich schon einsam in Hotels – gegen Hotels habe ich nichts, aber ich hasse Einsamkeit. Du wärst selbstverständlich unglücklich ohne ein eigenes Haus, und wenn Du einer Zukunft wie der meinen ins Auge sehen müßtest – Gott sei Dank macht mir dieser Aspekt weniger aus.

Aber was mir *wirklich* sehr, über alle Maßen, weh tut, ist, keine Freunde zu haben, niemanden, den es wirklich interessiert, was aus mir wird ... Du wirst sagen, daß es Dich sehr wohl interessiert: Das tut es, sicherlich, aber Dein Leben ist so anders. Du bist von Menschen umgeben, die sich um Dein Wohlbefinden und Dein Glück sorgen, Menschen, die Dich niemals im Stich lassen werden ...

Im meinem Leben gibt es nichts Beständiges, nicht einen Menschen, bei dem ich spürte, daß er immer mit mir fühlen, mich immer verstehen wird. Was Dich betrifft, Liebling, so bist Du meilenweit von mir entfernt, körperlich und geistig. Man hat Dich »zurückgeholt«. Harold sagt, Du seist schwach. Du *bist* schwach, Liebling. Ich meine nicht im Sinne von weichherzig; das ist sicherlich eine sehr liebenswerte Schwäche und eine, die ich Dir niemals vorwerfen würde. *Nein,* ich meine, daß, egal mit wem Du zusammen bist, tu te laisses dominer[1] von dieser Person – manchmal ganz unbewußt.

Vor sechs Monaten war ich es, jetzt ist er es, und, egal wer es ist, Du bist dann zeitweise *blind* gegenüber der anderen Person. Als ich es war, warst Du Harold gegenüber blind; jetzt ist er dran, und Du bist mir gegenüber blind. *Versteh mich nicht falsch:* Ich meine nicht, Du seist mir gegenüber hart und unfreundlich; ich meine, Du bist zeitweise unfähig, Dich in meine Gedanken hineinzuversetzen und meine Gefühle zu begreifen ... Die bloße Tatsache, daß Du wütend wirst, wenn ich Dir solche Dinge sage, ist Beweis genug dafür, daß Du nicht verstehst ...

Denk mal still bei Dir: Also, meinetwegen hat Violet keine Freunde. Ich muß ihr *alle* Freunde ersetzen; meinetwegen fühlt sie sich einsam und verzweifelt. Ich will dafür sorgen, daß sie sich nicht mehr so fühlen muß.

[1] du läßt Dich beherrschen

Ach, Liebling, ich bin so abgrundtief traurig. Die Jahre gehen dahin, und nichts Gutes entsteht, kein Glück wird geschaffen. Es ist die alte Geschichte von »La Cigale« – ›La cigale ayant chanté tout l'été se trouva fort dépourvue quand la bise fût venue.‹[1]

Ich bin la cigale. O nein – sag nicht zu mir: »Vous avez chanté tout l'été. Eh bien, dansez maintenant!«[2]

The Dower House, Sonning-on-Thames
14. Juli 1920

Nachdem Pat gestern gegangen war, bin ich in Tränen ausgebrochen, weil ich mich einsamer fühlte denn je; sie war kaum abgefahren, als Denys in seinem Wagen eintraf. Ich war im Augenblick außerstande, mit ihm zu sprechen, die Tränen liefen mir in Strömen übers Gesicht, und ich rannte an ihm vorbei, die Treppe hinauf in Clemence Danes Zimmer, wohin er mir, wie ich wußte, nicht folgen konnte. Einige Minuten später fand sie mich dort, wie ich mir die Seele aus dem Leib heulte. Sie war sehr nett und versuchte, mich zu beruhigen (sie weiß schon eine Menge von mir).

Er ist dann offensichtlich wieder ausgegangen, denn ich sah ihn erst beim Abendessen wieder. Den ganzen Abend sprach er kein Wort mit mir, und ich hatte keine Gelegenheit, allein mit ihm zu reden. Ich wollte ihm sagen, warum ich geweint hatte, weil ich wußte, er würde sich deswegen Gedanken machen. Als wir uns dann alle nach oben begaben, um zu Bett

1 ›Die Grille fiedelte und sang den ganzen Sommer lang. Schlecht bekam dem Leichtfuß dies, als der kalte Nordwind blies‹ (aus La Fontaines Fabeln).

2 ›So, du sangst den ganzen Sommer. Dann tanze jetzt!‹

zu gehen, bat ich ihn, auf eine Minute in mein Zimmer zu kommen (ich wußte, ich war absolut sicher: Tu sais que je suis malade[1]). Ich sagte: »Du hast mich weinen sehen, weil ich mich nach Pats Abreise so traurig und einsam fühlte.« Da brüllte er los, außer sich vor Wut: »Laß dieses Getue! Immer stellst du dich ihretwegen so an, wegen allen Leuten stellst du dich so an!« Ich erwiderte: »Ich hänge sehr an Pat und auch noch an vielen anderen Menschen.« Es regte mich so auf, daß er mir nicht mal Pat gönnt; er aber schrie: »Ja, du hängst an allen, bloß nicht an mir!« und schlug mir ins Gesicht. Dann brüllte er: »Geh zum Teufel!« und stürzte aus dem Zimmer.

Ich erzähle das nur, weil es das erste Mal ist, daß er mich tatsächlich *geschlagen* hat – vorgestern hat er mir das Handgelenk umgedreht, bis ich vor Schmerzen aufschrie, damit ich »Gute Nacht, Liebling« sagte . . .

Er genießt es, mir Schmerzen zuzufügen, Mitja. Als er mein Handgelenk umdrehte, war mir auf einmal kalt und übel, halb vor Schmerz und halb aus Angst vor seinem Gesicht. Er lächelte die ganze Zeit – seine Augen zwei blitzende Schlitze und sein Mund eine schmale, harte, gerade Linie. Ich dachte an den Krieg und schauderte . . .

The Dower House, Sonning-on-Thames
21. Juli 1920

. . . Denys hat seit gestern *kein* Wort mehr mit mir gesprochen; gestern abend sagte er mir, er wolle den Vorfall erst diskutieren, wenn es mir bessergeht. Offenbar hat er gestern, als er meinen Zustand sah, plötzlich begriffen, daß ich den Strapazen einer weiteren Szene nicht gewachsen bin.

[1] Du weißt, daß ich krank ich bin.

Pat sagte mir gestern, sie würde mich nur unter der Bedingung mitnehmen, die sie uns mitgeteilt hat. Natürlich möchte ich lieber mit ihr fahren – aber ich könnte sie nicht täuschen und in dem Glauben wiegen, ich versuchte im Ernst, Dich zu vergessen ... Ich glaube, das beste für mich wäre, mit einer seiner (Denys') Schwestern zu fahren, die sicherlich solche Versprechen nicht von mir fordern würden.

Du mußt einsehen, Liebling, daß ich nicht in England bleiben kann. Es wäre zu unerträglich ... Ich *weiß*, Du begreifst, wie sehr die Sache mit meiner Mutter mir unter die Haut geht. Ich könnte nicht im selben Land mit ihr leben, ganz zu schweigen von Sonia, in dem Bewußtsein, daß ich sie durch ein Leben mit Dir (was im Chaos enden würde) oder in Deiner Nähe unwiderruflich mehr und mehr beleidigen und sie mich von Tag zu Tag mehr hassen würde. Durch mein Bleiben in England kann nichts gewonnen, aber alles verloren werden.

In einem Anfall verzweifelter Einsamkeit würde ich vielleicht zu meiner Mutter gehen und sie anflehen, unter allen Umständen zurückkommen zu dürfen – um solchen Gefahren vorzubeugen, muß ich ins Ausland gehen ed aspettare finché tu mi possa raggiungere.[1]

Ich bin recht froh darüber, daß Denys' Schwester kommt, weil ich gerne mit seinen beiden Schwestern zusammen bin. Ihr Horizont ist so weit, daß die gewöhnlichen Maßstäbe nicht gelten ... Allein daß sie mich besuchen kommen, ist dafür Beweis genug. Wenn sie anders wären, würden sie mich wie Luft behandeln! Sie geben einem immer das Gefühl, ziemlich »bedint«[2] und beschränkt zu sein ...

Verzweiflung nagt an meinem Herzen. Ich glaube nicht, daß Du Harold jemals dazu bringen wirst, zu verstehen ...

[1] und warten, bis Du zu mir kommen kannst

[2] Vgl. Fußnote 2, Seite 86.

Ich möchte, wenn möglich, meine Unterredung verschieben, bis Du mit H. sprechen kannst, damit beides übereinstimmt. Mußt Du die schlimmsten beleidigendsten Stellen jenes Briefes zeigen? Anbei sende ich Dir noch einen weiteren Brief von ihm, der glaube ich, noch etwas mehr verdeutlichen kann, in welche Richtung seine Gedanken gehen . . .

Alle Deine Briefe sind aus der Schublade meines Schreibtisches verschwunden, also nehme ich an, er hat sie genommen. Ich habe es gerade erst gemerkt. Gott sei Dank habe ich die indiskreten immer gleich zerrissen! Ich bin sicher, er bewahrt sie in einer Kassette in seinem Schlafzimmer auf. Ich werde sie nach Reading bringen und aufbrechen lassen – morgen, wenn ich der Wachsamkeit seiner Schwester entkommen kan. Ach, mein Liebling, wir haben unsere Kämpfe noch vor uns, aber wir müssen tapfer sein und dürfen *vor nichts zurückschrecken* – wenn wir das tun, sind wir erledigt – und sie werden uns für immer trennen.

The Dower House, Sonning-on-Thames
22. Juli 1920

. . . Leider ist Denys heute krank; er sollte die Nacht in London verbringen, aber er ist zu krank, um aufzustehen. Er hat eine fiebrige Erkältung und kann kaum sprechen, so schlimm ist sein Hals. Heute abend kommt der Arzt noch einmal. Natürlich kann ich heute nichts sagen. Betty (Trefusis) ist gestern abend mit ihm angekommen. Sie ist erfrischend. Es ist, als schritte man über die Berggipfel, den Wind in den Haaren. Sie ist Theosophin, und nachdem, was sie mir über Theosophie erzählt hat, muß es etwas sehr Tröstliches sein. Sie schreibt an einem Roman. Du würdest sie mögen, Mitja. Sie ist ihrer Schwester sehr ähnlich, aber menschlich, voller Leidenschaft und Zorn. Ich glaube nicht, daß sie je gelogen oder etwas Niederträchtiges getan hat. Diese gräßlich mustergültigen, unerreichbaren Schwestern! Sie sind wie Wesen von einem anderen Stern . . . Kleine Dinge, materielle oder gesellschaftliche Überlegungen, Bequemlichkeit sind für sie völlig ohne Belang. Sie bewohnen eine eigene erhabene, freie, eisklare Welt, zu der trotz ihrer Menschlichkeit, nur den Unbefleckten Einlaß gewährt wird.

Sie sind Aristokratinnen der Gefühle – Snobs, wenn Du so willst. Sie haben nichts als die höchsten, reinsten und edelsten Empfindungen.

Diese hier, mit ihrem wilden, goldenen Haar und ihrem sensiblen, arroganten Profil, ist wie die Tochter eines skandinavischen Eis- und Schneegottes – die Aurora Borealis! Ich hätte nichts dagegen, mit ihr ins Ausland zu reisen.

Ich sehne mich danach, alles »in Ordnung zu bringen« – Du sprichst mit Harold so bald wie möglich, nicht wahr, Liebling? . . .

Ich sehe immer noch schlecht aus und fühle mich auch so. Heute morgen hatte ich kaum Kraft genug, um durch den Garten zu schleichen. Liebling, geh klug mit Harold um! Laß es nicht so weit kommen, daß er sagt, das beste wäre, mich aufzugeben . . . In Kürze werde ich eine Menge Hilfe bei meinem Buch brauchen.

Mein Fortgehen ist in jeder Hinsicht dringend. Ich sollte H. so schnell wie möglich sprechen. Fieberhaft möchte ich alle Dinge klären . . .

Bitte laß mich wissen, *welche* besonderen Einzelheiten uns an den Segelschiffen auffielen, die wir immer in Monte Carlo gesehen haben und die uns so an elisabethanische Schiffe erinnerten – es ist für mein Buch, und *bitte* schick mir eine Beschreibung von M. C. im Regen. Ich brauche sie dringend.

The Dower House, Sonning-on-Thames
23. Juli 1920

Denys geht es sehr schlecht; sein Hals quält ihn, und gestern abend stieg das Fieber auf 39,4. Der Arzt kommt dreimal am Tag. Denys mußte ins blaue Zimmer verlegt werden, mit Blick in den Garten, da er Ruhe braucht. Das einzige, was ich ihn habe sagen hören, ist, daß er lieber in London wäre!

Ich nehme an, er hat die Grippe. Ich habe Pat übers Wochenende eingeladen. Sie sagt, sie hat Men Chinday gestern getroffen, und daß es hoffnungslos mit ihr ist – sie ist unerbittlich.

Wie ausweglos alles ist.

Ist Gaigneron[1] nicht der Mann, mit dem Du in Paris »weniger umsichtig umgegangen bist, als es mir lieb gewesen wäre?« – Ja, ich weiß, er ist es. *Bitte* fang nicht wieder damit an! Wir haben auch ohne das schon genug Schwierigkeiten. Gibt mir das Gefühl, Dir *bedingungslos* vertrauen zu können, daß Du nichts gegen unsere Interessen tust. Wenn ich das *nicht* fühlen kann, werde ich wirklich verrückt ...

The Dower House, Sonning-on-Thames
25. Juli 1920

Liebling, Du bist doch ein altes Schlitzohr! Du sagst, »Montag muß ich zu einem Abendessen« und Dienstag auch. Du weißt, daß Du nicht mehr »mußt« als ich! Ich fahre nicht nach

[1] Comte Jean de Gaigneron, der zur Zeit der Friedenskonferenz Harolds Freund wurde und von ihm nicht sehr freundlich als Marquis de Chaumont in einer biographischen Skizze in *Some People* porträtiert wurde. Er war ein halbes Jahrhundert lang mit Violet befreundet.

London, weil ich »muß« – sondern weil ich »Lust habe« – und mit Deinen Abendeinladungen ist es genauso.

Montag, sagtest Du, ißt Du abends bei den Curzons[1]. Eine der Abendgesellschaften des »Diplomatischen Corps«, nehme ich an? Ich möchte nichts dazu sagen, es geht mich ja nichts an, nur wäre es mir lieber, Du würdest nicht versuchen, mich über solche Dinge zu belügen ...

Ach, ich bin traurig. Nicht weil ich es »schick« finde, sondern weil ich nicht anders kann. Außerdem geht es mir gar nicht gut, und ich werde meinen Arzt aufsuchen, sobald ich in London bin. Gestern abend gab es wieder eine Szene – allein um dem zu entkommen, würde es sich lohnen, nach London zu fahren.

Ich bin so krank vor Eifersucht und Verzweiflung, daß ich fühle, ich kann so nicht weitermachen. Lieber würde ich sofort gehen. Daß Du mit diesem Mann zusammen bist, ist für mich so unerträglich, daß es nur noch eine Rettung gibt.

Ich mißverstehe Dich nicht ... Ich weiß, daß Du glücklich und umsorgt bist. Warum solltest Du da nicht glücklich sein? Du hast alles, was Du Dir auf Erden wünschst – der einzige falsche Ton bin ich. *Laß mich gehen* – Du hast gesagt, Du haßt mich. Ich bin schuld, daß Du mich haßt. Du kannst mich nicht gebrauchen. Streich mich einfach aus Deinem Leben. Glaub mir, es ist die einzige Lösung, außer ganz und gar mit mir zusammenzusein. Nichts hält mich mehr zurück, ich gehe, entweder mit Dir oder ohne Dich ...

[1] Lord Curzon (1859–1925), von 1919–1924 Außenminister in der Regierung Lloyd George

28. Juli 1920

... Mit Pat war es diesmal sehr unangenehm. Sie sagt, wenn sie mich nicht so gern hätte, würde sie sich nicht mehr mit mir treffen wegen des Skandals, den wir ausgelöst haben. Sie sagt, die Sache habe sich so sehr zugespitzt, daß mich in Kürze kein anständiger Mensch mehr in seinem Haus empfangen wird, und sie glaubt, ich würde unter dieser Belastung noch verrückt. Außerdem sagte sie, wenn ich allein lebte, ohne den Schutz meiner Familie, würden mich alle meiden. O mein Gott! Wie schrecklich das alles ist ...

29. Juli 1920

Gestern abend teilte ich Denys mit, daß ich mir eine eigene Wohnung suchen wolle. Er wurde fuchsteufelswild. Dann sagte ich, es wäre nur für die Zeit zwischen meiner Rückkehr aus Holland und meinem endgültigen Fortgehen. Ich fügte hinzu, wenn nicht mit Dir, dann mit jemand anderem, da ich es mit ihm nicht länger aushalte – ich sagte, ich hätte einen Brief von Men Chinday bekommen, in dem sie sich bei mir erkundigt, ob ich mit ihr verreisen will. Er brach in ein Hohngelächter aus und schrie: »Oh, durchschaust du das denn alles nicht? Ich habe ihr gesagt, wenn du mit mir von jetzt an bis Dezember als *meine Frau* im wahrsten Sinne dieses Wortes lebtest, *dann* könntest du für den halben Winter fortgehen – drei Monate. Anderenfalls, selbst wenn du mit deiner Mutter verreist, werde ich nach Sonias Hochzeit die Ehe für nichtig erklären (annullieren) lassen und dafür sorgen, daß es alle Welt erfährt. Die Reise mit ihr ist bloße Bestechung. Sie meint, wenn du glaubst, ins Ausland fahren zu dürfen, würdest du in der Zwischenzeit mir gehören! Ohne das lasse ich dich fallen. Du wirst wieder Miss

Keppel sein, und niemand wird etwas mit dir zu tun haben wollen!«

So siehst Du also, ich hatte recht, sogar Men Chindays Brief zu mißtrauen. Sie sind entschlossen, mich fertigzumachen. Du kannst Dir denken, was ich von D. halte!!!

So ist alles wieder beim alten. (Das kannst Du Harold mitteilen.) Wenn ich mich weigere, mit ihm zu leben, wollen sie nichts mehr mit mir zu tun haben ...

2. August 1920

... Gestern morgen habe ich leider einige schreckliche Dinge zu Denys gesagt, bezüglich der Sache, die der Arzt mir über ihn eröffnet hat.[1] Ich glaube, ich war unnötig brutal ... Ich sende Dir auch einen Auszug aus Men Chindays Brief[2], den Du Harold zeigen kannst. Ich schicke nicht den ganzen Brief, da es Harold genügen muß, den Auszug zu sehen. Den Rest habe ich in meine Handtasche gesteckt, um ihn Dir zu zeigen.

Ich *bitte* Dich *inständig*, Dein *Bestes* zu tun! Wenn Du versagst, dann bedeutet das nicht nur das Ende unserer Liebe, sondern auch mein Ende ...

[1] Möglicherweise war Denys impotent.

[2] In Mrs. Keppels Handschrift: »Ich fürchte, wenn Du wieder Miss Keppel wärst, gäbe es einen großen Skandal, und Du würdest zum Gespött des ganzen Landes werden.«

[Anfang August 1920]

Gestern abend habe ich Denys mitgeteilt, daß ich am Montag für drei Wochen wegfahre, das heißt, bis zur Abreise nach Holland. Wenn Du also gern drei Wochen mit mir verbringen möchtest, so kannst Du das tun.

Wie ich Dir gestern sagte, bin ich bedrohlich nahe daran, *allem* zuzustimmen, was uns zusammenbringt, sei es auch nur zeitweise. Oh ja, so weit ist es mit mir gekommen!

Ich weiß, es gibt einen schrecklichen Krach mit Men Chinday über diese drei Wochen, aber das ist nicht zu ändern. Ich glaube, ich habe Dir schon erzählt, daß mein Vater überhaupt nicht mehr mit mir sprechen will ...

Men Chinday ist fest entschlossen, ihn[1] irgendwohin zur Kur zu bringen. Wenn der Arzt zustimmt, vielleicht nach Holland. Auf ihre Veranlassung schrieb ich ihm gestern abend, um ihn zu fragen, was das beste wäre. Ich vermute, er wird sich für die Schweiz entscheiden. Das bedeutet außer Haus zu schlafen und die ganze Nacht wach zu liegen ...

Men Chinday erklärte mir gestern abend, daß die finanzielle Unterstützung, die sie mir gewähren würde, kaum ausreichend sei – gerade genug, um mich vor dem Verhungern zu bewahren. Wenn das kein Anreiz ist, Dich aufzugeben! (Mlle.[2] ist ein weiterer.)

Hör mir zu Liebling, *hör genau* zu. Ich habe so schreckliche Angst, daß Denys die Sache *nicht* annulliert, daß ich ihm nicht gesagt habe, die Alternative sei sartute loude gayeres[3]. Wenn er *das* denken würde – bei ihm weiß man nie, woran man ist –, ist es gut möglich, daß er es dann nicht tun wird. Ich weiß nicht, ob ich das gestern deutlich genug gemacht habe – ehr-

[1] Denys, der Symptome von Tuberkulose zeigte
[2] Violets Gouvernante, Hélène Claissac, auch M'lle genannt
[3] mit Dir durchzubrennen (Zigeunersprache)

lich gesagt, kann ich mich nicht mehr genau erinnern, *was* ich Dir sagte, noch habe ich Men Chinday mitgeteilt, daß es loude gayeres sein wird.

Sie kam dem zuvor, indem sie sagte: »Selbst wenn du für sechs Monate mit Mrs. Nicolson fortgehst, würde ich nichts mehr mit dir zu tun haben wollen.« Du siehst, wie es steht; ach Liebling, versuch doch zu begreifen! Meine größte Angst ist, daß sie von ihrem Einfluß Gebrauch machen – ja, sie hat unverkennbar großen Einfluß auf D. – und ihn zwingen könnte, einen Kompromiß einzugehen, sich mit einer Trennung zufriedenzugeben, oder irgend etwas Ähnliches. Du siehst, es ist so – wenn ich sage: »Gut, dann werde ich mit Vita endgültig auf und davon gehen, und einen öffentlichen Skandal verursachen«, wird sie vielleicht *all* ihren Einfluß auf D. nutzen, um zu verhindern, daß er sich von mir trennt.

Du mußt sehen, momentan ist es für mich vorrangig, daß *er mich loswird*, da Du *immer* gesagt hast, wenn er sich von mir scheiden läßt oder was sonst, würdest Du zu mir halten, egal was passiert, und daran glaube ich.

Ach, Liebling, ich kämpfe mit dem Rücken zur Wand. *Bitte* hilf mir, so gut Du kannst! Obwohl er im Moment nicht daran denkt, bin ich überzeugt, er ist chronisch eifersüchtig auf Dich, und die Vorstellung, ich könnte glücklich mit Dir leben, während er sich in seinem Leid verzehrt, würde ihn zu jedem Mittel greifen lassen. Oh, Liebling, ich bringe diese Theorien in aller Bescheidenheit vor, da ich manchmal bei ihm noch weniger weiß, wie er die Dinge aufnehmen wird, als bei Dir. Sogar wenn ich Dich skrupulös auf dem laufenden halte über alles, was Tag für Tag passiert, bist Du geneigt, mir zu mißtrauen, das macht mich wirklich doppelt unglücklich. Was sollte ich denn damit bezwecken, wenn ich etwas vor Dir oder Harold geheimhielte? Bitte sag ihm folgendes, damit er genau weiß, où il en est:[1]

[1] wie er dran ist

1. Die Annullierung wird nicht vor Sonias Hochzeit stattfinden.

2. Wenn ich *nicht* mit Dir ins Ausland gehe, wird Men Chinday mich nicht gänzlich enterben; sie sagte gestern abend, ich müsse 5 oder 6 Jahre im Ausland leben, bis über die Geschichte »Gras gewachsen« sei. Sie will mich nach Jamaica bringen, mir eine kleine finanzielle Unterstützung zukommen lassen und Mlle.'s Gehalt bezahlen. Obwohl sie es nicht *ausdrücklich* erwähnt hat, vermute ich, sie hätte nichts dagegen, wenn Du mich besuchen kämst, »falls Du Dich zufällig in der Gegend aufhältst«.

3. Aus den genannten Gründen (solltest Du ihm das sagen oder besser nicht?), habe ich nicht *offen erklärt*, ich ginge mit Dir fort für immer. Es tut mir leid, Liebling, es gibt noch einen anderen Grund, warum ich das nicht tue – weil ich nicht will, daß jemand mir meine drei Wochen verdirbt: Sie würden wahrscheinlich denken, wir wollten durchbrennen. Manchmal glaube ich, es wäre eine *hervorragende* Idee, wenn Harold Men Chinday bei ihrer Rückkehr aus Schottland treffen würde. Du kannst ihm das von mir sagen. Sag ihm auch, daß D. ernstlich krank ist. Ich will nicht, daß er D. sieht, wenn dieser in einer seiner reizbarsten Stimmungen ist – allerdings ist er fast immer reizbar, also kann man nichts daran ändern. Sie sollten sich lieber *nach* Montag treffen, da ich mir einfach die Kehle durchschneiden werde, wenn ich nicht mit Dir fortkomme, Liebste.

Bitte versteh und begreif auch, Liebling, wieviel ich Deinetwegen einstecken muß. Wenn Du nur wüßtest! Tu es toute ma vie.[1]

[1] Du bist mein ganzes Leben.

17. August

... Ich habe Tschaikowskijs Sinfonie ›Pathétique‹ – die Du so sehr liebst – auf Pats Pianola gespielt. Es ist bestimmt das herzzerreißendste Stück, das je komponiert wurde! Weißt Du noch, wie wir sie in Monte Carlo genossen haben? Danach sind wir am Meer spazierengegangen ... Seitdem hatte ich sie nicht mehr gehört.

Bis zu unserer Abfahrt aus Monte Carlo gehörtest Du mir, Liebling. Ich war absolut davon überzeugt, daß Du es H. sagen und daß Du, egal wie seine Antwort gelautet hätte, zu mir zurückkommen würdest ... Erinnerst Du Dich an den Tag, an dem Du mich in Cannes zurückgelassen hast? Wie gänzlich wir einander vertrauten! Wir waren alles für einander – ach, Mitja, wie qualvoll sind diese Erinnerungn!

Es gab für andere nur wenig Platz in Deinem Herzen. Alle anderen Forderungen und Zuneigungen waren verblaßt, bis sie bloß noch lästige Geister waren. C'était moi que tu aimais, moi à qui tu tenais![1] Damals *war* es die Wahrheit, Mitja, daß nur ich Dir etwas bedeutete – Du weißt so gut wie ich, daß sich so etwas immer klar erkennen läßt – »Le coeur a ses raisons que la raison ne connait pas«.[2]

Duntreath Castle,
Blanefield, N.B.
23. August 1920

Die Uhr ist um zwölf Jahre zurückgedreht: Ich bin wieder vierzehn, romantisch, pedantisch und liebe das Geheimnisvolle. Auch über meinen Aufenthalt in Florenz bin ich noch

[1] Ich war es, die Du liebtest, um die Du Dich sorgtest!

[2] Das Herz erkennt Dinge, die der Verstand nicht begreift.

nicht hinweggekommen: Ich spreche von Verrocchio, Donatello, Cimabue. Ich bin vertieft in Marjorie Bowen – aber ich bin noch nicht zu alt, um mich auch heimlich an L. T. Meade zu erfreuen.

Nana ist immer noch eine der wichtigsten Figuren an meinem Horizont: Moiselle ist allmächtig. Mama ist eine ferne, manchmal liebenswürdige, immer würdevolle und schöne Figur in meinem Leben. Mit den Jungs ist nicht viel anzufangen, nur Charlie neckt mich und zieht mich an den Haaren. Meine einzige wirkliche Eroberung ist Mrs. Strachen[1]. (Sie hat herrliche Limonade in Flaschen, und sonntags backt sie süße Brötchen.) Und Vita – natürlich wäre es zu schön, wenn Vita hierherkäme. Sie ist so schön und klug. (Sie kann besser Italienisch als ich – dabei war ich länger in Florenz als sie.) Ich bete Vita einfach an – aber ich weiß nicht, ob sie mich wirklich mag . . . Wenn ich das nur herausfinden könnte. Aber wie? Wenn Vita käme, würden wir uns verkleiden, und vielleicht könnten wir wieder *Le Masque de Fer*[2] spielen, nur bin ich so eine schlechte Schauspielerin. . . Natürlich, Vita ist so klug: Es gibt nichts, das sie nicht kann.

Schau doch nur, wie sie bei Miss Wolff[3] alle übertrumpft!

Obwohl es bei dem Preisessay ein knappes Rennen zwischen ihr und Sibyl Mettersdorf gab . . .

Ich möchte wissen, ob Vitas Mutter ihr erlauben wird zu kommen? Wie herrlich das wäre . . . Ich würde Rosenblüten auf dem Teppich ausstreuen . . . (Vielleicht gibt es im Treibhaus Tuberosen. Ich werde meine Mutter dazu bringen, ihrer Mutter zu schreiben.)

Men tiliche, Du kannst Dir nicht vorstellen, wie seltsam es ist, hier zu sein – alles unverändert vorzufinden. Du mußt

[1] die Frau des Pförtners auf Duntreath

[2] *die eiserne Maske*

[3] die Schule, die Violet und Vita gemeinsam besuchten

wissen, daß ich sieben Jahre nicht hier war. Es ist, als kehrte ich in meine verlorene Kindheit zurück. Diese Vorstellung wird, völlig unerwartet, von Men Chinday unterstützt, die bisher noch keine einzige Anspielung auf irgend etwas gemacht hat, wofür ich unendlich dankbar bin. Mio Zio Archie[1] und Mia Zia Duckrus[2] (nicht Iscariot) sind besonders nett und freundlich. Die andere »Zia« ist fort.

Men camelo tuti[3] so irrsinnig – es scheint fast wie eine ununterbrochene Folge – ich liebte Dich als Kind – und tue es immer noch. Es scheint die eine Sache zu sein, die so lange leben wird, wie ich lebe ...

Mein Liebling, ich habe so arge Halsschmerzen, anscheinend – obwohl man die beiden Dinge nicht unbedingt in Verbindung bringen muß – sind in Glasgow die Pocken ausgebrochen, und mein Onkel meinte, ich solle mich vielleicht besser impfen lassen, da ich mich heute morgen dort aufgehalten habe.

Montag morgen

Ich habe nicht geschlafen – und meine Halsschmerzen sind noch schlimmer geworden – habe keinerlei Medikamente dagegen mit ...

Gestern war Men Chinday, anstatt hart, inquisitorisch und drohend wie sonst, freundlich, humorvoll und fröhlich. Sie ist ganz braun von der Sonne. Sie sagt, sie sei hier so glücklich, fern von allen Leuten. Sie ist so bezaubernd, wenn sie so ist wie gestern, niemand könnte dann umhin, sie zu lieben – nicht einmal Du!

[1] mein Onkel, Sir Archibald Edmonstone, Mrs. Keppels Bruder

[2] meine Tante Jessie

[3] Ich liebe Dich über alles.

Sie hat Momente – Stunden, in denen sie ganz einfach ist. Sie sperrt die Jagdhunde ein oder verarztet eine verwundete Taube, die die Ratten fast verschlungen hatten, und dazwischen kann sie lachen und scherzen wie ein junges Mädchen.

Dann sind ihr Verhalten und ihre Liebenswürdigkeit einfach hinreißend. Sie hat mich zum Tee zu einer alten Dame mitgenommen, die in der Nähe wohnt; dazu gesellten sich noch einige besonders langweilige und anstrengende Nachbarn. Men Chinday sprach mit ihnen, als wären sie die geistreichsten und reizvollsten Leute auf der Welt, neckte die alte Dame, scherzte mit ihr und bewunderte ihre ganze Habe, bis sie ihr völlig den Kopf verdreht hatte. Non, il n'y a pas à dire.[1] Um nichts in der Welt könnte ich Mama böse sein. Was auch immer sie getan hat, man kann ihr ganz leicht verzeihen. Einige Leute sind einfach so.

Ein netter kleiner Mann namens Sir Courtauld Thomson war dort, der ihr auf ziemlich ulkige Weise sehr offensichtlich den Hof machte. Oh! Die mit Charme gesegneten Leute, was haben sie für einen unfairen Vorteil!

[Schottland]
[August 1920]

Ich schreibe dies in der Nähe der Stelle, an der ich so geweint habe, weil ich dachte, daß Du nicht herkämst.[2] Oh, Liebling, ich hätte nicht herkommen dürfen. Du bist allgegenwärtig . . . Wie jung und glücklich wir waren – frei wie die Sperber, die auf den Hügeln nisten, scheu wie die Rehe, die auf den Hängen äsen. Wie liebte ich Dich damals! Ich hatte immer Angst, Du könntest erraten, wie sehr ich Dich liebte . . .

[1] Nein, man kann nichts gegen sie sagen.
[2] nach Duntreath Castle

Dieser Ort ist unwandelbar Dein, gehört der schlaksigen, unbeholfenen, anbetungswürdigen Vita, die historische Romane schrieb und keinerlei Sinn für Humor hatte. Du hast Dich mehr verändert als ich, denn ich habe mich überhaupt nicht verändert ... Ich weiß, wie schrecklich ähnlich wir uns in manchen Dingen sind – in den bedauerlichsten Dingen –, aber für meine Fehler habe ich nichts als Verachtung und für die Deinen nichts als Mitleid übrig. Wir sind beide von Natur aus schwach, unaufrichtig und feige. Erschrick nicht, Liebling – wenn überhaupt, dann liebe ich Dich deshalb noch zärtlicher, mit noch mehr Verständnis.

Alles worum ich Dich bitte, ist folgendes: Tu nichts, was unsere Liebe in ihrem Wesen trüben und entweihen könnte. Dafür ist sie zu rar, zu kostbar. Sie muß immer das einzig Unsterbliche in unserem Leben bleiben ... Vor vielen Jahren sagtest Du, wir würden immer wieder zusammenkommen. Darauf vertraue ich.

Liebling, was Deinen Freund angeht, was hättest Du gedacht, wenn ich, kaum daß wir getrennt wurden, alle Hebel in Bewegung gesetzt hätte, um so oft wie möglich ausgerechnet die eine Person zu sehen, mit der jeglichen engen Kontakt abzubrechen Du mich nicht gerade leidenschaftslos gebeten hattest? Es ist nicht unbedingt wichtig; es stellt bloß eine Taktlosigkeit da ... Das ist Deine robuste, bäuerliche Veranlagung. Du bist wie ein Tizian, so reich, farbenfroh und sinnlich, aber Du hast keine Spur feinerer Empfindung ...

Duntreath Castle, Blanefield, N. B.
24. August 1920

... Ich spiele gerade ein Spiel mit mir: Ich bin immer noch (mehr oder weniger) vierzehn, und Du bist im Geist immer noch sechzehn. Liebling, wie furchtbar glücklich wir waren, bevor wir erwachsen wurden, Du und ich! Ich bin absolut gegen das Erwachsensein. Es hilft niemandem. Hugh[1] ist immer ganz eng mit diesem Ort verbunden. Ich kann mich so gut an ihn erinnern: ein schlaksiger Junge von neunzehn, der kein einziges Wort herausbrachte. (Ich denke, die Bezeichnung »Junge« ist in diesem Fall legitim.) Und Du – Du bist niemals fortgegangen – alles erinnert an Dich.

Liebling, ich fürchte, was Du sagst, ist wahr. Du hast aus Deinem Leben ein trauriges Durcheinander gemacht. Du bist weder Fisch noch Fleisch. Aber während Du die Alternative des »Martyriums« einräumst, verwirfst Du die andere – die Brücken abbrechen – und – Flucht! (Sicherlich die genußvollere von beiden?)

Es ist schwieriger für Dich, mein Spiel zu spielen, weil Du nicht allein bist wie ich. Es ist lustig, wie herrlich emanzipiert ich mich sofort fühle, sobald ich von zu Haus fort bin. Gewisse Aspekte meines Lebens streife ich so leicht ab wie meine Kleider ... Ich fühle mich so frei ...

In mir ist etwas Unverwundbares, etwas Unberührtes, etwas, das letztlich über alles triumphieren wird, um mich auf den Schwingen des Entzückens davonzutragen! (Liebling, Du siehst, wie unverbesserlich dieser Glaube ist, wenn ich um 11 Uhr morgens auf so idiotische Art und Weise darüber schreiben kann!)

Vielleicht wird niemand jemals etwas davon erfahren, vielleicht wird es niemals ans Licht kommen, aber es ist da, es ist da, es hüpft, es pocht und singt, und Du bist der einzige Mensch auf der Welt, der von seiner Existenz etwas ahnt ...

[1] Hugh Walpole, den Violet in Duntreath kennengelernt hatte, wo er, während der Sommerferien von Cambridge, als Hauslehrer ihrer Vettern angestellt war.

Duntreath Castle, Blanefield, N. B.
25. August 1920

... Hier kann ich völlig zurückgezogen von der Realität leben; hier könnte ich die Heiterkeit meiner Kindheit wiedergewinnen. Hier kann ich frei atmen und frei leben – verständnisvolle Hügel umgeben mich auf allen Seiten.

Ich habe *überhaupt keine Lust*, nach Holland zu fahren, und versuche nicht daran zu denken. Wahrscheinlich kann ich gar nicht, wenn mein Arm ...

Ich lese gerade ein reizendes Buch über die Kaiserinwitwe von China – Sie lebte in einem Palast mit dem Namen ›Der Palast der sieben Winde‹ – mein Gott, die Phantasie der Menschen – Warum machen wir uns nicht auf, gehen nach China und werden naturalisierte Chinesen? Was HÄLT uns davon ab? Ich habe die Hindernisse so satt – für mich haben sie einfach aufgehört zu existieren. Sie haben ohnehin keine wirkliche Bedeutung – wenn Du jetzt hier bei mir wärst, würde ich Dich dazu bringen, es genauso zu sehen.

Armer gefangener Mitja – oh, Liebling, ich bin ernstlich um Dich besorgt – verfall *nicht* wieder in die Geistesverfassung, in der Du warst, als Du zum ersten Mal nach Hindhead kamst, und aus der Du nach und nach herauswächst, wenn Du mit *mir* zusammen bist! Oh, mein Gott, wie wirst Du wohl sein nach sechs ununterbrochenen Wochen zusammen mit *ihm*?

Du sagst, ich sei in manchen Dingen stark. Soll ich Dir das Geheimnis meiner Stärke verraten, das Geheimnis meines unerschütterlichen Verlangens ...? Ich lasse mich niemals von irgend jemandem auf der Welt beeinflussen – unendlich zugesetzt hat man mir und mich gequält, zweifellos, aber niemals wirklich *beeinflußt.*

Ach Mitja, geh nicht wieder fort! Ich hoffe, er wird nicht irgendwohin auf den Balkan geschickt. Es ist Pech: Du wirst immer dort verlangt, wo es *uns* gefallen würde. Ich würde alles darum geben, wenn Du jetzt bei mir sein könntest. Ich würde Dir den ganzen Unsinn schon austreiben ...

Ich öffne meinen Brief noch einmal, um eine Frage von Dir zu beantworten. Du fragst, ob er (Denys) mit nach Holland gekommen wäre, wenn er gesund wäre. *Vielleicht* wäre er für ein paar Tage gekommen, wenn er fortgekonnt hätte, aber praktisch wäre ich die ganze Zeit allein dort gewesen. Es war überhaupt *nie* die Rede davon, daß er für sechs Wochen, einen Monat oder sogar nur eine Woche käme. Außerdem kannst Du H. daran erinnern, daß ich ihn, als ich ihn traf, gefragt habe, ob er nicht kommen und D. besuchen wollte. Ich hätte ihn nicht gefragt, wenn irgend ewas faul gewesen wäre. Es gibt *keinen* Grund, warum Du H. nicht den sehr kurzen Brief, den D. mir geschrieben hat, zeigen solltest, in dem er sagt, er glaubt, es wäre besser, wenn wir uns bis zu Sonias Hochzeit nicht sehen würden. Ich habe ihn Dir gegeben.

Liebling ... Du bist die *einfallsloseste* Person, die ich kenne.

Duntreath Castle
27. August 1920

Mia hermosa[1], mein Vetter Eddie (der, der mir ein bißchen ähnlich sieht!) ist gerade aus Konstantinopel angekommen. Von einem ziemlich stämmigen, stupsnasigen Jungen hat er sich zu einem vollkommenen Adonis entwickelt! Er ist über 1.80 m groß, vollkommen proportioniert, hat eine tiefe Baßstimme (ja, tiefer als meine!), fast klassische Züge (aus der einstigen Stupsnase ist eine griechische geworden) und einen undurchdringlichen, rotbraunen Haarschopf! Solch einen Traum

[1] Meine Schöne

hast Du noch nie gesehen! Ich werde ihn dazu bringen, für mich Modell zu sitzen.

Die Romantik der Seeleute! Er kommt mir vor wie ein jugendlicher Lingard[1]. Er hat schon jede Art von Abenteuer und Gefecht hinter sich und ist noch nicht einmal zwanzig! *Wirklich* jung, Liebling, nicht scheinbar jung wie Du und ich!

Ich sehe voraus, er ist genau mein Typ. Wenn ich länger hierbliebe, würde ich sicherlich beginnen »heftig um ihn herumzuflattern« – da ich morgen fahre, ist es egal, denn in 24 Stunden kann man nicht viel erreichen.

Ist das nicht ein schamloses Geständnis? (Soll ich ihn fragen, ob er mich in Holland besuchen kommt?[2]) Ich sehe vor mir, wie Dein Gesicht sich verfinstert, aber Du hast es verdient, aufgezogen zu werden (nebenbei bemerkt ist alles, was ich gesagt habe, wahr), weil Du nicht ein einziges Wort zu Sonntag gesagt hast. Ich weiß gar nicht mehr, woran ich bin. Du kannst einen ganz schön verrückt machen, Liebling.

... Morgen werde ich an Dich denken, wenn Du mit Deinem schwabbeligen Gastgeber Kunstgespräche führst, Dir wichtigtuerische Anekdoten aus dem Diplomatenleben bei Tisch anhörst. Klatsch über den neuesten Salonlöwen, das neuste Buch, billige Witzeleien auf Kosten von Sibyl Colefax – und Du darfst dann an mich und meinen reizenden jungen und flotten Vetter denken, wie er mir zahme Schildkröten zeigt und einen Papagei, der Worte sagt, die man nicht wiederholen kann, dazu einen Revolver, der wirklich zur Lebensverteidigung benutzt wurde und nicht bloß als Dekorationsstück in einem »Interieur der alten Welt«.

[1] Kapitän Lingard, der Held in Joseph Conrads Romanen *Die Rettung, Der Verlorene der Inseln* und *Almayers Wahn*

[2] Violet fuhr nach Clingendaal (in der Nähe von Den Haag), wo Mrs. Keppel jedes Jahr im Herbst das Haus ihrer Freundin, der Baroness (Daisy) de Brienen, mietete.

Ach, Liebling, glaub nicht, ich würde *Dich* zu diesem seelenvollen, seelenlosen kleinen Kreis rechnen, zu dieser elenden intellektuellen Clique – das tue ich nicht. Geistig, spirituell und, ja, auch körperlich! überragst Du sie alle. Sicherlich sind sie Deine Freunde, aber es ist nichts Großes an ihnen, nichts, was leben wird, nicht ein Funke göttlichen Feuers. Wenn es ums *Leben* geht, wissen sie nicht wie ...

Sie leben ihre kleinen gepolsterten Leben in ihren kleinen gepolsterten Häusern, umgeben von wertvollen alten Möbeln, dem neuesten Gedicht, der neuesten Prosa. Sie gehen aus zu teuren Mittagessen, und sie kommen heim zu luxuriösen Abendessen, und sie (diese elenden, schlaffen, halbtoten Wesen) *wagen* es, die Leute zu kritisieren, die *wirklich* leben!

Oh! Sie geben sich verdammt viel Mühe, ihre kleinen Leben zu schützen, sich von jeder Gefahrenzone fernzuhalten – pah, ich hasse sie! Ich könnte ihnen ins Gesicht spucken ...

Wenn ich daran denke, daß ich dem in Gestalt von G. W.[1] entkommen bin (laß um Himmels willen diesen Brief nicht irgendwo herumliegen!). Ich danke Gott für Menschen wie Julian [Grenfell], Aubrey und Maurice – und die strahlende Blume der Jugend, der Tapferkeit und des Wagemuts, die im Krieg umgekommen ist. *Das* waren Menschen, die es sich zu kennen lohnte – Leute, die man bewundern und denen man nacheifern kann. Ich *weiß*, daß ich recht habe, und tief in Deinem Innersten weißt Du es auch. Du brauchst doch nur Deinen eigenen Vater anzuschauen. Er ist nicht unbedingt aufregend, aber an ihm gibt es viel mehr zu bewundern als an all diesen halbseidenen Menschen, von denen Du getäuscht wirst. Liebling, bitte verzeih mir diesen Ausbruch. Das wirst Du tun, weil die Dinge, die ich Dir sage, immer wahr sind ...

[1] wahrscheinlich Lord Gerald Wellesley, der der 7. Herzog von Wellington wurde. Violet war einmal mit ihm verlobt gewesen, und sie blieben Freunde.

28. August 1920

Liebling, gestern wurde ich richtig verwöhnt: Vier Briefe habe ich von Dir bekommen und davon nur einen unangenehmen, den ich pflichtbewußt beantwortet habe. Der letzte, den Du geschrieben hast, nachdem Du meinen bekommen hattest, hat mich selig gemacht. Gott segne Dich dafür, daß Du ihn geschrieben hast!

Was den Brief über Dein Buch[1] angeht, so denke ich, Du solltest es »gut enden« lassen; dann wird Silas, wie Du selbst sagst, in allem gescheitert sein, und ich denke, das ist künstlerischer als Deine andere Lösung. Es ist eine schreckliche Versuchung, seine Bücher schlecht enden zu lassen. Das habe ich bei meinem eigenen miserablen Versuch erfahren.

Ich habe wieder ein wenig geschrieben – es ist jetzt »krasser« als je zuvor – eine ganz nüchterne Wiedergabe von Tatsachen – ohne Schnörkel, ohne Höhenflüge der Phantasie. Es ist bloß eine schmucklose Chronik von Ereignissen, die sich wirklich zugetragen haben. Es hat keinen Wert – es ist zudem erbärmlich geschrieben –, der einzigen Wert, den es vielleicht haben könnte, ist unbeirrte Konzentration, die weder nach rechts oder links blickt, sondern nur geradeaus!

Ich muß immer über meine eigene Strenge lachen.

Zu *Deinem* Roman: Was ich davon gelesen habe, hat mich stark beeindruckt. Ich denke, er ist hervorragend ... vermeide um jeden Preis alles Gefällige, das Gefällige und seine abgetakelten Schleppenträger, Wortgeklingel und Sentimentalität ...

[1] »The Dragon in Shallow Waters« (Der Drache im seichten Wasser), erschienen 1921

Clingendaal, Holland
1. September 1920

Men tiliche, nach einer höllischen Überfahrt von sechs Stunden bin ich hier im Zustand totaler Erschöpfung angekommen. Eigentlich sollte ich eine eigene Kabine haben – man hatte mir eine reserviert, aber meine Mutter beschlagnahmte sie, weil sie unter keinen Umständen gestört werden dürfe. Also mußte ich eine Kabine mit Sonia teilen, die die ganze Nacht abwechselnd hustete, nieste oder schnarchte ...

Ich fürchte, ich hasse das Meer – die Kabine ächzte wie eine dicke Frau in einem viel zu engen Korsett und schwankte wie ein spanischer Tänzer ... Ich habe mich noch nie so elend gefühlt.

Men Chinday läßt keine Gelegenheit aus, mir unfreundliche und boshafte Dinge zu sagen; genauso wie mein Vater. Ich brauche wohl kaum noch hinzuzufügen, daß la châtélaine[1] sich in ihrem Verhalten nach Men Chinday richtet ...

____ (Denys) sehe ich immer erst zum Mittagessen. Er zeigt nicht den geringsten Enthusiasmus, mich zu sehen, und scheint vollauf mit seiner Diät beschäftigt. Er ißt im Haus zu Mittag, aber die anderen Mahlzeiten nimmt er in der Hütte[2] ein. Er sieht schon etwas besser aus.

Du hast mich gebeten, Dir genau zu sagen, wer hier ist: die Familie Alington, die Harry Lehrs und Lady de Trafford ... Liebling, Du brauchst Dir um mich keine Sorgen zu machen. Hier gibt es keinerlei Versuchungen ...

[1] Baroness de Brienen

[2] ein Häuschen auf dem Grundstück

Clingendaal, Holland
2. September 1920

... Als ich heute mittag aus Den Haag zurückkam, wartete zu meiner Freude und Überraschung ein Brief auf mich. Ich war mit einer riesengroßen Gesellschaft in den Gemäldegalerien, dann in den Souvenirläden, wo es so manches gab, was uns beiden gefallen hätte ... Die ganze Zeit habe ich Dich so schmerzlich vermißt, daß ich so tun mußte, als hätte ich geniest ...

Ich kann Dir einfach nicht sagen, wie ___ [Denys] sich benimmt! Er ist abscheulicher und unleidlicher denn je. Weder mit mir noch mit sonst jemandem spricht er richtig, sondern brummt nur irgend etwas, und beim Mittagessen war er zu allen so fürchterlich unhöflich, daß ich nachher auf ihn losgegangen bin und Szene Nr. 1 sich wieder abspielte. (Manchmal denke ich, er muß schrecklich eingebildet sein, sonst würde er es nicht wagen, so langweilig zu sein. Außerdem hasse ich seine Trägheit: Er ist der trägste Mann auf der Welt, und gerade dann, wenn er absolut nichts tut, ist er besonders mit sich zufrieden.)

Ich mußte lachen über das, was Du Dir vorgestellt hast: Er, ungeduldig wartend an der Türschwelle! In Wirklichkeit passierte folgendes: Kurz bevor wir erwartet wurden, ist er zu einem Spaziergang aufgebrochen und erst zum Abendessen zurückgekehrt.

Donnerstag morgen – Men tiliche, gestern abend war Men Chinday vor allen Leuten so empörend grob zu mir, daß Lady de Trafford sie angriff und zu mir dann absolut reizend war. Jeder sagt hier, Men Chinday sei unerträglich unfreundlich zu mir. Sie beschweren sich, denn sie fühlen sich deshalb nicht wohl.

Sonia ist sehr nett zu mir, und sogar mein Onkel ist erstaunt über Men Chindays Verhalten in der Öffentlichkeit – es ist so traurig für mich, Liebling, weil es mir so furchtbar nahegeht, und ich glaube, sie weiß instinktiv, daß ich ihr immer verzeihen werde, egal was sie tut. Ich kann ihr nicht böse sein. Sie braucht nur zur lächeln, und alles ist vergessen. Ich gebe mir soviel Mühe, nett zu ihr zu sein, aber ich kann es nicht ertragen, wenn sie mich vor allen Leuten zum Gespött macht – ich werde fortgehen müssen …

6. September 1920

Dieser Ort ist nicht gut für Denys. Er fühlt sich erschöpfter denn je und kann kaum noch einen Fuß vor den anderen setzen. Er hat zwar nichts gesagt, aber ich weiß, daß er wahrscheinlich letzten Endes woanders hingehen muß.

Ach Mitja, ich bin gespannt darauf zu erfahren, was Du von der Prag-Idee hältst.

Ich glaube, *mit etwas Glück* kann ich Anfang Oktober von ihm wegkommen – und dann will ich unbedingt nach Prag.

Clingendaal, Holland
8. September 1920

Als ich heute morgen Dein Telegramm erhielt, war ich wütend. Jetzt bin ich nicht mehr wütend, nur noch unendlich traurig und entmutigt. Was ist so edelmütig daran, daß er Dich fünf Tage hintereinander wegläßt, nachdem Du den ganzen Sommer mit ihm verbracht hast, mit Ausnahme jener lächerlichen 14 Tage, die wir zusammen waren? Ich sehe das System dahinter: ein Tag mit mir für jede Woche, die Du mit ihm verbringst: fünf Tage, fünf Wochen.

Wenn ich Prag trotz Denys' Krankheit hätte arrangieren können, warum Du nicht? … Aber wenn ich Deine Einwände akzeptiere (wegen dieser erbärmlichen fünf Tage), könntest Du doch *am Ende dieser fünf Wochen*, also am 7. Oktober kommen? Das wäre für alle Seiten durchaus gerecht – H. hat seine ungestörten fünf Wochen mit Dir, und dann bin *ich* an der Reihe ... Ich höre, daß Du für drei Tage mit H. nach Ostende fahren willst.

Ich nehme an, Du bist Dir darüber im klaren, daß mich die bloße Tatsache, daß Du ungefähr drei Stunden von hier entfernt mit ihm zusammen bist, absolut wahnsinnig machen wird? Das ist so ungefähr die sadistischste Quälerei, die Du Dir ausdenken konntest ...

Ich denke, das Leben in Ostende wird dem von Monte Carlo sehr ähnlich sein. Er wird es genießen, Dich dort vorzuführen. Es tut mir leid: Sosehr ich mich auch bemühe, dies und die Gründe, die Du anführst, warum Du nicht nach Prag kommen kannst, lassen mich rot sehen. Ich kann es nicht ändern ...

Du nennst mein hiesiges Leben »gräßlich«: Ich habe eben nicht Dein Glück. Ich bin nicht von Leuten umgeben, die mich amüsieren. Ich besitze weder Deine Klugheit noch Deine Schönheit, noch Dein heiteres und unerschütterliches Gemüt. Unsere Wege verlaufen getrennt, und au fond bin ich chronisch unglücklich und verzweifelt, denn ich weiß, es gibt für uns keine Hoffnung, obwohl das Jahr, das hinter uns liegt, im Vergleich zu heute noch das reinste Paradies war. Wenn Du letztes Jahr um diese Zeit auch körperlich gebunden warst, so warst Du doch wenigstens geistig frei: *Du wolltest fort. Dieses Jahr willst Du nicht mehr fort.* In einem Brief, den Du mir nach einem Zusammensein geschrieben hast, sagtest Du, Du verachtest Dich selbst – für Dein Schwanken und dafür, daß Du keins Deiner beiden Leben richtig lebst. Warum nimmst Du nicht all Deinen Mut zusammen und entscheidest *jetzt*, welches Leben es denn nun sein soll? ...

Du mußt nur eines tun: die betroffenen Parteien *vor meinen*

Augen fragen, und wenn *ich selbst* sehe, daß sie wirklich unerbittlich sind, dann werde ich alle Hoffnung für immer fahrenlassen. *Aber wären sie das denn*, wenn Du ihnen – besonders *ihm* – immer wieder erzählen würdest, wie sehr Du fort willst, wie unglücklich Du bist . . . anstatt es kaum zu erwähnen und ein wenigstens nach außen hin völlig zufriedenes Leben zu führen, wenn ich weg bin?

Wie hoffnungslos und furchtbar das alles ist . . .

Clingendaal, Holland
17. September 1920

Wenn ich hier bin, je reste les bras ballants à guetter les courriers[1]. Mit meinem Buch komme ich überhaupt nicht voran – so geht es schon seit meiner Ankunft –, es hat gar keinen Zweck, daß ich überhaupt versuche, daran weiterzuarbeiten; ich kann es nicht. Ich verwahrlose, quando son lontana da te[2] . . . Gestern schlenderte ich lustlos durch die Gemäldegalerie in Amsterdam und versuchte vergeblich, mir einzureden, daß ich mir aus Bildern etwas mache, obwohl sie mich eigentlich zu Tode langweilen – bis auf einige moderne. Heute bummelte ich durch ein Städtchen namens Gouda, wo ich mir – mit mehr Erfolg – einzubilden versuchte, daß bunte Glasfenster mich interessieren. Im Grunde meines Herzens kann ich Stadtbesichtigungen nicht ausstehen. Ich merke, das einzige, was mich von Dir ablenken kann, ist Gefahr . . .

Letztes Jahr um diese Zeit, da gab es so vieles, worauf man sich freuen konnte. Und jetzt . . .

Über mein Leben wird nur ein Wort geschrieben werden: »Vergeudung« – Vergeudung von Liebe, Vergeudung von

[1] stehe ich mit hängenden Armen da und warte auf die Postboten
[2] wenn ich von Dir getrennt bin

Talent, Vergeudung von Unternehmungsgeist, was könnte schlimmer oder aussichtsloser sein ...

Hotel Astoria, Rue Royal, Brüssel
18. September 1920

Men Colochin, ich war so dankbar, heute abend ein Telegramm von Dir zu erhalten – ich komme so ungern irgendwo an, ohne eine Spur von Dir vorzufinden ...

Brüssel erinnert auf ganz unerträgliche Weise an Paris. Nachts sieht es genauso aus ... Die réverbères[1], die dunklen, engen Straßen, die drängelnde, gutgelaunte Menge, die Kioske mit ihren bunten »affiches«[2].

Und mein Herz rief Julian! Aber da war kein Julian, nur ein schlaksiges, spitzbübisches Mädchen, das aussah wie Alice im Wunderland. Und mein Herz weinte über die Vergeudung von alldem, diese böse, dumme Vergeudung ... Vielleicht fahren wir nach Brügge, oder wir bleiben bis morgen hier. Es ist nur eine Frage des Geldes, weil ich – ein weiterer Schlag – wie gewöhnlich ohne jeden Penny bin, genauso wie wir beide, wenn ich mit Dir verreise. Auf jeden Fall denke ich, daß ich am Dienstag in Antwerpen sein werde ... Ich habe diese elenden, kleinen, überkultivierten Länder so satt ...

Hotel de Flandre, Brügge, Belgien
19. September 1920

... Bist Du von Ostende aus nach Brügge gefahren? Es interessiert mich kein bißchen mehr als irgendeine andere

1 Straßenlaternen
2 Plakaten

belgische oder holländische Stadt. Ich mag diese winzigen Häuser, die aufdringlichen Messinggegenstände und die komplizierten carillons[1] nicht. Die Memlings und Van Eycks sind alle so steif (ich hasse die Frühen Meister), und von den Rubens und Brueghels wird mir übel ...

Ich habe heute den ganzen Tag zutiefst bedauert, daß wir nicht nach Griechenland gefahren sind. Ich muß *verrückt* gewesen sein, es Dir auszureden. Ich nehme an, daß mein Widerstand zurückzuführen ist auf diese abartige und lächerliche Abneigung gegen Reisen, die ich nicht *selbst* geplant habe – Du weißt, was ich für eine Idiotin bin, wenn mir jemand *sagt*, daß mir etwas gefallen wird. Warum hast Du mich nicht zur Vernunft gebracht?

Morgen fahre ich wahrscheinlich nach Ostende, wo Du noch vor ungefähr zehn Tagen gewesen bist. Ich habe nur noch einige hundert Francs, um nach Holland zurückzukommen – also auf keinen Fall genug, um mich noch richtig an den Spieltisch setzen zu können.

Ypres, Belgien
21. September 1920

... Mir ist, als ob ich immer Deinem Geist folgte – gestern das Kasino, heute Ypres. Es ist entsetzlich. Dieses Hotel, nichts weiter als eine Holzhütte primitivster Art, brüstet sich mit dem Namen »Le Splendide« – So etwas Herzzerreißendes wie die aufgesetzte Leichtherzigkeit und Frivolität von Ypres und seinen Bretterbuden-Hotels mit den hochtrabenden Namen habe ich noch nie gesehen.

Es ist unendlich viel schlimmer, als ich es mir vorgestellt hatte: diese weiten Flächen öden Landes, auf denen die ver-

[1] Glockenspiele

kohlten Bäume ihre Zweige wie abgebrochenes Geweih anklagend in den Himmel recken. . . .

In Paschendaele habe ich den trostlosesten Anblick meines Lebens gesehen: Ein hutzeliger, verwachsener, buckliger Zwerg saß auf einem Stoß Maschendraht, allein in dieser weiten Ebene, in der man die Schreie der Sterbenden noch immer zu hören meint. Es war ein so schreckliches Bild, so gottverlassen grotesk, daß es mir kalt den Rücken runterlief und ich nicht hinschauen konnte.

»How are the mighty fallen«, und wie gut war Osberts Gedicht[1]. Das erste, was mir in den Sinn kam, war der letzte Vers: »Zu spät und achtlos kam Gelassenheit.«

Man könnte es nicht besser ausdrücken.

Wie brutal bringt es mir das Leid und die Not der Männer nahe, die den ganzen Krieg hindurch gekämpft haben. Liebling, ich wünschte, wir wären zusammen hierhergekommen.

Ich weiß nicht, was ich tun werde, wenn ich bei meiner Rückkehr nach Brügge keinen Brief von Dir vorfinde . . .

Hotel de Flandre, Brügge, Belgien
[21. September 1920]

Bei meiner Rückkehr aus Ypres fand ich zwei Briefe von Dir vor . . . Sie haben mich beide ziemlich aufgeregt . . .

Würde es Dir überhaupt etwas ausmachen, wenn ich nicht zurückkäme? Sag es mir ehrlich, denn ich will die Wahrheit wissen! Außerdem bitte ich Dich, mir nicht so zu schreiben, als wäre ich ein törichtes, nicht ernstzunehmendes kleines Mädchen, denn in Wirklichkeit bin ich eine unglückliche Frau und tragische Figur. . . .

[1] Osbert Sitwells Gedicht »There Fore Is the Name of It called Babel«, in *Argonaut and Juggernaut* (1919).

Grand Hotel, Antwerpen, Belgien
22. September 1920

Mon amour chéri, diesen verzweifelten Brief habe ich gestern abend angefangen, um ihn bei meiner Ankunft hier abzuschicken; dann dachte ich, ich bekäme vielleicht einen schöneren Brief von Dir, und habe es verschoben. Es gab noch eine Seite, die ich um drei Uhr morgens geschrieben hatte, aber sie war so entsetzlich ... daß ich sie vernichtet habe.

Du hast etwas schrecklich Beunruhigendes gesagt, nämlich wie schnell die Menschen für Dich verblassen, wie schnell Du vergißt – und Du fügst hinzu, daß Du mich nicht vergessen hast, aber kannst Du es nicht jeden Tag tun, wenn Du so oberflächlich bist? Bist Du wirklich so oberflächlich, Mitja? Das ist mein Alptraum, Deine Oberflächlichkeit. Und obwohl Du es nicht zugeben wirst, Du bist nicht fähig, so stark zu lieben wie ich. Als ich heute morgen um drei Uhr erwachte, war ich in kalten Schweiß gebadet, weil ich etwas Entsetzliches von Dir geträumt hatte – und ich beschloß, nie mehr nach England zurückzukehren, nie, nie! Ich war todunglücklich und ganz außer mir.

Als ich aufstand, zuckten meine Hände und Glieder, als ob ich fieberte. Mitja, Du hast keine Ahnung davon! Ich weiß, daß ich ungefähr viermal so intensiv lebe wie Du; wenn ich unglücklich bin, bin ich viermal so unglücklich, wenn ich eifersüchtig bin, viermal so eifersüchtig – Du bist in Pastellkreide, was ich in Ölfarben bin.

Du magst eine spanische Großmutter haben, aber Du hast trotzdem »le flegme britannique«[1]. O Gott, wirst Du jemals leben? Ich erinnere mich an Dein schönes, unbewegtes Gesicht und sehne mich danach ...

[1] den britischen Gleichmut

Antwerpen ist, soweit ich sehe, genau wie Paris. Das Hotel steht an einem Boulevard; es ist, nebenbei bemerkt, extrem verrufen, und draußen unter der Markise sitzen lauter kleine Aluschkas aufgereiht und warten darauf, »eingeladen« zu werden. Es gibt unendlich viele Konzertsäle, Kinos und Theater und wunderschöne Kleider – Überall steht »Eve und Julian« geschrieben, noch größer als in Brüssel ... Dieses Leben aufgezwungener Keuschheit hängt mir zum Halse raus! ...

Grand Hotel, Antwerpen, Belgien
24. September 1920

... Ses baisers ensorceleurs, son étreinte rageuse, ses gestes impatients et cruels. Je revois ses yeux, assombris tout-à-coup, à la fois humbles et inquiétants; plus tard encore, sa bouche qui implore, ses yeux qui commandent ... Et je lui dis: prend moi: je suis tienne[1].

Antwerpen gefällt mir: Es ist weder holländisch noch flämisch; vielmehr kosmopolitisch. Ich mag seine bariolé[2], emsige Menge, in der gelegentlich ein östliches Gesicht auftaucht – in der Regel chinesisch. Heute morgen bin ich zum Hafen gegangen und habe beim Entladen eines großen Schiffes zugesehen; es kam gerade aus dem Kongo – es wimmelte von Negern, und riesige Kreten [sic] arbeiteten an Bord. Nur mit Anstrengung habe ich mich zurückgehalten, eine Reise zu buchen –

[1] Ihre bezaubernden Küsse, ihre leidenschaftliche Umarmung, ihre ungeduldigen und rücksichtslosen Bewegungen. Wieder sehe ich ihre Augen, plötzlich dunkel, zugleich ergeben und ruhelos; später wieder ihren Mund, der fleht, ihre Augen, die befehlen ... Und ich sage zu ihr: Nimm mich, ich bin Dein.

[2] farbenfrohe

Wie unendlich viel lieber mir das Getümmel und die Unruhe Antwerpens ist als die schmucke Adrettheit und die Verschlafenheit von Brügge! Du kannst Dir nicht vorstellen, wie mir die kleinen spießigen Häuschen auf die Nerven gegangen sind, das freundliche Phlegma seiner Einwohner!

Heute morgen, als ich beim Entladen dieses griechischen Schiffes zusah, war ich wie elektrisiert. Es war lebendig, pulsierte, jubelte. Sicher von den Gefahren der Ozeane zurückgekehrt, wollte es doch ungeduldig gleich wieder in See stechen! Ich fühlte mich ihm verwandt ... Mir gefielen die fröhlichen, schwitzenden und grinsenden Neger, die kompetenten, knappen Anweisungen der Offiziere, die in Schweiß gebadeten Passagiere mit den ängstlichen Blicken – diese Menschen, sie waren lebendig.

Und von dort spazierte ich hinüber zur ebenso ehrwürdigen wie unendlich langweiligen Kathedrale mit ihren staubigen Kirchenschiffen und ihren allseits bewunderten Bildern.

Meine Achtung vor dem Alten ist auf ihren Tiefpunkt gesunken. Von diesem Snobismus bin ich befreit – Sklaverei wäre allerdings ein passenderes Wort. Wenn ich nicht Gesellin der Zukunft sein darf, dann will ich auch nicht Untertanin der Vergangenheit sein!

Clingendaal, Holland
25. September 1920

... Denys sieht wieder sehr krank aus, und er hat nicht zugenommen. Es ist die Rede davon, daß er an einen gesünderen Ort gehen soll – er und Ruby[1] (die seit letzter Woche hier ist) sind unzertrennlich, und mit mir hat er seit meiner Rückkehr nicht einmal zwei Worte gewechselt.

[1] nicht identifiziert

Das mit seiner Abreise ist nicht sicher, aber wenn er fährt, dann müßte ich sicher mit; es wäre aber nur für ein paar Tage. Er spricht kaum mit mir, Ruby wird also bei ihrer Rückkehr herrliche Geschichten zu erzählen haben ... C'est comme si je n'y étais pas.[1]

R. fragte Men Chinday, ob ich mich scheiden lassen würde. Tu n'as pas besoin de t'en faire[2] über meine Reise, weil wahrscheinlich nichts daraus wird. ...

s'-Gravenhage, Holland
27. September 1920

... Liebste, ich möchte, daß Du mir mehr von Deinem Buch erzählst. Hast Du es »gut« oder »traurig« enden lassen – der Titel gefällt mir[3]. Bitte erzähl mir mehr darüber.

Heftig angespornt dadurch, daß Du Deines zu Ende geschrieben hast, habe ich wieder versucht, an meinem zu arbeiten, aber es wird noch Jahre dauern, bis es fertig ist, weil ich so langsam schreibe und es ohnehin miserabel ist.

Ich kann Dir nicht sagen, wie ich mein Hotel-Leben vermisse und die Aufregung, einen Zug rechtzeitig zu erwischen, und die Lust, draußen, vor einem Café zu sitzen und einen Málaga zu schlürfen!

Elisabeth ist ein liebes Kind; sie war die einzige, mit der ich hier reden konnte. Jetzt, wo sie fort ist, ist niemand mehr da.

Denys – le diable au corps[4] in meinen Augen. Er hat seine Kur in den Wind geschlagen, reitet den ganzen Morgen, spielt den ganzen Nachmittag Tennis und den ganzen Abend

[1] Es ist, als ob ich gar nicht da wäre.
[2] Du brauchst Dir keine Sorgen zu machen ...
[3] »The Dragon in Shallow Waters« (Der Drache im seichten Wasser)
[4] der leibhaftige Teufel.

Bridge – das Resultat: Er sieht kränker aus als bei unserer Ankunft. Jeder macht ihm Vorhaltungen, ohne Erfolg; ce serait beaucoup mieux qu'il guerisse ... s'il mène ce train de vie[1].

Ist Dir klar, daß es nach heute nur noch zehn Tage sind – und ist Dir auch klar, daß der 8. ein Freitag ist? Vorrei naturalmente andare – sabato –[2] à toi d'y veiller[3], daß wir wirklich fahren – Il n'y pas de prétexte qui tienne[4] – nach fast fünf Wochen kann Harold das Wochenende über einfach irgendwoanders hinfahren; d'autant plus[5] werde ich den Dienstag mit den Zanes (Du kennst ihn: wir haben ihn in Monte Carlo getroffen) verbringen. ...

Sonst hätte Men Chinday darauf bestanden, daß ich erst zehn Tage später mit ihr zusammen zurückgefahren wäre, aber die Zanes haben mir einen exzellenten Vorwand verschafft, nach dem ich natürlich sofort gegriffen habe, also soi raisonnable, mon chéri[6], *und beschäftige dich sofort um samstag*[7].

Heute morgen hatte ich einen scheußlichen Streit mit »Not one« [Denys], weil er die Frechheit besessen hatte, zu sagen, ich sei eine widerspenstige Ziege, und mich schließlich eine verdammte Närrin nannte, und mir dann ins Gesicht schleuderte, er hasse mich. Deshalb ergriff ich die Gelegenheit, ihm zu schreiben und ihn an eine gewisse Vereinbarung dopo il romandinado[8] zu erinnern. Zweifellos wird sich all das in die

[1] es wäre viel besser, wenn er versuchen würde, gesund zu werden ... anstatt dieses Leben zu führen
[2] Ich werde natürlich fahren – Samstag –
[3] es ist an Dir dafür zu sorgen
[4] Es gibt keine gültige Ausrede
[5] außerdem
[6] sei vernünftig, mein Liebster
[7] im Original in (falschem) Deutsch
[8] nach der Hochzeit

mitleidigen Ohren von R. ergießen. (Eine wunderbar geeignete Person, um sich ihr anzuvertrauen.) . . .

s'-Gravenhage, Holland
28. September 1920

. . . Ich habe den ganzen Vormittag geschrieben, hab' mich wieder furchtbar festgefahren. Ich fürchte, die Literatur ist nicht meine Berufung.

Den ganzen Morgen mit Men Chinday über Dich gesprochen. Im großen und ganzen war sie nett. Sie sagt auch, sie hält es für das beste, wenn Denys und ich uns trotz romandinado an die ursprüngliche Abmachung hielten, aber ich weiß, daß sie nicht dazu stehen wird, wenn es darauf ankommt . . .

Clingendaal, Holland
29. September 1920

Ob es mir gefällt, wenn Du politische Reden hältst? Nein!

Ich hasse es! Ich finde es höchst bedauerlich. Du, Mitja, meine einstige gitana[1], gehst hin und mischst Dich in die Diskussion über den »Landadel« und die Bildungsreform und solchen Kram ein! Pfui Teufel! Es macht mich wütend und widert mich an. Um Himmels willen, überlaß das anderen Leuten . . . Außerdem weiß ich, auf wen das zurückzuführen ist!

O Gott, es ist an der Zeit, daß ich zurückkomme und Dich von all diesem Kram weghole! Du weißt, wie ich Dein Besitzdenken und alles, was damit zu tun hat, hasse. Mein armes Herz, ich weiß, ich bin dumm, engstirnig und grob, aber ach!

[1] Zigeunerin

Ich hasse nun einmal Dinge wie soziale Probleme, Bildungsfragen, Feudalismus, Besitz, Gesetze und politische Diskussionen so *sehr*! Mir ist klar, daß es solche Dinge geben muß – aber mir bedeuten sie überhaupt nichts ... Du, die Du, wie ich manchmal denke, über die Landstraßen der Welt wandern solltest, ohne Dach über dem Kopf, mit nur einem Bündel, das Du Dein eigen nennst, Du verbrüderst Dich mit dieser galère[1] – das ist mir ein absoluter Greuel. Das ist Verrat ...

Zigeunerin, komm fort mit mir!

Clingendaal, Holland
30. September 1920

Men tiliche, ich bin so neugierig auf Dein Buch[2] und kann kaum abwarten, es zu lesen. Ob es wohl heute mit der Mittagspost kommt? Ich weiß d'avance[3], daß es hervorragend ist und daß Du ein Genie bist. Ich bemühe mich, mein eigenes zu schreiben, und verbringe täglich qualvolle Stunden damit, mit geringem oder gar keinem Erfolg ...

Clingendaal, Holland
2. Oktober 1920

... Heute morgen habe ich mir einige Bilder aus der Schule von Barbizon angesehen, die mir recht gut gefallen haben. Ein

[1] wörtlich: Gruppe von Gefangenen; hier: die etablierte, höhere Gesellschaft

[2] Wahrscheinlich ein getipptes Manuskript von *Der Drachen im seichten Wasser*

[3] im voraus

oder zwei Mauves und einige Daubignys haben mich wirklich angesprochen. Wie sehr ich moderne Malerei den »Alten Meistern« vorziehe!

Wenn ich jetzt darüber nachdenke, muß ich sagen, mir gefällt fast immer das Moderne am besten. . . .

Habe hier mit einem sehr charmanten Russen zu Abend gegessen. Er ist der erste sympathische Mensch, dem ich begegnet bin, seit ich fort bin. Jetzt ist er Sänger; vor dem Krieg war er sehr reich – aber heute hat er kaum genug zum Leben. – Er hat mir erzählt, daß er manchmal hungrig zu Bett geht . . . Er hat mir Geschichten über Schaljapin[1] erzählt, an denen Du Deine Freude gehabt hättest – wie schrecklich attraktiv sie sind, diese Leute, wie großartig einfach. Liebste, Du darfst mir nie erlauben, mit einem Russen zu vertraut zu werden – il y a trop de chances pour que nous nous entendions[2]. . . .

Nicht nur dieser Russe im besonderen, sondern alle Russen. Sie sind so un-geschniegelt, so spontan. Dieser Mann wäre beinahe in einem Duell getötet worden. Danach stürzte er sich kopfüber in den Krieg und wurde dort wieder sehr schwer verwundet. Dann schickte man ihn als Militärattaché nach Den Haag, aber er fand es unerträglich, nicht bei der Revolution dabeizusein, und kehrte nach Rußland und zu seinem Regiment zurück. Als er dort ankam, waren alle seine Besitztümer konfisziert und sein Haus abgebrannt; schließlich entkam er um Haaresbreite in völlig miserabler Verfassung und muß nun von 200 Pfund im Jahr in Amsterdam leben.

Heute vormittag habe ich wieder mit diesem erbärmlichen Buch gerungen. Meine Grenzen werden immer offensichtli-

[1] Der russische Opernsänger, der in der Rolle von Boris Godunow eine Sensation in Covent Garden war.

[2] Das Risiko, daß wir uns verstehen, ist zu groß.

cher. Ich kann die Dinge nur fühlen. Ich kann sie nicht ausdrücken. Mein Englisch ist nicht gut genug, ich kann nicht analysieren, ich kann nicht logisch denken, und ich bin alles in allem zu dumm. Aber mein größtes Hindernis ist, daß ich nicht argumentieren kann. Ich kann nur meinen eigenen Standpunkt sehen; für den der Gegenseite bin ich blind. Es ist wirklich viel schlimmer, als ich dachte. Teile daraus sind kindisch. Es hat nur einen Vorzug: Aufrichtigkeit und keine versponnenen Höhenflüge der Phantasie. Ich weiß, daß alles, was ich geschrieben habe, absolut gerecht und wahr ist. Die Frage ist nur, was soll damit geschehen? Es ist noch lange nicht fertig, aber selbst wenn es das mal sein sollte, wird es nicht annähernd gut genug sein, um veröffentlicht zu werden. So bin ich mit meinem literarischen Ehrgeiz – platsch – ganz schön auf die Nase gefallen.

Ich habe nicht genug Verstand, als daß sich bei mir Ausdauer und beharrliche Anstrengung lohnten. Wenn harte Arbeit und Konzentration allein alles retten könnten, dann wäre noch nicht Hopfen und Malz verloren, aber dazu ist Intellekt nötig, nicht bloß Temperament. Wenn Du mir nur Deinen für einen Monat leihen könntest, dann könnte ich es schaffen . . .

Liebling, ich raube Dir nur höchst ungern Deine Illusionen, aber ich bin NICHT KLUG. Wenn es nicht um mein Buch ginge, wäre es mir völlig schnuppe – denn mit einer einzigen Ausnahme hasse ich »kluge« Leute . . .

[Oktober 1920]

Heute abend kam der Russe und spielte den ganzen Abend. Du weißt, wie sehr ich Massenets *Manon* liebe – Ich habe sie nur einmal in meinem Leben gehört, das war in München. Ich hatte nicht genug Geld für einen Parkettplatz, also saßen wir im Rang. Außerdem liebe ich *Manon*, wenn auch, fürchte ich, aus ziemlich rührseligen familiären Gründen, weil es die einzige Zeit ist, die immer eng mit Men Chinday verbunden bleibt. C'est un peu sa vie, et un peu la mienne[1], die Geschichte meine ich, irgendwie. Es bringt mir mein kleines Zimmer so lebendig zurück, mit dem Schnee auf der Fensterbank ... Die Droschken (sie nannten sie dort immer Droschken), fuhren draußen auf der Straße ganz lautlos dahin, der Schnee lag so hoch ...

[Oktober 1920]

Das ganze Haus sorgt sich nur noch um Denys' Gesundheit; Men Chinday hat noch nie in ihrem Leben so viel Wirbel um jemanden gemacht wie um ihn. Es werden Pläne geschmiedet, ihn nach Davos zu schicken usw. usw. Sie will ihn begleiten. Mein Vater spricht überhaupt nicht mehr mit mir; sobald ich hereinkomme, verläßt er den Raum. Er scheint auf irgendeine abwegige Art zu denken, daß ich für D.'s Beschwerden verantwortlich bin ...

Ich glaube, Du solltest Harold vielleicht besser sagen, daß er krank ist (aber sag ihm nicht, was er hat), sonst kriege ich nur wieder die Vorwürfe ab, ich hätte ihn mit einer unerwarteten Auseinandersetzung konfrontiert. Es wäre viel besser, Harold würde alles im voraus verabreden, wann und wo er

[1] Es ist ein bißchen ihr Leben und ein bißchen meines. (Es ist eine seltsame Bemerkung, die Violet hier in bezug auf ihre Mutter macht. Ein Musikkritiker beschreibt Manon als »zeitlosen Typ: die Verkörperung von Charme und Schönheit ohne Sinn für Moral ... Für sie gibt es keinen irdischen oder himmlischen Grund, warum sie ihren bestürzten Geliebten nicht verlassen sollte, wenn sie den Luxus haben will, den er ihr nicht bieten kann, und dann zu ihm zurückkehren und erwarten, daß ihre Liebe genau da weitergeht, wo sie aufgehört hat ...« – Stephen Williams, *Come to the Opera*)

ihn genau treffen will usw. und nicht plötzlich im Marlborough Club auf ihn losstürzen. Wenn das passiert, würde es nur wieder zusätzlichen Ärger für mich bedeuten.

Heute abend hat er bis 8 Bridge gespielt – von 4 bis 8, damit es ihm schlechter geht. Und mir schieben sie die Schuld in die Schuhe. »Ach, wenn du nicht so gehässig zu ihm wärst, würde er nach Hause kommen; du wirst ihn noch umbringen.« Ich werde verrückt. Ich bin dieses ganze Theater so leid ...

Alles ist tragisch, grotesk und entsetzlich, es läßt sich nicht mehr in Worte fassen ...

Um Himmels willen, laß uns eine Entscheidung treffen, so oder so!

Clingendaal, Holland
[Oktober 1920]

Mein Leben hier ist gänzlich unerträglich. Ganz im Ernst, ich glaube, Men Chinday verliert den Verstand. In den letzten drei Tagen hat sie mit kaum jemandem gesprochen – außer um andere zu beleidigen, und ihr Verhalten mir gegenüber ist unbeschreiblich. Alle sagen übereinstimmend, daß sie noch nie in ihrem Leben eine solche unbegründete Bekundung von Feindseligkeit gesehen hätten. Sie geht spazieren – macht lange einsame Spaziergänge vom frühen Morgen bis in die späte Nacht, nur zu den Mahlzeiten kommt sie herein. Ihr unverhohlener Haß gegen mich ist etwas Schreckliches ... Ich leide furchtbar darunter ... und sie genießt es, allen anderen zu zeigen, wie sehr sie mich haßt. Ihr sicherer Instinkt ist teuflisch ... Sie weiß genau, was sie sagen muß, um mich zu verletzen ... dann beobachtet sie meinen Schmerz und lächelt grausam ... Es muß ihr Spaß bereiten. Die anderen Leute hier – besonders Lady de Trafford – sind entsetzt und angeekelt.

Und ich habe niemanden, an den ich mich in meiner Einsamkeit wenden kann. Sonia verachtet mich, verachtet mich unter anderem dafür, daß ich es mir so sehr zu Herzen nehme. Mein Onkel legt nur Gleichgültigkeit an den Tag. Was Denys anbelangt, so ist unser kurzer Waffenstillstand zu Ende. Ich sehe ihn kaum. Heute habe ich ihn nur beim Mittagessen gesehen, und seit meiner Ankunft war ich nicht in der Nähe des Häuschens, bis auf zweimal, als er nicht da war, um mir ein Buch zu holen. Ich habe keine zehn Minuten mit ihm gesprochen.

Heute sah er schlechter aus denn je, und er ist mit Sicherheit magerer als in England; er ist nur noch Haut und Knochen.

Du kannst Dir vorstellen, wie bedrückend dieses Haus ist –

Clingendaal, Holland
[Oktober 1920]

... Wie gemein von mir, daß ich Dir einen Brief geschrieben habe, der Dich zum Weinen gebracht hat!

Es ist so eine himmlische Nacht – wärst Du nur hier; mitten im Wald liegt ein wirklich entzückender kleiner japanischer Garten. Ich war gerade dort und habe ihn mir angesehen. In der Mitte steht ein kleines Papier-Haus; es muß göttlich sein, dort zu schlafen.

Liebling, ich schreibe Dir aus einem Zimmer, in dem ich ganz allein bin, nach dem Abendessen. Die anderen spielen alle Bridge. Nie war ich so einsam wie hier ...

Clingendaal, Holland
14. Oktober 1920

Ich liebe nichts in der Welt außer Dir. Eine Prüfung nach der anderen wird meiner Liebe auferlegt, und eine nach der anderen wird mit Bravour bestanden. Für Dich würde ich jedes Verbrechen begehen, für Dich würde ich jede andere Liebe opfern. Meine Liebe zu Dir macht mir angst.

Ich schreibe das für mich selbst, nicht für Dich. Was Dich betrifft, bin ich so überempfindlich, mir entgeht weder die leiseste Schwankung in Deiner Stimme noch die feinste Nuance in Deinen Briefen. Gestern bekam ich einen, der kalt, fast unpersönlich war. Ich war zu Tode darüber bekümmert.

Mein Leben ist in Deinen Händen. Du könntest mich umbringen, wenn Du mich in irgendeinem wesentlichen Punkt betrügen würdest ...

20. Oktober 1920

... Ach Liebste, halte fest an chepescar[1]. Ich flehe Dich einfach an – laß ihn nicht denken, es sei Dir nicht ernst oder daß es manchmal in der Schwebe sei. Wenn Du das tust, ist alles verloren. Meine Tränen gestern erschienen Dir zweifellos unbegründet, aber ich war verzweifelt über Deine Abfahrt und voller Besorgnis und böser Vorahnungen. Ich täusche *nie* vor, unglücklich zu sein. So etwas habe ich nie in meinem Leben getan. Gestern habe ich mich plötzlich an etwas erinnert, was ich völlig vergessen hatte und womit Du Harold herausfordern kannst, bis alles klar ist. Was ist mit den 6 MONATEN??? Was ist mit den sechs Monaten, die er »zähneknirschend« in Paris bewilligt hat??? Du solltest 6 mit ihm und

[1] gemeinsam fortlaufen (Zigeunersprache)

sechs mit mir verbringen. Wenn er wieder mit seinen Drohungen anfängt, kannst Du ihn an das erinnern, was er in Paris gesagt hat ...

Wie kann ich Dir den Rücken stärken, daß Du nicht wieder weich wirst, wenn Du zur Herde zurückgekehrt bist? Wie kann ich Dich fest und unverwundbar machen? Si tu t'attendris[1], vergiß nicht, daß Du uns nicht nur für eine gewisse Zeit zerstörst, mais pour de la vie[2]. Liebster, rassure moi, je t'en conjure[3] ...

28. Oktober 1920

... Ich habe den ganzen Morgen wie verrückt geschrieben. Gestern habe ich Clemence Dane wegen der »Betrunkenen-Szene« um Rat gefragt, und sie war ganz damit einverstanden. Sie kann einem wunderbar klarmachen, daß alles eine Funktion haben muß und daß man keine Episode einbringen darf, wie spektakulär sie auch sein mag, die keinen direkten oder indirekten Bezug zum Hauptthema hat. Sie ließ mich nach der »Funktion« der Betrunkenen-Szene suchen – ich zerbrach mir den Kopf, und endlich kam ich drauf. Das ist jetzt hieb- und stichfest. Es ist furchtbar schwierig. Ich weiß nicht, wie sich Betrunkene benehmen. Ich war noch nie mit einem Betrunkenen zusammen in einem Raum. Du schon? Also muß ich eine Menge Phantasie walten lassen. Wenn ich das Ganze doch nur in einem Monat fertigkriegen würde! ...

Wenn es Dein Buch wäre – Du könntest an einem Nachmittag den letzten Schliff anbringen!

1 wenn Du weich wirst

2 sondern fürs Leben

3 beruhige mich, ich flehe Dich an

Gestern nachmittag verabschiedete ich mich von S. Sie war von dekorativ finsteren Orientalen mit leuchtenden braunen Augen und zärtlichen Stimmen umgeben. Sie hingen mit den Augen an ihr wie ergebene Hunde ... Sie sprachen über Orte mit kehlig tönenden Namen, von denen ich noch nie gehört hatte, über Kamel-Eskorten, über Wasservorräte und Karawanen. Mal sprachen sie arabisch, mal englisch. Sie saß ganz weiß und aufrecht in einem Kreis aus dunklen Gesichtern; sie sah unglaublich jung und sehr weiblich aus. London und die Zivilisation begannen zu verschwinden. Ich hockte vergessen in einer kleinen Ecke. Was für eine wunderbare Frau! Natürlich ist sie die aufregendste Erscheinung, die ich je gesehen habe. Wie sehr sie Dir gefallen hätte! Kopf hoch! Liebling, sie reist Montag ab, und ich werde sie nicht wiedersehen. ...

Royal Crescent Hotel, Brighton
31. Oktober 1920

Men Tiliche, ich habe den ganzen Morgen angestrengt geschrieben. Ich muß gestehen, ich habe ein bißchen über die einzig wirklich »sympathische« Figur in dem Buch geweint. Er rührt mein Herz ... Wenn ich daran denke, wie Du wahrscheinlich mein Werk aufnehmen wirst, bin ich ganz niedergeschlagen.

Du weißt, ich habe gesagt, Deins sei sinnlich. Meins nicht, es ist schlüpfrig, was schlimmer ist. Deins ist wie ein Mensch ohne Kleider, meins ist wie ein Mensch mit ... einem Gewand, das in Länge und Weite durchaus züchtig ist, aber völlig durchsichtig. Also muß all das entfernt werden – rücksichtslos ausgemerzt. Ich verabscheue schlüpfrige Bücher.

Ich weiß, daß es heute noch irgendwann Streit geben wird. Denys' Untätigkeit geht mir auf die Nerven, und ich könnte schreien. In einem Buch von Colette habe ich die wunderbarste Beschreibung meiner Gefühle gefunden ... So gut hat es noch nie jemand ausgedrückt. Wie gut sie schreibt, diese Frau! Hast Du *Chéri* von ihr gelesen? Es ist eines der klügsten Bücher, das mir je in die Finger gekommen ist.[1]

Ach Mitja, mein Buch! Wenn ich nur *einigermaßen* gut sein könnte! Ich wäre so dankbar. Ich schreibe wie im Fieber, fast blind ... Wenn sich herausstellt, daß es schlecht ist, wird es mir wirklich das Herz brechen. Ich habe so wenig Selbstvertrauen. Ich bin so dumm: Wie sollte mein Buch gut sein? Ich schreibe in äußerster Demut. Und Du weißt, für wie töricht ich mich halte. Eines Tages wirst Du aufwachen und erkennen, wie dumm ich bin. Was wird dann Calisto[2] tun? Das wird ein schreckliches Erwachen. ...

Royal Crescent Hotel, Brighton
1. November 1920

Men Colochin, ich hatte heute morgen nichts zu tun, und es regnete in Strömen, deshalb habe ich Deine Mutter angerufen und sie gefragt, ob ich sie besuchen kommen dürfte. Also ging ich hin – natürlich alleine –, und sie war reizend ...

[1] Einige Jahre später lernte Violet Colette kennen und wurde ihre Freundin, eine kostbare Freundschaft, die bis zu Colettes Tod hielt. Nach Violets Tod schrieb Maurice Goudeket, Colettes Ehemann: »Ich sah sie und Colette zusammen, und man kann sich kaum zwei unterschiedlichere Frauen vorstellen – die eine erdgebunden, stets mit allen Dingen in unmittelbarem Kontakt; die andere ätherisch und alles wie durch ein Prisma betrachtend. Und doch verstanden sie sich in gewissen tief wurzelnden, wesentlichen Dingen, von denen nur sie beide wußten ...«

[2] siehe Fußnote 1 S. 142

Ich sehne mich danach, Dich zu sehen – ich habe keine Ahnung, wann Du morgen auftauchen wirst.

Liebling, Tiri Chinday erzählte einige Dinge, die mich ziemlich erstaunt haben. Ich fürchte, Du bist nicht immer ganz bei der Wahrheit geblieben, mais je ne te gronderai pas[1].

[November 1920]

... Durch Dein Schweigen wird mein Buch immer bissiger – ich habe den ganzen Morgen geschrieben. Ich frage mich, was um alles in der Welt Du darüber denken wirst! Es hat alles, was ein gutes Buch nicht haben sollte:

1. Der Stil ist holprig, nachlässig, ausschweifend, grob.

2. Es ist persönlich, voreingenommen, voller Vorurteile, leidenschaftlich, intolerant, vehement, pathetisch, zusammenhanglos.

3. Es ist absolut wahrheitsgetreu und unanständig aufrichtig.

Da hast Du's! Es gibt keine schlimmeren Fehler, mit denen man fertig werden muß ...

Loge fährt morgen nach London zurück. Vielleicht bleibt Frank[2] noch bis Freitag mit mir alleine hier, aber ich habe ihn noch nicht gefragt. Er ist ganz nett und sehr mutig – *nicht* klug – Dir würde er nicht gefallen, bis auf seine wirklich samtige Stimme.

Ist es nicht schrecklich, daß ich das Alleinsein nicht ertragen kann? Ich schäme mich so. Wenn ich eine Woche lang allein sein müßte, würde ich mir mit Sicherheit am Ende die Kehle durchschneiden ...

[1] aber ich werde nicht mit Dir schimpfen

[2] nicht identifiziert

53, Cumberland Mansions[1]
Bryanston Square, W. 1
3. November 1920

Mitja, ich warte auf Dich – ich weiß nicht, ob Du kommst oder nicht. Ich habe eine schwache, wilde Hoffnung, daß Du, obwohl Du es Pat nicht gesagt hast, trotzdem kommst ...

Heute bin ich kaum ich selbst; ich habe mich zu sehr nach Dir gesehnt. Mein Herz schlägt furchtbar. Ich traue mich kaum zu atmen, damit mein Atem nicht das Geräusch übertönt, auf das ich so warte: das Läuten einer Klingel.

Ich bin krank vor Hoffnung und Schmerz. Wenn Du kommst – ach, wenn Du kommst! Dann ist alles gut. Ich sage zu mir: Mitja muß zwischen den Zeilen in meinem Telegramm gelesen haben – Du mußt die Bitte gelesen haben, die hinter meinen Worten stand. Du mußt es gemerkt haben – erkannt haben, wie ich mich nach Dir sehne ...

Aber es wird spät; meine Knie und Hände zittern ... Ich werde jetzt anrufen, weil ich die Ungewißheit nicht ertragen kann.

Ich schreibe nicht weiter, bis ich eine Antwort habe –

Mein Gott! Du kommst nicht.

12. November 1920

Lieber, Du darfst mich nicht gleichgültig behandeln – wie gestern nachmittag. Man ist nicht gleichgültig zu seinem Julañi. Seinen Julañi sollte man umschmeicheln und bestechen und ab und zu tyrannisieren, aber nie gleichgültig behandeln ... Das ist kein Scherz ... (Paß auf, daß ich meine Rolle nicht besser spiele als Du Deine!)

[1] Pat Danseys Wohnung

Ich habe mich bei Dir nie ordentlich für meine süße kleine Zigarettenspitze bedankt. Ich fürchte, ich bitte Dich zu gern um Dinge, eine schreckliche Gewohnheit . . .

Nein, Liebling, nie werde ich mich in den Alkohol flüchten, es ist viel zu abstoßend – und hat mich ganz meinem cidevant[1] Freund entfremdet. . . .

Heute morgen habe ich mich Denys gegenüber wie ein vollkommenes Schwein benommen. Warum bin ich nur so gemein zu ihm? Im nachhinein bin ich immer ganz entsetzt über mich.

Men Chinday hat erzählt, daß Tiri Chinday wieder geredet hat. Ich wünschte sehr, sie täte das nicht, weil ich diejenige bin, die darunter zu leiden hat, und ich bin sicher, sie und Ozzie (Dickinson) würden es nicht tun, wenn sie das wüßten – kannst Du ihn nicht davon abhalten, Liebling? Du weißt, wie ich die Szenen mit Men Chinday hasse; außerdem ist das für niemanden gut – uns beide eingeschlossen . . .

13. November 1920

. . . Ich habe Deinen Freund Reggie Cooper[2] getroffen, gegen den ich sofort die allertiefste Abneigung faßte – sie brauchte einige Zeit zum Reifen, aber jetzt ist sie ganz eindeutig.

Ich will Dir meine Gründe darlegen. Erstens, weil er sagte: »Haben Sie gehört, daß die Nicolsons die Rosendick-Statue für 300 Pfund kaufen werden? Harold wollte sie als Überraschung für Vita haben, aber weil er nicht genug Geld hat, werden sie sie bestimmt gemeinsam kaufen.« (Es ist töricht, all das zu erwähnen, Du kannst es als gestrichen ansehen. Ich

[1] ehemaligen

[2] Oberst Reginald A. Cooper, enger Freund von Harold Nicolson. Er arbeitete mit Harold an der Botschaft in der Türkei.

will nicht kleinlich sein und Dich auch in keiner Weise ärgern.)

Ach Mitja, warum bist Du nicht aufrichtiger in all diesen Dingen? Du weißt doch, Du wirst immer erwischt. Ich hatte keine Ahnung, daß Du vorhattest, sie gemeinsam mit ihm zu kaufen, daß *er* alles darüber wußte, daß es für Dich eine »Überraschung« sein sollte usw. usw.

Ich muß zugeben, es war ein ziemlicher Schock für mich, weil ich weiß, daß Du nicht im Traum daran denken würdest, so verrückt zu sein, 300 Pfund für eine Statue auszugeben – wohl wissend, wie schlecht wir beide bei Kasse sind – noch dazu für eine, die Du niemals zu Gesicht bekommen würdest.

Also muß das bedeuten, daß Du ernsthaft beabsichtigst, am Ende der 6 Wochen zu Deiner Statue zurückzukehren?

Ach Liebster, wenn Du nur *offen* wärst! Ich würde Dir immer volles Verständnis entgegenbringen. Es macht mich nicht wütend, es macht micht nur traurig, wenn Du zwar nicht alles, aber doch die Hälfte Deiner Absichten für Dich behältst.

Was chepescar[1] betrifft, weißt Du, daß das, was ich Deiner Mutter erzählt habe, wahr ist, nämlich daß ich Dich nie zwingen würde, irgend etwas gegen Deinen Willen zu unternehmen. Du bist völlig frei zu tun, was Du willst, und das, was Dir als das ratsamste erscheint. Tout comprendre, c'est tout pardonner[2]. Was den anderen Grund angeht, warum ich Deinen Freund nicht leiden konnte, so ist es ein rein persönlicher. Ich kann seine affektierte Aufmachung und seine affektierte, gezierte Art zu sprechen nicht *ausstehen*! Ich habe meinen Tee *nicht* genossen. Ich muß mich von solchen Leuten fernhalten, sie bringen mich zur RASEREI!

1 zusammen fortgehen

2 Alles zu verstehen heißt alles vergeben.

Ich habe mich danach gesehnt, daß ein echter Mensch hereinkommt, ein echter Mann oder eine echte Frau, ganz ohne jede Pose oder jeden Anspruch, sagen wir so jemand wie ein *»Lingard«*[1]. Er hätte sie alle töricht aussehen lassen. Irgend jemand GROSSES! Du bist groß – Du wärst die Richtige gewesen. Du hättest es geschafft. Ich meine das nicht im körperlichen Sinn. Aber jemand mit großzügigem Zuschnitt und freiem Weitblick – pas même[2] – irgendwas WIRKLICHES. Irgend jemand, der nicht kalkuliert, analysiert und erklärt. Irgendein dumpfer, primitiver Impuls. Ein Cowboy, ein Schiffer, ein Lokomotivführer – irgendeiner, der betrunken ist, flucht, liebt, haßt oder streitet – o mein Gott, Mitja, Du weißt nicht, wie *klein* diese Leute sind, Du kannst oder *willst* sie nicht durchschauen!

Mit all ihrer Kultur und ihrem Intellekt sind sie nicht soviel wert wie irgendein Bauer auf dem Gut Deines Vaters – und Du weißt, daß ich nicht gerade für Bauern schwärme. Mais au moins j'y vois clair[3] ... Ich suche immer – auch wenn ich eine Lügnerin bin – leidenschaftlich nach der Wahrheit, der WAHRHEIT in den Menschen, den wirklichen Menschen, nicht den Heuchlern, Schmeichlern und Hochstaplern. Ich halte Wahrheit, Größe und Furchtlosigkeit für das Wichtigste im Leben. Ich selbst habe weder Größe, noch bin ich ehrlich oder furchtlos – aber eines kann man zu meinen Gunsten sagen: Au fond begeistern mich immer die *richtigen* Dinge. Ich tue sie nicht, leider! Aber ich bewundere sie ...

Ach Mitja, gestern saß ich da und hörte diesen Leuten zu, sie redeten ... redeten ... redeten gut, redeten kompetent, sogar originell ... Und ich sah diesen außerordentlich geschmackvoll eingerichteten Raum (ich fand das Haus wun-

[1] Vgl. Fußnote 1, S. 297

[2] und wenn schon nicht das

[3] aber wenigstens eines erkenne ich klar

dervoll), das blinkende Teegeschirr, die harmonischen Proportionen ... und durch all das hindurch, weit hinter all dem, sah ich Sand ... Hunderte von Kilometern nur Sand ... Sand und einen grellblauen Himmel ... und eine winzige, einsame Gestalt auf einem Kamel ... Ich kam näher ... die Gestalt sank in sich zusammen und schrumpfte ... ihr Gesicht war hohlwangig und gespenstisch, das Haar weiß ... vom Sand ... nur die Augen glühten, suchten, hofften ... erhaben, und ausgezehrt und furchtlos ritt sie in die Unsterblichkeit oder in Deinen Tod, oder beides; Du hättest es verstanden ...

15. November 1920

Warum höre ich bloß immer, daß für Dich alles viel schwerer sei als für mich? Wenn Du wirklich chepescar willst, was für einen Unterschied macht es dann, ob Du jetzt für ein Wochenende wegfährst oder nicht? Wenn (?) Du chepescar, wird keiner mehr danach fragen, ob Du am Wochenende weg warst oder nicht. Es tut mir leid, wenn es hart klingt ...

Und Du brauchst gar nicht so ein entsetztes Gesicht zu machen und zu sagen »Das ist das einzige, was Dich interessiert«, denn du weißt genau, daß das nicht stimmt. Aber ich denke tatsächlich viel daran. Je ne te le cache pas: je trouve que m'en suis assez privée: ce regime ne me convient pas à bon entendeur salut.[1]

Hast Du eine Ahnung, wie unglaublich abscheulich Brighton wäre? Der Gedanke, daß, als Du mit dort warst, keine Empfehlungen nötig waren – und daß Du fünf Jahre *ohne Un-*

[1] Ich verstecke es nicht vor Dir: Ich glaube, ich habe schon genug darunter gelitten: Diese Diät tut mir nicht gut, aber wenn Du Dich angesprochen fühlst, bitte.

terbrechung dazugehört hast, bringt mich zur Raserei! Mein Gott, was für ein Alptraum!

Wann wirst Du dich endlich um Deinen PASS kümmern?

16. November 1920

Gestern habe ich Dir einen durchgedrehten Brief geschrieben ... weil ich wütend war, daß Du keinerlei Begeisterung über meinen Vorschlag an den Tag gelegt hast.

Was ich gesagt habe, gilt immer noch. Wer wird sich später schon daran erinnern, ob Du das Wochenende mit mir verbracht hast oder nicht? Besonders, weil er ja gerade erst drei Wochen Urlaub gehabt hat. Doch wenn Du nicht willst, willst Du nicht, und der eigentliche Grund ist ein einziger: Du verabscheust und fürchtest den Gedanken, daß er Dir eine Szene machen könnte, und nichts ist Dir das wert. Ich werde aufhören, Dich damit zu belästigen, armer Mitja.

Bei Dir sind alles nur *Worte* – aber für mich ist es zwingend, fast bedrohlich in seiner Dringlichkeit. Aber wir wollen es auf sich beruhen lassen ...

Paß auf, wir sollten das besser ausfechten. Ich bin in folgendem Stadium angelangt: Ein Tag hier und ein Tag dort bringt mir nicht wirklich etwas. Mais ça me fait patienter.[1] Ich brauche Monate.

Ach, gib mir doch, was ich will. Du sagst nichts über chepescar. Du unternimmst nichts ...

Ach Liebste, was könnte ich Dir geben, wenn Du mich nur ließest! Je me ferai toute neuve pour toi[2] ...

[1] Aber es lehrt mich Geduld.
[2] Für Dich würde ich mich gänzlich verändern.

16. November 1920

Mein Geliebter, mein Liebling, ich schreibe Dir mit tränenüberströmtem Gesicht – Ach, Mitja, mir bricht einfach das Herz ... Wir sehen uns jetzt kaum noch – wir sind getrennt und werden so auseinandergehalten wie früher nie, bevor ich nach Holland reiste ...

Wenn Du mich überhaupt liebst, mußt Du die Wahrheit unserer Lage sehen, die Notwendigkeit zu chepescar ... Faresti ciò che tì ho promesso quella benedetta notte che abbiamo passato insieme – un mese fa – no, due mesi piuttosto fa[1].

Wenn die Dinge anders lägen, et tu l'avais voulu, j'aurais humilié ma chair pour toi. J'aurais subi ce qui me semble l'horreur suprême – j'aurais eu un enfant pour te faire plaisir si tu l'avais exigé.[2] O Gott, glaub nur nicht, daß ich so etwas leichtfertig sage; hättest Du das vor einem Jahr von mir verlangt, hätte ich ohne zu zögern NEIN gesagt – aber jetzt je t'aime infiniment plus[3] ... Solch schreckliche Dinge würde ich nicht aussprechen, wenn ich sie nicht auch meinte; dafür bin ich zu abergläubisch, zu ehrfürchtig. Ich lege Dir mein ganzes Herz und meine Seele zu Füßen –

[1] fehlerhaftes Italienisch, soll wohl heißen: »Wirst Du tun, was Du mir in jener gesegneten Nacht versprachst, die wir zusammen verbrachten – vor einem Monat – nein, eher vor zwei Monaten?«
[2] Und wenn Du es gewollt hättest, hätte ich mein Fleisch für Dich erniedrigt. Ich hätte mich dem für mich größten Greuel unterworfen – ich hätte ein Kind bekommen, um Dir eine Freude zu machen, wenn Du es gewollt hättest.
[3] liebe ich Dich unendlich mehr

6 Uhr morgens

Ach, mein Liebling, ich bin zitternd aus einem Traum von Dir und Deiner Mutter aufgewacht. Ich glaube, ihr beide habt gelacht und Euch über mich lustig gemacht, und da Du mich nicht länger brauchtest – O Gott, es ist zu schrecklich ...

Ich wünschte, ich wäre Harold Nicolson! Er kann so viel mit Dir zusammen sein, wie er will. Seine Worte kommen mir wieder in den Sinn: »Ich habe immer alles gehabt, was ich wollte« – und ich stehe wie eine Bettlerin vor Deiner Tür ...

21. November 1920

Ich schreibe Dir aus dem Zug, halb erstickt von Rauch und Nebel – ein Mann raucht Pfeife, ein anderer Zigarre. Ich weiß nicht, wovon mir übler wird ... Liebste, die Taube[1] hat eine Entdeckung gemacht! Sie ist begeistert von Dotty Wellesleys[2] Gedichten. Sie hat sie sich alle selbst gekauft. [Bleistiftzeichnung von einer Taube, die die Seiten eines Buches umblättert]. Ich finde sie so gut! Sie sind so *frech*. Das ist es, was mir an ihnen gefällt – so ungeschniegelt. Das über Atlantis liebe ich besonders, und auch die Kriegsgedichte haben mir gefallen. Wenn ich nichts von ihr wüßte, würde ich sagen, das sind die Gedichte einer unglücklichen, bezaubernden Frau ...

Mein Herz, ich schreibe meinen Brief jetzt weiter. Der arme E.[3] ist gerade in einem furchtbaren Zustand von der Jagd zu-

[1] Violet selbst

[2] Lady Dorothy Wellesley, die Frau von Lord Gerald Wellesley, einem intimen Freund von Vita. (Violet und Gerald waren 1913 verlobt gewesen.)

[3] nicht identifiziert

rückgekommen. Es scheint, daß Denys sein erstes Pferd lahm geritten und das zweite umgebracht hat, ich glaube, weil er sie über unmögliche Hindernisse hat springen lassen, obwohl sie das nicht ausdrücklich so gesagt haben. Er selbst war unverletzt.

Wenn ich daran denke, daß Tiere, insbesonders Pferde, leiden müssen, wird mir immer ganz übel. Ich weiß, daß es Streit geben wird, sobald er hereinkommt.

Ich will gar nicht erst anfangen zu erzählen, wie sehr ich Dich den ganzen Tag vermißt habe . . .

24. November 1920

. . . Men Tiliche, heute hatte ich einen amüsanten Tag. Nach dem Mittagessen bin ich auf spanisch umworben worden, nach dem Tee auf italienisch, und nach dem Abendessen wird man mir auf amerikanisch den Hof machen. Ich war zum Tee im Carlton und habe mir vorgestellt, es sei das Hôtel de Paris. Ich werd' Dir wohl nie ganz vermitteln können, welchen Zauber Hotels und Cafés auf mich ausüben! Für mich ist es der genußvollste Zeitvertreib, in einem überfüllten verrauchten Café an einem Boulevard zu sitzen, wo ein tzigane[1]-Orchester, sagen wir mal, »Le plus joli rêve«[2] auf die denkbar laszivste Weise spielt . . ., und mir bei jedem einzelnen der Gäste auszumalen, wie wohl eine Liebesaffäre mit ihm wäre . . . Das ist eine meiner Vorstellungen von Seligkeit. Eine andere ist, mit dem Sturmwind im Haar dahinzureiten – ich liebe das.

Die dritte ist, mit Julian ins Theater zu gehen und dann durch die menschenleeren Straßen heimzuschlendern, in der Gewißheit, daß . . .

[1] Zigeuner

[2] »Der schönste Traum«

(Telegramm)
27. November 1920

HABE MEIN BUCH FERTIG

29. November 1920

»Frühe Leidenschaft« war wie eine Flöte, »Die Herausforderung« wie eine Lyra, »Der Drache im seichten Wasser« ist wie eine Orgel, und »Battledore and Shuttlecock« wie – eine Ziehharmonika! Schlimmer – es hat eine ziehharmonikahafte Stimmung – es läßt einen an Slums, Bananenschalen und Straßenkinder denken. Ich schreibe das, um Dich darauf vorzubereiten. (Ich habe eine ganze Menge Naturszenen für Dich zum Überarbeiten.)

Ach Mitja, es wäre furchtbar, wenn Du es verwerfen würdest – nie wieder würde ich meinen Kopf aufrecht tragen. Bitte sei milde mit meinem Werk und steig herunter von Deinem Olymp, auf dem ich keinen Platz habe!

Mein klägliches Buch! Es muß noch überall verbessert werden – im Moment zittert es auf langen, schwachen, schlaksigen Beinen, wie ein Fohlen – und ist genauso unsicher! Wir müssen diese Woche wirklich hart daran arbeiten – wie herrlich das wird!

HAI SCRITTO? Si crede qui ch'io vada a casa tua, ma è meglio cosi.[1]

Sonntag 2.30 Uhr. Ich habe gerade bei Dir angerufen, aber die Vermittlung hat gesagt, daß niemand abhebt – wo steckst Du?

Du mußt meinem Buch Bovril[2] verabreichen, verstehst Du? Es braucht Stärkung. Wir müssen es durchbringen . . .

[1] HAST DU GESCHRIEBEN? Man nimmt an, daß ich zu Dir komme, aber es ist so besser.

[2] englische Kraftbrühe

Um vier gehe ich zu Clemence Dane. Sie hat mich gebeten, das Buch mitzubringen, aber ich habe es rundweg abgelehnt.

Habe gerade Kemptown angerufen. Liebling, gerade erst habe ich von Deiner Mutter erfahren.[1] Es tut mir so leid, ich hoffe, es ist nichts Ernstes.

29. November 1920

Mein Herzgeliebter, ich bin so schrecklich beunruhigt wegen Deiner Mutter. Ich weiß, wie Du Dich um sie sorgen wirst und wie nervös Du bist. Ich hoffe sehr, daß es ihr morgen bessergeht. Ich habe sogar ein bißchen dafür gebetet. Es tut mir sehr leid, daß sie Schmerzen hat. Ich hoffe inbrünstig, Liebster, daß es ihr gut genug gehen wird, damit Du am Mittwoch weg kannst, aber ich verstehe vollkommen, daß Du nicht fort kannst, wenn es noch nicht soweit ist ...

Im Zug
4. Dezember 1920

... Es tut mir leid, daß ich mich wegen meines Buches so angestellt habe; es war nur, weil ich so wenig Selbstvertrauen besitze und mich seinetwegen so unsicher fühle. Im Vergleich zu Deinem ist es so schlecht – und ich habe mir doch so viel Mühe gegeben, damit das nicht passiert.

Bitte, bitte, überarbeite die Teile, um die ich Dich gebeten habe, über das Lagerfeuer und die »Dankbarkeit« – letzteres ist besonders wichtig. Ich will versuchen, es bis Montag noch mehr in die richtige Form zu bekommen, um es Dir zu zeigen. Ich bin so verlegen, wegen seiner Schwächen: Bitte versteh

[1] Lady Sackville war krank.

mich, Liebling; und was mich noch mehr einschüchtert, ist, daß Deine Bücher so gut sind.

O Mitja, bitte lieb mich weiterhin trotz all meiner Fehler ... Meine ganze Unleidlichkeit – oder fast die ganze – ist oberflächlich und nur das Ergebnis von einem: au fond bin ich voller Demut und Kummer. In meinem Herzen ist nichts als die Liebe zu Dir.

... Vor allen Dingen muß ich Geduld und Vertrauen haben – Vertrauen in Dich und Deine Entschlossenheit, für die ich Dich zu jeder Stunde des Tages preise. Demütig bitte ich Dich um Vergebung für all meine Eifersucht, Wut, Ungeduld, Unduldsamkeit, Engstirnigkeit und den Mangel an Verständnis, den ich an den Tag gelegt habe. Nur eines werfe ich Dir vor: daß Du mich nicht geschlagen hast oder mir einen Krug mit kaltem Wasser an den Kopf geschleudert!

[Dezember 1920]

Du warst so strahlend, so urwüchsig schön, so frei, so allmächtig, Dionysius, daß jede Frau bereitwillig ihr Leben und ihre Seele gegeben hätte, um die flüchtigste Deiner Launen zu befriedigen! ...

Ich hatte eine mehrstündige Unterhaltung mit M. de M.[1], der ein guter Freund von Großherzog Dmitrij[2] ist – ein weiteres Stück Schicksal, das genau ins Puzzle paßt! Mitja, ich weiß,

[1] nicht identifiziert

[2] Großherzog Dmitrij Pawlowitsch (1891–1942), Sohn des jüngeren Bruders von Zar Alexander II. Er mußte Rußland nach seiner Beteiligung an der Ermordnung Rasputins verlassen und war ein Freund von Denys Trefusis, der ein leidenschaftlicher Liebhaber alles Russischen war und vor der Revolution in Rußland gelebt hatte.

wo ich leben möchte – sartute[1], minus Bolschewiken, minus Kriege, minus Revolutionen, *plus* Deine und meine Freiheit – in Rußland, ganz zweifellos! Mitja, er hat gesagt, die Russen sind die einzigen Menschen, die zu leben wissen, die sich auf die Liebe in ihren mannigfaltigen Ausdrucksformen verstehen – die *alles*, ihre Frauen, ihre Männer, ihr Zuhause und ihre Kinder, unbeirrbar und unbarmherzig der Laune eines Augenblicks opfern! Eine Scheidung, so erzählt er, ist außerordentlich einfach und deswegen außerordentlich häufig –

Großherzog Dmitrij ist der letzte Großmeister der Lebenskunst! Ich habe das Gefühl, es gibt nichts, was ich nicht über ihn wüßte. L. hat gesagt, daß er der großartigste junge Mann sei, den er kennt – wunderbar schön und unvergleichlich verwegen! – Er ist 26, und ich zitiere nochmals M. de L. »Keine Frau hat ihm je widerstehen können« – In ganz Rußland hat er seine Liebschaften, aber er hat so viel Charme, daß ihm alle seine Geliebten verzeihen, wenn er sie für eine neue verläßt! Er flirtet nie; jedesmal ist er über beide Ohren verliebt, aber innerhalb kürzester Zeit ist alles für die armen Opfer zu Ende. Sie werden einfach irgendwohin »geschafft« – und ich nehme an, Dmitrij spielt dann am Fahrkartenschalter den Dorftrottel! Er ist ein hervorragender Reiter, Boxer und Fechter. Sein Palast ist wundervoll, aber fast schon zu überladen und barbarisch – Er liebt Juwelen und ist von hemmungsloser Extravaganz. Anscheinend hat er guten Geschmack, und jede seiner »chères amies« würde, was Schmuck und Kleider anbelangt, Mrs. Astor mit Leichtigkeit in den Schatten stellen –

Was für ein Bild! Ich könnte M. de L. fragen, ob seine Geliebten ihn Mitja nennen! – Dmitrij, Dionysius! Aber Dionysius gewinnt –

[1] durchbrennen (Zigeunersprache)

Wer macht sich schon etwas aus den Gemütsmenschen, den Häuslichen, den Selbstzufriedenen dieser Welt? Du weißt genauso gut wie ich, daß sie nicht zählen!

Mitja, so geht es nicht – eines Tages, und zwar bald, wirst Du Dich entscheiden müssen ... Dein Fehler ist zu glauben, Du könntest beides haben.

Dionysius und »Mar«[1] – wie erbärmlich, wie absurd – was für eine Zielscheibe für Dionysius! ...

[Dezember 1920]

Ach Mitja, wozu es verbergen? Wozu Gleichgültigkeit vortäuschen? Wozu diese verbrecherische Trennung, welchen Sinn hat sie? Es ist eine so mutwillige Verschwendung, ein so überlegter, gräßlicher Selbstmord. Was nützt es, daß ich Dir schreibe?

Ich weiß, daß es sinnlos ist, Dir Vorhaltungen zu machen, es ist bloß alles so schrecklich, und wir haben nur noch wenig Zeit – O Gott, was für eine Närrin Du bist – aber vielleicht ist es Dir ja egal ...

Wie dem auch sei, neulich habe ich Loge gefragt, ob er überrascht wäre, wenn ich mich umbringen würde, und er antwortete: »Nein, nicht im geringsten. Ich glaube, das ist etwas ganz Natürliches, wenn man sehr unglücklich ist. Wie Du weißt, messe ich dem menschlichen Leben keinen Wert bei. Wenn jemand sehr unglücklich ist und alle anderen unglücklich macht, dann ist das die anständigste Lösung.«

... Ach Mitja, was machst Du aus vier Menschenleben? Ist das sehr befriedigend? »Und hast Du gefunden, was Dir frommt, daß Du zur Ruhe kommst?« ... Bist Du glücklich? Ist Harold glücklich? Bin ich glücklich? Ist Loge glücklich?

[1] Harolds Spitzname für Vita, über den Violet sich lustig macht.

Anstelle von vier tief unglücklichen Menschen könntest du zwei vollkommen glückliche haben; den anderen beiden wäre für die erste Zeit elend, aber letzten Endes würden sie darüber hinwegkommen und zwei Menschen finden, die ihre Zuneigung mehr verdienen als wir beide.

21. Dezember 1920

... Du darfst nie, nie wieder einen Grund dafür haben, das zu mir zu sagen, was Du gestern gesagt hast. Eher würde ich Säuglingsschwester werden, als auch nur ein kleines Stück Deiner Liebe zu verlieren. Ich will so werden, wie Du es verlangst, solange Du nur so etwas nie wieder sagst! Ich war Dir gegenüber so frei und ehrlich, und das fällt mir nicht immer ganz leicht.

Anderen Leuten gegenüber mag ich ein Biest sein – aber ach! Dich liebe ich *wirklich* – Ich werde mein Leben darauf verwenden, es Dir zu beweisen. Du wirst sehen. Ich werde rücksichtsvoll, gewissenhaft, fleißig und sparsam werden, eine gute Näherin, Waschfrau und Köchin, eine Messer- und Schuhputzerin ... Ich bin entschlossen, daß Du auch meinen Charakter verehren und lieben sollst – Du hast keine Vorstellung, wie mich der Gedanke erschreckt, Du könntest mich vielleicht nur auf die eine Art wollen – weiß ich doch, daß das die unsicherste aller Grundlagen ist. Als Du das gestern abend zu mir gesagt hast, hatte ich das Gefühl, ich hätte ein Stück Eis verschluckt.

O Mitja, wie furchtbar verletzlich man doch ist, wenn man liebt ...

Wirst du mit Deiner Mutter reden? ... Ich halte verzweifelt an meiner Vorstellung fest, wie Julian sein sollte: aufrichtig, verwegen, treu, wild, ehrlich, aufgeschlossen, eifersüchtig, großherzig. Liege ich da sehr falsch?

Ich bin so voller Ängste. Ich genüge Dir als Gefährtin nicht. Ich bin nicht klug genug ... ich bin intellektuell nicht anregend. Meine Schwächen treten so deutlich zu Tage – acariâtre[1], boshaft, engstirnig, fanatisch, verrückt, dumm (kein Small-Talk zu aktuellen Anlässen usw.). Ach Mitja, ich kann nicht mehr – es bleibt die Tatsache, daß je t'adore, tu es toute ma vie[2].

Ich wünschte, Du würdest Weihnachten mit mir verbringen, so sehr ich es auch hasse. Das ganze Weihnachtsfest ist ein Teil des anderen Lebens, des Lebens, das Dich von mir fernhält. Zu Weihnachten solltest Du ein geklautes Hähnchen an einem verräterischen Lagerfeuer essen, Deine Augen und Haare voll beißendem Rauch, während Deine goldenen Ohrringe im Schein der Flammen glitzern ...

North Mymms Park, Hatfield
26. Dezember 1920

Mitja, ich kann Dir gar nicht genug für den wunderbaren Pelz danken. Wie Du weißt, habe ich noch nie einen besessen, mir aber schon seit Jahren einen gewünscht. Dein Pelz war mein einziges Päckchen, wie ich es schon vorausgesehen hatte. Es war unendlich lieb von Dir, mir so ein schönes Geschenk zu machen ...

Es ist so furchtbar, daß Pat fort ist. Ich fühle mich wirklich völlig allein, getrennt von allen Menschen, die mir etwas bedeuten. Gestern habe ich so viel geweint, daß ich kaum noch sehen konnte ...

[1] streitsüchtig
[2] ich Dich anbete, Du bist mein ganzes Leben

North Mymms Park, Hatfield
27. Dezember 1920

Gestern habe ich zwei kurze Briefe von Dir bekommen, für die ich unendlich dankbar war. Noch nie war ich so verlassen, so gänzlich verloren, so einsam – ich bin so unglücklich, Liebster. Wirst Du mir helfen? Ich habe buchstäblich niemanden mehr außer Dir.

Men Chinday ist fort, Pat ist fort, niemand ist mehr hier, den es kümmert, ob ich unglücklich bin oder nicht . . .

31. Dezember

. . . Du weißt nicht, wie das menschliche Herz leiden kann. Du warst so förmlich am Telefon. Denk mal daran, wieviel glücklicher Dein Leben ist als meines. Bitte versuch doch, mich zu lieben. Letztes Jahr um diese Zeit brauchte ich das nicht zu sagen. Es bricht mir das Herz, es jetzt sagen zu müssen.

3. Januar 1921

. . . Ich fand es so furchtbar, Dich gestern abend zu verlassen. Es erschien mir so absurd und ekelhaft, daß Du zum Bahnhof mitkamst, um ihn [Harold] abzuholen. Ich hatte ein haut-le-cœur[1], als ich daran gedacht habe, surtout dopo quello ch'era successo[2].

[1] Ekelgefühl
[2] besonders nach dem, was geschehen war

Denk dran, je compte sur toi[1], daß Du die Dinge regelst, bevor wir uns wiedersehen ...

8. Januar 1921

Tu m'as fait infiniment de la peine hier. Toi qui détestes faire de la peine aux gens. Tu m'en as fait à moi[2]. Und ich hatte es nicht verdient. Ach Mitja, ich wünschte, Du hättest das nicht getan. Ich liebe Dich noch genauso verrückt und wahnsinnig wie eh und je – nur ein bißchen anders, der ideale, erhabene, spirituelle Teil ist leider um einiges schwächer geworden. Ich habe Dir so sehr vertraut. Das ist es, was weh tut. Das Gefühl, Dir nicht trauen zu können, wird schrecklich an meiner Seele nagen ...

Mitja, wir waren doch alles füreinander. Daß wir einander weniger bedeuten sollten, kann ich nicht ertragen – sie ist so entsetzlich, die Untreue. Wenn wir untreu sind, dann ist das der erste Schritt zur Zerstörung unserer Liebe, und er führt in den Sumpf.

Unmerklich würde es anfangen und sich dann langsam ausbreiten, bis alles verdorben ist; dann wäre die Liebe wirklich nur noch Begierde, wahllose Begierde, der es egal wäre, ob ich mir Dich oder irgend jemand anderen für ein paar vergnügte Stunden nähme – die Liebe wäre heruntergekommen und obszön, wo sie vorher aufrichtig und wunderbar war.

Ich würde Dich tausendmal lieber verlassen, als daß es dazu kommt ...

[1] ich zähle auf Dich

[2] Du hast mich gestern sehr verletzt. Du, die es verabscheut, andere Menschen zu verletzen. Du hast mir wirklich weh getan.

[Januar 1921]

Jetzt hör zu: Ich fahre entweder am Samstag, Sonntag oder Montag nach Paris – später nicht, weil ich unpäßlich sein werde, oder aber ich bleibe noch eine Woche hier, bis es vorüber ist. Wenn es für Dich genauso leicht ist, in einer Woche, am 21., abzufahren, dann teile mir das mit, Liebster; und könntest Du mich dann nicht in Paris treffen, und wir würden dann zusammen nach Carcassonne weiterreisen? Das wäre so viel schöner.

Denys kümmert es einen Dreck, ob wir zusammen wegfahren oder nicht, der Tratsch läßt ihn ja völlig kalt . . . Natürlich müßten wir am Tage nach Süden fahren, und mit einem ______. Dann wären wir ganz sicher, niemandem zu begegnen, wenn es das ist, worüber Tiri Chinday sich Sorgen macht.

März bis November 1921

Nachdem Violet am März 1921 nach England zurückgekehrt war, war ihre Lage nun verzweifelt. Denys wollte nichts mehr mit ihr zu tun haben, und Alice Keppel beschimpfte sie ohne Unterlaß. Im Frühling begleitete Violet ihre Mutter nach Florenz und Rom, und jeglicher Briefkontakt zu Vita wurde ihr untersagt. Ihre Briefe an Pat Dansey, die an Vita weitergegeben werden sollten, waren ebenso herzzerreißend, wie Pat Danseys Verrat grausam war. Violets Verzweiflung wurde noch größer, als sie feststellte, daß Vita aufgehört hatte, ihr zu schreiben. Im Juli kehrte sie in die Niederlande zurück und bat Pat, sie zu begleiten, was diese ihr abschlug. Ab November 1921 hörten ihre Briefe ganz auf.

9. März 1921

Men colochin, ich sitze hier und warte auf meinen Onkel. Ich kann Dir gar nicht sagen, wie unglücklich und völlig verzweifelt ich bin. Ich weiß, er wird scheußlich zu mir sein. M'lle sagt, ich könne nicht auf Gnade hoffen. Sie ist so eine Art Gefängniswärterin und läßt niemanden zu mir.

Sie wollen nicht, daß ich auch nur eine Menschenseele zu Gesicht bekomme, und haben ihr gesagt, sie hätte im Haus zu wohnen ... Ich fühle jetzt, daß ich lieber ganz für mich allein wäre, denn sie nörgelt und schimpft unaufhörlich mit mir herum. Ich glaube, insgeheim möchte sie für immer mit mir leben. Ich will lieber sterben, als sie ständig um mich haben.

Wieder ein Brief von Men Chinday, der mir einfach das Herz bricht. Es gibt kaum einen Zweifel, was aus mir werden wird, wenn Du mich verläßt. Was für ein Glück Du hast, mit jemandem zusammensein zu können, der Dich liebt und bemüht ist, Dich zu schonen und so weit als möglich zu beschützen.

M'lle sagt – ich bin *sicher*, es ist *nicht* wahr – Harold hätte überall herumerzählt, Denys hätte mich verlassen. Wie dem auch sei, es stört mich nicht mehr. Ich bin völlig gebrochen und schutzlos, aber ich *vertraue auf* und glaube an Deine Entschlossenheit – wenn nicht – O Gott . . .

Sie (meine Familie) haben offensichtlich beschlossen, daß ich auch noch mein letztes Hemd hergeben soll. Sie haben eine Bestandsaufnahme all meiner Dinge gemacht, um das Haus mit allem darin zu vermieten. Unnötig zu sagen, daß ich nicht gefragt werde.

Warum bin ich nur zurückgekommen? Es bringt mich um. M'lle sagt: »Die Cubitts[1] sind außer sich!« Als wenn sie das meiste abbekommen würden.

Du bist das einzige, was noch zwischen mir und dem Untergang steht.

[1921]

Mein dummes, unbedeutendes, banales kleines Zimmer sieht dümmer und leerer aus denn je! Es hat nur einen Vorzug: Vielleicht birgt es einige Schlüssel zum Charakter seiner Bewohnerin, wenn auch nichts Entscheidendes:

[1] Die Familie von Sonia Keppels Ehemann.

Liste der Dinge, die ich mitnehmen darf:
Den Mann aus Porphyr
Mein Tanagra-Kopf einer griechischen Matrone
Die kleine Alabasterbüste der Vestalischen Jungfrau
Die persische Schale
Die ägyptischen Perlen
Den persischen Fisch
Die kantonesischen Emailbecher
Das persische Gemälde
Zwei Bilder vom Mitja
UND DAS IST ALLES

Es wird so sein, als hätte ich hier nie gelebt, so wenig hat meine Persönlichkeit diesem Haus seinen Stempel aufgedrückt . . .

12. März 1921

Liebling, ich schreibe Dir aus dem Zug, auf meinem Rückweg aus Devonshire. Ich hätte mir die Mühe sparen können, denn als ich 1 ½ Meilen von seinem Haus[1] entfernt war, sprang seine Mutter mit einer roten Laterne in der Hand irgendwoher aus dem Nichts und versperrte die Straße. Sie sagte, man hätte sie *vor meiner Ankunft gewarnt* und sie hätte die genaue Ankunftszeit gewußt, etc.

Mich durchfuhr der schreckliche Verdacht, Du hättest ihr vielleicht anonym telegraphiert, was furchtbar hinterhältig gewesen wäre. Und sie befahl dem Chauffeur, mich direkt dorthin zurückzufahren, wo ich hergekommen sei, und fügte hinzu; er [Denys] sei »eisern«. Es war höchst unerfreulich. Wir waren 12 Meilen gefahren, es war nach neun Uhr abends, und die Straße durch das Dartmoor war fürchterlich gewe-

[1] Das Haus der Trefusis', wo Denys sich aufhielt.

sen. Liebling, ich kann nicht glauben, daß Du mich diesen ganzen Weg hättest fahren lassen, nur um mir einen üblen Streich zu spielen, und ich möchte nur Deine Bestätigung ... Es war eine so furchtbar demütigende Szene vor diesem feixenden Chauffeur. Das werde ich nie vergessen.

... Du wirst es nicht glauben, aber ich habe einen gewissen Stolz, der durch den Auftritt gestern abend tief verletzt wurde.

O, Gott, und heute vor einer Woche waren wir in Carcassonne ...

Liebling, bitte vernichte alle meine Briefe, für den Fall, daß sie ihnen in die Hände fallen. Ich habe versprochen, daß ich alle Briefe vernichten werde, und Du mußt bitte dasselbe tun.

Gestern habe ich M'lle geschlagen, weil sie zu sehr gestichelt hat. Sie hört nie auf, nicht einmal im Zug. Ich weiß, ich werde sie noch umbringen.

14. März 1921

Gestern abend erzählten mir die Dienstboten, daß dieses Haus beobachtet und ich vermutlich überwacht werde ... Sie spionieren nicht nur draußen, sondern auch im Haus hinter mir her. Sie treiben mich noch in den Wahnsinn. M'lle läßt mich nicht einen Augenblick allein. Sie weiß genau, wann ich ausgehe, wann ich wiederkomme, wann ich einen Brief schreibe, wann ich die Treppe hinaufgehe – tatsächlich verläßt sie fast immer zusammen mit mir das Haus und kommt auch wieder mit mir zurück. Als wäre ich eine Verbrecherin; wenn man schrecklich unglücklich ist, ist es furchtbar, ständig mit einem gehässigen, ungebildeten, dummen Weib zusammensein zu müssen, das einen von morgens bis abends ankeift.

Wenn mein Onkel nicht herkommen kann, wird sie so lange bleiben wie ich. Ich bin nicht einmal in meinem eigenen Haus fünf Minuten lang unbeaufsichtigt. Sie sind dazu übergegangen, mich wie ein Kind zu behandeln ... Dein gestriger Brief ließ mich spüren, daß selbst *Du* Dich gegen mich wenden könntest ...

17. März 1921

Was der Anwalt mir erzählt hat, hat mich so aufgeregt, daß ich auf dem Heimweg im Taxi fast ohnmächtig wurde; ich mußte meinen Kopf zwischen den Knien verstecken. Der Schock war so schrecklich, kannst Du Dich da wundern, daß ich so mit Dir gesprochen habe? ... *Je t'aimerai quoique tu fasses, toujours, toujours, toujours.* Seulement, ça me dégoute, tu comprends[1], wenn Du (offenbar) sagst, Du wirst mich aufgeben, wo ich so am Boden bin, obwohl du weißt, daß Du indirekt daran schuld bist, daß ich so am Ende bin ... In allen wichtigen Dingen war ich immer aufrichtig zu Dir, auch wenn ich in Panik und Elend manchmal gelogen habe. Ich weiß einfach nicht, wie ich mir ein Leben ohne Dich vorstellen soll ... Je n'ai rien qui m'y rattache; quoique tu penses de moi je t'aime et t'ai aimée de tout mon cœur, de tout mon âme, et tu *sais* que c'est vrai. Si nous nous séparons, ce sera la fin de toutes les choses, le néant absolu ...[2]

[1] *Ich werde Dich lieben, was immer Du auch tun wirst, immer, immer, immer.* Nur widert es mich an, verstehst Du ...

[2] Ich habe nichts, was mich an das Leben bindet; was auch immer Du von mir denkst, ich liebe Dich und habe Dich immer geliebt, mit meinem ganzen Herzen, mit meiner ganzen Seele, und Du weißt, daß das wahr ist. Wenn wir uns trennen, wird das das Ende aller Dinge sein, das absolute Nichts ...

18. März 1921

Ich kann meine Verzweiflung und mein Unglück nicht mehr in Worte fassen ... Mein Herz brach, als ich merkte, daß es keine Hoffnung mehr gibt. Das ist so schrecklich, daß mein Verstand ganz benommen und versteinert ist.

Ich laufe wie in Trance herum ... Ich frage mich ganz kühl, was ich tun werde, wenn ich ganz, ganz unwiderruflich festgestellt habe – denn ich fange gerade erst an zu begreifen – daß es zu Ende ist, weil Du etwas nicht von selbst tun willst, worum ich niemals wagen würde, Dich zu bitten. Ich weiß nicht, wozu ich dann fähig sein werde.

Gestern sagten sie mir, Du seist ja so »vernünftig« und Du hättest gesagt, ich riefe Dich dauernd an und schriebe endlose Briefe, obwohl Du nur in Ruhe gelassen werden möchtest; und daß Du denkst, es sei viel besser, mich aufzugeben, auch wenn es keinen »procès«[1] geben würde ...

Mach Dir keine Sorgen, daß ich eine Dummheit begehen könnte. Ich werde so still sein wie eine Maus mit einem Loch im Herzen, durch das ihr Leben ganz still versickert. (Ich frage mich, wie lange ich das noch aushalten kann?) Ich befürchte, Denys ist entschlossen, einen »procès« zu führen –

Eine gänzlich unvoreingenommene dritte Person, die uns beide ganz gut kennt, war gestern mit ihm [Denys] verabredet, und – weit entfernt von dem, was Harold behauptet, von ihm gehört zu haben – hat Denys dieser Frau erzählt, er hätte mich allein Deinetwegen verlassen ...

Außerdem hat er gesagt, er könne mich nicht ausstehen und nichts würde ihn bewegen, mich je wiederzusehen. Er fügte hinzu, er hätte uns alle in der Hand und könnte unser aller Leben für immer und ewig ruinieren, wenn er nur wollte –

[1] Prozeß

Offenbar erzählt er das alles haarklein jedem, der bereit ist, ihm zuzuhören. Er erzählt den Leuten alles, was sie noch nicht wissen ... was mich natürlich erledigen wird. Was er mir antut, kümmert mich einen Dreck, aber es kümmert mich sehr wohl, was er ihr [Alice Keppel] zufügt, und ich spüre, daß er sie nicht verschonen wird. Es hat keinen Sinn, ihm zu schreiben und ihn zu bitten, sie in Ruhe zu lassen, denn gestern sagte er zu dieser Frau, er würde keinen einzigen Brief mehr von mir lesen!

Meine arme Mutter kommt geradewegs von der Riviera. Ich weiß nicht einmal, ob sie einen Schlafwagenplatz bekommen hat. Sie wird hier bleiben. Mir wäre lieber, sie wäre nicht aus dem Ausland zurückgekehrt, denn dadurch wäre sie wenigstens ein bißchen verschont geblieben.

Es wird ihr das Herz brechen. Wie sehr wünsche ich, ich wäre von Anfang an offen zu ihr gewesen. Ich vermute, sie möchte das Haus und alle meine Sachen verkaufen. Natürlich werde ich nichts dagegen unternehmen ...

18. März 1921

Bitte vernichten!

Diese unerträglichen Tage der Einsamkeit und des Elends!

Eine schrecklich eintönige Mahlzeit nach der anderen allein mit M'lle! Grauenhaft! Nie mit einem intelligenten oder verständnisvollen Menschen reden zu können! Was für ein Glück Du hast! Wie ich Dich beneide!

Heute morgen habe ich gefragt: »Warum gehst Du nicht auch fort?«, und Du fragtest kühl zurück: »Warum sollte ich?«

In der Tat, warum solltest Du: Du hast alles, was du willst – ein wunderschönes Zuhause, Liebe, Zuneigung, Verständnis. Wie sollte ich nicht verbittert sein?

Stell Dir vor, es käme nicht zum procès: Dein Leben bliebe

im wesentlichen unversehrt: Du hättest Long Barn, Harold, die Kinder, Deine Bücher, Deine Tiere, Deinen ganzen Besitz.

Und was hätte ich?

NICHTS!

Niemanden, der mich liebt und mit mir zusammenlebt, keinen Besitz, keinen guten Ruf, keine Hoffnung, gar nichts.

Das Bewußtsein dieser himmelschreienden Ungerechtigkeit schmerzt mich zutiefst. Aber was für ein Triumph und was für ein Beweis, daß ich es trotz allem noch schaffe, Dich mehr als alles andere zu lieben!

[März 1921]

Wie schade, daß Du so eine Närrin bist, Mitja! Ich war überglücklich, Deine Stimme zu hören, aber alles, was von Dir kam, war Leichtfertigkeit und Gleichgültigkeit. Ich haßte Dich dafür! *Vorsicht*, Mitja, Vorsicht, wenn Du über meine Liebe lachst! Bei Gott, wenn Du das tust, wirst Du es bereuen. Wer bist Du, daß Du Dir erlaubst, Dich so aufzuführen? Wenn ich lieben kann, kann ich auch hassen, und ich könnte Dich mehr hassen als irgend jemand sonst auf der Welt. Du hast gehabt, wofür Dutzende (und ich übertreibe nicht, wenn ich sage Dutzende) andere Menschen auf die Knie gefallen und gekrochen wären. Ich habe Dich geliebt. Ich habe Dir alles gegeben. Ich habe Dir nichts vorenthalten, und Du scheinst zu denken, ich stehe Dir voll zur Verfügung, komme, wenn Du nur mit dem Finger schnippst, oder verschwinde so lange, wie es Dir beliebt.

Verdammt seist Du, sage ich! Verflucht sei Deine Unverschämtheit! Ich bin nicht Deine Sklavin. Wie kannst Du es wagen, mit meinen heiligsten Gefühlen zu spielen!

26. März 1921

... Ich bin wie benommen vor Schmerz ... Ich weiß nicht, was aus mir werden soll. Ich kann mit niemandem sprechen. Men Chinday sagte gestern, sie will nicht, daß ich Pat sehe, weil wir über Dich reden könnten. Ich bin so tief verletzt, daß mir meine eigene Qual fast unanständig vorkommt. Es ist, als hätte ich eine furchtbare, klaffende, unverbundene Wunde. Sie ist nicht damit einverstanden. Sie verlangte, wenn ich schreibe, soll ich ihr den Brief zeigen. Ich habe zugestimmt, aber diesen kann ich ihr nicht zeigen. Du hast keine Ahnung, wie ich leide.

Ich bete wie von Sinnen zu Gott, er soll mir helfen, denn ich fühle, wie das Wasser höher und höher steigt ...

Gestern hat Men Chinday mir gesagt, Harold habe angedroht, Dich zu verlassen, wenn Du mich je wiedersiehst.

Du hast gewählt, mein Liebling; Du mußtest zwischen mir und Deiner Familie wählen, und Du hast *sie* gewählt. Du hattest natürlich recht. Ich mache Dir keinen Vorwurf. Sollte ich eines Tages einen für mich richtigen Ausweg finden, darfst auch Du mir keinen Vorwurf machen ...

29. März 1921

Es waren einmal zwei Diebe. Eines Tages wurde einer gefangen und in den Kerker geworfen; der andere entkam und wurde reich. Der eine, der im Kerker saß, rief durch die Gitterstäbe dem freien zu: »Diese Ungerechtigkeit nagt an meiner Seele, erbarme dich und stiehl etwas, dann wirst vielleicht auch du gefangen und kannst meine Zelle teilen, denn du bist ebenso schuldig wie ich.« »Nein, nein«, sagte der ehemalige Komplize, »ich war nicht klüger als du. Es ist nur einfach so, daß sie dich gefangen haben und ich entkommen konnte. Sei geduldig und leide, und nach einigen Jahren wirst du freigelassen werden.« »Aber wie kann ich wissen, daß ich am Ende dieser Zeit noch auf deine Freundschaft zählen kann?« heulte der andere Dieb. Aber der Freie winkte dem Gefangenen mit einer unbestimmten Geste zu und sagte: »Wer weiß?«

Der in Ketten protestierte: »Aber das ist ungeheuerlich! Wir haben beide die gleiche Straftat begangen: *Du* kehrst zu einer dich liebenden und respektablen Familie zurück, die dich begrüßt wie den Verlorenen Sohn, du lebst unter verständnisvollen Freunden, die dich nicht verstoßen, du bist frei, von all deinen Talenten Gebrauch zu machen, frei, dich zu vergnügen, frei, umherzuwandern, frei, zu lieben, frei, deine Jugend, dein Temperament auszuleben – während ich hier im Kerker schmachte, von den Menschen verachtet und abgelehnt, der Freiheit und der Liebe beraubt, gezwungen, meine Jugend und mein Temperament zu ersticken, wohl wissend, daß das kleinste Vergehen, der winzigste Aufstand gräßlich geahndet würde. Beobachtet, gejagt, ausspioniert – das ist zuviel. Lieber möchte ich mich aufhängen.«

Der andere hob erschrocken seine Hände. »Wie kannst du so etwas sagen! Du hast einen netten freundlichen Wärter, einen Geistlichen, der dich einmal in der Woche besucht und versucht, deinen beklagenswerten Charakter zu bessern, und von deinem kleinen Fenster aus kannst du anderen Leuten beim Glücklichsein zusehen – was willst du mehr? Du bist undankbar!«

Und er ging davon, peinlich berührt und ein bißchen angewidert.

S'il n'y avait que cela![1] Aber so schlimm es auch ist, es ist noch nicht das Schlimmste; das Schlimmste ist, daß ich Dich bedingungslos, bis zum Wahnsinn, hoffnungslos liebe. Und das bringt mich um . . . Wenn Du doch nur eine Existenzmög-

[1] Wenn es nur das gewesen wäre!

lichkeit für mich planen würdest, mit einer Art Belohnung am Ende – etwas, auf das ich hoffen kann. *Ohne Hoffnung kann man nicht leben.*

Du sagtest: »Im Augenblick nicht« – aber gibt es denn eine in der Zukunft? Das ist es, was ich wissen will ... Es wäre mir viel, viel lieber, Du würdest mir die Wahrheit sagen, statt mich dieser unaufhörlichen Folter auszusetzen. Das ist weit grausamer, als irgendeine Wahrheit es je sein kann. Bist Du bereit, mich völlig aufzugeben? Das ist es, was ich wissen muß; ich habe ein Recht, es zu wissen, ich *bestehe* darauf.

Bitte verbrenn diesen Brief!

[Pat Dansey an Vita]
53, Cumberland Mansions, Bryanston Square, W. 1
14. April 1921

Meine liebe Vita,

seit wir uns getroffen haben, habe ich viel nachgedacht. Meine Liebe, glaube nicht, daß ich gemein bin oder kein Verständnis habe – aber ich bin sicher, die beste Hilfe für Violet ist es, *völlig* mit ihr zu brechen – nicht zu schreiben, nicht mit ihr zu sprechen. Ich bin sicher, solange du in Kontakt mit ihr bleibst, wird Violet immer die Hoffnung haben, daß Du eines Tages mit ihr fortgehst. Um beider Familien willen *muß* diese Sache ein Ende finden, und sicher wäre es weitaus klüger und für Euch beide besser, das Elend nicht noch zu verlängern? Ich glaube, Violet hat eine größere Chance zu vergessen, wenn Du die Sache entschlossen und *völlig* beendest. Vita, mach Violet keine Versprechungen mehr und nimm ihr keine ab. Im Augenblick mag das grausam erscheinen, aber letzten Endes wird es sich als das Beste für sie erweisen.

Ich werde nicht versuchen, Violet in irgendeiner Weise zu

beeinflussen – aber, liebe Vita, denk darüber nach – laß Dich von jemandem warnen, der Euch beide gern hat und Euch beiden nur helfen will.

Vita, ich habe das Zweite Gesicht, wenn ich will, und Du würdest staunen, wenn ich Dir alles erzählte, was ich weiß. Wenn Du Dich nicht klug verhältst, fürchte ich sehr um die Zukunft.

Gott schütze Dich
Deine Pat

[Violet an Pat Dansey]
Florenz
1. Mai 1921

Meine liebe Misskins, diese Stadt ist ekelhaft: entzückende kleine Hügel, übersät mit Villen und Museen und Kirchen, die so oft photographiert und beschrieben worden sind, daß man sie schon satt hat, lange bevor man einen Fuß hineingesetzt hat. Der Gedanke amüsiert mich, daß man mich ausgerechnet hierher gebracht hat, um mich zu »bekehren« – die italienische Gesellschaft hier ist die korrupteste, der ich je begegnet bin, vielleicht mit Ausnahme der römischen. Sie sind geldgierig, boshaft, lüstern, dumm. Kaum auszudenken, was aus einem werden würde, wenn man hier lange lebte! Soviel zur *italienischen* Gesellschaft. Die *Ausländer* – Russen, Griechen, Franzosen, Amerikaner, Engländer – sind noch schlimmer. Die einzigen Engländer, die sich hier aufhalten, gehören alle einer bestimmten Sorte an: Fast alle sind gerissen. Die kosmopolitische Gesellschaft ist gerissen, darüber gibt es keinen Zweifel, teuflisch, ekelerregend gerissen. Ach Pat, es ist so furchtbar für mich, *alles* verloren zu haben, nie mit einem anständigen Menschen zusammensein zu können. Men Chinday merkt das nicht, weil sie kein Italienisch spricht. Aber ihre

Stimmung ist derzeit so, daß ich noch lieber mit solchen Leuten zusammen wäre als mit ihr. Und dann, kein einziges Wort von ____ [Vita] zu hören! Bin ich schon ganz vergessen? Ich wäre schon mit *ein paar Worten* zufrieden. Aber *nichts*! ... Morgen ist es zwei Wochen her, seit ich etwas gehört habe. Wenn ich schon vergessen bin, sollte ich besser versuchen, so zu werden wie die Leute um mich herum. Das einzige, was mich in meiner entsetzlichen Einsamkeit und meinem Unglück aufrecht hält, ist die Hoffnung, daß ich letztlich doch geliebt werde. Bitte zeig ihr diesen Brief! O Misskins, ich liebe so furchtbar, und es wird immer schlimmer und schlimmer. Wie Du siehst, gibt es nichts, was mein Leben ausfüllt, und sei's nur ein bißchen. Schreiben zählt einfach nicht. Alles, was ich mir wünsche, sind ein paar Zeilen. Es mag vielleicht paradox klingen, aber es ist wahr: Die Liebe ist *rein*, wo auch immer Du sie findest, und ich darf nicht mehr lieben. O Misskins, ich glaube, Du bist der einzige Mensch auf dieser Welt, der mich noch liebt. Gott segne Dich dafür! Aber ich bin nicht bei Dir. Es scheint so verrückt, daß ich V. und D., meine Freiheit, mein Zuhause, mein Geld, alles auf einen Schlag verloren habe. Ich fange an zu glauben, daß die unbedingte, grenzenlose Liebe, die ich gegeben habe, das unverzeihlichste Verbrechen auf der Welt ist. Man sollte vorsichtig, vernünftig, bequem lieben: der Welt nicht den Fehdehandschuh ins Gesicht schleudern. Ach Misskins, was würde ich ohne Deine Briefe machen? Ich *bin* so dankbar dafür!

Gestern abend brachte Mama es fertig, daß ich mir die Augen ausgeweint habe. Sie sagte, an meiner Stelle hätte sie sich schon längst umgebracht! Bitte sag [Vita], er kann alles, was er will, auf italienisch telegraphieren, wenn er mit Scovello unterschreibt.

[Ein Ausschnitt aus Violets Roman, den sie wahrscheinlich an Pat Dansey schickte, damit er an Vita weitergeleitet würde.]
2. Mai 1921

Con schrieb ihr aus der ganzen Welt lange Briefe, schickte sie aber nie ab. Er schrieb sie, weil er einfach *mußte,* krampfartige, verzweifelte Ausbrüche seines Elends.

Er war nie von ihr getrennt; sie begleitete ihn überallhin; sie war in den Formen der Wolken, dem Geläut der Glocken, dem Rauschen der Flüsse; doch am nächsten war sie ihm im Zug. Er ertappte sich fast dabei, wie er sagte: »Schau, Liebling, schau nur, erinnert dich das nicht an –?« Und deshalb wäre er am liebsten ständig im Zug gereist, ohne je länger als eine Nacht an einem Ort zu verweilen. Manchmal lehnte er sich zurück und schloß die Augen, immer mit der Vorstellung, sie würde sich über ihn beugen. Er war so unglücklich, daß er mit dem Unglück einen Pakt schloß: »Nun gut, ich werde dir erlauben, für eine bestimmte Zeit Macht über mich zu haben; ich werde mich deiner Tyrannei unterwerfen, aber *nach* dieser Zeit werde ich alle meine Kräfte sammeln, die monatelang brachgelegen haben, und mich um jeden Preis freikämpfen. Sollte sie mich noch lieben, werde ich in Geduld zusammengekauert warten und leiden, aber dann werde ich kämpfen, um mein Leben, um das Recht auf Glück, das jedes Menschen Erbschaft ist. Wir alle haben einen Anspruch auf ein gewisses Maß an Glück auf Erden, und ich bin entschlossen, danach zu greifen oder bei dem Versuch zu sterben.« Worauf das Unglück, das ihn beherrschte, sich verhöhnt fühlte und wütend die Nägel in sein Fleisch grub und ihn mit neuerlichen Beleidigungen und neuerlichen Foltern anstachelte – weil es nicht wußte, daß es ihn nicht töten, nicht den glühenden Glauben besiegen konnte, der in ihm loderte und heimlich über seine Peiniger spottete, *solange sie ihn liebte.* Solange sie ihn im Grunde ihres Herzens liebte, war er unverletzlich.

Er betete darum, von Zeit zu Zeit Bestätigung von ihr zu erhalten; er betete um sein Leben, denn das bedeutete Leben für ihn. Mit gleichgültigem Blick wandelte er von Ort zu Ort, unempfindlich für Schönheit, Häßlichkeit, Kälte, Hitze und all die Dinge, die ihm sonst so viel bedeutet hatten.

Er war distanziert, isoliert, verbittert, empfindlich und einsam.

Der Sklave, der unter Schlägen und Mißhandlungen heimlich den Schlüssel für seinen Ausbruch schmiedet.

[Pat Dansey an Vita]
53, Cumberland Mansions, Bryanston Square, W. 1
12. Mai 1921

Meine liebe Vita,

heute morgen erhielt ich den beigefügten Brief [von Violet an Pat]. Er ist mir durch das ganze Land nachgeschickt worden. Darum ist er erst so spät angekommen. Habe ich Dir einen Brief geschickt, in dem von einer kolorierten Photographie die Rede war? Sie – die Photographie – ist jetzt gerade aufgetaucht.

Ich schrieb ihr Dienstag, als ich zurückkam, und schickte ihr die Nachricht, die Du mir gegeben hattest. Es ist immer schwierig zu schreiben, denn ich könnte mir vorstellen, daß alle Briefe geöffnet werden.

Immer Deine Pat

Ich hatte gerade den Brief an Dich beendet, als ein zweiter Brief ankam, den ich beifüge. Wenn du in London bist und eine freie Minute hast, komm doch vorbei. Sie [Violet] fährt vom 17. bis zum 20. nach Rom. Das hat sie auf die Rückseite des Umschlages geschrieben.

[Violets Brief an Pat Dansey]

Meine liebe Misskins, ich hoffe, Du bist aus Schottland zurück ... Ich möchte wissen, ob Du die – ach so gelungene – Photographie und die Kamera erhalten hast, die ich Dir durch Rebecca West[1] habe schicken lassen. Es ist wirklich so, als ständest Du der anderen Person von Angesicht zu Angesicht gegenüber. Sie wird wissen, warum ich sie Dir schicke. Ich wünschte, Rebecca W. wäre nicht abgereist; sie war der einzige Mensch in Florenz, mit dem es sich zu reden lohnte, und einer der menschlichsten und natürlichsten, denen ich je begegnet bin – blitzgescheit, dabei mit der einzig richtigen Einstellung zur Gescheitheit – nämlich der Überzeugung, daß sie nur von untergeordneter Bedeutung ist und daß unsere Gefühle so unendlich viel wichtiger sind. Sie war sehr nett zu mir, denn sie wußte, daß ich verzweifelt unglücklich war, obwohl ich ihr natürlich nicht erzählen konnte, warum. Seit ich

[1] Rebecca West (1893–1983), erfolgreiche Autorin und führende Persönlichkeit der britischen Literaturszene; sie wurde nach 1910 durch ihre Beiträge für radikale feministische und sozialistische Zeitschriften bekannt. Ihre Freundschaft zu Violet begann in den frühen zwanziger Jahren und dauerte bis zu Violets Tod. In ihrer Rezension von »Portrait einer Ehe« (*Sunday Telegraph*, 28. 10. 1973) schrieb sie, Violet »war hochbegabt; sie hatte ein hervorragendes Sprachgefühl, sie besaß wirkliches literarisches und auch künstlerisches Talent, viel mehr als Vita ... Sie ist von vielen als amoralisch herabgesetzt worden, aber sie hatte einen wirklichen moralischen Triumph errungen. Sie wuchs auf in einer Gesellschaft, der das Geld, die Privilegien und die Macht zu Kopf gestiegen waren, und war zu einem Snob erzogen worden. Doch sie erkannte, daß jeder, der ein gutes Bild malte oder ein gutes Buch schrieb oder ein schönes Stück Arbeit am Pasteur-Institut leistete, mehr wert war als sie. Obwohl nach außen hin arrogant und in jedem Augenblick bereit, zu erwähnen, daß sie in einer Nebenlinie von Louis XI. abstammte, war sie doch in Wirklichkeit demütig ...«

weg bin – morgen sind es drei Wochen –, habe ich nur eine ziemlich nichtssagende Nachricht von Julian erhalten, während ich es geschafft habe, ihm relativ oft zu schreiben. Es gibt überhaupt keinen Grund, warum er mir jetzt nicht postlagernd *hierher* und *nach Rom* schreiben sollte. Bitte sag ihm das; er kann mir auch Teile seines Buches schicken. Es gibt jede Menge Möglichkeiten, mit mir in Kontakt zu bleiben. Ich verzehre mich ganz einfach nach einem Brief von ihm. Er hat mir noch nicht einmal sein Buch mit den Zeitungsausschnitten geschickt oder sonst irgend etwas. Er weiß ganz genau, warum man mich an diesen ekelhaften Ort ins Exil geschickt hat und daß ich geduldig alles ertrage, immer vorausgesetzt, ich fühle, daß er sich noch etwas aus mir macht. Die Nachricht, die er mir geschickt hat, hätte von jedem Beliebigen kommen können. Aus was für einem Stoff ist er eigentlich gemacht? Sieht er nicht, wie unglücklich ich bin, wie sehr ich ihn vermisse, wie elend ich mich in dieser gräßlichen Stadt fühle? Wenn er gelegentlich postlagernd geschrieben und mir Teile seines Buches geschickt hätte, so wie früher, würde ich mich nicht so völlig von ihm verlassen und abgeschnitten fühlen. Ach Misskins, zeig oder schicke ihm diesen Brief! Men Chinday ist so schwierig wie immer. Ich kann nichts mit ihr anfangen.

Letzte Woche habe ich zwei Tage mit Fieber im Bett gelegen. Ich werde schrecklich dünn – nach der Photographie kannst du nicht gehen; sie wurde aufgenommen, als ich gerade zwei Tage hier war. Und ich kann mich kaum auf den Beinen halten. Ich hoffe, ich werde nicht wirklich krank hier. Julian kann mich sicher nicht so schnell vergessen haben. Ich sorge mich zu Tode um ihn. Es ist schrecklich. Bitte, bitte sprich mit ihm! Ich stehe kurz vor dem Bankrott, aber das ist nebensächlich. Es ist gerade herausgekommen, daß mich die Köchin und Osborne[1] schrecklich bestohlen haben – daher

[1] nicht identifiziert

habe ich keinen Pfennig Geld mehr! Ach Misskins, ich fühle mich wirklich wie Hiob – ein Schlag nach dem anderen –, aber ich könnte alles tapfer ertragen, wenn ich nur etwas *hören* würde –

[Pat Dansey an Vita]
53, Cumberland Mansions, Bryanston Square, W. 1
12. Mai 1921

Meine liebe Vita,
Rebecca West spazierte heute nachmittag mit der Photographie (die hervorragend ist) in meine Wohnung. Ich weiß nicht, wie ich sie am besten sicher einpacken kann, denn ich habe solche Angst, sie könnte kaputtgehen, was furchtbar wäre. Wenn Du demnächst nicht nach London kommst, muß ich sehen, wie ich sie verpacken kann.

Ich habe noch nie jemanden so Häßliches gesehen wie Rebecca West! Es hat mir die Sprache verschlagen! Meine Manieren ließen mich im Stich, und ich vergaß glatt, sie nach Violet zu fragen. Ich bin sicher, daß sie erzählen wollte, aber sie ist *wirklich* häßlich – ein wahrer Schock!

Für immer Deine
Pat

[Violet an Pat Dansey]
Rom
27. Mai 1921

Meine liebe Misskins, ich bin beunruhigt, weil ich seit einer Ewigkeit keine Zeile von Dir bekommen habe. Ich hoffe, Du bist nicht krank?

Was mich angeht, so bin ich halbtot. Die Hitze in Rom ist

unbeschreiblich; letzte Nacht lag ich splitternackt auf meinem Bett und schnappte nach Luft! Es war viel zu heiß zum Schlafen. Die Hitze macht mich fürchterlich dünn, ebenso das sinnlos anstrengende Leben, das ich führe – Tanzpartys und Mittagseinladungen und Dinners den lieben langen Tag, und das täglich, während über diesem Ort die Malaria hängt wie ein großer schwarzer Vogel, der darauf lauert, herabzustoßen.

Dieser Palast liegt im Herzen des Ghettos, wo all die Verbrechen begangen werden, aber er steht auf einer Art kleinen Anhöhe in einem wunderschönen Garten mit Brunnen, die Tag und Nacht unter meinem Fenster plätschern . . .

Mittwoch kehren wir nach Florenz zurück. Men Chinday ignoriert mich nun völlig. Es ist, als wäre ich Luft für sie. Sie sagt, ihre Liebe zu mir sei tot, und wenn Sonias Baby geboren sei, könne ich machen, was ich will.

. . . O meine Liebe – schreib mir! Meine Gedanken verlassen England nicht eine Minute. Ich bin nur von einem Gedanken besessen: chepescar[1].

[Violet an Pat Dansey, die den Brief wiederum an Vita sandte]
[Mai 1921]

Meine liebe Misskins, Du läßt mich nie im Stich! Heute morgen werde ich wegen des Geldes zu Cook's gehen. Da ich keinen Penny mehr hatte, bin ich Dir wirklich sehr dankbar. Ich hoffe, mein Scheck trifft morgen oder übermorgen ein. Weißt Du, daß Du mich nie bei irgend etwas im Stich gelassen hast? Gott segne Dich dafür! Von [Julian: durchgestrichen] habe ich vor zwei Tagen gehört; er sagt, er hätte auch nach Rom geschrieben, aber der Brief muß erst angekommen sein, als ich schon fort war, denn vorher war er sicher nicht eingetroffen.

[1] zu fliehen

... Es war gut, daß der Brief gerade in jenem Augenblick ankam, denn ich hatte mich entschlossen, an diesem Tag nach Griechenland abzureisen, dazu sollte ich in Brindisi einen Mann treffen (der mich unendlich langweilt), der wollte, daß ich für ein Weilchen mit ihm durchbrenne. Von Brindisi planten wir dann nach Griechenland übersetzen. Pat, ich war so verzweifelt, so überzeugt, daß Julian sich nicht im geringsten darum schert, was aus mir wird, daß ich dazu entschlossen war. Es wäre verrrückt gewesen, da ich den Mann nicht einmal mag, aber es hätte mich von hier fortgebracht ...

[Nachsatz von Pat an Vita]
Ich erhielt diesen Brief heute nachmittag. Es scheint, als hätte er einige Zeit gebraucht. Ich frage mich, ob Mrs. Keppel zur Beerdigung ihrer Schwester herkommen wird?

In Liebe
Pat

[Pat Dansey an Vita]
53, Cumberland Mansions, Bryanston Square, W. 1
7. Juni 1921

... Ich habe Dein Telegramm [an Violet] Samstag ganz früh aufgegeben. Ich erhalte fast täglich ein Telegramm – ich beantworte alle in einer Form, von der ich hoffe, sie beruhigt Violet für den Augenblick etwas. Ich würde so viel darum geben, wenn sie wieder glücklich werden könnte, aber manchmal frage ich mich, ob es sie jemals wirklich glücklich machen würde, *glücklich* zu sein. Verstehst Du, was ich meine?

Für immer Deine
Pat

[Telegramm von Violet an Pat Dansey]
7. Juni 1921

BITTE SAG JULIAN ER SOLL SCHREIBEN

[Violet an Pat Dansey]
9. Juni 1921

Meine teure Misskins. Bitte verzeih mir die Kürze meines Telegramms bzgl. der Zigaretten, aber ich hatte nur das Geld für die zwei Wörter bei mir!! und nun habe ich fast gar kein Geld mehr! Ich hasse es, Dich ständig mit irgend etwas belästigen zu müssen – aber die Zigaretten hier sind so ordinär, daß man sie wirklich nicht rauchen kann.

Die Hitze ist fürchterlich; alle reisen ab. Du *wirst* doch nach Holland kommen, oder? ... Julian hat mir zum Geburtstag telegraphiert, aber nicht geschrieben.

Stell Dir vor, eine lustige Sache ist passiert: Ich bin in eine sizilianische Vendetta geraten!! Es ist zu absurd: Vor Ewigkeiten, als ich zum ersten Mal hierher kam, hat sich ein älterer Engländer in mich verliebt. Offenbar hatte er einmal ein Verhältnis mit einer Sizilianerin namens Chichina d'Orsay – ihr Name paßt so wundervoll.

Also, sie kam vor ungefähr einer Woche hier an, sah mich ständig mit diesem Mann (dem ich eine ausschließlich onkelhafte Rolle in meinem Leben zugeteilt habe) und gelangte vorschnell zu dem Schluß, ich hätte eine Affaire mit ihm. Seitdem hat sie ihn Tag und Nacht beschattet; mehrere Male hat sie mich abgepaßt und mir die schlimmsten Dinge über ihn erzählt. Sie geht herum und erzählt, ich sei die Geliebte dieses armen ehrwürdigen Familienvaters; sie hat ihm mitten auf der Straße eine Szene gemacht, in deren Verlauf sie ihm sagte, seine Gefühle für mich seien pure Verschwendung, weil ich heimlich mit jemandem anderen lebte, und schließlich drohte sie ihm damit, daß sie nicht garantieren könnte, was ihm zustoßen würde, wenn er nicht aufhörte, sich mit mir zu treffen!! Seither hat man ihm erzählt, sie gehöre einer geheimen Organisation an – ich glaube, sie heißt Mafia –, die Leute umbringt ... Mein armer alter Freund hat mächtig Bammel, aber er trifft mich trotzdem, mit schlotternden Knien! So seltsam es auch scheinen mag – er ist weder jung noch attraktiv –, diese Frau ist wie verrückt eifersüchtig auf ihn, und da niemand Eifersucht besser versteht als ich, habe ich versucht, ihn dazu zu bringen, zu ihr zurückzukehren, aber er weigert sich strikt, das auch nur in Erwägung zu ziehen! Die ganze Episode ist es wert, »verfilmt« zu werden!

Sie lauert ihm überall auf – auf seiner Treppe, auf der Straße, vor seinem Club und, was das Schlimmste ist, vor seinem Haus!

Es ist reichlich lästig, denn wenn ich schon erdolcht werden muß, dann höchst ungern von ihr, und dazu noch wegen eines Mannes, der fast alt genug wäre, mein Vater zu sein!

Wenn ich nicht so idiotisch an Julian hängen würde, würde ich kein so keusches Leben führen wie im Augenblick, und bestimmt auch weiterhin, solange ich glaube, daß auch er mich liebt. Um genau zu sein, gibt es zur Zeit sieben Männer, die etwas von mir wollen; sie sind mir alle völlig egal ... Versteh mich nicht falsch: Keiner dieser Männer denkt auch nur im *entferntesten* an Heirat! Julian und Denys haben gemeinsam meine Aussichten auf ein ehrbares Leben für immer gründlich runiert. Was auch immer aus mir wird, es ist ihre Schuld.

... Julian schreibt nicht, und ich kann ihm nicht schreiben – außer durch Dich. Es ist schrecklich, so völlig abgeschnitten zu sein.

Mein Leben ist leer, nutzlos und verschwendet.

[Violet an Pat Dansey]
17. Juni 1921

Meine liebe Misskins, Dein Brief hat mich bestürzt und entsetzt. Es wird schrecklich sein, wenn Du nicht nach Holland kommst. Ich flehe Dich auf Knien an, komm! Ich habe mich so darauf gefreut, Dich wiederzusehen – das war das einzige, was mich aufrechterhalten hat. Außerdem bin ich ganz schrecklich abgespannt; wenn Du nicht kommst, kriege ich keine nennenswerte Luftveränderung, dabei ist Clingendaal so gesund. Der Arzt sagt, es muß sein – und ich kann meine Mutter dazu bringen, daß sie uns erlaubt, in Holland irgendwohin zu reisen. Sie verbietet mir strikt, bis September englischen Boden zu betreten. Wenn Du nicht kommst, bin ich moralisch und körperlich fertig ... Ich denke von morgens bis abends an ihn – ich bin besessen davon, und im Laufe der Zeit wird es schlimmer statt besser ...

Ich habe jetzt alle diese Männer abgewimmelt, die aus schmutzigen Motiven hinter mir her waren; ich habe ihnen gesagt, daß ich mich nie für sie erwärmen könnte, weil ich jemand anderen liebe. Also bin ich nun so einsam und verlassen wie direkt nach meiner Ankunft.

[Pat Dansey an Vita]
53, Cumberland Mansions, Bryanston Square, W. 1
21. Juni 1921

Meine liebe Vita,

Heute morgen habe ich alles, was Deinem Brief beigefügt war, abgeschickt. Ich hoffe das mit den Pressenotizen geht in Ordnung. Ich schrieb ihr, sie soll sie ganz bestimmt zurückschicken. Aber sie ist ja so vergeßlich.

Ihr Brief kam gestern abend. Das Telegramm auch. Ich

habe ihr ein oder zweimal postlagernd geschrieben. Es kann also sein, daß er für mich bestimmt war! Ich denke, meine Briefe werden geöffnet. Also schreibe ich nie etwas, das sie in Schwierigkeiten bringen könnte.

Ich habe ihr postlagernd geschrieben, um sie zu beruhigen – oder es wenigstens zu versuchen. Gott allein weiß, was sie im September vorhat. Manchmal bin ich ganz unruhig, wenn ich überlege, was für verrückte Dinge sie wohl anstellen wird. Es ist mir unmöglich, nach Holland zu fahren. Ich bin sicher, sie hat eine verrückte Idee im Hinterkopf. Ich fürchte, wenn sie im September zurückkommt, wird es Schwierigkeiten geben.

[Pat Dansey an Vita]
53, Cumberland Mansions, Bryanston Square, W. 1
22. Juni 1921

Meine liebe Vita,

heute abend habe ich noch einen Brief von Violet bekommen! Sie möchte wissen, ob Du ihr nicht postlagernd nach Den Haag schreiben willst, so daß sie einen Brief vorfindet, wenn sie dort ankommt. Meine Liebe, in bezug auf Briefe ist sie hoffnungslos. Sie hat mir auf der Rückseite meines eigenen Briefes geschrieben, in dem ich reichlich freimütig über die alte Daisy[1] geschimpft hatte! Sie hat ihn wahrscheinlich herumliegen lassen, so daß Mr. R.[2] ihn lesen konnte! Man muß sich wirklich nicht wundern, wenn wir ihr nicht schreiben, oder daß wir nur Dinge schreiben, wie »heute ist es kalt – gestern war es heiß«. Sie möchte auch wissen, ob du irgendwelche Pläne für die Zukunft hast. Gott, was für ein Leben!

1 Baroness de Brienen, die Besitzerin von Clingendaal
2 nicht identifiziert

Das arme Ding! Sie ist sehr unglücklich und vermißt Dich unerträglich. Ich kann kaum mit ansehen, wie unglücklich sie ist: Aber was können wir machen? Sie tut mir so leid!

Vita, was kann man tun? Glaubst du, sie wird glücklicher sein, wenn sie in Holland ist? Ich möchte ehrlich gesagt nicht hinfahren. Ich habe im Juli viele Besuche zu machen, und ich hasse die alte Daisy ebenso sehr wie sie mich! Wenn sie im September ohnehin zurückkommt, kann sie sicher noch 2 Monate aushalten, oder?

Violet möchte wissen, ob ich Dich nicht treffe. Ich habe ihr geschrieben, daß Du selten in London bist, aber wenn Du da bist, es einzurichten versuchst, dich mit mir zu treffen ... Jedes Mal, wenn ich ihre Schrift sehe, spüre ich jede Menge graue Haare aus meinem Kopf sprießen.

Ich werde von Freitag bis Montag nach Sussex fahren, so daß Du etwas Ruhe haben wirst ...

[Violet an Pat Dansey]
Clingendaal, Den Haag
8. Juli 1921

Meine liebe Misskins, Daisy sagt, daß Du jederzeit herkommen kannst von heute an bis zum 24. oder zwischen dem 1. und Ende August. Wenn Du nicht kommst, werde ich *elend* und *verzweifelt* sein. Sie und Mama erwarten, daß Du Dich entscheidest. Es wird niemand hier sein außer Daisys Freunden zwischen dem 24. und dem 1. Während der ganzen Zeit, die ich hier verbringe, wird keine Menschenseele hier sein, mit der ich sprechen kann. Daher flehe ich Dich *auf Knien an, komm* ...

Mama reist am 20. nach London ab, so daß ich bis Anfang September allein hier sein werde – hoffentlich nicht länger als bis zum 1. Sag Frank, wenn er noch in London ist, daß ich nicht nach Den Haag gekommen bin, um ihm zu telegraphieren, und ich tue es sehr ungern von hier aus, da ich hier sowieso schon als so extravagant gelte ...

Sie haben mein Haus für 200 Pfund verkauft!! Ich hatte fast 3000 Pfund reingesteckt – und sogar diese 200 Pfund nimmt Mama mir noch ab, »um für den Teppich zu bezahlen«. Es ist wirklich jammerschade, denn ich bin so schrecklich knapp bei Kasse und werde künftig über sehr wenig Geld verfügen. Der Himmel weiß, was aus mir werden wird! Das einzige, was mich aufrecht hält, ist das Gefühl, daß ich noch geliebt werde.

[Violet an Pat Dansey]
Clingendaal, Den Haag
9. Juli 1921

Meine gesegnete Misskins, Du MUSST herkommen! Es wird niemand dasein, der uns stört – nur Daisy zu den Mahlzeiten –, und die ist des Lobes über Dich voll und würde sich wirklich sehr freuen, wenn Du kämst. Ich bin nach Den Haag gefahren, um zum Arzt zu gehen, und auch wegen verschiedener anderer Dinge. Er sagte, mein Herz sei immer noch angegriffen und ich dürfte mich nicht aufregen. Aber ich werde mich aufregen, wenn ich weiterhin so betteln muß, daß Du kommst! Du darfst Dich nicht weigern, weil Du weißt, wieviel Freude es mir bereiten würde....

Mama fährt am 21. nach England zurück, um sich um Sonia zu kümmern, die Anfang August ihr Kind bekommt. Arme Kleine! Ich habe solches Mitleid mit ihr; die Vorstellung, was sie wird durchmachen müssen, ist furchtbar.

Es ist ein trauriger Gedanke, daß mein altes Haus für einen Pappenstiel verschleudert wird – und daß die armen unglücklichen Dinge, die ich gesammelt habe, in ein Lagerhaus gestopft werden – heimatlos wie ihre Herrin. Ich besitze buchstäblich nichts auf der Welt. Ich fühle mich, als wäre ich von Strauchdieben überfallen worden, die mich zerschlagen, nackt und blutend im Straßengraben zurückgelassen haben – und das Schicksal schreit hämisch »Da! Jetzt zeig mal, was du kannst! Du bist immer irgendwie verteidigt, beschützt worden, nun bist du nur noch auf dich selbst gestellt.«

»Als letztes Hilfsmittel besitzt du deinen Verstand, deinen Körper ... aber *weiter nichts.*« Du kannst Dir nicht vorstellen, wie ausgesetzt ich mich fühle. Und das einzige, was ich noch zu besitzen hoffe, ist die Liebe des Strauchdiebs! ...

[Violet an Pat Dansey, und weitergeleitet an Vita]
Clingendaal, Den Haag
19. Juli 1921

Meine liebe Misskins, heute morgen habe ich mich so aufgeregt, denn Mama sagte, sollte sie je wieder ein Fest geben, könnte sie mich nicht dazu einladen. Es ist nur eine Nichtigkeit, aber es hat meine Gefühle verletzt, obwohl ich eigentlich gar keine mehr haben dürfte. Ich lebe in einer Art festgefahrener Hoffnungslosigkeit. ...

Ich habe D. H. Lawrences »Liebende Frauen« fast ausgelesen. Natürlich ist es ziemlich neurotisch, hysterisch, aber es enthält auch einige schöne Dinge, wie Juwelen in einem Misthaufen. Diese Sexbesessenheit ist zu ekelhaft, findest Du nicht? Die Stelle, wo Hermione die Lapislazuli-Glocke auf Birkins Kopf fallen läßt, soll eigentlich nicht komisch sein, aber ich fürchte, ich habe darüber gekichert. Außerdem geht aus der Beziehung zwischen Birkin und Gerald sehr klar hervor, was für eine Art Mann Mr. Lawrence ist: Er verrät sich auf Schritt und Tritt ...

Mein Roman kommt leider nur sehr langsam voran! Wenn ich daran denke, daß ich schon seit über zwei Jahren daran arbeite und er immer noch nicht fertig ist, weil ich ihn ständig umschreibe! Ich glaube, das kommt daher, daß ich es nicht ertragen könnte, mich von ihm zu trennen. Unweigerlich ist er alles für mich: Geliebter, Gatte, Kind, Freund. . . .

[Violet an Pat Dansey, weitergeleitet an Vita]
Clingendaal, Den Haag
23. Juli 1921

. . . Ich bin mir so sehr bewußt, daß ich nicht länger jung bin. Nicht einen Augenblick vergesse ich es. Wahrscheinlich sollte man sich nichts daraus machen, wenn man langsam sein gutes Aussehen verliert, aber irgendwie kann man nicht anders. Ich sehe zehn Jahre älter aus als im letzten Jahr, als wir uns getroffen haben. Jeden Tag betrachte ich mich gnadenlos im Spiegel – und sehe, wie sich ein Doppelkinn bildet und mein Hals faltig wird. Bald werde ich ganz unansehnlich sein, und es scheint nichts zu geben, auf das ich mich freuen könnte. Du bist der einzige Mensch außerhalb meiner Familie, der sich Gedanken darüber macht, was aus mir wird . . . Es ist so demütigend.

. . . Es ist ein schreckliches Gefühl, das ganze Leben schon hinter sich zu haben, und daß alles, was einem bleibt, nur noch ist, jeden Tag älter und unansehnlicher zu werden. Ich bin so feige. Ich fürchte mich auch vor dem Tod. Das müßte ich nicht, wenn ich gut gewesen wäre, aber – leider! – bin ich nicht gut gewesen.

Ich habe keinen Mut, keine Kampfkraft mehr – aber, ach Pat, ich *glaube* an eine andere bessere Welt.

[Violet an Pat Dansey]
Clingendaal, Den Haag
11. August 1921

Meine liebe Misskins, wirst Du mir verzeihen, daß ich Dir noch einen deprimierten Brief schreibe? Ich fühle mich so von allem ausgeschlossen; nie werde ich gebeten, an den zahllosen Ausflügen, Dinners, Tanzveranstaltungen usw. teilzunehmen, die die anderen organisieren. Immer werde ich ausgeschlossen. Ich bin immer allein . . . Ach Pat, ich bin nur noch ein einziger großer Schmerz.

Julian hat mich offensichtlich vergessen, und alle anderen auch – außer Dir. Niemand schreibt mir; sogar Hugh Walpole bemüht sich nicht, hierher zu kommen, und beantwortet meine Briefe nicht. Meine Lage ist *hoffnungslos*. Scheinbar ist mein ganzes Leben ruiniert. Nur zu deutlich sehe ich, daß ich unmöglich in England leben könnte. Ich kann es nicht ertragen, geschnitten und gedemütigt zu werden. Dazu bin ich zu stolz. Dann lebe ich lieber unter Menschen, die einer ganz anderen Schicht angehören, die nicht auf mich herabsehen würden wie auf eine Ausgestoßene, eine déclassée. . . .

Die Menschen sind *erbarmungslos*! Denys' Schwester, die hier ist, läßt mich nicht einen Augenblick lang vergessen. O Gott, wie unfair ist das alles! Ich möchte wirklich, wirklich, daß Du einen Plan, eine Theorie entwickelst, nach der ich mein Leben einrichten kann. . . .

[Pat Dansey an Vita, sie legte Violets Brief vom 11. August bei]
53 Cumberland Mansions, Bryanston Square, W. 1
15. August 1921

Meine liebe Vita,

ein Brief wie der beigefügte macht mich ganz unglücklich wegen des armen Kindes; sie tut mir in der Seele leid. Mit Freuden würde ich alles tun, um ihr zu helfen. Aber was kann ich machen? Ich habe sie inständig gebeten, Dich in *jeder Hinsicht* aufzugeben – denn solange es eine Verbindung zwischen Euch beiden gibt, wird die Welt nicht zulassen, daß der Skandal vergessen wird. *Verflucht* seien die bösartigen Klatschtanten, die den Schaden angerichtet haben, *verflucht* seien sie! Ich habe mein Bestes getan, um Violet klarzumachen, daß es keine Zukunft für sie geben kann, solange man die Leute nicht dazu bringt, zu verstehen, daß die verrückte Freundschaft zwischen Euch beiden beendet ist und nicht wiederaufleben wird.

Armes Kind, ich fürchte, sie hat keine sehr rosige Zukunft vor sich. O Vita, Vita, warum hast Du sie nicht erst einmal 6 Monate in Ruhe gelassen, nachdem sie frisch verheiratet war? Nun ist der Schaden unwiderruflich angerichtet. Zweifellos kannst Du stark sein, aber nun ist es zu spät. Es tut mir leid. Ich wollte Dich nicht kritisieren! Das Tragische ist, daß Du mich zu jener Zeit als Feindin betrachtet hast. Das war ich nicht und bin es nie gewesen. *Du* warst die Feindin, aber jetzt ist die Frage, wie kann Violet geholfen werden?

Ich finde, daß man sie grausam behandelt, und diese Art der Behandlung läßt die Leute den Skandal nicht vergessen – ist es nicht so? Ich weiß ganz einfach nicht, was ich tun soll. Soll ich mit ihrer Mutter sprechen und ihr erklären, daß es mehr Unheil anrichtet, als Gutes bewirkt, wenn V. wie eine Ausgestoßene behandelt wird? Aber wenn das tatsächlich etwas bewirken soll, brauche ich die Garantie, daß alle bösen

Zungen zum Schweigen gebracht werden – und wie kann ich das bewerkstelligen? Ich finde, die Menschen sind gemein. Sie sollten dem armen kleinen Ding eine Chance geben. Sie ist schon furchtbar bestraft worden.

Vita, wirst Du Deine persönlichen Gefühle beiseite lassen und mir ganz offen und ehrlich sagen, was Du für das Beste für V.s Zukunft hältst? Ich schwöre bei meiner Ehre, ich werde Deine Ansichten niemandem weitersagen – es sei denn, Du erlaubst es mir. Du mußt daran denken, daß ich mit keiner Freundin von Violet sprechen kann, und ich mache mir furchtbare Sorgen, wenn sie solche traurigen und herzzerreißenden Briefe schreibt....

[Pat Dansey an Vita]
53, Cumberland Mansions, Bryanston Square, W. 1
1. September 1921

Meine liebe Vita,

Du mußt nicht extra herkommen, ich kann leicht am 13. in London sein. Möchtest Du nicht mit mir zusammen zu Mittag essen, wenn Du nicht zu beschäftigt bist? Aber für den Fall, daß Du viel zu tun hast, sag mir, wann es Dir am besten paßt.

Du mußt nicht das Gefühl haben, daß irgend jemand Violet zwingt, zu Denys zurückzukehren. Das war *ganz allein ihr Vorschlag, und ihre Mutter weigert sich*, ihr zu dem einen oder anderen zu raten. Was mich persönlich angeht, nun, je weniger ich dazu sage, desto besser! Aber – mich legt sie nicht noch mal rein! Ich sollte mich als Hellseherin verdingen! Ich habe geahnt, daß V. genau das tun würde, was sie dann auch getan hat.

Mach Dir keine Sorgen und versuch, nicht unglücklich zu sein! Ich weiß, das ist es nicht wert. Wenn Violet nicht Anspruch auf meine Freundschaft erheben würde, könnte ich Dir, glaube ich, eine Menge unnötigen Kummer ersparen. Aber an dieser Stelle wird meine Rolle so schwierig. Ich schicke Dir ihre Mitteilung, daß sie mich Dienstag besuchen will, einzig und allein deshalb, um sie dazu zu zwingen, Dir von ihren Plänen zu berichten. Gott schütze Dich,

[Violet an Pat Dansey, weitergeleitet an Vita]
Das ist das erste Mal, daß ich Schreibmaschine schreibe: bitte
verzeih die Fehler. Bitte, sieh zu, daß Du am
Dreizehnten kommst, um unsere Freundin zu treffen.schick
mir bitte Dannunzios Gedichte.
Ichmöchte, daß sie etwas nachsehe n, die
Laudi[1] genügen
Du könntest etwas von Dir beifügen
vergiß nicht die Photographie.mein Maschinen-
schreiben ist lächerlich und ich fühle mich so elend
Gott schütze Dich immer
süßer Liebling

[Pat Dansey an Vita]
53, Cumberland Mansions, Bryanston Square, W. 1
10. November 1921

Meine liebe Vita,

Violet bat mich, Dir das Beigefügte [Roman-Fragment] zu schicken.

Ich glaube, V. wird Dich bestimmt wieder umgarnen, und ich glaube, sie wird Dich auch wieder herumkriegen – aber das ist Eure Sache. Ich werde Dich nie retten können. V. schreibt mir pausenlos Briefe, in denen sie fragt, ob Du sie

[1] Gabriele d'Annunzio: *Laudi del cielo, del mare, della terra e degli eroi.* Die ersten 4 von insgesamt 5 dieser Gedichtbände waren zwischen 1903 und 1911 erschienen.

noch liebst. Ich habe ihr geschrieben, daß Du *meiner Meinung* nach *nie wieder* so ein verrücktes Leben wie in den letzten drei Jahren führen möchtest. Darüber hinaus habe ich nichts gesagt. Ich persönlich würde keinen Groschen darauf verwetten, daß Du Dich nicht wieder in weniger als drei Monaten auf die alte Beziehung mit Violet einläßt!!

Oh, Vita, sie *ist hoffnungslos*. Ich hasse ihre Schliche und die Art, wie sie Menschen hintergeht, die alles für sie getan haben. Sie hat immer und immer wieder versprochen, mich nicht anzulügen, und sie tut es trotzdem!

Wenn ich Dich das nächste Mal sehe, werde ich Dich bitten, etwas für mich zu tun – nichts sehr Ernstes! Darum würde ich Dich nie bitten –, aber V. kann ich nicht bitten, da ich nicht darauf vertrauen kann, daß sie mich nicht anlügt . . .

[Ausschnitt aus Violets Roman]

7. Kapitel

Voller Hoffnung und Vertrauen öffnete er den Brief. Obwohl er vorher getastet hatte, ob er dick war, und mit einem unerträglichen Gefühl der Enttäuschung feststellte, daß er nur ein Blatt enthielt, war er trotzdem nicht auf die wenigen dürftigen Sätze vorbereitet, die er nun vorfand. Er hatte eine endgültige, grundsätzliche Beruhigung für seine Ängste und bösen Ahnungen erwartet. Er fand . . . nichts dergleichen! Ein paar zerstreute Koseworte, um die Spärlichkeit der Nachricht zu verdecken. Ein nervöser, flüchtiger Brief; kurz, weil die Schreiberin nicht gewillt war, sich festzulegen; nervös, da sie sehr wohl wußte, daß der Brief in keinerlei Hinsicht den Erwartungen des Empfängers entsprechen würde. Selbst während er ihn las, entzog sich ihm dieser Brief.

Er besaß einen siebten Sinn für Wahrheit, für Ehrlichkeit. Ängstlich entdeckten die Antennen seiner außerordentlichen Sensibilität den falschen Klang in dem Brief – schlimmer noch, den Ton der Feigheit, der Schuldgefühle . . . der Feigheit des letzten Satzes: »Soll ich Dich denn in diesem Leben nie wiedersehen?« Obgleich sie sehr wohl wußte, daß es von *ihr*, von ihrer Entscheidung, von ihrem Mut abhing, ob sie ihn wiedersah oder nicht, schob sie *ihm* die Verantwortung zu. Die immer wiederkehrende Frage: Bist Du treu? Ohne jede Anspielung auf ihre eigene Treue, die er nun grausamerweise zum erstenmal anzuzweifeln begann . . .

Aber nein, sicher, das war unmöglich! Nachdem sie ihn all dessen beraubt hatte, was das Leben lebenswert macht, während sie doch selbst verschont blieb, war es unvorstellbar, daß sie sich dieses furchtbarsten aller Schrecken schuldig gemacht hatte – wußte sie ihn doch entblößt, mittellos, betrogen, ausgehungert, aber trotz allem loyal und liebend . . .

Nein, nein, nein! Gequält floh er den Gedanken an eine solche Ungeheuerlichkeit.

Plötzlich kam ihm die erlösende Vermutung: Angenommen, sie hatte seinen Brief am Ende gar nicht erhalten, angenommen, sie hatte seine Frage wirklich nicht gelesen?

Aber warum? Sie wußte, daß ein solcher Brief kommen würde. Er war so umsichtig gewesen, ihn schon Tage vorher anzukündigen. Oder tat sie nur einfach so, damit sie einen Vorwand hatte, um seine Frage nicht beantworten zu müssen? Die Unsicherheit marterte ihn. Er fühlte sich krank, vernichtet. Er war zu schwach, zu arm, um mit List und Täuschung zu kämpfen. Sicherlich würden die Menschen einem Bettler kein Falschgeld andrehen?

Die Worte des Italieners klangen in seinen Ohren nach: »Sie ist schön, sie ist hinreißend, aber sie ist nicht offen, nicht aufrichtig. Ich könnte ihr nie vertrauen. Sie entzog sich immer wieder, machte Ausflüchte; nie wollte sie auf eine klare Frage eine klare Antwort geben. Il y a quelque chose qui sonne faux chez elle«[1], Und Con erinnerte sich all seiner quälenden

[1] Etwas klingt falsch bei ihr.

Zweifel und der Worte, die ihn noch schrecklicher trafen: »Ich weiß nicht, ob sie in ihren Gatten verliebt ist, aber sicher liebt sie ihn. Vielleicht ist er der einzige, den sie jemals wirklich geliebt hat?«

Und das war Cons Diana, für die er alles geopfert hatte!

[Pat Dansey an Vita]
53, Cumberland Mansions, Bryanston Square, W. 1
12. November 1921

Ich denke, »dieses brillante Geschöpf Vita Sackville-West« ist ein Schatz, weil sie mir ihren Gedichtband geschickt hat! Ich bin furchtbar stolz, daß Du ihn mir geschenkt hast. Vita, tausend Dank ... Ich habe die ganze letzte Nacht von Dir geträumt. Ich glaube, es kam daher, daß ich Deine Gedichte im Bett gelesen hatte. Und es war ein seltsamer Traum ...

Gestern abend bekam ich wieder einen Brief von Violet. Im Augenblick ist sie damit beschäftigt, ihr eigenes Herz zu erforschen! – Also vielleicht einen Moment Ruhe! Ach Vita, da ist etwas im Zusammenhang mit einer Theorie, die Violet sich in den Kopf gesetzt hat und über die sie mir sieben Seiten geschrieben hat. Es hat mich köstlich amüsiert. Ich würde Dir zu gern davon erzählen, aber ich glaube, das werde ich wohl nie können. Aber ich weiß, Du würdest Dich ebenso amüsieren wie ich.

In Liebe Pat

Abend

Vita, Liebes, ich hoffe, Du denkst nicht, daß mein erster Brief an Dich unfreundlich gemeint war? Das war er wirklich nicht, aber mit derselben Post, die mir Violets Brief brachte, erhielt ich einen anderen von jemandem, der mir berichtete, was V. vorhat, und ich war stinkwütend auf sie.

Mein Gott! Ich kann einfach nicht verstehen, warum die Leute sie nicht durchschauen.

Alles Liebe von Pat

Nachtrag

Nachdem Violet und Denys nach Paris umgezogen waren, bauten sie nach und nach eine herzliche, wenn auch distanzierte Kameradschaft auf, die bis zu seinem Tode hielt. Denys starb 1929 an Tuberkulose. Im gleichen Jahr wurde der erste von Violets Romanen veröffentlicht. 1952 folgte ihr autobiographisches Werk »Don't Look Round«. Sie heiratete nicht wieder, und abgesehen von der Zeit während des Krieges, als sie in England Zuflucht suchte – und mit Vita wieder Kontakt aufnahm –, lebte Violet als »expatriate« (Exilantin) in Frankreich und Italien und bewegte sich bis zu ihrem Tod 1972 in der internationalen Gesellschaft und in Künstlerkreisen. Vita und Harold blieben zusammen. 1930 erwarben sie die Ruine Sissinghurst Castle in Kent und begannen dort mit der Anlage des heute so berühmten Gartens.

Aber während des halben Jahrhunderts, das Violet noch zu leben blieb, glomm die Asche ihrer »großen Liebe« weiter und drohte während des Zweiten Weltkrieges noch einmal mit erneuter Leidenschaft aufzuflammen, wie die bewegenden Briefe von Vita an Violet aus dieser Zeit beweisen.

Eins von Violets Lieblingsbüchern, »The Unquiet Grave« von »Palinarus« – ihrem Freund Cyril Connolly – ist ihr gewidmet: *»quand bleuira sur l'horizon la Desirade?«*[1] In diesem

[1] *Wann wird die Desirade am Horizont dämmern?*, aus dem Gedicht von Apollinaire »Descendant des hauteurs où pense la lumière?« aus

Buch markierte Violet die folgende Passage heftig mit Rotstift:

> Wir lieben nur einmal, denn wir sind nur einmal vollkommen für die Liebe gerüstet: es mag sein, daß es uns so vorkommt, als liebten wir zu andern Zeitpunkten ebenso leidenschaftlich – so scheint auch ein Tag Anfang September, obgleich er sechs Stunden kürzer ist, genauso heiß wie ein Junitag. Und davon, wie sich diese erste große Liebe gestaltet, hängt dann unser Verhalten während des ganzen Lebens ab.

Kurz vor Violets Tod besuchte sie ein treuer Freund, François Mitterrand, ein letztes Mal in Florenz. Er verließ die Villa sehr bewegt und notierte in seinem Tagebuch:

> ... in dem großen Haus lebte noch die Erinnerung an einzigartige Leidenschaften, deren letzte Schreie ich wahrgenommen habe. Ich habe Violet keine Fragen gestellt. Sie hat mir nichts anvertraut. Gelegentlich machten sich in der Villa Ombrellino Zeichen alter Stürme und Qualen bemerkbar, die ein halbes Jahrhundert nicht vollständig hatte vertreiben können. Ich wußte, daß eine Epoche zu Ende ging, oder besser, daß die Spuren einer Zeit allmählich verblaßten, die anderswo schon längst verschwunden, hier jedoch von Violets energischer Hand festgehalten worden waren.

Alcools. Connollys Zeilen, die während des Zweiten Weltkrieges geschrieben wurden, enthalten vermutlich eine Anspielung auf Violets Wunsch, nach Frankreich zurückzukehren, da »bleuira« bedeutet, daß von See aus endlich die Küstenlinie zu sehen ist. ...

NACHWORT

Es ist wohl kaum übertrieben zu sagen, daß die Liebesgeschichte zwischen Violet Trefusis und Vita Sackville-West zu den großen »Love Stories« unserer (europäischen) Kulturgeschichte gehört. So hat sich denn ein beschwörender Satz, mit dem Violet in einem undatierten Brief vom Frühjahr 1919 wieder einmal Vita drängte, aus der Ehe auszubrechen und ein der Kunst gewidmetes Leben in Freiheit zu wagen, als prophetisch erwiesen, wenn auch auf andere Weise, als die Schreiberin im Sinn hatte. Sie schrieb: »Was wirst Du für Deine verlorene Jugend vorzuweisen haben, Deine schwindende Schönheit . . .? Du, die Du eine der größten Gestalten Deines Jahrhunderts hättest werden können, es noch immer werden könntest! – eine George Sand, eine Katharina die Große, eine Helena von Troja, Sappho!« Nicht als Künstlerin hat Vita Sackville-West Unsterblichkeit erlangt, natürlich auch nicht als Herrscherin, wohl aber als Liebende, und Gleiches gilt für Violet. Zwei Dinge sind ungewöhnlich am Ruhm ihrer Geschichte: Zum einen handelt es sich um zwei Frauen, die sich liebten. Die Weltgeschichte ist nicht eben reich an berühmten Paaren dieser Art. Tatsächlich fällt mir kein einziges ein, das, was Tiefe und Dauer der Leidenschaft sowie die soziale und intellektuelle Ebenbürtigkeit der Partnerinnen angeht, mit dieser »Love Story« zu vergleichen wäre. Zum anderen ist die Geschichte von Vita Sackville und Violet Trefusis neben der anderer klassischer Paare – Hero und Leander, Romeo und Julia im Palast wie auf dem Dorfe, Faust und Gretchen, aber auch Goethe und Friederike (oder eher Lotte? Frau von Stein? Christiane?), Mary und Percy Shelley, Richard und Cosima Wagner – noch nicht sehr lange her und seit noch kürzerer Zeit bekannt.

Erst als 1973 Nigel Nicolson, Vita Sackville-Wests jüngerer Sohn, autobiographische Aufzeichnungen seiner Mutter aus dem Jahre 1920 veröffentlichte, wurde eine Leidenschaft publik, die fünfzig Jahre von den beiden Betroffenen sorgfältig geheimgehalten worden war. Natürlich hatten zum Zeitpunkt des dramatischen Geschehens zwischen 1918 und 1921 etliche, ja allzu viele Menschen, freilich nur solche aus dem näheren Bekanntenkreis, von Vitas und Violets besonderer Beziehung erfahren, so viele, daß daraus für beide, besonders aber für Violet, eine Bedrohung ihrer sozialen Stellung erwuchs. Doch die Geschichte ging zu Ende, bevor es zum großen Skandal kam. Mit der Zeit verstummte der Klatsch, verlor sich die Erinnerung, und beide Frauen lebten noch viele Jahre lang, in sehr unterschiedlicher Umgebung, ein gesellschaftlich glänzendes Leben, in dem sie ihre homoerotischen Neigungen gut nach außen tarnten. 1962 starb Vita, zehn Jahre später Violet. Kurz nach dem Tod seiner Mutter hatte Nigel Nicolson, der als Nachlaßverwalter fungierte, in ihrem Arbeitszimmer im romantischen Schloßturm ihres Wohnsitzes Sissinghurst eine alte, verschlossene Reisetasche gefunden. Als er das Schloß erbrach, entdeckte er darin die für ihn gänzlich überraschenden Aufzeichnungen, in denen Vita vierzig Jahre früher die Geschichte ihrer Liebe zu Violet und die Krise ihrer Ehe mit großer Offenheit (wenn auch nicht ohne Selbststilisierung) erzählte. Trotz Bedenken mancher Bekannter entschloß Nicolson sich nach dem Tode aller unmittelbar Betroffenen zur Veröffentlichung. Sein Buch, das die Geschichte dieser Liebe in eine Gesamtdarstellung der Ehe seiner Eltern einbettet und folgerichtig »Portrait einer Ehe« heißt, wurde schnell ein internationaler Bestseller. Auch in Deutschland sind mehrere Ausgaben erschienen, zuletzt 1992 eine sehr schön bebilderte Ausgabe der Frankfurter Verlagsanstalt. Vielleicht entgegen den Absichten des Autors verdankt das Buch seinen Erfolg freilich nicht der als vorbildlich harmonisch geschilderten Ehe seiner Eltern, vielmehr deren großem Störfall. In einem Punkt hatte Nicolson die öffentliche Reaktion richtig berechnet: Einen Skandal verursachte das Buch nicht mehr. In den permissiven siebziger Jahren, nach dem Aufblühen der neuen Frauenbewegung und der Schwulen- und Lesbenkultur, war eine lesbische Beziehung alles andere als anstoßerregend; im Gegenteil, das Interesse an literarischen Zeugnissen dieser Art war groß. Der exklusive gesellschaftliche Rahmen, in dem sich die Protagonisten bewegt hatten, und die pikanten Geschichten ihrer Vorfahren steigerten noch das Publikumsinteresse. Vor allem aber waren es die subtile Darstellung der großen und erschütternden Gefühlserlebnisse durch Vita selbst und die sensible Repräsentation durch ihren Chronisten, die dafür sorgten, daß die Geschichte von Vita und Violet fast augenblicklich als das erkannt wurde, was sie wirklich war: eben eine der großen Liebesgeschichten unseres Jahrhunderts, dazu ein aufschlußreiches Sittenbild einer politisch wie kulturell einflußreichen Schicht.

Beide Frauen entstammten der britischen Hocharistokratie und wurden im letzten Jahrzehnt des vorigen Jahrhunderts geboren, Vita am 9. März 1892, Violet am 6. Juni 1894. Von Violets Eltern, zwei auffallend schönen Menschen, heißt es, sie hätten 1891 aus Liebe geheiratet. Ihr Vater Colonel George Keppel wurde als dritter Sohn des siebten Earl of Albemarle in Norfolk geboren (die Familie war mit Wilhelm von Oranien nach England gekommen), ihre Mutter Alice Frederica war schottischer Abstammung. Sie war eine der zahlreichen Töchter von Sir William Edmonstone und kam auf dem mittelalterlichen Schloß Duntreath in Schottland zur Welt, an dem Alice wie später Violet ihr Leben lang hingen. Obwohl als jüngere Geschwister nicht sonderlich begütert, lebte das junge Ehepaar Keppel standesgemäß in einer feinen Londoner Gegend und verkehrte im eleganten Kreis um den

Prince of Wales, den späteren König Edward VII., im sogenannten »Marlborough House Set«.

Vitas Familie war fast noch vornehmer, gehörten doch die Sackvilles dem ältesten und höchsten englischen Adel an; so sind zum Beispiel die Herzöge von Dorset Teil der Familie. Bereits im sechzehnten Jahrhundert gelangte ein Sackville, Thomas, zu Ruhm als Schatzkanzler Königin Elisabeths I., die ihm zum Dank für seine treuen Dienste (unter anderem hatte er Mary Stuart die Nachricht von ihrer Verurteilung überbracht, und zwar so taktvoll, daß diese ihm ihr Kruzifix schenkte) 1566 das gewaltige Schloß Knole in Kent überschrieb. Mit seinen genau 365 Zimmern – für jeden Tag des Jahres eines – ist es das größte in England und wie durch ein Wunder seit den letzten Anbauten Anfang des siebzehnten Jahrhunderts bis heute fast unverändert erhalten geblieben. Vita wuchs auf Knole auf, das sie zeit ihres Lebens geradezu inbrünstig liebte, fast als sei es ein menschliches Wesen, und über das sie schließlich auch ein Buch schrieb: »Knole and the Sackvilles« (1920). Vitas Vater Lionel Sackville, ein sanfter, aber erotisch leicht entflammbarer Mann, heiratete seine schöne, temperamentvolle und leicht geheimnisumwitterte Cousine Victoria, illegitime Tochter seines Onkels, des »alten« Lionel Sackville, und einer spanischen Tänzerin mit Zigeunerblut namens Pepita. Dieser romantischen Abstammung verdankte Vita nicht nur ihr südländisches Aussehen, sie wurde zum wesentlichen Teil ihres Selbstverständnisses, wie umgekehrt Violet sich ihre Heißblütigkeit gern mit einer griechischen Großmutter erklärte. Vita hat über ihre sagenhafte Großmutter eine sorgfältig recherchierte Biographie mit dem schlichten Titel »Pepita« (1938) geschrieben, die kürzlich auch auf deutsch als Ullstein-Taschenbuch erschienen ist.

Dem so ähnlichen Familienhintergrund verdankten Vita Sackville und Violet Trefusis noch einige andere Gemeinsamkeiten, die sich im Laufe ihres Lebens zum Teil eher als

»mixed blessings« erwiesen. Der große Stolz auf die ehrwürdige Ahnenreihe erzeugte in beiden nicht nur das Gefühl, etwas Besonderes zu sein und daher auch Besonderes vom Leben zu erwarten zu haben, sondern verführte sie auch zum Idealisieren der Vergangenheit, Violet sogar zum Phantasieren: So behauptete sie gern, von den Stuarts, den Bourbonen oder den Medici abzustammen oder die illegitime Tochter des Königs zu sein. Schwerwiegender aber war, daß das starke Traditionsbewußtsein und die Verwurzelung in den Lebensformen ihrer Klasse bei beiden Frauen dazu beitrugen, daß sie letztlich nicht den Mut fanden, offen zu ihrer Veranlagung zu stehen und neue Lebensformen zu erproben. Der fehlende Mut zur Authentizität hatte darüber hinaus auch fatale Folgen für die künstlerischen Betätigungen dieser beiden so reichlich mit Phantasie und Sprachgewandtheit ausgestatteten, dazu in den besten Schulen des In- und Auslandes ausgebildeten Frauen. Trotz immer wieder bekundeten Dranges zum künstlerischen Ausdruck – die Briefe legen, was Violet angeht, davon reichlich Zeugnis ab – wagte keine von ihnen, aus den überkommenen Formen der literarischen Schreibtraditionen auszubrechen. Violet brachte ohnehin erst recht spät (1929) die Disziplin auf, einen Roman tatsächlich für die Publikation fertigzustellen, und schrieb relativ wenig, »nur« zehn schmale Romane – später kamen noch zwei Erinnerungsbände dazu –, fast die Hälfte davon in mühelosem Französisch abgefaßt, alle elegant im Stil, geistreich und oft witzig im Aufbau, doch im Sujet nicht über das übliche Liebes- und Verwechslungsspiel des gehobenen Unterhaltungsromans mit verstreuten tieferen Einsichten hinausreichend. Ihr gelungenster Roman ist wohl »Ringlein, Ringlein, du mußt wandern« von 1937, deutsch 1988 als Ullstein-Taschenbuch erschienen.

Vita war als Autorin sehr viel ambitionierter und fleißiger, und ihr Werk umfaßt neben zwölf Romanen etliche umfangreiche, sehr ernsthaft recherchierte Biographien vor allem von großen Frauen der Weltgeschichte (und ihrer Großmutter Pepita!), dazu Geschichtenbände, Gedichte, mit denen sie wichtige Preise gewann, Reiseberichte, Bücher über Gartenbau und etliches andere. Sowohl in ihren Biographien wie in den Romanen stellte sie sich durchaus ungewöhnlichen und progressiven Themen: So bietet der Bestseller »Schloß Chevron« (1930) ein kritisches Bild ihrer Gesellschaftsschicht; »Eine Frau von vierzig Jahren« (1932) meldet das Recht einer Vierzigjährigen auf Liebeserfüllung an, und in »Erloschenes Feuer« (1931) fordert sie gar für eine Achtzigjährige das Recht auf ein eigenes, neues Leben nach dem Tode ihres Mannes. Doch leider hält die künstlerische Formgebung nirgends mit der Modernität des Inhalts Schritt. Sie hat das selbst gespürt und darunter gelitten, als ihre Freundin Virginia Woolf schrieb: »Und gibt es da nicht etwas Dunkles in Dir? In Dir ist etwas, das nicht schwingt: ... etwas Reserviertes, Gedämpftes. Gott weiß, was das ist. Übrigens ist es auch in Deinem Schreiben. Das, was ich zentrale Transparenz nenne, gelingt Dir da manchmal auch nicht.« Vita berichtete ihrem Mann: »Verdammt sei die Frau, sie hat ihren Finger auf die wunde Stelle gelegt. Da ist tatsächlich etwas Gedämpftes. Was ist es, Hadji? Etwas, das nicht schwingt, das nicht lebendig wird. Es macht alles, was ich tue, d. h. schreibe, ein bißchen unwirklich; erweckt den Eindruck, als sei es von außen getan.« Vita, Traditionen aller Art verhaftet, besaß nicht die Freiheit und Leichtigkeit, die die bürgerliche Pfarrerstochter Jane Austen schon am Anfang des 19. Jahrhunderts aufbrachte, sich die Sätze und den Romanaufbau der (männlichen) Tradition anzuschauen und »darüber zu lachen und einen ganz natürlichen, eleganten Satz zu erfinden, der genau zu ihrem ganz persönlichen Gebrauch taugte«, wie Virginia Woolf in »Ein Zimmer für sich allein« voller Bewunderung schrieb.

Stellte die starke Traditionsbindung zugleich ein Privileg

und eine Hypothek für Vita Sackville wie für Violet Keppel dar, so teilten sie noch eine weitere zwiespältige Mitgift. Beide hatten liebenswürdige, aber relativ schwache Väter und außergewöhnlich attraktive, gesellschaftlich erfolgreiche, starke Mütter, die es in bester hocharistokratischer Tradition mit der ehelichen Treue nicht sehr genau nahmen: Hier mag eine Ursache ihrer beider lesbischen Neigungen zu suchen sein. Beide hatten zeitlebens eine enge, jedoch äußerst ambivalente Beziehung zu ihren Müttern. Sie bewunderten und liebten sie, eiferten ihnen vielleicht sogar halb bewußt, halb unbewußt mit ihrer eigenen unkonventionellen, wenn auch anders gearteten Liebesgeschichte nach. Zeitweilig aber fanden sie ihre Mütter unerträglich, weil prosaischer, ohne den künstlerischen und intellektuellen Anspruch ihrer Töchter, dafür gesellschaftlich ehrgeizig, auf Formen bedacht, besitzorientiert und skrupellos in das Leben ihrer Töchter hineinregierend.

Victoria Sackville, ausgestattet mit dem temperamentvollen Erbe ihrer spanisch-zigeunerischen Mutter, ließ sich, als ihr Mann abzukühlen begann und sich den Reizen anderer Frauen zuwandte, gern trösten von einer Reihe beeindrukkend reicher und einflußreicher Männer. Der wichtigste ihrer Geliebten war der steinreiche Sir John Murray Scott, der sie im Leben wie nach seinem Tod mit Reichtümern nur so überschüttete. Vita war gerade fünf Jahre alt, als die Affäre mit »Seery« begann, wie Vita ihn nannte. Alice Keppel griff noch höher als Victoria: Sie wurde die offizielle Geliebte von Edward VII., Nachfolgerin seiner beiden anderen langjährigen Geliebten, der Schauspielerin Lily Langtry und Daisy Brookes, Countess of Warwick. Diese Beziehung begann 1898, als Violet vier Jahre alt war, und hielt bis zum Tode des Königs im Jahre 1910. Offenbar hat die charmante Alice ihre Rolle so gut gespielt, das heißt mit so viel Takt, daß sogar Politiker des Lobes über sie voll waren. So trug der oberste Beamte im Außenministerium und Vizekönig von Indien,

Lord Hardinge of Penshurst, nach dem Tode des Königs folgende Würdigung in sein Tagebuch ein: »Ihre wunderbare Klugheit und ihr segensreicher Einfluß auf den König verdienen volle Anerkennung. Nie hat sie ihr Wissen zu ihrem eigenen Vorteil oder dem ihrer Freunde ausgenutzt und nie anderen Schlechtes nachgesagt. Ein- oder zweimal, als es zwischen dem König und dem Außenministerium Meinungsverschiedenheiten gab, gelang es mir, durch ihre Vermittlung den König zu bewegen, die Politik der Regierung zu akzeptieren.« Daß der König es seinerseits seiner mustergültigen Geliebten an nichts fehlen ließ, versteht sich. Und so konnten die anfangs so wenig begüterten Keppels 1910 in die Grosvenor Street 16 umziehen, in »eines der bemerkenswertesten Häuser Londons«, wie Osbert Sitwell einmal schrieb. Und sie konnten es sich leisten, nach dem Tod des Königs auf einige Monate mit beiden Töchtern diskret nach Ceylon zu verreisen, bis Gras über alles gewachsen war.

Zweifellos ermöglichten die klug gewählten Liebschaften ihrer Mütter den beiden Töchtern ein luxuriöses Leben mit vielen interessanten Reisen. Offensichtlich hatten sie auch darüber hinaus ein angenehmes, vertrautes Verhältnis zu den Liebhabern ihrer Mütter, Vita zu »Seery« und Violet zu »Kingy«, mit dem sie jährlich mehrere Wochen zusammen in Biarritz verbrachte. Dennoch liegt auf der Hand, daß beide Mütter sehr abgelenkt waren und sich die Kinder gewiß oft umsonst nach ihrer innigen Zuwendung sehnten. Ihre Einsamkeit war um so größer, als Vita gar keine Geschwister und Violet nur die sechs Jahre jüngere Schwester Sonia hatte. Daher war es nicht weiter verwunderlich, daß beide Mädchen sich in ihre jeweilige Phantasiewelt vergruben, die natürlich bevölkert war von Prinzessinnen, Prinzen und anderen Helden. Vita begann auch schon als ganz junges Mädchen zu schreiben, mit Vorliebe lange Balladen und Romane über ihre aufregenden Vorfahren, aber auch französische Versdramen, eins davon über Richelieu. Trotz solchen Zeitvertreibs: Wie mußten doch beide Mädchen entzückt sein, als sie einander zum erstenmal begegneten und auf eine in so vielen Dingen verwandte Seele trafen! Dieses Ereignis fand 1904 statt, als Vita zwölf und Violet zehn Jahre alt war. Sie lernten sich in Miss Wolffs Privatschule in London kennen und kamen sich bald darauf bei einer Teegesellschaft näher. Für beide war diese Begegnung so wichtig, daß sie darüber in ihren Erinnerungen berichtet haben, Violet in ihren Memoiren »Don't Look Round« (1952), Vita in ihren geheimen Aufzeichnungen. Vitas Eintrag ist besonders anrührend, weil so beredt daraus ihre bisherige Einsamkeit spricht: »An diesem Abend dachte ich mir ein Liedchen aus, ›Ich habe eine Freundin!‹ Ich erinnere mich ganz genau. Ich sang es im Bad.«

Die weitere Geschichte ihrer Beziehung ist schon so oft und so ausführlich erzählt worden, daß ich mich hier mit einem kurzen Überblick begnügen kann und nur einige wichtige Aspekte näher beleuchten will. Neugierige deutsche Leser seien auf »Portrait einer Ehe« verwiesen, dazu auf die ausgezeichnete Biographie von Victoria Glendinning, »Vita« (1983, deutsch 1992 bei der Frankfurter Verlagsanstalt), sowie auf die Nachworte zu den bei Ullstein erschienenen Büchern beider Autorinnen.

Von Anfang an verband die beiden Mädchen, die ernste, »große, staksige, unelegante« Vita (so Violet in »Don't Look Round«) und die mutwillige, pausbäckige Violet mit dem Lockenkopf und dem schwellenden Mund (so zeigen Kinderfotos sie), etwas Besonderes, mit der Weisheit des Rückblicks darf man wohl sagen: Erotisches. Die Anziehung zwischen ihnen war stark und entsprechend die Glücksgefühle, beziehungsweise die Enttäuschung, die sie sich gegenseitig bereiten konnten: Schon Vitas Liedchen nach dem Kennenlernen deutet das an, und die frühen, hier abgedruckten Briefe von Violet sind voller Spuren davon. So beginnt der Brief vom

8. Oktober 1910 mit dem scherzhaft verbrämten Geständnis der sechzehnjährigen Violet, höchst ungeduldig auf Post von Vita gewartet zu haben: »Ich will Dir geradeheraus bekennen, daß ich ungebührlich beunruhigt wegen dieses Briefes war, und zwar, weißt Du, weil ich ziemlich lange auf ihn gewartet habe ... (drei Tage, stell Dir vor! Eine Ewigkeit!) Ich zermarterte mir geradezu den Kopf und sagte zu mir: Bete nur, daß Vita nichts zugestoßen ist, die sich doch bei der kleinsten Brise einen Schnupfen holt ...« Der Brief endet bereits damals mit einer großen Liebeserklärung und einem siebenmaligen »Ich liebe Dich, Vita, weil ...« In ihren Teenagerjahren (oder besser Backfischzeit?) sahen die beiden Mädchen sich dennoch nur gelegentlich, unterbrochen von vielen Auslandsreisen, doch immer hielten sie Kontakt. Vitas erste homoerotische Leidenschaft galt dennoch nicht Violet, sondern Rosamund Grosvenor, mit der sie noch zusammen verreiste, als sie schon inoffiziell mit Harold Nicolson verlobt war. Diesen hatte sie, gerade achtzehnjährig und eben in die Gesellschaft eingeführt, 1910 kennengelernt, und der intelligente, liebenswürdige und heitere, sechs Jahre ältere junge Diplomat gefiel ihr. Dennoch dauerte es noch drei Jahre, bis Vitas Gefühle für ihn stark genug waren, seinem Drängen auf einen Hochzeitstermin nachzugeben. Im Juli 1913 schrieb sie in ihr Tagebuch: »Zuerst habe ich ihn nur einen über den anderen Tag geliebt; aber jetzt denke ich nur noch an ihn.« Im Oktober fand die Hochzeit auf Knole statt; Rosamund fungierte als Brautjungfer. Das Zusammenleben des jungen Paares war glücklich und harmonisch, allem Anschein nach zunächst auch erotisch. Zwei Söhne wurden geboren, Benedict (Ben) 1914 und Nigel 1917, dazwischen ein totgeborener dritter Sohn.

Am 18. April 1918 brach dann das Feuer aus. Als Violet Vita in Harolds Abwesenheit in Long Barn, dem Landhaus der Nicolsons aus dem sechzehnten Jahrhundert, übers Wochenende besuchte, flammte die Leidenschaft zwischen ihnen voll auf. Zur Erklärung sollte hier vielleicht eines erwähnt werden: Vita und Harold befanden sich gerade in einer Phase erzwungener sexueller Abstinenz nach einer für Vita schokkierenden Entdeckung. Der bisexuelle Harold hatte sich bei einem Liebhaber mit Syphilis angesteckt und dies Vita beichten müssen. Die Erkenntnis über die wahre erotische Natur ihres Mannes mag Vita sehr wohl geholfen haben, sich die eigene einzugestehen.

Nach dem Dammbruch nahm die Leidenschaft zwischen Vita und Violet den bekannten stürmischen Verlauf. Phasen der gemeinsamen Flucht und mehrmonatige Aufenthalte in Cornwall, Paris, Monte Carlo, wobei Vita bald als »Julian« in Männerkleidern auftrat, wechselten mit Phasen, in denen Vita reuig zu Harold und ihren Kindern zurückkehrte. Die Dinge wurden noch komplizierter, als Violet sich auf die Werbung von Denys Trefusis einließ, einem hochdekorierten Major der Royal Horse Guards, der in Frankreich gekämpft hatte und sich häufig in Rußland aufhielt. Anfangs idealisierte sie ihn als verwandten Geist. ». . . er ist einer von uns«, schrieb sie an Vita, »er gehört zu der allzu kleinen Bruderschaft der Abenteurer, der Tollkühnen, der Wagemutigen, der Freien.« Doch Violets ganze Liebe galt längst Vita, ihrem »Julian« oder »Mitja«. Dennoch geriet sie schnell in eine Zwickmühle, die nachzuvollziehen Frauen von heute vielleicht schwerfällt. Ihre sozial mächtige wie emotional auf Violet ungemein einflußreiche Mutter war inzwischen fest entschlossen, jener verhängnisvollen und selbst in den Augen ihrer in erotischen Dingen äußerst freidenkenden Kreise inakzeptablen Beziehung der Lieblingstochter so schnell wie möglich ein Ende zu setzen, um einen Skandal zu vermeiden, und sie setzte Violet unter Druck. Sie tat das so skrupellos und brutal, wie es ganz und gar nicht zum offiziellen Bild dieser schönen und liebenswürdigen Frau passen will. Nicht einmal vor blanker Erpressung schreckte sie zurück: Sie praktizierte Liebes- und drohte mit Geldentzug und sozialer Ächtung. Violet sah nur zwei Auswege: Entweder mußte sie Denys heiraten, wie es ihre Mutter von ihr forderte, oder Vita sollte sie entführen, mit ihr durchbrennen und für immer zusammenleben. Dann hätte sie – so glaubte sie – den Mut zu einem neuen, unkonventionellen Leben als Bohèmienne, wenn's sein mußte sogar in Armut und »nur mit einem Schinkenbrötchen zu Mittag«. Der Gedanke, sie könnte, wenn das Ersehnte nicht eintrat, das Verhaßte lassen und einfach zunächst oder auch für immer allein leben, kam ihr, wie die Briefe zeigen, gar nicht in den Sinn. Die Ursachen für diese subjektiv empfundene Ausweglosigkeit sind gewiß gemischt. Zur sozialen Verwöhnung der Frauen ihrer Klasse kam eine tiefwurzelnde, vielleicht psychologisch durch die starke Mutterbindung zu erklärende Unselbständigkeit. Selbst Freunde, die Violet erst in späteren Lebensjahren kennenlernten, beschreiben sie in ihren Erinnerungen als eine Frau, die nie erwachsen wurde, nie eine in sich ruhende Persönlichkeit entwickelte. Der Schriftsteller, Zeichner und Fin-de-Siècle-Spezialist Philippe Jullian zum Beispiel nennt sie in der ihr gewidmeten Biographie »Violet Trefusis: Life and Letters« (1976) eine »ewige Adoleszentin«.

Violets Unselbständigkeit und Hilflosigkeit trieben sie – da Vita ihrerseits den Mut zum entscheidenden Schritt nicht fand – unaufhaltsam in die mehrfach aufgeschobene Hochzeit und die traumatischen Erlebnisse der Folgezeit. Violet ging zur Trauung wie zur Schlachtbank; sie heiratete Denys, obwohl sie Vita leidenschaftlicher und verzweifelter liebte denn je. Die emotionalen Katastrophenerlebnisse für alle Beteiligten waren damit vorprogrammiert. Ihren dramatischen Höhe- und Wendepunkt erreichte die Liebesbeziehung der beiden Frauen, darin sind sich alle Chronisten einig, als Vita aus Harolds Andeutungen herauslas, daß Violet mindestens einmal ein klein wenig zärtlich zu dem bedauernswerten Denys gewesen war, wiewohl zweifelhaft ist, ob sie wirklich »die Ehe vollzogen«. Vitas Reaktion wirkt überraschend, ja übertrieben heftig: Sie stürzte davon und wollte die völlig verzweifelte Violet zwei Monate lang nicht sehen. Mitchell A. Leaska, Herausgeber der englischen Ausgabe der Briefe, erklärt Vitas Verhalten damit, daß in diesem Augenblick ihr Selbstbild zusammengebrochen sei, ihre Phantasie von sich als dem kühnen, männlichen Eroberer. Abgesehen davon, daß Vita sich später noch öfter als Eroberer betätigt hat – Victoria Glendinnings Buch gibt davon reichlich Zeugnis –, meine ich, daß eine einfachere Erklärung genügt. Allen Beteiligten war klar, daß mit Violets Heirat die Konvention gesiegt hatte und die Entscheidung gegen das liebende Frauenpaar gefallen war. Es bedurfte nur eines winzigen Anlasses – und vielleicht warteten sogar alle Betroffenen unterschwellig darauf –, um das Ende einzuleiten. Daß es nicht mit einem scharfen Schnitt zu schaffen war und die beiden Frauen das Wissen um die Vergeblichkeit ihrer Liebe immer wieder verdrängten, neue Hoffnung schöpften, wiederum für eine Zeit miteinander flohen, nur damit Vita erneut zu Harold zurückkehrte und letztlich auch Violet zu Denys, das alles liegt in der Natur einer großen Leidenschaft und beweist nur, wie tief diese ging.

Für Violet waren die letzten Monate unvergleichlich bitterer als für Vita. Vita konnte zu einem erleichterten, liebevollen Harold zurückkehren, der nicht zuletzt vielleicht deshalb so geduldig und verständnisvoll reagierte, weil er sich über seinen Anteil an der Entstehung der ganzen Geschichte bewußt war, Violet dagegen wurde von ihrer Mutter erst unter Bewachung gestellt, dann praktisch nach Holland verbannt, dazu vor Gästen öffentlich bloßgestellt. Was Violet nicht wußte, war, daß auch ihre einzige Vertraute, Pat Dansey, die die Korrespondenz mit Vita für sie vermitteln sollte, ihr in den Rücken fiel und sie bei Vita diffamierte, in dem Versuch, diese für sich zu gewinnen. Jedenfalls hatte Violet allen Grund, im März 1921 an Vita zu schreiben: »Du hast alles, was Du willst – ein wunderschönes Zuhause, Liebe, Zuneigung, Verständnis. Wie sollte ich da keine Bitterkeit empfinden?«

Die Welt hat sich angewöhnt, die Geschichte dieser Liebe vor allem aus Vitas Sicht zu sehen, hat sich die Kunde von ihr doch vor allem durch Nigel Nicolsons Buch verbreitet, und das Licht, das dabei auf Violet fiel, war nicht gerade schmeichelhaft. Daß Nicolson selbst Violet nicht ganz unparteiisch gegenüberstand, versteht man, ist er doch der Sohn des Ehepaares Nicolson und hat vielleicht als Kind Ängste durchlitten, die später bei allem Streben nach objektiver Berichterstattung seine Optik färbten. »Versuchung« und »Verführung« sind Worte, die er sehr häufig im Zusammenhang mit Violet benutzt, und selbst dort, wo er ihr auch positive Eigenschaften zugestehen muß – wie sonst wäre die Leidenschaft seiner Mutter zu verstehen? –, läßt er gern dem Lob einen Hieb folgen: »Sie war glänzend begabt und über die Maßen gerissen und raffiniert«; »Violet war von beiden die Verwegenere und Rücksichtslosere«.

Seine Hauptquelle, die Aufzeichnungen seiner Mutter, leisten allerdings diesem Vorurteil schon kräftig Vorschub; über weite Strecken sind sie eine Selbstrechtfertigung Vitas und eine Schuldzuweisung an Violet: »Sie war geschickter als ich. Ich hätte ein achtzehnjähriger Junge sein können und sie eine Frau von fünfunddreißig. Sie ging unendlich klug vor . . . auf ihrer Seite war alles ganz bewußt, aber auf meiner war es ganz einfach die Trunkenheit der Befreiung – der Befreiung einer Hälfte meiner Persönlichkeit . . . Diese Dinge waren für mich stets sehr direkt gewesen: Ich hatte keine Liebe von dieser lateinischen Kunstfertigkeit gekannt.« Am Ende von Vitas Text steht das Bild der hexenhaften, verführenden und zerstörerischen Violet fest: »Mein Haus, mein Garten, die Wiesen und Harold [man beachte die Reihenfolge!], das waren die Schweigenden, die nur durch ihre Eigenschaften der Reinheit, der Einfachheit und des Vertrauens für sich sprachen;

auf der anderen Seite Violet, die wild und zügellos um mich kämpfte, sich zuweilen hart und verachtungsvoll gab und rücksichtslos über diese sanften, wehrlosen Dinge hinwegstürmte.«

Vita hat ihre Version der Geschichte als Verführungsdrama mit sich selbst als Protagonistin und verführter Unschuld offenbar später auch Virginia Woolf erzählt, denn auch diese hat, als sie Violet in der Figur der russischen Prinzessin Sasha in »Orlando« ein literarisches Denkmal setzte, diese mit dem Hauch der Unzuverlässigkeit und Gefährlichkeit umgeben, ihr freilich auch betörenden Reiz zugeschrieben. Orlando begegnet der geheimnisvollen Prinzessin auf dem Eis der zugefrorenen Themse, und beide verlieben sich heftig ineinander. Er nennt sie Sasha nach dem weißen Fuchs, den er als Kind besaß: »Ein Wesen weiß wie Schnee, aber mit stahlspitzen Zähnen, die ihn so heftig bissen, daß sein Vater ihn töten ließ.« Orlando und Sasha verabreden, miteinander durchzubrennen, aber als Orlando seine Prinzessin abholen will, ist sie davongesegelt.

Der Mythos von der durchtriebenen Violet hat sich mittlerweile so verfestigt, daß selbst der englische Herausgeber der Briefe Violets ihm zum Opfer gefallen ist. Trotz eingehender psychoanalytischer Erklärungen für sowohl ihr wie Vitas Verhalten verfällt er immer wieder ins moralisierende Abwerten: »Violet kannte alle Saiten auf der Harfe der Liebe und zupfte sie alle«; »Violet kannte ihre Fehler; doch hinterhältig war, daß sie sie einsetzte, um ihre Ziele zu erreichen.« Verheerender noch ist freilich das Bild, das die britische Fernsehverfilmung von »Portrait einer Ehe« von Violet verbreitet: Dort ist sie nur noch ein aller Tiefendimension wie allen Geistes beraubtes verlogenes und sinnliches kleines Luder. Welch eine Ungerechtigkeit gegenüber einer Frau, die mit ihrem Intellekt, Witz und Charme viele kluge Leute anzog und zu lebenslangen Freunden gewann, Leute wie Colette, Paul Valéry, Jean Cocteau und François Mitterrand! Ihre erotische Ausstrahlung wußten viele von ihnen einfach als einen zusätzlichen Reiz zu schätzen. Colette rief, als sie Violet zum erstenmal sah, entzückt: »Violet (Veilchen)? O nein, eher Geranie!« Paul Valéry nannte sie liebevoll »Madame Très Physique«, und Virginia Woolf schrieb an Vita, nachdem sie Violet gesehen hatte: »Sie ist sehr begehrenswert, sehr!«

Violets Biographen haben natürlich versucht, der Verunglimpfung entgegenzusteuern, doch mit geringem Echo. So ist es höchste Zeit, sich ein eigenes Bild von Violet Trefusis zu machen, und ihre Briefe liefern dazu heute die beste Gelegenheit. Eine ganze Reihe von ihnen, darunter einige der schönsten, hatte John Phillips bereits im Anhang zu Philippe Jullians Biographie veröffentlicht. Doch im hier übersetzten Band hat er nun zusammen mit Mitchell Leaska praktisch alle von ihr zwischen 1910 und 1921 geschriebenen und erhalten gebliebenen Briefe herausgegeben, die damit zum erstenmal der Öffentlichkeit als Ganzes zugänglich sind.

Was für eine Frau spricht aus diesen Briefen? Welchen Eindruck vermitteln sie von ihrer Persönlichkeit? Sicherlich einen gemischten. Da ist man oft hingerissen von der Spontaneität und Frische des unmittelbar und ohne große Rücksicht auf konventionelle Syntax aufs Papier geworfenen Gefühls. Dann wieder empfindet man das ständig sich wiederholende Drängen, Betteln, Herausfordern als unangenehm und kann Vita nachfühlen, daß sie oft enerviert war, besonders wenn solche Briefe einander atemlos jagten, oft mehrere am Tag ankamen, während Vita sich vielleicht gerade in einer Phase des Rückzugs befand. Manche dieser Briefe haben auch einen unechten Klang, vor allem jene, in denen Violet ihre gemeinsame Zukunft als Bohèmiennes beschwört oder sich selbst als Künstlerin stilisiert, während sie Vita verspottet, weil sie die Künstlerin in sich verleugne und das Dasein eines Heimchens am Herd vorziehe (z. B. Briefe vom 5. November 1918 und

März 1919). Was diese Art von Briefen und überhaupt die ganze Phantasie von Julian und Eve angeht, so hat schon Philippe Jullian in seiner Biographie darauf hingewiesen, daß beide, Violet und Vita, ihre Liebe zum Teil ästhetizistisch verklärten und zelebrierten, so daß diese in gewissen Aspekten wie eine verspätete Blüte des Ästhetikkultes des Fin-de-Siècle wirkt. In Violets Briefen finden sich viele vertraute Elemente solch ästhetizistischer Spätromantik: die Anbetung der Schönheit, vor allem in der Kunst, ein Schwelgen in Musikseligkeit, die vage Freiheitsschwärmerei in Form von Künstler-, Armuts- und Zigeunerromantik einschließlich Zigeunersprache usw. Doch waren die Gefühle echter als die epigonale (und manchmal fast verkitschte) Stilisierung, und mit dem Fortschreiten des Dramas fallen etwa ab Mitte 1919 alle Posen. Die ausgemalten Phantasien von einst schrumpfen auf einzelne Begriffe, Signifikanten ihrer Sehnsucht, die nur noch als Beschwörungsformeln eingesetzt werden (»chepescar« = zusammen fortgehen; »Ach, Julian!« = Appell an Vitas leidenschaftliche Seite). Die Sprache wird immer einfacher und geht oft gerade um so mehr zu Herzen, je unprätentiöser die Formulierungen sind: »Mein Geliebter, mein Liebling, ich schreibe Dir, während mir die Tränen übers Gesicht laufen – Ach Mitja, mir bricht einfach das Herz« (am 16. November 1920). Manche der einfachsten Sätze haben eine besondere, betroffen machende Wucht: »Meine Liebe zu Dir macht mir angst« (Brief vom 14. Oktober 1920). In früheren Phasen, als die Aussichten noch nicht völlig düster waren, gelingen Violet auf der anderen Seite auch manche originelle Bilder für ihre Liebe, so in einer hübschen Liebeserklärung an Vitas vertraute Handschrift, die mit Violet zusammen »lange Röcke angezogen und das Haar aufgesteckt« hat (Brief vom 21. April 1919).

Versucht man, Violets Rolle eher nach diesen Briefen als nach Vitas späterem Urteil einzuschätzen, dann kann man sich unmöglich der Echtheit und Gewalt ihrer Liebe verschließen. Violet war davon gepackt wie von einer Krankheit, der sie – aus welchen psychologischen Gründen auch immer – hilflos ausgeliefert war und der sie im Gegensatz zu Vita keine anderen zentralen Interessen entgegenzusetzen hatte. Kategorien wie »Verführung« oder »lateinische Kunstfertigkeit«, die kühle Berechnung implizieren, wirken da ganz unangemessen. Violet war von dieser Liebe, oder meinetwegen »nur« Leidenschaft, existentiell ergriffen und bedroht, und sie heute noch immer als berechnende und skrupellos ihre Ziele verfolgende Intrigantin hinzustellen (was war schließlich ihr »böses« Ziel anderes als das Zusammenleben mit dem geliebten Menschen?), würde bedeuten, die Diffamierung fortzusetzen, die schon zu Zeiten der dramatischen Ereignisse begann und an deren Entstehung schon ihre eigene Mutter kräftig mitgewirkt hatte.

Und welches Bild gewinnt man aus den Briefen von Vita? Natürlich ist sie die Schönste, Begabteste, Anbetungswürdigste. Doch immer wieder, sogar schon vor dem Beginn ihrer eigentlichen Liebesgeschichte (z. B. im Brief vom 15. Oktober 1910) und erst recht nach deren Anfang sieht Violet Grund zur Klage, daß Vita emotional nichtssagende, kühle, rationale und gedrechselte Briefe schreibe, die Violet als völlig unzureichende Antwort auf ihre eigenen brodelnden, überströmenden Gefühlsausbrüche empfindet (siehe die Briefe vom 18. und 21. Oktober 1918 sowie einem Samstag im März 1919). Da Denys in einem Wutanfall alle Briefe von Vita aus jener Zeit vernichtet hat, lassen sich solche Vorwürfe nicht genau nachprüfen. Doch spricht einiges für deren Berechtigung, allem voran der kühle Ton, in dem Vita in ihren geheimen Aufzeichnungen über Violet schrieb. Da begegnen einem sogar manche Sätze, die erstaunlich herzlos wirken, wie folgender über die kranke Violet: »Sie war krank, hatte einen Anflug von Gelbsucht, eine höchst unromantische Beschwerde, und ich konnte nichts mit ihr anfangen.« Vita verfügte da ganz offensichtlich über eine stärker ausgeprägte rationale Seite (die sie auch zu ihren historischen Arbeiten führte) und besaß vielleicht auch eine gewisse emotionale Kühle: Auch das Verhalten gegenüber ihren Kindern spricht dafür, die sie oft, allem Anschein nach recht ungerührt, viele Monate alleine ließ. Nur Harold gegenüber empfand sie zu Violets Pech – paradoxerweise? – offenbar eine tiefe und warme, wenn auch inzwischen platonisch gewordene Zuneigung, und die war es, die sie immer wieder Violet gegenüber Zurückhaltung üben ließ, während diese, da keine andere Neigung ihr Herz spaltete, auf volle Hingabe drängte.

Daß die Bilder von Harold Nicolson und Denys Trefusis, die sich aus Violets Briefen ergeben, sehr viel weniger deren wirklichem Charakter entsprechen, versteht sich fast von selbst, waren sie doch beide – mindestens zeitweise – Objekte von Violets Haß. Über Harold Nicolson können interessierte Leser sich aus seinen eigenen zahlreichen Büchern und umfangreichen Tagebüchern selbst ein Bild machen, neuerdings auch aus einem Band mit seiner und Vitas Korrespondenz, der bisher freilich nur in Englisch vorliegt. Über Denys Trefusis gibt es sehr viel weniger Zeugnisse; weder Briefe noch ein Tagebuch sind veröffentlicht. Sein Bild in Violets Briefen schwankt zwischen so vielen Facetten, daß immerhin eines klar ist: Ein uninteressanter oder unkomplizierter Mann war er nicht. Obwohl im Ersten Weltkrieg für seine Tapferkeit ausgezeichnet, war er doch hochsensibel und litt bis zum Krankwerden unter der vertrackten Situation. Selbst Vita schreibt: »Ich sehe, daß er ein ungewöhnlicher, sensitiver und stolzer Idealist ist, und ich erkenne, daß er durch mich Monate des Leidens durchgemacht hat und seine tiefe Liebe zu Violet um ihre Erfüllung betrogen worden ist ... Aber das alles mindert meinen Haß auf ihn nicht.« Warum er letztlich Violet heiratete, obwohl sie ihm zu diesem Zeitpunkt schon reinen Wein über ihre unausrottbare Leidenschaft für Vita eingeschenkt hatte, bleibt ein Rätsel. Auf die Kränkungen, die Violet ihm mit wachsender Verzweiflung immer hemmungsloser zufügte, scheint er mal masochistisch, mal zynisch, aufbrausend oder aggressiv reagiert zu haben. Am Ende aber suchte er großzügig, man möchte fast sagen gütig, einen lebbaren Kompromiß für sie beide.

Zum Glück für den Leser beschränkten sich Violets Briefe an Vita nicht ganz auf ihr großes Liebesdrama. Violet besaß einen offenen Blick für die Schönheiten von Landschaft und Natur sowie eine scharfe Beobachtungsgabe für gesellschaftliche Skurrilitäten, dazu eine gewandte Feder und – wenn sie nicht allzusehr litt – eine Menge Witz. In ihren frühen Reiseberichten aus Ceylon sprudelt ihre, wie sie einmal selbstironisch selber sagt, fast orientalische Sprach- und Beschreibungslust noch kindlich selbstverliebt über. Später werden ihre Deskriptionen ökonomischer und gezielter. Zu den lesenswertesten Briefen gehören der Brief vom 11. November 1918, in dem sie den Jubel in London über das Ende des Ersten Weltkriegs ungemein lebendig werden läßt, sowie der vom 21. September 1920, in dem sie – in ganz umgekehrter Stimmung – in knappen, eindrucksvoll düsteren Bildern von ihrem Besuch auf den Schlachtfeldern von Ypern erzählt. Besonders amüsant sind Beobachtungen wie die vom 9. Juni 1921, als sie eine sizilianische Vendetta schildert, und auch der Brief vom Oktober 1919, in dem sie entzückend selbstironisch ihre Ängste bei ihrem ersten Flug beschreibt. Im Brief vom 1. Mai 1921 wiederum, der zu ihren gesellschaftskritischsten gehört, gelingt es ihr, mit kurzen und bündigen Sätzen die verrottete internationale Gesellschaft der Reichen in Florenz zu entlarven.

Vielleicht interessiert die Leser zum Schluß noch ein Ausblick auf das weitere, ja noch lange Leben der beiden liebenden Frauen.

Violet zog nach dem endgültigen Ende der Beziehung zu Vita auf Befehl ihrer Mutter mit Denys nach Paris. Es stimmt nicht, was Nigel Nicolson schreibt: »Denys und sie fanden zueinander zurück.« Ihre Ehe zerbrach vielmehr endgültig, als Denys begann, sich durch eine Kette von Affären mit jungen Balletteusen zu rächen. Kühl berichtet Violet in »Don't Look Round« von seinem frühen Tode 1929 und zieht ein enigmatisches Resümee, das unterschwellig dementiert, was es an der Oberfläche aussagt: »Wir waren beide im vollsten Sinne des Begriffes Europäer. Dieselben Dinge fanden wir komisch, wir stritten uns viel und liebten nicht wenig. Wir verdienten mehr Neid als Mitleid.« Violet ihrerseits lernte Winiretta Fürstin de Polignac kennen, eine reiche Amerikanerin, Tochter des Nähmaschinenmillionärs Singer, fast dreißig Jahre älter als sie und Mäzenin bedeutender Komponisten und Freundin vieler anderer Künstler. Die beiden Frauen unterhielten aller Wahrscheinlichkeit nach auch eine erotische Beziehung, vor allem aber lernte Violet durch Winiretta einen großen Kreis interessanter Menschen kennen, darunter Proust, Valéry, Cocteau, Colette, Claudel. Im Laufe der Jahre entwickelte Violet sich zu einer Grande Dame der französischen Gesellschaft. Hof hielt sie entweder in ihrem Schloßturm aus dem 15. Jahrhundert, St. Loup de Naud, achtzig Kilometer von Paris entfernt, auf den Proust sie aufmerksam gemacht haben soll, oder später in Ombrellino, der Villa bei Florenz, die sie von ihren Eltern erbte. Schön, verführerisch, geistreich, wie sie war, hatte sie eine Reihe männlicher wie weiblicher Geliebter. Doch im Gegensatz zu Vita gelang es ihr nie, einen Menschen zu finden, bei dem sie sich auf Dauer verstanden und geborgen fühlte. Trotz aller Geselligkeit fühlte sie sich oft einsam, vor allem in späteren Jahren. Es entbehrt nicht einer gewissen bitteren Ironie, daß Violet, um ihren Schmerz zu betäuben, sich ausgerechnet in die Art von Leben stürzte, die sie so sehr als oberflächlich verhöhnt hatte. Da Violets Rebellion rein persönlich motiviert und in keiner Weise politisch untermauert war, brach ihr Protest zusammen, als das Ziel, ein Leben mit Vita, unerreichbar geworden war. In ihrem Bedürfnis nach Anlehnung verfiel sie in alte Muster, und im Grunde glitt sie immer mehr in ein Leben, das dem ihrer Mutter glich, wenn es auch mehr Künstler darin gab und im geliebten Frankreich stattfand.

Für Vita begann nach der Trennung noch eine lange, glückliche Phase des Lebens. Sie ging in gewisser Weise den umgekehrten Weg wie Violet: Im Laufe der Jahrzehnte zog sie sich immer mehr aus dem Trubel des gesellschaftlichen Lebens, aus Literaten- wie Diplomaten- und Adelskreisen, zurück nach Sissinghurst, wo sie schrieb und zusammen mit Harold einen Garten anlegte, der heute zu den schönsten in England zählt. Ihre Ehe geriet nie wieder in ernste Gefahr trotz einer stattlichen Anzahl von Liaisons auf beiden Seiten. Vita und Harold hatten ihren Frieden in einer menschlich sehr warmen, vertrauten und solidarischen Beziehung gefunden, in der jeder erotisch wie auch intellektuell seiner Wege ging: Während Vita ihren literarischen Interessen nachging, war Harold vor allem als Diplomat, später in der Politik aktiv, ein Gebiet, für das Vita sich nie interessierte. Da wir nun um den blinden Fleck dieser Ehe wissen, will es leicht ironisch wirken, daß beide später ihre glückliche Ehe sogar in Rundfunksendungen anpriesen und zur allgemeinen Nachahmung empfahlen. Nach Violet erlebte Vita noch eine große Liebe zu einer Frau, die freilich allem Anschein nach platonisch blieb. Virginia Woolf und sie verliebten sich ineinander und blieben, trotz der großen Differenzen der Persönlichkeit wie der sozialen und künstlerischen Unterschiede, enge Freundinnen bis zu Virginias Freitod im Jahre 1941, der Vita tief erschütterte. Mit dem Roman »Orlando« hat Virginia Woolf Vita gewiß eine der schönsten Liebeserklärungen der Literaturgeschichte gemacht.

Das Jahr 1941 hielt für Vita noch eine Erschütterung bereit. Violet war wegen der Kriegsereignisse mit ihren Eltern nach England gekommen und lebte in West Coker, wo sie zum Staunen der Dorfbevölkerung bald ihr reges gesellschaftliches Leben fortsetzte. Natürlich begegneten sich auch Vita und Violet wieder, und beide spürten, daß der alte Zauber noch lebendig, nur verdrängt war. Aber Vita baute Schutzwälle, wollte Violet nicht oft sehen und schrieb eine Reihe von Briefen an »Luschka, mein Liebling«, in der Liebeserklärung und Abwehr sich die Hände reichen: »Ich habe Dich geliebt, und ich werde Dich immer lieben, aber ich kann die ganze Verwirrung und das Labyrinth Deines Lebens nicht ertragen. Ich will mich nicht wieder von vorn in Dich verlieben«; »Du bist die nicht explodierte Bombe in meinem Leben. Ich will nicht, daß Du explodierst. Ich will nicht, daß Du mein Leben durcheinanderbringst. Mein stilles Leben ist mir teuer.«

Zum allerletzten Schluß noch ein Wort zur Form der deutschen Ausgabe. Wir sind der englischen Ausgabe getreu gefolgt, einschließlich Reihenfolge und Datierung der Briefe, gelegentlicher Auslassungen, die durch Pünktchen markiert sind, sowie seltener syntaktischer Korrekturen dort, wo Violets Temperament so mit ihr durchging, daß sie den grammatischen Zusammenhang verlor. Auch die einführenden Texte der einzelnen Zeitabschnitte entstammen der Originalausgabe. Violets zahlreiche Zitate in anderen Sprachen wurden beibehalten, um ihre kosmopolitische Bildung zu demonstrieren, und in Fußnoten übersetzt. Auch die meisten Fußnoten, soweit sie inhaltlich erklärenden Charakter haben, stammen aus der englischen Ausgabe; einige wenige wurden für das bessere Verständnis deutscher Leser hinzugesetzt oder erweitert.

Ingrid von Rosenberg

Beachten Sie bitte folgende Anzeigen

LIMES

VITA SACKVILLE-WEST

ERLOSCHENES FEUER

Roman

Ein Leben lang hat sich Lady Slane untergeordnet und war nichts als ein Anhängsel ihres Mannes. Als er stirbt, ist sie achtundachtzig, und zum ersten Mal seit ihrer Heirat trifft sie eigene Entscheidungen.

»... Es ist geradezu verblüffend zu sehen, mit welchem Feingefühl sich Victoria Sackville-West in jene Welt des Alters hineinfindet, in der alle Empfindungen im Zwielicht liegen.«

Renate Schostack

LIMES

VITA SACKVILLE-WEST

FRÜHE LEIDENSCHAFT

Roman

»Frühe Leidenschaft« – Vita Sackville-Wests brillanter Erstlingsroman – erschien 1919 und wurde damals von der englischen Presse einhellig als Meisterwerk begrüßt.

Die Geschichte der Ruth Pennistan, halb Tochter eines biederen englischen Farmers, halb mysteriöse Zigeunerin, gegen ihren Willen in einen schier unlösbaren Konflikt zwischen aufrichtiger Zuneigung und blinder erotischer Hörigkeit verstrickt – eine Heldin, die all die Widersprüche in Vitas eigenem Leben und Charakter voll zum Ausdruck bringt . . .

VITA SACKVILLE-WEST

Erloschenes Feuer
Mit einem Nachwort von Renate Schostack
Die Frau in der Literatur 30104

○

Adler und Taube
Mit einem Nachwort von Ingrid von Rosenberg
Die Frau in der Literatur 30131

○

Pepita
Mit einem Nachwort von Rita R. Hortmann
Die Frau in der Literatur 30162

○

Eine Frau von vierzig Jahren
Mit einem Nachwort von Ingrid von Rosenberg
Die Frau in der Literatur 30180

○

Aus meinem Garten
Einfälle und Ratschläge
34330

Ullstein Taschenbuch

LIMES

MAUDE HUTCHINS

GEORGIANA

Roman

Auf dem schmalen Grat zwischen Eros und Sexus balancierend, erzählt Maude Hutchins – ironisch und kapriziös – die Entwicklung eines jungen Mädchens zur Frau.

»Mit einer betörend weichen Prosa werden die scharfen und zarten, die schwierigen und fragwürdigen, die vernichtenden und bereichernden Sensationen der Liebe beschrieben.«
Frankfurter Allgemeine Zeitung